Com Um Atlas

Gerardo A. Pery

GEOGRAPHIA

E

ESTATISTICA GERAL

DE

PORTUGAL E COLONIAS

GEOGRAPHIA

E

ESTATISTICA GERAL

DE

PORTUGAL E COLONIAS

COM UM ATLAS

POR

GERARDO A. PERY

Capitão do exercito, adjunto
da direcção geral dos trabalhos geodesicos

LISBOA
IMPRENSA NACIONAL
1875

O trabalho que emprehendemos, e que hoje damos a publico, tem por fim preencher uma importante lacuna de ha muito reconhecida: a de uma descripção exacta e completa de Portugal, que facilite e esclareça o ensino de sua geographia, e sirva de auxiliar nos assumptos de administração publica.

Com o conhecimento que temos adquirido de todo o paiz, percorrendo-o ha muitos annos, estudando-o e colligindo documentos para uma estatistica geral, que brevemente entrará no prelo e de que este livro é como que a introducção, com esse conhecimento talvez tenhamos alcançado na descripção physica do reino o fim que nos propozemos.

Na parte estatistica, porém, não o conseguimos, porque, umas vezes a falta absoluta de dados estatisticos, outras a sua deficiencia, foi difficuldade insuperavel que o nosso trabalho não pôde vencer.

Esta estatistica não é portanto mais do que um ensaio; mas tem pelo menos a utilidade de reunir os membros dispersos da estatistica official, augmentando-lhe o valor com grande numero de informações, ligando os factos, coordenando-os e tirando d'elles as deducções possiveis e logicas.

Na descripção physica do continente do reino descrevemos o que vimos, e tal como o estudámos e observámos. Para a estatistica extrahimos o essencial de innumeros documentos officiaes, criticando-os e corrigindo aquelles onde o erro era manifesto. Contém esta parte o extracto de muitos trabalhos officiaes ineditos e de outros raros ou difficeis de obter.

Sempre que foi possivel fizemos a comparação estatistica com os paizes estrangeiros, recorrendo aos livros mais acreditados.

Na parte relativa ás ilhas adjacentes e provincias ultramarinas, compilámos o que havia de melhor e mais recente, fornecendo-nos um valioso auxilio os relatorios das diversas auctoridades, sem os quaes fôra impossivel descrever o estado actual dos vastos dominios portuguezes.

Para não excedermos o quadro que nos impozemos, foi forçoso empregar uma concisão extrema, procurando ao mesmo tempo expor os factos com a maior clareza. Podémos assim reunir em um só volume quasi tudo quanto se póde apurar hoje da nossa estatistica.

Foram grandes as difficuldades com que lutámos, mas por bem pagos nos daremos do nosso trabalho, se tivermos conseguido fazer uma obra util e necessaria.

Lisboa—setembro de 1875.

G. PERY.

INDICE

CAPITULO VII — Instrucção e beneficencia

CAPITULO VIII — Exercito e marinha

CAPITULO IX — Clero e justiça

GUINÉ

II

S. THOMÉ E PRINCIPE

CAPITULO I — Geographia physica

III

ANGOLA

CAPITULO I — Geographia physica

IV

MOÇAMBIQUE

CAPITULO I — Geographia physica

V
GOA, OU ESTADOS DA INDIA

VI
MACAU E TIMOR
MACAU

TIMOR

CATALOGO DE COORDENADAS GEOGRAPHICAS

APPENDICE

ATLAS

Carta geographica e geologica de Portugal.
Carta physica de Portugal.
Perfis orographicos.
Cartas geographicas das ilhas adjacentes e das provincias de Cabo Verde, S. Thomé e Principe, Angola, Moçambique, Goa, Macau e Timor.

INTRODUCÇÃO

Á sua vantajosa posição geographica, no extremo occidental da Europa e em face da immensidade dos mares, deve Portugal o ter podido exercer a sua energica actividade de outras eras até ás mais remotas paragens do globo, alargando os seus dominios pela immensa area de cerca de 10.000:000 de kilometros quadrados, dividida pelas cinco partes do mundo.

Tendo porém perdido bom numero de possessões na Africa, Asia e Oceania durante o dominio hespanhol, e declarando-se o Brazil independente em 1825, ficou Portugal possuindo 2.011:640 kilometros quadrados, que é a superficie que actualmente constitue o reino e possessões, cuja divisão geral é a seguinte:

EUROPA. *Portugal,* formado pelas provincias de Entre Douro e Minho, Traz os Montes, Beira (Alta e Baixa), Extremadura, Alemtejo e Algarve. *Ilhas Adjacentes,* que comprehendem os dois archipelagos dos Açores e Madeira. Superficie 92:772 kilometros quadrados.

AFRICA. Provincia de Cabo Verde, que consta do archipelago de Cabo Verde, e do districto de Bissau e Cacheu, na Senegambia; superficie 11:329 kilometros quadrados. Provincia de S. Thomé e Principe, que abrange as ilhas do mesmo nome e o territorio de Ajudá no golpho de Benim; superficie 1:025 kilometros quadrados. Provincia de Angola, na costa occidental; superficie 600:000 kilometros quadrados. Provincia de Moçambique, na costa oriental e ilhas de Cabo Delgado, Angoche, Bazaruto; superficie 1.284:000 kilometros quadrados.

ASIA. Provincia de Goa, e districtos de Damão e Diu, no golpho de Cambaya; superficie 5:510 kilometros quadrados. Provincia de Macau e Timor, composta da peninsula de Macau na costa do imperio chinez, e do districto de Timor na Oceania, o qual é formado por metade da ilha de Timor e pela pequena ilha de Pulo-Cambing; superficie 17:004 kilometros quadrados.

O seguinte quadro mostra a distribuição da superficie pelos diversos territorios do reino.

Portugal.....................	89:625	
Açores.....................	2:597	
Madeira.....................	550	92:772
Cabo Verde (ilhas)...............	2:929	
Senegambia.....................	8:400	11:329
S. Thomé e Principe...............		1:025
Angola.....................		600:000
Moçambique.....................		1.284:000
Goa.....................	5:400	
Damão.....................	80	
Diu.....................	30	5:510
Macau.....................	4	
Timor.....................	17:000	17:004
		2.011:640

Faremos a descripção physica, politica e estatistica de Portugal e colonias, dividindo-a em tres partes. Na primeira trataremos de Portugal continental, na segunda das ilhas adjacentes, na terceira das provincias ultramarinas.

PORTUGAL

I

GEOGRAPHIA PHYSICA

CAPITULO I

SITUAÇÃO – LIMITES – DIMENSÕES

Portugal está situado no extremo SO. da Europa occidental, occupando pouco menos da quinta parte da peninsula iberica, e está comprehendido entre as latitudes de 36° 59' e 42° 8' N., e entre as longitudes de Lisboa de 0° 21' O. e 3° 0' E.

É limitado ao poente e ao sul pelo oceano Atlantico, ao norte e nascente pelo reino de Hespanha, confinando com as provincias de Galliza, Leão, Extremadura e Andaluzia.

A sua figura approxima-se da de um rectangulo, tendo no seu maior comprimento, entre Melgaço ao N. e Albufeira ao S., 558 kilometros ou 111 leguas e 3 kilometros[1]; e na sua maxima largura, entre Vianna do Castello e o Douro acima de Miranda, 220 kilometros ou 44 leguas. Na largura minima, entre o cabo Sardão e o Pomarão, tem 107 kilometros ou 21 $\frac{1}{2}$ leguas.

A diagonal entre as fozes dos rios Minho e Guadiana mede 535 kilometros ou 107 leguas.

O perimetro dos seus limites perfaz 1:795 kilometros, dos quaes 1:002 são de fronteiras, e 793 de costas maritimas.

A sua superficie é de 89:625 kilometros quadrados ou 3:602 leguas quadradas, que se decompõe do modo seguinte:

	Hectares	
Superficie occupada por	Povoações......... 26:100	
	Estradas.......... 20:094	
	Rios e ribeiras..... 91:335	
	Cumeadas........ 93:500	
	Areiaes.......... 60:000	291:029
Superficie total		8.962:531
Superficie cultivavel.................		8.671:502

Ou 86:715 kilometros quadrados.

[1] Cada legua tem 5 kilometros.

1

CAPITULO II

OROGRAPHIA

O territorio de Portugal é accidentado por grande numero de serras que, consideradas geographicamente, podem agrupar-se em tres systemas de montanhas; a saber:

1.º Systema trasmontano.
2.º Systema beirense.
3.º Systema transtagano.

I

SYSTEMA TRASMONTANO

Comprehende-se n'este systema o relevo das provincias ao N. do Douro.

As serras mais notaveis que n'elle se encontram, são: no *Minho*, Gerez, Peneda e Cabreira; em *Traz os Montes*, Marão, Larouco, Noguéira, Alturas, Cabreiro e Bornes. A orographia d'estas duas provincias tem intima ligação com a orographia da Galliza, devendo considerar-se as suas serras como contrafortes da serra de S. Mamede, pela qual este systema se liga á grande cordilheira dos Pyrenéos asturianos.

Na provincia de Entre Douro e Minho é ao N. que se levantam as maiores serras. Entre os rios Minho e Lima ergue-se a serra da *Peneda* a 1:446 metros, e prolongando-se para O. liga-se com as serras da *Bolhosa* e *Arga*, formando a divisoria entre as bacias d'aquelles dois rios.

Ao S., entre os rios Cavado e Lima, levanta-se a serra do *Gerez* com 1:442 metros na direcção de NE. para SO., indo ligar-se com as serras de *Mourilhe* e *Larouco*, em Traz os Montes.

Do Gerez sáe um contraforte, que com os nomes de serras da *Amarella, Oural, Nora,* etc., divide as bacias do Lima e Cavado.

A serra de *Larouco* com 1:580 metros liga-se ao S. com o grande plan'alto de Barroso, o qual, prolongando-se para SO., forma a serra das *Alturas,* e une-se á serra da *Cabreira,* onde nasce o rio Ave, formando assim a linha divisoria das bacias do Cavado e Tamega.

Da Cabreira, que tem 1:276 metros, se destacam tres contrafortes: o primeiro dirige-se para O., com o nome de serra da *Oliveira* até ás nascentes do Deste; bifurcando-se ali, segue o braço do norte, com pequenas elevações, até ao monte de *S. Felix,* onde termina, separando assim as bacias do Cavado e Ave; e o braço do sul vae formar a serra da *Falperra* entre

o Deste e o Ave. O segundo contraforte dirige-se para SO.
entre os rios Ave e Vizella. O terceiro segue para o sul, fazendo
a divisão hydrographica entre a bacia do Tamega e as do Ave
e Sousa; e com os nomes de serra do *Crasto, Luzim, Mousinho*,
etc., termina sobre o Douro na confluencia do Tamega. Na origem
do rio Sousa destaca-se d'este um outro contraforte, que
se alonga pela margem esquerda do Ave até ao monte de *Santa
Eufemia*, formando as serras de *Barrosas* e *Sitania*, e limitando
ao sul a bacia d'aquelle rio. Da primeira d'estas serras
sáe um braço para o SO., que vae formar a serra de *Vandoma*
entre os rios Sousa e Ferreira; da segunda sáe um prolongamento,
com o nome de serra da Agrella, que se vae ligar com
a serra de Vallongo.

Entre o Tamega e o Tua ergue-se uma cordilheira que, começando
no monte denominado *Cota de Mairos*, na raia, segue
para SO., até á serra de *Padrella*, na origem do rio Tinhella,
onde volta para O. até á serra do *Marão* a 1:422 metros, e termina
entre o Tamega e o Douro perto da confluencia d'estes
rios. Ao sul da serra de Padrella estende-se o plan'alto de Jallés,
do qual sáem dois braços que separam os rios Corgo, Pinhão
e Tinhella.

Entre os rios Rabaçal e Tuella prolonga-se outro contraforte,
formando a serra da *Crôa* com 1:270 metros e a serra
de *Vinhaes*.

Entre o Tua e o Sabor levanta-se outro grande contraforte,
que, destacando-se da serra de *Sinabria*, entra em Portugal,
formando a serra de *Montezinho* com 1:600 metros, e mais ao
sul a serra de *Nogueira*, que se eleva a 1:321 metros, a qual
se liga pelo plan'alto de *Macedo* á serra de *Bornes*, que tem
1:202 metros, terminando no grande plan'alto de *Carrazeda*,
800 metros sobranceiro ao rio Douro.

Entre o Sabor e o Douro dilata-se um vasto plan'alto com
700 a 800 metros, apenas cortado pelos valles das ribeiras de
Maçãs e de Angueira. Em alguns pontos d'este plan'alto levantam-se
pequenas serras que o accidentam; taes são: a serra de
Avelanoso, na raia, as serras em torno de *Mogadouro*, e as serras
de *Roboredo, Matança* e *Lagoaça*.

II

SYSTEMA BEIRENSE

Este systema abrange as montanhas das duas Beiras e da
Extremadura entre o Douro e o Tejo.

As suas principaes serras são: *Estrella, Açor, Louzã, Montemuro,
Caramullo, Bussaco, Gardunha, Muradal, Penhagarcia*

1.

na Beira; *Aire, Montejunto, Candieiros* e *Cintra* na Extremadura.

As montanhas d'este systema são a continuação da grande cordilheira de Guadarrama e serra da Gata em Hespanha, com a qual se ligam pela serra das *Mezas*, que se eleva na raia a 1:200 metros de altitude. Continúa esta serra em Portugal, na direcção de SO., com o nome de serra de *Malcata*, 1:000 metros, bifurcando-se depois e seguindo um ramo para SO. e o outro para o NO. O primeiro constitue a serra da *Gardunha* e *Muradal,* onde se divide em dois braços; o do norte costeia a margem esquerda do Zezere com o nome de serra de *Alvellos,* e o do sul, ou serra de *Cabeço Rainha,* vae ligar-se, pelas collinas de Cardigos, com as serras da Amendoa e Melriça, orientadas de leste para oeste.

Da serra de *Cabeço Rainha* destaca-se um contraforte para SE., constituido pela serra das *Talhadas* e continuado alem da Ocreza pela serra do *Perdigão,* servindo-lhe de prolongamento ao sul do Tejo a serra de *Niza,* da qual é separada pelas notaveis portas de Rhodão.

O ramo de NO. que se destaca da serra de *Malcata* forma as serras de *S. Cornelio* e das *Fragas,* e liga-se á grande serra da *Estrella,* a qual dirigindo-se de NE. a SO., e unindo-se a outras serras, constitue a cordilheira mais extensa do paiz. Para SO. segue a cordilheira com os nomes de serras da *Estrella,* cuja altitude é de 1:993 metros, *Açor* com 1:330 metros, *Louzã* com 1:202 metros, ligando-se pela serra de *Sicó* e collinas de *Albergaria* ao grande plan'alto da serra de *Aire* com 600 metros. Continúa para SO. com os nomes de serra de *Rio Maior,* ou *Candieiros, Monte Junto,* que se eleva a 666 metros, *Montachique* e *Cintra* com 529 metros, onde termina banhada pelo oceano, limitando assim a bacia hydrographica do Tejo pelo lado do norte.

No sentido opposto continúa a cordilheira para o norte, separando as bacias hydrographicas dos rios Douro e Mondego até ao plan'alto de Trancoso, que tem a altitude media de 800 metros, onde volta para NO., com os nomes de serra do *Pisco,* de *Aguiar* e da *Senhora da Lapa.* Do plan'alto de Trancoso sáe um contraforte para o norte, que se bifurca formando o braço de oeste, o flanco esquerdo do rio Torto, com os nomes de serras de *Sirigo, Penella* e *Viso,* e o de leste, o flanco direito da ribeira Teja, com as denominações de serra de *Moreira* e *Meda,* terminando ambos sobre o Douro. Da serra do *Pisco* sáe outro contraforte para SO., entre os rios Dão e Mondego, até á confluencia d'estes rios.

Na serra da *Senhora da Lapa,* que tem de cota 940 metros, divide-se a cordilheira em tres linhas principaes: a primeira, mais septentrional, dirige-se para O., entre os rios Paiva e Douro, unindo as serras de *Leomil,* 1:018 metros, *Santa Helena,* 1:100 metros, *Montemuro,* 1:380 metros, e *Gralheira,* terminando na confluencia d'aquelles dois rios. A segunda dirige-se tambem para o poente, entre os rios Paiva e Vouga, fazendo a divisoria da bacia d'este rio da do Douro; forma o plan'alto de *Ferreira de Aves,* a serra de *Cota,* serra de *Manhouce* com 1:120 metros, e serra da *Freita* com 1:070 metros; e diminuindo bruscamente de altura fecha a bacia do Douro pelas collinas de *Souto Redondo* até á pequena serra de *Santo Ovidio.* A terceira dirige-se para SO., entre o Vouga e o Dão, pela serra do *Caramullo,* 1:070 metros, e serra do *Bussaco,* 630 metros, e liga-se por pequenas collinas á serra da *Boa Viagem,* perto da foz do Mondego, onde termina, servindo em toda a sua extensão de divisoria ás bacias do Vouga e Mondego.

III

SYSTEMA TRANSTAGANO

N'este systema, que abrange o resto do reino ao sul do Tejo, as serras erguem-se isoladas, ligando-se unicamente por intermedio das planuras e collinas que formam a divisoria das bacias dos diversos rios que em todos os sentidos sulcam esta parte do paiz, a qual não é mais que um vasto plan'alto, estendendo-se de norte a sul, que com suave pendor termina no oceano pelo poente, e com inclinações mais rapidas no Guadiana ao nascente, sendo accidentado ao sul pelas serranias do Algarve.

As serras mais notaveis d'este systema são: no Alemtejo, *S. Mamede,* 102 metros, *Ossa,* 649 metros, *Monfurado,* 400 metros, *Portel,* 400 metros; na Extremadura, *Arrabida,* 499 metros; no Algarve, *Foia,* 903 metros, *Mû,* 575 metros, e *Monte Figo,* 400 metros.

Este systema orographico communica com o relevo da Extremadura hespanhola pela serra de *S. Mamede,* que se dirige de SE. a NO., ligando-se pelas planuras da *Povoa* á serra de *Niza,* á qual corresponde, como se disse, do outro lado do Tejo a serra de Perdigão do systema beirense. A serra de *S. Mamede* liga-se pelas collinas de *Assumar, Santo Aleixo* e *Borba* á serra de *Ossa,* que lhe fica ao sul, e se levanta de E. a O. entre as origens da ribeira de Tera e as da Pardiella, servindo esta linha orographica de divisoria entre as bacias do Tejo e Guadiana. Seguindo para SO. une-se pelas alturas de Divor ao plan'alto de Evora e, mais ao sul, á serra de Portel, entre as origens da ribeira de Odivellas e a confluencia da Degebe no

Guadiana. Continuando a seguir a mesma linha para o sul, li-ga-se a serra de Portel á do Algarve, pelo extenso plan'alto de Beja e Ourique e alturas de Almodovar. Aqui se levanta, tam-bem de E. a O., entre o oceano e o Guadiana, a serrania do Algarve, que lança para o sul varios contrafortes, dos quaes os mais notaveis são: o que termina no *Monte Figo* ao N. do cabo de Santa Maria, e o *Espinhaço do Cão* que termina no cabo de S. Vicente.

Do plan'alto de Ourique sáe para NO. um contraforte que separa a bacia do Sado da do rio Mira, ligando-se á serra do *Cercal,* a qual seguindo de S. para o N. até á serra de Gran-dola, na origem da ribeira do mesmo nome, limita pelo lado do Oceano a bacia do Sado.

Das alturas de Divor sáe para O. outra divisoria de aguas, separando as bacias do Tejo e Sado, que se ergue formando as serras de *Monte de Muro* e *Monfurado* para logo depois decrés-cer gradualmente de altitude nas collinas de Vendas Novas e Poceirão, elevando-se de novo ao entrar na peninsula de Setu-bal, na qual se levantam as serras de *Palmella* e da *Arrabida,* e terminando no cabo de Espichel.

Resumindo, vê-se que é na parte central e norte do paiz que se levantam as serras mais alterosas e os mais elevados plan'altos.

O ponto culminante é a serra da Estrella, que faz parte da cordilheira mais extensa do reino, orientada de NE. a SO. N'esta parte central encontram-se comtudo a par das grandes serras largos e ferteis valles, ao contrario do que succede em geral na região do norte, onde os valles são mais estreitos e profundos, o que claramente se vê no mappa dos perfis orogra-phicos. Os valles principaes da provincia de Traz os Montes são dirigidos de NE. a SO., e os do Minho dirigem-se a OSO.

Os dois valles principaes da Beira, Mondego e Zezere são igualmente dirigidos de NE. a SO.; o valle do Vouga está orien-tado de E. a O.

O valle do Douro é estreito e orientado tambem de E. a O., e o mesmo succede á parte superior do valle do Tejo, o qual só na parte inferior do curso do rio se dirige a SO.

O valle do Guadiana, no Alemtejo, dirige-se em geral de N. a S., e sempre estreito.

A altitude media dos plan'altos do Alemtejo é de 200 me-tros.

CAPITULO III

HYDROGRAPHIA

Os rios de Portugal, que desaguam no oceano, e formam bacias hydrographicas independentes, são: *Minho, Lima, Cavado, Ave, Douro, Vouga, Mondego, Tejo, Sado, Mira* e *Guadiana.*

Alem d'estes ha muitos outros pequenos cursos de agua que formam pequenas bacias litoraes; os mais dignos de ser notados, são: *Neiva, Leça, Liz, Alcobaça, Sisandro, Odelouca* e *Quarteira.*

I

BACIA DO MINHO

Uma pequena parte da bacia d'este rio pertence a Portugal.

Contorno. — Serras da Peneda, Corno do Bico, Arga e Faro.

Superficie da bacia (em Portugal) 871^{kq},87.

Curso. — Desce dos montes Cantabrios na Galliza; entra em Portugal acima de Melgaço, passa entre Valença e Tuy, e entra no oceano abaixo de Caminha.

O seu curso total é de 236 kilometros e 65 em Portugal, dos quaes 40 são navegaveis, a partir de Monsão. A sua direcção em Portugal é de NE. para SO.

Affluentes. — Em Portugal o seu principal affluente é o rio *Coura*, que desce da serra de Corno de Bico, e termina junto a Caminha.

II

BACIA DO LIMA

Contorno. — Ao norte é formado pela mesma linha divisoria do rio Minho até á serra de Arga, e d'esta até ao oceano pelas serras de Perre e Santa Luzia; ao sul pelas serras da Amarella, Nora e Faro.

Superficie em Portugal 1:034^{kq},37.

Curso. — Nasce em Hespanha, na serra de S. Mamede; entra em Portugal pouco acima de Lindoso; banha Ponte da Barca, Ponte de Lima e Vianna do Castello junto á sua foz. Começa a ser navegavel em Ponte da Barca pelo espaço de 37 kilometros. O seu curso é de 110 kilometros, dos quaes 58 em Portugal, com a direcção de NE. a SO.

Affluentes. — Em Portugal o mais notavel é o rio *Vez*, que desce da serra da Peneda, passa junto a Arcos de Valle de Vez, e termina defronte da Ponte da Barca.

III

BACIA DO CAVADO

Contorno.—É limitada ao norte pelas serras de Oural, Amarella, Gerez, Mourilhe e Larouco; ao sul pelo plan'alto de Barroso, serra da Cabreira e Oliveira, alturas de Braga, serra de Airó e collinas até Fão.

Superficie da bacia 1:587^{kq},50.

Curso.—Nasce na serra de Larouco, na raia, corre junto a Montalegre e Barcellos, e entra no oceano formando o porto de Espozende.

O seu curso é de 100 kilometros, sendo 12 navegaveis. A sua direcção é de NE. a SO.

Affluentes.—1.º *Rabagão,* na margem esquerda; começa no plan'alto de Barroso.

2.º *Homem,* na margem direita; nasce na serra do Gerez e termina no Vau do Bico.

IV

BACIA DO AVE

Contorno.—Ao norte, desde o Monte de S. Felix até á serra da Cabreira, tem a mesma divisoria do Cavado; a leste e sul os contrafortes da serra da Cabreira até Margaride, e serras de Barrosas e Sitania até ao norte de Santa Eufemia.

Superficie da bacia 1:368^{kq},12.

Curso.—Nasce na serra da Cabreira, banha Santo Thyrso e acaba no oceano junto a Villa do Conde. O seu curso é de 73 kilometros. É navegavel só nas proximidades da sua foz.

Tem duas direcções principaes: a primeira de NE. a SO., da origem até á confluencia com o Vizella; a segunda de E. a O. d'ahi até á sua foz.

Affluentes.—1.º *Vizella,* na margem esquerda; começa na serra de Cabeceiras, e passa perto de Fafe.

2.º *Deste,* na margem direita; nasce na serra da Falperra, banha os campos de Braga, e termina defronte da Retorta.

V

BACIA DO DOURO

Contorno.—Em Portugal, abrange, á direita, quasi toda a provincia de Traz os Montes, e é limitada a NO. pelas alturas do Porto, serras de Vallongo, Agrella, Sitania e Cabreira, e plan'alto de Barroso. Á esquerda é limitada por uma das prin-

9

cipaes linhas do systema orographico beirense, formada pelas serras das Mezas, Malcata, Sortelha e Fragas até á Guarda na serra da Estrella, e pelas serras de Trancoso e Aguiar, plan'alto de Ferreira, serra da Freita e collinas da Feira até á serra de Santo Ovidio.

Superficie. — Em Portugal, 18:758^{kq},06.

Curso. — Nasce em Hespanha na serra de Urbion, corre junto a Zamora, e começa a dividir a provincia de Traz os Montes das provincias hespanholas de Zamora e Salamanca acima de Miranda do Douro; entra em Portugal na Barca de Alva, banha o Peso da Regua, Porto e Villa Nova de Gaia, e desagua no oceano em S. João da Foz. O seu curso é de 640 kilometros, dos quaes 255 em Portugal, correndo sempre entre asperas montanhas. Torna-se navegavel para pequenos barcos, na Barca de Alva, pelo espaço de 165 kilometros; da cidade do Porto até á foz é navegavel para navios de maior lote. Em Portugal, tem duas direcções principaes: a primeira de NE. a SO. até á Barca de Alva; a segunda de E. a O. até á sua foz.

Affluentes. — Na margem direita:

1.º *Sabor*. Nasce na serra de Montezinho; corre perto de Bragança, e termina abaixo de Moncorvo. O *Sabor* recebe á esquerda a ribeira de Angueira.

2.º *Tua*. Nasce na serra de Sinabria em Hespanha, com o nome de *Tuella*; entrando em Portugal, deixa á direita Vinhaes, banha Mirandella, e termina no logar de Foz-Tua. Junta-se-lhe, acima de Mirandella, o rio *Rabaçal*, e, antes da sua foz, o Tinhella, que nasce na serra de Padrella, e deixa á esquerda Murça.

3.º *Pinhão*. Nasce na serra do Cabreiro, e corre entre Sabrosa e Alijó.

4.º *Corgo*. Nasce no plan'alto de Villa Pouca de Aguiar, corre junto a Villa Real, e termina no Peso da Regua.

5.º *Tamega*. Nasce em Hespanha, na serra de S. Mamede corre junto a Monterey, entra em Portugal fertilisando a bella veiga de Chaves, passa em Mondim de Basto, atravessa Amarante, e termina em Entre Rios.

6.º *Sousa*. Nasce no plan'alto de Felgueiras, passa entre Penafiel e Paredes, e termina na foz-Sousa.

Na margem esquerda:

1.º *Agueda*. Nasce na serra da Gata em Hespanha, e termina a montante da Barca de Alva.

2.º *Côa*. Nasce na serra das Mezas, corre junto do Sabugal, passa entre Almeida e Pinhel, e termina a NE. de Villa Nova de Foscôa. Recebe as ribeiras de *Ade*, *Cabras* e *Massueime*.

3.º *Teja*. Começa na serra de Trancoso, e banha o sopé do elevado monte de Numão.

4.º *Torto*. Começa na serra de Guilheiro.

5.º *Tavora*. Nasce no plan'alto de Trancoso, e passa por Tabuaço.

6.º *Thedo*. Começa nas alturas de Moimenta.

7.º *Varosa*. Começa no plan'alto de Leomil, e deixa á esquerda Lamego.

8.º *Paiva*. Nasce no plan'alto de Leomil, nas vertentes do sul, corre junto de Fragoas e Castro Daire, e termina junto ao logar de Castello de Paiva.

9.º *Arda*. Nasce na serra da *Freita,* e banha os campos de Arouca.

VI

BACIA DO VOUGA

Contorno. — As collinas das terras da Feira, as serras de Freita e Manhouce, as alturas de Alva e Calde, a serra de Cota e plan'alto de Ferreira até á serra da Senhora da Lapa, limitam-n'a ao norte, separando-a da bacia do Douro. As alturas de Villa da Igreja e Mondão, as serras do Caramullo e Bussaco, e as collinas de Murtede, Cantanhede e Arazede, servem-lhe de limite ao sul, separando-a da bacia do Mondego.

Superficie da bacia 3:741^{kq},42.

Curso. — Nasce na serra da Senhora da Lapa, vae passar entre S. Pedro do Sul e Vouzella, banha os campos de Angeja, e entra no grande estuario denominado Ria de Aveiro, desaguando no oceano pela barra nova de Aveiro.

O seu curso é de 113 kilometros, dos quaes 42 são navegaveis. A sua direcção geral é de nascente a poente.

Affluentes. — Na margem direita:

1.º *Sul*. Desce da serra de S. Macario, e termina junto á villa de S. Pedro do Sul.

2.º *Caima*. Nasce na serra da Freita, onde tem uma quéda a prumo de 70 metros de altura.

3.º *Ul*. Começa nos montes de Pindello, e termina na ria de Aveiro.

Na margem esquerda:

1.º *Agueda*. É formado pela juncção dos rios *Alfosqueiro* e *Agadão*, que nascem na serra do Caramullo, e banha a villa de Agueda. Recebe o rio *Certima,* que desce da serra do Bussaco, e antes da sua confluencia forma o lago denominado *Pateira de Fermentellos.*

2.º *Bócco*. Pequena ribeira que se forma nas planuras de Covões, e entra na ria de Vagos, do estuario do Vouga.

VII

BACIA DO MONDEGO

Contorno.—Ao norte é limitada pela mesma linha divisoria que contorna a bacia do Vouga, e que passa pela serra do Caramullo. A leste e sul é limitada pela divisoria que passa pelas serras de Trancoso, Guarda, Estrella, Açor, Louzã, Sicó e collinas que de Albergaria seguem até Lavos.

Superficie da bacia 6:202^{kq},01.

Curso.—Nasce na serra da Estrella, deixa á esquerda Celorico, banha Coimbra e seus magnificos campos, corre junto a Montemór o Velho, e desagua no oceano junto á villa da Figueira da Foz.

O seu curso é de 200 kilometros; é navegavel desde a Foz-Dão, pelo espaço de 84 kilometros.

A sua direcção geral é de SO. a NE. da sua origem até Celorico, d'esta villa até Coimbra de NE. a SO, d'ali até á sua foz de E. a O.

Affluentes.—Na margem direita:

1.º *Dão.* Nasce na serra do Pisco, corre entre Vizeu e Mangualde, e passa junto a Santa Comba-Dão, terminando na Foz-Dão. Recebe a ribeira de *Coja,* que nasce na serra de Aguiar; o rio *Pavia,* que corre junto a Vizeu; o rio *Criz,* que desce do Caramullo. 2.º ribeira de *Mortagua;* 3.º rio *Botão;* 4.º ribeira de Foja.

Na margem esquerda:

1.º *Alva.* Nasce na serra da Estrella, passa por Avô e Coja, e termina abaixo da grande volta da Raiva no Mondego.

2.º *Ceira.* Nasce na serra do Açor, e banha a villa de Goes. Recebe o rio Dueça.

3.º *Arunca.* Começa nas collinas de Albergaria e serra de Sicó, banha os campos de Pombal e Soure, e termina defronte de Montemór o Velho.

VIII

BACIA DO TEJO

Contorno (em Portugal).—Á direita é limitada pela linha divisoria que a separa das bacias do Douro e Mondego, e que passa pelas serras das Mezas, Sortelha, Estrella, Açor, Louzã e Sicó; e por outra linha divisoria que da serra de Sicó continúa pelas serras de Aire, Rio Maior, Montejunto, Montachique e montes de Almargem até ao principio da serra de Cintra e alturas de Manique até Carcavellos, que a separa das pequenas bacias litoraes dos rios Liz, Arnoia, Sizandro e outros. Á esquerda é limitada pela linha divisoria que da serra de S. Mamede segue pelas collinas de Assumar, Barbacena e Borba até á serra de Ossa e alturas de Divor, separando-a da bacia do Guadiana, e que continúa pela serra de Montemuro, Monfurado, plan'alto de Vendas Novas e Pegões até ás serras de Palmella e Arrabida, confinando por esta linha com a bacia do Sado.

Superficie da bacia em Portugal 24:462^{kq},28.

Curso.—Nasce em Hespanha na serra de Albarracin, atravessa as provincias hespanholas de Guadalajara, Toledo e Caceres, entra em Portugal separando o Alemtejo da Beira, atravessa a Extremadura e termina no Oceano Atlantico 16 kilometros a O. de Lisboa. As principaes povoações que banha em Portugal são: Abrantes, Santarem, Villa Franca, Lisboa e Belem, na margem direita; Chamusca, Alcochete e Almada na margem esquerda.

O seu curso é de 810 kilometros, dos quaes 256 são em Portugal. Começa a ser navegavel em Alcantara (Hespanha), mas só em certas epochas e para pequenos barcos; a principal navegação começa em Villa Velha.

Á barra do Tejo dá entrada facil a navios de qualquer lote. Defronte de Lisboa forma o rio um magnifico porto, que poderia conter a marinha de todas as nações. Acima da capital apresenta a largura maxima de 12 kilometros, e entre o pontal de Cacilhas e o caes de Sodré em Lisboa tem 1:850 metros de largura.

Á sua direcção geral é de E. a O. até á Barquinha, onde muda de direcção para SO. até Lisboa, tomando ahi de novo o rumo de O. até á sua foz.

Affluentes.—Na margem direita:

1.º *Erjes.* Nasce na serra da Gata, em Hespanha; em parte do seu curso serve de fronteira aos dois reinos limitrophes. Recebe a ribeira *Bazagueda.*

2.ª *Aravil.* Nasce na serra da Murracha.

3.º *Ponsul.* Nasce na serra de Penhagarcia, e passa perto de Idanha a Nova. Junta-se-lhe o rio *Torto,* que vem das alturas ao sul de Penamacor, e a ribeira de *Alpreade,* que desce da serra da Gardunha.

4.º *Ocreza.* Nasce na serra da Gardunha, e recebe os rios *Tripeiro* e *Alvito,* e as ribeiras *Liria, Ribeirinha, Froia* e *Paracana.*

5.º *Zezere.* Nasce na serra da Estrella; deixa á direita a Covilhã, e termina junto á villa de Constancia. Recebe as ribeiras *Meimoa, Paul* e *Pampilhosa,* as da *Certã* e *Isna,* e o rio *Nabão* que banha a cidade de Thomar.

6.º *Almonda.* Nasce na serra de Aire, e banha Torres Novas.

7.º *Alviella*. Nasce na serra da Mendiga, engrossa com a grande nascente dos Olhos de Agua, e corre junto a Pernes.

8.º *Asseca*. Nasce na serra de Rio Maior, e entra no canal de *Azambuja*.

9.º *Trancão*. Nasce na serra de Montachique, e corre junto a Sacavem.

Na margem esquerda:

1.º *Sever*. Nasce na serra de S. Mamede, e serve de fronteira entre Portugal e Hespanha.

2.º *Niza*. Nasce na serra de Portalegre.

3.º *Mugem*. Começa na Charneca de Ponte de Sor, e termina junto a Mugem.

4.º *Sorraia*. Começa nas alturas de Assumar, corre junto a Monforte, Fronteira, Aviz e Móra, banha as villas e campos de Coruche e Benavente, e termina no braço do Tejo chamado rio Velho. Recebe na margem direita as ribeiras de *Seda* e *Sor,* e na esquerda as ribeiras de Anna Loura, Souzel, Tera e Divor.

5.º *Almansor*. Nasce nas alturas a norte de Divor, corre junto a Montemór o Novo e Canha, e termina perto de Samora. Junta-se-lhe a ribeira de *Lavre*.

IX

BACIA DO SADO

Contorno. — É limitada á direita pela linha divisoria, que passa pelo plan'alto de Ourique, Castro Verde, Beja e Cuba, serra de Portel e plan'alto de Evora, linha que a separa da bacia do Guadiana; e pela divisoria que passa pela serra de Monfurado e plan'alto das Vendas Novas, que a separa da bacia do Tejo. Á esquerda é limitada pela divisoria que passa pelas serras de Reliquias e Cercal, e cordilheira de montes de S. Thiago do Cacem até á serra de Grandola.

Superficie da bacia 7:943^{kq},27.

Curso. — Começa na serra de S. Martinho ou Caldeirão, corre junto a Alvallade, banha Alcacer do Sal, desagua no oceano junto á cidade de Setubal, onde alarga formando um vasto porto.

O seu curso é de 135 kilometros. É navegavel até Porto de Rei, pelo espaço de 61 kilometros.

A sua direcção geral é de S. a N., desde a sua origem até Porto de Rei, e de SE. a NO. no resto do seu curso.

Affluentes. — Na margem direita:

1.º *Roxo*. Começa no plan'alto de Beja, e termina 1 legua a juzante de Alvallade.

2.º *Figueira*. Começa nas alturas de Mombeja.

3.º *Odivellas*. Começa na serra de Portel, e corre ao sul de Alvito.

4.º *Xarrama.* Nasce no plan'alto de Evora, passa junto a esta cidade, e corre perto da villa de Torrão.

5.º *Diege.* Nasce na serra de Monte de Muro, corre ao norte da villa de Alcaçovas, e termina a montante de Alcacer do Sal; recebe o rio Mourinho.

6.º *S. Martinho.* Começa nas alturas de Mourel, na serra de Monfurado.

7.º *Marateca.* Começa nas alturas de Saphira, passa perto de Cabrella e entre os logares de Marateca e Aguas de Moura, des-aguando no grande estuario do Sado.

Na margem esquerda:

1.º *Campilhas.* Nasce na serra do Cercal, e termina abaixo de Alvallade.

2.º *Corona.* Nasce na serra de Grandola, e entra no Sado a montante do logar da Azinheira dos Bairros.

3.º *Arcão.* Começa na charneca de Grandola, engrossa com algumas nascentes notaveis, e conflue no Sado a juzante de Valle de Guizo.

X

BACIA DO MIRA

Contorno.—Á direita é limitada pelas collinas de Almodo-var e Ourique, que a separam da bacia do Guadiana, e pelas serras das Reliquias e Cercal, que a separam da bacia do Sado; á esquerda é limitada pelas serras de Mú, Mesquita e Rosal e collinas de S. Theotonio, que a separam das bacias do Ode-louca e Seixe.

Superficie da bacia 1:644^{kq},17.

Curso.—Nasce na serra do Mú, que faz parte da serrania do Algarve, banha a villa de Odemira, e lança-se no oceano junto a Villa Nova de Milfontes. É navegavel até Odemira, pelo espaço de 20 kilometros.

A sua direcção geral é de SE. a NO., excepto na parte me-dia do seu curso, onde toma as direcções de SO. e O. Curso 89 kilometros.

Affluentes.—Na margem esquerda: *Rio Torto* e outras pe-quenas ribeiras que descem da serra da Mesquita.

XI

BACIA DO GUADIANA

Contorno (em Portugal).—É limitada á direita pela princi-pal linha orographica que da serra de Portalegre se dirige para o sul por Borba, serra de Ossa, Evora, Beja até á serra do

Mú, e pela cumeada das serras de Querença e Alcaria, terminando em Villa Real de Santo Antonio. Á esquerda comprehende todo o territorio portuguez alem do rio.

Superficie em Portugal 10:921^{kq},58.

Curso.—Nasce nas lagoas de Regdera, atravessa as provincias hespanholas de Ciudad Real e Badajoz, onde começa a servir de limite a Portugal até Monsaraz; atravessa a parte oriental do Alemtejo até ao Pomarão, e de novo forma o limite do reino até á sua foz.

Em Portugal banha Juromenha, Mertola, Alcoutim, Castro Marim e Villa Real de Santo Antonio, junto á sua foz.

O seu curso é de 700 kilometros, dos quaes 207 em Portugal.

Começa a ser navegavel em Mertola pelo espaço de 65 kilometros. Do Pomarão até á foz, na extensão de 45 kilometros, é navegavel para navios de grande lote.

A direcção geral é de E. a O. da origem até Badajoz, onde volta para SO., acabando por se dirigir para o S.

Affluentes.—Na margem direita:

1.º *Xevora.* Nasce na serra de S. Mamede, entra em Hespanha, e banha segunda vez uma parte de Portugal, passando por Ouguella.

2.º *Caia.* Nasce na serra de S. Mamede, e corre junto a Arronches.

3.º *Degebe.* Nasce nas alturas de Divor. Recebe a ribeira *Pardiella,* que desce da serra de Ossa.

4.º *Cobres.* Começa nas alturas de Almodovar, e corre junto a esta villa; junta-se-lhe o rio *Terges,* que começa no plan'alto de Castro Verde.

5.º *Oeiras.* Nasce na serra de Mú, na cordilheira do Algarve, e termina junto a Mertola.

6.º *Vascão.* Nasce na serra do Almirante, e termina entre Pomarão e Alçoutim.

7.º *Foupana* e *Odeleite.* Nascem nas serras de Querença e Alcaria, e juntas entram no Guadiana.

Na margem esquerda:

1.º *Ardilla.* Nasce em Hespanha, e termina a NO. de Moura.

2.º *Chança.* Nasce em Hespanha na serra de Aroche, e termina junto ao Pomarão.

XII

BACIAS LITORAES

1.º Entre a foz do Minho e a do Lima:
Ancora. Nasce na serra de Arga.

2.º Entre o Lima e o Cávado:

Neiva. Nasce na serra de Oural.

3.º Entre o Ave e o Douro:

Leça. Nasce na serra de Sitania, e termina entre Matosinhos e Leça da Palmeira.

4.º Entre o Mondego e o Tejo:

1.ª *Liz*. Nasce na serra de Aire, e banha Leiria; junta-se-lhe o rio *Lena*, e termina perto da Vieira.

2.ª *Alcoa*. Nasce na serra de Rio Maior, banha Alcobaça, e termina perto da Pederneira.

3.ª *Alfeizirão*. Começa nas alturas de Ribafria, banha os campos de Alfeizirão, recebe a ribeira da *Tornada*, e acaba na Concha de S. Martinho.

4.ª *Arnoia*. Começa na serra de Monte Junto, e termina na lagoa de Obidos.

5.ª *Athouguia*. Começa nas alturas de Moledos, e acaba no isthmo de Peniche.

6.ª *Lourinhã*. Banha a villa do mesmo nome.

7.ª *Alcabrichel*. Começa na serra de Villa Verde, e corre junto ao logar de Vimeiro, notavel pelo desembarque das tropas inglezas, e combate entre o exercito francez e o anglo-portuguez em 1808.

8.ª *Sizandro*. Começa nas alturas da Enxara, e corre a norte de Torres Vedras. É ao longo da sua margem esquerda que se desenvolve a primeira das famosas linhas de Torres Vedras.

9.ª *Safarujo*. Começa na serra do Juromello. As escarpadas encostas da margem esquerda fazem parte da segunda linha de Torres Vedras.

10.ª *Ilhas*. Começa na tapada real de Mafra.

11.ª *Cheleiros*. Começa na serra da Acesseira, e termina ao sul da Ericeira.

12.ª *Collares*. Nasce na serra de Cintra, banha Collares, e acaba na praia das Maçãs.

13.ª *Cascaes*. Nasce na serra de Cintra, e acaba na enseada de Cascaes.

5.º Entre o Tejo e o Sado:

Albufeira. Nasce na serra de Cezimbra, e termina na lagoa de Albufeira.

6.º Entre o Sado e o Mira:

1.ª *Melides*. Desce da serra de Grandola.

2.ª *Santo André*. Nasce na serra de S. Thiago do Cacem, e entra na lagoa do mesmo nome.

7.º Entre o Mira e o Guadiana:

1.ª *Seixe*. Nasce na serra de Monchique.

2.ª *Aljezur*. Desce da mesma serra, e banha a villa de Aljezur.

3.ª *Carrapateira*. Começa na serra do Espinhaço de Cão.

4.ª *Bensafrim*. Nasce na serra do Espinhaço de Cão, e termina na bahia de Lagos.

5.ª *Alvôr*. Desce da serra de Marmellete, e termina junto á villa de Alvôr.

6.ª *Odelouca*. Nasce nas serras da Mesquita e Mú, recebe o rio de Silves, e termina junto a Villa Nova de Portimão, onde forma o melhor porto do Algarve.

7.ª *Pera*. Nasce na serra de Messines.

8.ª *Quarteira*. Nasce nas serras de Salir.

9.ª *Rio Secco*. Termina na ria de Faro.

10.ª *Asseca*. Banha Tavira.

Superficie total das bacias litoraes 11:090^{kq},70.

HYDROGRAPHIA DAS COSTAS, PORTOS E ILHAS

A costa de Portugal começa, ao norte, na foz do rio Minho, que forma o primeiro porto maritimo portuguez, vindo do norte, denominado Porto de Caminha.

A ponta do Cabedello, na margem esquerda, e a ponta da Barbella na margem direita, que pertence a Hespanha, constituem a foz do rio, que tem a largura de 250 metros. Da ponta do Cabedello a costa segue, ao SO., até á Ponta Ruiva, a pouco mais de um terço de milha.

A 300 metros ONO. da Ponta Ruiva fica um ilhote denominado a Insua, no qual ha um forte portuguez; a NO. d'esta Insua ha um ilhote mais pequeno chamado a Insua Velha, e são separados por um estreito canal denominado Travesso ou Carreiro Gallego. Para NE. da Insua Velha ficam as pedras chamadas os Cambalhões, e para NE. d'estas, outra pedra, a Gemida; ao canal que fica entre estas pedras chamam as *Portas*.

O canal principal da barra é entre a Insua e a costa portugueza. Tem pouco fundo, e esse muito variavel, tendo chegado a ligar-se a Insua com a terra firme nos grandes baixamares. Em geral não dá accesso a navios que demandem mais de 11 pés.

Os canaes ao N. da Insua têem tambem pouco fundo, e são perigosos por causa dos recifes.

O estabelecimento d'este porto é ás 2^h 34'[1]. A unidade de altura 1^m,48. As maximas e minimas amplitudes de marés observadas em tres annos, são: 3^m,70 e 0^m,80.

Ao norte da foz do rio levanta-se um monte de fórma conica, no cimo do qual ha um nicho. Chama-se Monte de Santa Tecla,

---

[1] Damos as longitudes e latitudes de todos os pontos no catalogo no fim do volume.

e tem a altitude de 328ᵐ,4. Por elle se reconhece facilmente esta costa, avistando-se a 35 milhas.

O forte da Insua demora a 1,3 milha ao S. d'este monte.

A 6,5 milhas ao S.4°O. da Insua fica a ponta de Monte-Dór, formada por um outeiro coroado por um moinho vento, da qual sáe uma restinga.

D'esta ponta segue a costa ao S.26°E. por 4,5 milhas até á barra de Vianna, sendo flanqueada n'essa extensão pela serra de Santa Luzia, da qual é separada por uma planicie de 1 kilometro de largura.

A meia distancia entre a ponta de Monte-Dór e a barra de Caminha fica a foz da pequena ribeira de Ancora, onde ha uma formosa praia muito frequentada dos banhistas.

A serra de Santa Luzia tem 553 metros de elevação, podendo avistar-se á 45,3 milhas. A sua maior distancia á costa é de 3,2 milhas. Na encosta do extremo S. da serra alveja uma ermida sobranceira á cidade de Vianna do Castello. A 46 milhas da costa devem tambem começar a avistar-se os picos do Gerez e do Outeiro Maior.

O porto de Vianna é formado pela foz do rio Lima, a qual tem 90 metros de largura, em baixamar, entre o Bugio, na ponta do paredão do N., e o Cabedello, ou ponta do S., e 300 metros em preamar. A barra abre ao SO., e tem de profundidade 3ᵐ,1 a 3ᵐ,3 nos maiores baixamares. Da ponta do N. sáe uma restinga de pedras, que abriga o canal, e na qual ha duas estreitas passagens a que chamam as *Portas*.

O estabelecimento do porto, no fortim, é ás 2ʰ 25′. Unidade de altura, 1ᵐ,63. Amplitude maxima, 3ᵐ,7; minima, 0ᵐ,76.

Á velocidade da corrente é a seguinte:

		Milhas
Enchente	Aguas vivas	0,24
	Aguas mortas	0,23
Vasante	Aguas vivas	1,33
	Aguas mortas	0,90

N'este porto ha uma estação electro-semaphorica.

A costa segue ao S.17°E. até á foz do Neiva, que fica a 5 milhas da barra de Vianna, sendo quasi toda de praia de areia; mas ao longo d'esta costa e á distancia media de 1 milha ha recifes de pedras.

A 4,3 milhas ao S. 8° E. fica a barra de Espozende, accessivel sómente a hiates e embarcações menores, na qual ha um pharolim de luz vermelha fixa, com o alcance de 7 milhas, á altitude de 13ᵐ,9. Ao sul d'esta barra ha ao longo da costa uma restinga de pedras, algumas das quaes ficam sempre descobertas, e são conhecidas pelo nome de *Cavallos de Fão*. A costa segue na mesma direcção até á ponta de areia, proximo da qual fica a povoação de *Abremar*, voltando para o S. 30° E. até Povoa de Varzim, onde forma uma pequena enseada, a qual abriga grande numero de barcos de pesca d'aquella grande villa.

A 3 milhas ao S. 2° E. é a barra de Villa do Conde na foz do Ave, na qual só entram navios de pequeno lote. Esta barra reconhece-se facilmente pelo elevado e extenso aqueducto que parte de um grande edificio que se vê a ENE. da villa, que é o antigo convento de Santa Clara.

Da foz do Ave vae a costa no rumo de S. 14° E. pelo espaço de 7,3 milhas, até á capella da Senhora da Boa Nova, situada em um alto penhasco cortado a pique, ao norte do qual ha uma pequena abra onde se abrigam algumas vezes os barcos de pesca; um pouco ao norte d'esta abra, toda orlada de rochedos, começam as extensas praias de Pampelido e do Mindello, que se estendem até á foz do Ave.

Da capella da Senhora da Boa Nova até á foz do Douro, a 5 milhas de distancia, a costa é de rochas baixas e praias de areia, no rumo S. 24° E., ficando a menos de meia distancia o pequeno porto de Leça, na foz do rio do mesmo nome, onde só podem entrar barcos de pesca. A 1 milha da costa ficam os Leixões, recifes de pedra que circumdam o porto de Leça, servindo-lhe de abrigo ao mar de O. Entre os recifes e a costa ha surgidouro em 10 a 16 metros de profundidade, com duas passagens largas, uma ao sul e outra ao norte.

A barra do Douro, ou do Porto, actualmente desobstruida quasi de todo das perigosas pedras que tanto difficultavam á sua entrada, é ainda de difficil accesso por causa da pouca profundidade do banco de areia que a cinge completamente do lado do mar, profundidade que em 1869 era de $2^m,5$ nos maiores baixamares de aguas vivas [1]. Estabelecimento $1^h,49''$. Unidade de altura $1^m,60$.

Um pouco ao N. d'esta barra está o pharol de Nossa Senhora da Luz, de luz branca com clarões de minuto a minuto e o alcance de 15 milhas. A sua altitude é de $51^m,6$.

N'este porto ha uma estação electro-semaphorica.

Da barra do Porto continúa a costa no rumo do S. 7° E. até Espinho, a 9 milhas, ainda baixa e orlada de praias e pedras. Aqui começam as extensas dunas que acompanham a costa até ao Cabo Mondego, na extensão de 45,3 milhas, no rumo de S. 13° O. Para o interior estende-se uma larga zona de terras baixas cobertas de pinhaes, e que parecem ir entestar com as

---

[1] Em preamares de aguas vivas e com o mar chão podem entrar a barra navios que demandem 16 a 18 pés.

2.

elevadas serras que limitam o horisonte, e que servem para reconhecer esta parte da costa. Da parte do N. fica a serra da
Freita, cujo pico de S. Pedro Velho se assimilha um pouco á
serra que fica ao sul d'elle chamada o Caramullo; ambas têem
quasi a mesma altitude, 1:078 metros a Freita e 1:070 o Caramullo, mas a ultima distingue-se pelo pico mais agudo. Estas
duas serras parecem, vistas do mar, ligadas por duas outras
mais baixas, a do Orestal e a das Talhadas. Podem avistar-se a
63 milhas; porém, sendo a distancia da serra da Freita á costa
de 18,5 milhas e 26,5 milhas a do Caramullo, segue-se que a primeira avistar-se-ha a 44,5 milhas e a segunda a 37,5 da costa.

A ONO. ¼ O. do Caramullo fica a barra de Aveiro, aberta
nas dunas de areia, e por isso muito variavel e sujeita a ob-
struir-se. Serve esta barra de communicação com o mar á ria
de Aveiro ou estuario do Vouga, que se ramifica em quatro
braços principaes: 1.°, *a ria de Ovar,* que corre parallelo á
costa até a villa d'esse nome, e é o maior e mais largo; 2.°,
ria de Mira, que seguindo tambem parallelo á costa communica
a lagoa de Mira com o mar; 3.°, *ria de Vagos;* 4.°, *ria de
Aveiro,* que, não é mais que um esteiro, denominado na localidade *Cale da cidade.* Alem d'estes braços ou canaes ha o canal por onde o Vouga desagua na ria, e uma infinidade de esteiros que circumdam varias ilhas e sapaes, em parte aproveitados na producção do sal.

A barra de Aveiro, antes da construcção do paredão que a
fixou no local onde hoje está, tinha caminhado para o sul, a
ponto de chegar até defronte de Mira, a mais de 20 kilometros
do local onde hoje se acha.

Ainda ha poucos annos estava aberta uma pequena barra,
chamada da *Vagueira,* entre Mira e a Barra Nova.

O canal que communica a cidade de Aveiro com a barra tem
as maximas profundidades de 6^m,3 a 10 metros defronte do
forte; até ao quadro da alfandega a profundidade media é de
3 metros; o esteiro que chega até á cidade tem a media de 0^m,7
nos baixamares de aguas vivas.

Na costa o fundo é esparcellado; até 3 milhas vae augmentando gradualmente até attingir 18 metros, com um declive de
4,5 millimetros por metro.

A 1 kilometro da barra ha uma elevada torre, na qual se
projecta estabelecer um pharol.

Estabelecimento (junto á torre) 2^h,20'. Unidade de altura
0^m,87. Amplitudes das marés:

Em aguas vivas... { Maxima .... 1^m,76
Minima .... 0^m,55

Em aguas mortas.. { Maxima .... 1^m,29
Minima .... 0^m,31

Velocidade da corrente na enchente 3,3 milhas, na vasante 4,2 por hora[1].

A 28,2 milhas para S. 14° O. da barra de Aveiro demora o cabo Mondego, formando um promontorio alto e escarpado, que é o extremo occidental da serra da Boa Viagem, ou de Buarcos, cuja altitude é de 209 metros, podendo avistar-se a 27,2 milhas.

A 35 milhas a O. da costa deve começar a avistar-se o elevado pico da Louzã, que tem 1:200 metros de altura, e que está a 31 milhas para o interior ao S. 82° E. do cabo Mondego. Navegando do S. avista-se primeiro o pico da Louzã, vindo do N. a serra de Buarcos.

N'este cabo ha um pharol de luz branca e fixa, com o alcance de 20 milhas.

Para o S. d'este cabo segue a costa pelo espaço de 3,2 milhas no rumo do S. 42° E. até á barra da Figueira, na foz do Mondego, formando antes a enseada de Buarcos, onde se encontra abrigo em bom fundo dos ventos de NO. a SE. pelo N.

Na barra da Figueira o estabelecimento é ás $2^h,29^j$. Unidade de altura $1^m,60$.

Desde 2 milhas a N. do cabo Mondego até Buarcos a costa é bordada de rochedos; de Buarcos á foz do Mondego é praia de areia.

D'esta foz continúa a costa no rumo S. 19° O. seguindo em linha recta pelo espaço de 26,7 milhas, orlada de altas dunas de areia, em parte cobertas de pinhaes, avultando quasi no extremo sul o grande pinhal nacional de Leiria. N'esta costa, a 16,5 milhas da foz do Mondego, fica a foz do Liz e porto da Vieira, onde só entram pequenos barcos. No extremo do pinhal de Leiria começa a costa a elevar-se em ribas escarpadas, orladas por uma estreita praia.

A costa inclina ao S. 15° O. por 7 milhas até á ponta da Nazareth, onde ha um forte, formando depois a enseada da Pederneira, e sendo orlada quasi toda de praia, mas elevando-se logo para o interior as alturas de Pataias e Nazareth.

A costa N. da enseada é toda de altos rochedos a pique; o resto é praia de areia.

A villa da Pederneira fica no alto de um monte, e a 1 milha a SE. eleva-se do meio de um grande pinhal um serro escarpado que tem no cume uma ermida. No fundo da enseada vê-se o logar da Praia, e no alto monte do N. da enseada fica o sitio de Nazareth, com a sua notavel igreja, cuja alta torre

---

[1] A differença que se nota, comparando estes elementos hydrographicos com os das barras do Porto, Vianna, etc., tem por causa a influencia local produzida pela diminuta secção de entrada da barra de Aveiro, relativamente á grande superficie salgada do estuario do Vouga.

se avista a 24,3 milhas. A *Alva de Pataias*, que é uma grande duna de areia que se destaca do fundo negro do pinhal da Nazareth, e cuja elevação é de 141 metros, dá um bom reconhecimento para esta costa.

Da enseada da Pederneira continúa a costa, no rumo S, 32° O. até á concha de S. Martinho, a 6,3 milhas. O alto do Facho, de fórma conica e com 98 metros de altura, fórma uma aguda ponta, ao sul da qual ha uma enseada que tem quasi no extremo sul uma abertura, ou estreita barra, que dá entrada para a *concha* de S. Martinho, pequeno golpho circular onde desaguam algumas ribeiras. O alto do Facho, e os moinhos que alvejam no cimo dos montes que lhe ficam a E., servem para reconhecer esta costa. A barra tem menos de 100 metros de largo, e, por pouco profunda, só admitte pequenos navios.

D'este ponto até ao cabo Carvoeiro segue a costa ao SO., com o desenvolvimento de 16 milhas. A pouco mais de 3 milhas da ponta meridional da enseada de S. Martinho eleva-se quasi a pique sobre a costa o Monte Gordo, contraforte da serra do Bouro, cuja altitude é de 121 metros, formando uma ponta. A 3 milhas d'esta ponta fica a Lagoa de Obidos, que communica com o mar por uma estreita *aberta*, obstruida pelas areias durante a maior parte do anno. Até aqui a costa é profunda e de altos rochedos escarpados; da bôca da Lagoa até á peninsula de Peniche é uma extensa praia, da qual sáe, a 1,5 milha de Peniche, uma ponta de rochas denominada o Baleal, rodeada de recifes. No prolongamento d'esta ponta ha uma ilhota, a *Ilha de Fóra*, e mais ao mar um rochedo chamado o *Ilhéu de Fóra*. Do extremo NE. da peninsula de Peniche sáe outra ponta, a Papôa; é entre estas duas pontas que fica comprehendida a *bahia do norte*, onde os navios encontram abrigo dos ventos de O. a ENE. pelo S., mas que não é bom surgidouro por ter em geral fundo de pedra.

Entre a ponta da Papôa e a do Trovão, que lhe fica ao SO., ha uma pequena enseada com uma praia denominada o *Porto da Areia*. Na ponta de O. da peninsula, chamada o *Cabo Carvoeiro*, ha um pharol de luz branca e fixa, com o alcance de 9 milhas e a altitude de 55^m,5. Tem uma estação semaphorica. Ao sul da peninsula ha a *bahia do sul*, cujo fundo é em partes de pedra; o fundeadouro é ao S. da cidadella. Toda a costa da peninsula é de rocha escarpada de 10 a 20 metros de altura.

A N. 55° O. do cabo Carvoeiro, a 5,5 milhas, ergue-se a *Berlenga Grande*, pequena ilha com 1:500 metros de comprimento, de NE. a SO., e 800 metros na sua maior largura. É rodeada de muitos recifes, e a sua costa, alta e escarpada, é muito recortada. A ilha é dividida em duas partes por uma grande depressão, que dá origem a dois caneiros, situados cada um de seu lado da ilha, apenas separados por uma especie de isthmo de 100 metros de largura. O caneiro de NO. chama-se *Carreiro dos Cações*, o de SE. *Carreiro dos Mosteiros*. A pequena distancia a SO. da bôca d'este caneiro está a fortaleza de S. Filippe, edificada sobre um ilhéu, ligado á ilha por uma muralha ou caes.

N'esta parte da ilha ha bom fundeadouro ao abrigo dos ventos de OSO. a NNE. pelo O. Ao NO. da Berlenga ficam as Estellas a 1 milha. Assim se denomina um grupo de pedras, ou ilhotes, sempre descobertos.

A quasi 4 milhas ao N. 25° O. da Berlenga ficam os Farilhões, grupo de ilhotes, dos quaes o maior, ou Farilhão Grande, é quasi tão elevado como a Berlenga. Ao S. d'este ficam as Forcadas.

O canal entre a Berlenga e o cabo Carvoeiro é profundo, e igualmente o que fica entre os Farilhões e as Estellas, mas ali a corrente é muito forte.

Na Berlenga Grande ha um pharol, cuja elevação sobre o nivel do mar é de 116ᵐ,47, sendo 28 metros a altura do vertice do pharol sobre o terreno. A sua luz é branca, de rotação completa, com eclipses de 8 minutos e clarões de 10 segundos. O seu alcance é de 20 milhas.

O isthmo que liga a peninsula de Peniche á terra firme é um areial, baixo, proximo á peninsula, a ponto d'esta ficar ilhada nas grandes preamares equinocciaes, mas que se vae elevando em médos até á ponta da Consolação.

De Peniche a esta ponta, que fica a 2 milhas, a costa vae ao S. 20° E., sendo toda de praia. D'esta ponta, que é de rocha, e no cimo da qual ha um forte, continua a costa ao S. 18° E. até á ponta de Paimogo a 2,3 milhas. Entre estas pontas a costa é toda uma escarpa de rochedo a prumo. Segue depois ao S., orlada de uma praia chamada da *Areia branca*, até á ponta *Peralta*, continuando no mesmo rumo até á ponta das Barcas a 1 milha da primeira, mas já de rocha escarpada. Entre esta ultima ponta e a de Paimogo ha 3,3 milhas. A meio da praia está a foz da Areia branca, onde se mette no mar a ribeira da Louriuhã.

Da ponta das Barcas á da *Lamparoeira* a 13 milhas ao S. 23° O. a costa é quasi toda de praias de areia, encostadas a uma escarpa quasi continua de elevados rochedos com algumas pontas salientes que dividem as praias. D'estas as mais notaveis são a do Porto Novo, na foz da ribeira de Alcabrichel ou do Vimeiro, onde se effectuou o desembarque dos inglezes em 1808, e a Praia Formosa na foz do Sizandro. Serve de reconhecimento a esta costa a serra de Monte Junto, com 666 metros, e á distancia da costa 14,5 milhas, podendo avistar-se a 35 milhas da costa.

D'esta serra até ao mar o terreno é accidentado por montes de elevação media de 130 metros.

Passada a ponta da Lamparoeira volta a costa ao S. até á foz da ribeira do Porto, a 8,3 milhas, quasi toda de rocha escarpada. A 1,5 milha ao N. da dita foz fica a villa da Ericeira, situada no alto da escarpa na encosta dos montes. Ao S. ha uma pequena enseada, com uma boa praia, e ao N. tem outra praia. Este porto é muito desabrigado dos ventos de NNE. a SSO. por O. Tem duas luzes de enfiamento, uma branca, outra vermelha, a 37ᵐ,7 de altitude. O convento de Mafra com suas elevadas torres e zimborio, a 270 metros acima do nivel do mar, serve de reconhecimento e marca para este porto, podendo avistar-se a 30,5 milhas.

Da foz da ribeira do Porto a costa volta ao S.25ºO. até ao cabo da Roca, a 10,3 milhas, quasi toda de rochedos escarpados e elevados, apenas interrompidos pela Praia das Maçãs na foz da ribeira de Collares, e a Praia Grande a S. d'esta. Nas proximidades do Focinho da Roca, nome que os maritimos dão ao cabo, o rochedo começa a elevar-se, a ponto de apresentar ali uma escarpa de mais de 125 metros, sobre a qual está o pharol da Roca a 137 metros acima do nivel do mar. Este pharol é de luz branca de rotação completa, com eclipses de 2 em 2 minutos e clarões de 8 segundos. O seu alcance é de 16 milhas. A 0,5 milha ao mar do cabo fica a Pedra de Arca; esta e outros recifes, com a forte corrente que ali ha, tornam perigosa a sua approximação.

A serra de Cintra eleva-se sobranceira ao cabo, prolongando-se para o interior na direcção de ENE. A sua maior altitude é no seu extremo de E. no castello da Pena, que tem 529 metros de cota. O convento da Peninha, no extremo SO., está a 488 metros, e deve avistar-se a 42,5 milhas. A fórma pittoresca d'esta serra, com a sua cumeada recortada e eriçada de picos agudos, não se confunde com a de outra qualquer; por isso é um bom ponto para reconhecimento da costa.

A 4,3 milhas ao S.7ºE. fica o cabo Raso, que é baixo, e, como o nome o indica, plano; n'elle ha um forte denominado de S. Braz. A costa entre estes dois cabos, continuando a formar escarpa de rocha, curvando-se, dá logar a uma enseada ou bahia perigosa para os navios que bordejando entram n'ella, porque a corrente é forte e encosta á terra.

No cabo Raso a costa volta repentinamente a S.73ºE. até á ponta do Salmodo a 3,3 milhas, e curvando-se depois para o N., forma a bahia de Cascaes, continuando até á foz do Tejo, que fica a 5 milhas, no rumo de S.62ºE. Toda esta costa é de rocha pouco elevada, com pequenas praias de espaço a espaço; a maior é a que fica entre a ponta de Rana e a ponta da Lage na foz do Tejo, sobre a qual está a fortaleza de S. Julião da Barra. Entre o cabo Raso e a ponta de Salmodo fica a ponta da Guia,. proximo da qual está o pharol de Nossa Senhora da Guia, de luz branca e fixa, com o alcance de 13 milhas e a altitude de 56 metros; e entre este e o Cabo Raso, em uma pequena eminencia, está a estação electro-semaphorica de Oitavos. Na cidadella de Cascaes ha outra estação semaphorica. A bahia de Cascaes é abrigada de quasi todos os ventos, excepto dos de SO. a SE. pelo S.; é n'este porto que estão fundeados o hiate e barcos dos pilotos da barra de Lisboa. O seu estabelecimento é á 1ʰ40'.

A 1,5 milha ao S.56°E. da torre de S. Julião fica a torre do Bugio edificada sobre um rochedo ou ilhéu, situado no prolongamento da ponta ou cabedello do sul da barra.

N'esta torre e na de S. Julião ha dois pharoes.

O pharol de S. Julião é de luz branca e fixa, com o alcance de 10 milhas e a altitude de 46ᵐ,4. Tem estação semaphorica.

O pharol do Bugio é de luz branca, de rotação total, com eclipses de 3 em 3 minutos e clarões de 10 em 10 segundos, com o alcance de 16 milhas e a altitude de 26ᵐ,1.

A barra de Lisboa tem dois canaes, o do N. ou o *Corredor,* e o do S. ou a *Barra Grande.* O primeiro vae quasi de E. a O. entre a costa e o cachopo do N., cujo extremo NE. é separado da ponta da Lage, onde está a torre de S. Julião, por um canal estreito, mas cuja profundidade é de 11 a 12 metros nos maximos baixamares. Por não haver n'este canal banco exterior, a sua entrada é mais facil na vasante ou quando ha arrebentação no banco da Barra Grande.

O canal do S., que é o principal, corre entre o cachopo do N. e o cachopo do S. ou Alpeidão. Na parte mais estreita tem quasi 1 milha de largura, com a profundidade de 27 a 31 metros, a qual vae diminuindo gradualmente até ao banco da Barra, onde a profundidade é de 10 a 11 metros referida aos maiores baixamares.

O meio do banco demora ao S.32°O. do pharol de S. Julião, e a S.55°O. do Bugio, a pouco menos de 4 milhas de cada um; e o meio do canal fica no rumo de NE. a SO., direcção que o rio conserva até Paço d'Arcos, a 2 milhas da foz, voltando depois a E. até á torre de Belem; ahi inclina ao ENE.¼E. até Lisboa, onde forma o porto mais vasto da Europa. As maiores profundidades do rio são do lado do sul, onde tambem a corrente é mais forte, e regulam entre 50 e 30 metros. No canal do N. da barra as aguas correm á vasante proximamente até meia maré, depois correm sempre á enchente.

O estabelecimento do porto em Paço de Arcos é ás 2ʰ e 15', e no arsenal da marinha de Lisboa é ás 2ʰ 40'.

Em Santa Martha e na torre de Belem ha pharolins de luz vermelha.

A maxima velocidade das aguas na barra é de 3 milhas na enchente e de 4 na vasante. A unidade de altura é de $2^m,15$ no arsenal.

A maxima amplitude é de $3^m,80$, a minima de $0^m,90$, pelas observações feitas em 1844.

Em 1864 a 1866 achou-se para maxima amplitude $3^m,84$, e para a minina $0^m,94$, no arsenal da marinha.

Na mesma epocha a maxima amplitude no Barreiro foi de $4^m,34$, e a minima de $1^m,12$.

Ao S. 13° E. da torre do Bugio, a 15 milhas, fica o cabo de Espichel, formado pelo extremo SO. da serra da Arrabida, e que se eleva a 150 metros acima do nivel do mar, com uma escarpa de rochedos de mais de 130 metros de altura. N'este cabo ha um pharol de luz branca e fixa que alcança a 13 milhas. A 500 metros ao N. do pharol vê-se a igreja de Nossa Senhora do Cabo. A costa, a partir da torre do Bugio, é toda de areia até proximo do cabo, mas orlada por uma escarpa de rochas a pequena distancia da costa. A 6 milhas ao N. do cabo fica a Lagoa de Albufeira, ou mais propriamente a Albufeira, que não communica com o mar. A costa faz uma grande curva do Bugio até ao cabo de Espichel, de modo que entre este e o cabo Raso a costa forma uma vasta bahia, quasi a meio da qual está a barra de Lisboa, sendo de 21 milhas a distancia entre os pontos extremos.

A pouco mais de 1 milha do cabo de Espichel, ao S. 72° E., é a ponta da Balieira.

Pela serra da Arrabida, com 499 metros de altura, podendo avistar-se a 48 milhas, se reconhece o cabo de Espichel, especialmente vindo do SO., porque n'esta direcção esta serra e a de S. Luiz, conhecida pelos maritimos por *Monte Cordova,* e o serro de Palmella, parecem tres picos muito proximos.

Da ponta da Balieira até á ponta do Oitão, na foz do Sado, á distancia de 13 milhas, corre a costa ao N. 69° E., lançando algumas outras pontas, como a do Cavallo e a de Ares, entre as quaes fica a pequena enseada de Cezimbra e a de S. Penedro. Em todo este espaço a costa é flanqueada pela serra da Arrabida, que forma em alguns pontos uma muralha de rochedos a pique de 200 a 300 metros de altura.

A N. 71° E. da torre de Oitão, na ponta do mesmo nome, fica, a 1 milha, a ponta do Adaxo, por entre as quaes se lança no mar o rio Sado formando a barra de Setubal.

O canal da barra segue o rumo de SO.; tem na foz profundidades de 30 a 40 metros, mas não tem mais de 3 a 4 metros sobre o banco da barra, o qual fica a perto de 2,5 milhas da torre do Oitão, e ao SE. do forte da Arrabida. Estabelecimento do porto 2^h,15'.

Na torre do Oitão ha um pharol de luz branca e fixa, á altitude de 34^m,4, e com o alcance de 15 milhas.

Da ponta do Adaxo estende-se para o SE. uma especie de cabedello ou lingua de areia de quasi 9 milhas de extensão que separa do Oceano o rio Sado.

O fundeadouro é defronte e ao sul da cidade. A meio do rio ha um banco que o divide em dois canaes: o do N. é mais fundo. O rio é navegavel até Alcacer para navios de pequena lotação, e até Porto de Rei para barcos.

Da foz do Sado a costa segue ao S. 42° E. pelo espaço de 8 milhas, voltando depois ao S. até á lagoa de Santo André a 19 milhas, e d'aqui até ao cabo Carvoeiro, a 9 milhas, vae ao S. 33° O., sendo em toda a extensão orlada de dunas de areia. Para o interior são terras baixas até á serra de Grandola, que tem 325 metros de altitude, a qual, unindo-se a outras serras de menor elevação, forma uma cordilheira de N. a S. ao longo da costa até Odemira.

Do cabo Carvoeiro, ou de Sines, que é uma ponta saliente de rochedo a pique, fronteira á qual fica a ilhota da Perceveira, a costa volta ao S. 75° E., seguindo n'este rumo até á praia de S. Torpes a 4,7 milhas. N'esta costa fica a pequena enseada de Sines, aberta aos ventos do S. e SO., mas na qual ha uma calheta onde se abrigam as pequenas embarcações.

Depois corre proximamente de N. a S. até ao cabo Sardão, que fica a 22 milhas. A meia distancia é a foz do rio Mira, que forma o porto de Villa Nova de Milfontes, que dá accesso sómente a barcos de pequeno lote, como cahiques e hiates. O rio é navegavel até Odemira. Da praia de S. Torpes até ao cabo Sardão a costa é baixa e quasi toda orlada de rochedos. Entre aquella praia e a barra de Villa Nova de Milfontes ha uma pequena enseada, com praia de areia, denominada o Porto Covo. Um pouco ao S., e a pequena distancia da costa, fica a ilhota do Pecegueiro, onde ainda ha ruinas de uma fortaleza antiga. Na costa proximo de Porto Covo ha um reducto.

Do cabo Sardão á ponta da Arrifana, a 18 milhas, vae a costa ao S. 17° O. e segue no mesmo rumo até ao cabo de S. Vicente a 15,7 milhas d'aquella ponta.

Em toda esta extensão a costa é de rochedos escarpados de 20 a 50 metros de altura, sendo a escarpa coroada de areias desde Aljezur até Sines. Entre estes dois cabos mettem-se no mar as pequenas ribeiras de Seixe, Aljezur e Bordeira. Defronte da ponta da Arrifana, a pequena distancia da costa, ha uma grande pedra sempre descoberta chamada a pedra da Agulha. A 4 milhas ao S. da ponta da Arrifana fica a ponta da

Carrapateira, que forma uma enseada aberta ao NO., onde ha uma praia.

A 2 milhas ao N. do cabo de S. Vicente está o Leixão a 0,5 milha de distancia da costa; e no cabo da parte de O. e SO. ha algumas pedras junto á costa, sobresaíndo pela sua altura o rochedo que forma o focinho do cabo, separado da terra firme por um estreito, mas muito profundo canal.

N'este cabo ha um pharol de luz branca, de rotação completa, com eclipses de 2 em 2 minutos e clarões de 8 segundos. Está levantado sobre os restos de um antigo convento com o alcance de 16 a 20 milhas. Toda esta costa é muito profunda.

Este cabo, e uma ponta que fica a pequena distancia para E., fazem parte de uma pequena peninsula de pouco mais de 1 kilometro de comprimento e 500 metros de largura, ligada á terra firme por um isthmo de pouco mais de 60 metros de largura.

Ao S. 56° E. e a 2,7 milhas do cabo fica a ponta formada pela peninsula de Sagres, fazendo a costa entre estes dois pontos uma larga enseada, na qual ha algumas pequenas angras, com estreitas praias, flanqueadas pela alta escarpa que borda toda esta costa. Defendendo a angra de Belixe, está o forte do mesmo nome perto do isthmo que liga a peninsula de S. Vicente á terra firme. Na peninsula de Sagres foi fundada a fortaleza d'esse nome pelo infante D. Henrique. Ha aqui uma estação electro-semaphorica. Ao nascente da peninsula abre-se a enseada de Sagres, entre a ponta d'este nome e a de *Balieira*, que fica a 1,3 milha ao N. 60° E. N'esta enseada, com bom fundo de areia, se abrigam os navios dos ventos de O. a N. quando não podem montar o cabo.

Entre a ponta da Balieira e a da Lage, que fica a NE., ha uma ilhota, ou rochedo isolado, fronteiro á praia do Martinhal.

A 13,5 milhas ao N. 68° E. da ponta da Balieira fica a ponta da Piedade. A costa continúa ainda a apresentar uma alta escarpa em geral talhada a pique, lançando varias pontas que formam outras tantas abras com suas praias de areia.

D'estas a principal é a de Almadena, onde se lança ao mar uma armação para a pesca do atum; a E. d'esta praia fica a ponta de Burgau, e a meia distancia d'esta ponta á da Piedade acha-se a pequena praia da Senhora da Luz, perto da qual está a freguezia d'esse nome; a E. ergue-se o serro das Atalaias, com uma escarpa vertical de mais de 100 metros, continuando a costa até Lagos a ser bastante elevada e recortada caprichosamente pela acção das vagas sobre uma rocha de facil desintegração.

Começa aqui o litoral a ser arborisado de figueiras, olivaes, etc., e muito povoado em uma facha de 3 a 8 milhas de largura, que se vae elevando suavemente até ás faldas das serras que se erguem a 20 milhas da costa. D'estas a mais saliente é a Foya, com 903 metros de altitude, tendo a E. a Picota de Monchique com 755 metros. Dista 25,7 milhas para N. 46° E. do cabo de S. Vicente, e póde avistar-se a 58 milhas.

Da ponta da Piedade segue a costa ao N. por 1,7 milha até Lagos, curvando-se logo para N. 86° E. até á barra de Villa Nova de Portimão, a 6,3 milhas. Esta curva da costa forma a bahia de Lagos, abrigada dos ventos de SO. a E. pelo N., mas muito exposta aos ventos do quadrante de SE.

A meio da bahia ergue-se em amphitheatro a cidade de Lagos, junto da qual desemboca uma pequena ribeira.

A 1,5 milha a O. da barra de Portimão sáe a pequena ponta de João de Ourem, e a costa é de rocha pouco elevada, mas desde aquella ponta até Lagos é praia de areia, na qual abre uma estreita passagem a ria de Alvor.

A barra de Portimão dá facil entrada a navios de pequena lotação; a sua profundidade regula por 2 metros nos maximos baixamares. Está situada na foz da ribeira Odelouca, a qual, alargando consideravelmente ao approximar-se do mar, forma o porto de Villa Nova de Portimão, com quasi 1 milha de largura. A meio do porto ha um grande baixo, que descobre nos baixamares, mas do lado de O. tem um canal fundo. N'este estuario entram as ribeiras de Boino e de Silves, sendo esta navegavel até á cidade d'esse nome. Depois do porto de Villa Real de Santo Antonio é este o melhor da costa do Algarve. Perto da foz na margem esquerda alveja a aldeia de Ferragudo.

D'esta barra segue a costa para o S. 64° E. até ao cabo Carvoeiro a 5 milhas, com uma escarpa de rochas pouco elevadas, interrompida em alguns sitios por pequenas praias. Este cabo é formado por uma ponta saliente de rocha de mediana elevação, na qual ha um forte.

D'este cabo á ponta da Balieira junte a Albufeira, que fica a 7 milhas a S. 85° E., a costa descreve uma curva, sendo quasi toda de rocha pouco elevada, excepto nas proximidades da foz da pequena ribeira de Pera, onde ha uma praia de areia, na qual se lançava uma armação para a pesca do atum, que actualmente se lança na costa de Quarteira.

A 1 milha a E. da Ponta da Balieira fica a ponta de Albufeira, e entre estas duas saliencias a pequena enseada de Albufeira. A costa volta depois para N. 80° E. até proximo do forte de Vallongo a 5 milhas, onde começa uma extensa praia de areia que acompanha a costa até á foz do Guadiana, prolongando-se ainda pela costa de Hespanha, e que apenas é interrompida em Cacella.

Do forte de Vallongo ao cabo de Santa Maria, a 16 milhas, segue a costa a S. 62° E., e logo volta para N. 56° E. até á

barra de Tavira, a 19 milhas d'aquelle cabo. A 1,5 milha do
forte de Vallongo fica a foz da ribeira de Quarteira, e a 1 milha mais para leste eleva-se á beiramar a torre de Quarteira,
e mais adiante o forte novo de Loulé, sobre uma escarpa que
acompanha a praia até ao Encão, que dista 9,5 milhas do cabo
de Santa Maria. N'este sitio destaca-se da costa uma lingua de
areia que termina na barra do Encão, tendo a extensão de 2,5
milhas. É no Encão que começa uma extensa ria parallela á
costa, que termina na barra de Tavira, a 1 milha a OSO. de
Cacella, e é separada do oceano por uma linha de ilhas de areia,
que são o prolongamento da lingua de areia do Encão. Esta ria
communica com o mar por seis barras denominadas *Encão,*
Bispo, Barra Nova, Barra Grande da Armona, da *Fuzeta* e
de *Tavira.* D'estas só a *Barra Nova,* ou barra de Faro e
Olhão, dá accesso a navios que demandem 16 pés; as outras
estão actualmente muito obstruidas. Antigamente a barra da
Armoná era a de maior fundo, e só por ella se fazia a navegação para Faro e Olhão; ainda em 1832 tinha 14 pés de profundidade em preamar, havendo então entre o logar das actuaes
barras do Encão e do Bispo uma barra pequena denominada
a *Barreta,* que se fechou completamente depois da abertura
da barra do Encão. Em 1861 as aguas romperam a ilha um
pouco a E. do cabo de Santa Maria, abrindo ahi uma barra estreita, mas funda, a que chamaram do *Bispo.* Esta barra tem
variado muito; quasi desde o principio se dividiu em duas, for-
mando-se mais a O. uma pequena barra chamada *Barrinha da*
Rata; mas a pouco e pouco se tem reformado a ponta da ilha
da Barreta, obrigando a barrinha da Rata a caminhar para E.,
e actualmente tem a sua abertura quasi unida á da barra do
Bispo, que está muito obstruida e mostra tendencia para fechar
de todo.

A Barra Nova tem um canal estreito, com 2 a 2,5 metros
de profundidade em baixamar, e abre ao SO. a pouco mais de
1 milha de distancia da costa, e a 1,5 milha a E. do pharol
construido na ilha da Culatra. O estabelecimento n'este porto
é ás 2^h e $6'$. A unidade de altura $1^m,51$. A maxima amplitude das
marés é $3^m,50$, e a minima é de $0^m,71$. A E. do canal da barra
ha um grande banco de areia, que descobre nos baixamares,
denominado *Cabeça dos Mortos.*

Desagua n'esta barra um largo canal, que se bifurca lançando
um braço para Olhão, e seguindo o outro até Faro, com a profundidade de 8 a 10 metros.

O espaço occupado pela ria de Faro é coberto de parceis e
sapaes de lodo, que as marés vivas equinocciaes cobrem completamente, mas que nos baixamares deixam a descoberto, alem
d'aquelles dois largos canaes, uma intrincada rede de esteiros.

Na ilha da Culatra (uma das de Santa Maria) está construido desde 1856 um pharol, a perto de 3 milhas a E. do cabo de Santa Maria. É de luz branca e fixa, de apparelho lenticular, e tem o alcance de 15 milhas. A altura do pharol é de 32 metros.

A 2 milhas a O. do cabo de Santa Maria lança-se uma armação para a pesca do atum, e a O. da barra do Encão lança-se outra denominada do Ramilhete.

Na ilha de Tavira deitam-se ao mar tres armações, na segunda epocha da pesca do atum, a que chamam *atum de revez*, sendo o da primeira epocha chamado *atum do direito*.

O Monte Figo, ou serro de S. Miguel, ao N. de Olhão, serve de reconhecimento a esta parte da costa do Algarve. A sua altitude é de 405 metros, podendo avistar-se a 40 milhas.

As barras da Fuseta e de Tavira, muito obstruidas pelas areias, só dão entrada a pequenos navios de cabotagem.

Da barra de Tavira segue a costa ao N.75ºE. até á foz do Guadiana a 8,3 milhas, apresentando nas proximidades de Cacella uma escarpa de rocha de pouca elevação, á qual logo succede o areial do Monte Gordo, que se estende até á ponta de Santo Antonio, na foz d'aquelle rio.

Este rio forma o porto de Villa Real de Santo Antonio, cuja barra é a melhor do Algarve, não tanto pela sua profundidade como pela largura do canal, que regula por 400 metros, excepto á entrada, sobre o banco, onde não tem mais de 80 metros.

Da ponta de Santo Antonio sáe uma comprida restinga de areia, na mesma direcção que tem o rio, isto é, de SSE.; esta restinga só descobre completamente nos baixamares de aguas vivas, e tem 1,3 milha de comprimento. Pelo seu extremo, chamado *Ponta do Bril*, liga-se a um banco, que nunca descobre, chamado o *Banco das Almas*, que volta para o NO. até á costa.

Da ponta do Bril o canal da barra volta ao SO., e é fechado pelo banco da barra, que tem 2 metros de profundidade nos maximos baixamares, profundidade que augmenta quando ha alguma cheia no rio. O estabelecimento do porto é ás 2^{h}15′ [1]; a maior amplitude da maré é de 3^m,40 e e a minima de 0,80. A unidade de altura é de 1^m,50. A ponta oriental da foz do Guadiana, no reino de Hespanha, denominada del Timon, é o extremo de uma estreita ilha de areia, separada da ilha de Canella por um largo canal que, partindo do Guadiana, communica com o mar proximo da barra da Figueirita, com a qual tambem communica o mesmo rio pelo esteiro da Figueirita, que limita pelo lado do norte a ilha de Canella.

Junto a Ayamonte tambem entra no Guadiana um outro

[1] É deduzido sómente de uma só maré de equinoccio, e os outros elementos de seis mezes de observações. Citâmo-los com a devida reserva.

esteiro, que communica com o antecedente. Fronteiro a este esteiro de Ayamonte abrem na margem direita do rio dois esteiros; o do sul, que é o maior, e se denomina da *Carras-queira*, termina a 1 legua de distancia; o do norte, ou o de Castro Marim, tem pouco mais de meia legua, e vae passar junto á villa do mesmo nome.

D'este esteiro sáe um braço, que vae para O. e SO. a jun-tar-se com o da Carrasqueira. Todos estes esteiros se ramifi-cam circumdando varias ilhas ou sapaes, que são cobertos pelas grandes marés.

Um pouco ao sul de Villa Real de Santo Antonio, em um médo de areia denominado o *Médo-Alto,* ha um pharolim de luz branca, para alinhamento no canal da barra, com o alcance de 6 milhas. E em Hespanha, na ilha de Canella, ha dois pha-rolins de luzes encarnadas, cujo enfiamento determina a entrada da barra. N'esta mesma ilha ha uma elevada torre, que servia antigamente de atalaia, e que é uma dos marcas da barra.

As costas de Portugal têem, portanto, o seguinte desenvolvi-mento:

	Milhas
Entre Douro e Minho..................	45
Beira Alta.........................	70
Extremadura......................	180
Alemtejo.........................	23
Algarve..........................	108
Total...................	435

N'esta extensão de costas ha 13 pharoes e 7 estações electro-semaphoricas. Está comtudo projectado o estabelecimento de mais 5 pharoes e de 18 estações electro-semaphoricas.

Ao longo da costa occidental do reino ha uma corrente de N. a S. de pequena velocidade, que é talvez ramificação da grande *corrente do Golpho,* Gulph-Stream. No cabo de S. Vi-cente volta para E., e segue ao longo das costas do Algarve e da Hespanha até ao estreito de Gibraltar.

A velocidade e direcção d'esta corrente é variavel segundo a força e direcção dos ventos reinantes, chegando a inverter-se a corrente, dirigindo-se para O., quando o vento de levante sopra com violencia.

A velocidade da corrente é approximadamente de 1 milha por hora.

A onda da maré vem de NO. em toda a costa occidental e do SO. na costa meridional, chegando com o atrazo de 1^h e $40'$ depois da passagem da lua pelo meridiano.

O refluxo da maré opera-se para SO.

Os ventos dominantes na costa occidental são de NO., N. e NE. no verão, primavera e outono; de manhã é frequente o terral de NE. a SE., e á tarde brisas de O.

No inverno os ventos dominantes são de SO., O. NO.

Na costa do Algarve são os ventos menos regulares do que na costa do N., irregularidade devida á orientação das costas e á orographia da provincia.

Durante a primavera, verão e outono, emquanto dominam na costa do N. as nortadas rijas, os ventos sopram na costa do Algarve do NO. a O.

No verão e outono predominam os ventos denominados do *Levante,* de NE. a SE., começando ordinariamente a soprar de NE. pela madrugada e rondando até SE.

No outono é frequente haver calma de manhã, começando depois de raiar o sol a soprar uma aragem de NE., que vae rondando e augmentando de força pelo SE. até S., acalmando pelo meio do dia, e succedendo-lhe ás vezes repentinamente a chamada *viração,* ou vento de OSO., O. e ONO.

No inverno os ventos são variaveis, dominando, quando ha mau tempo, os ventos de SE. a NO. pelo S.

É frequente haver N. no cabo de S. Vicente, quando reina o SE. na costa de Faro, E. e NE. em Albufeira e Lagos.

Durante a maior parte do anno o mar da costa do Algarve está chão, ou de pequena vaga, sendo então de facil accesso todas as barras d'esta costa. Quando ha vento do SE., ficam impraticaveis.

Nas costas do norte são pequenas as profundidades do mar, e o fundo é muito esparcelado; por essa rasão é perigosa a sua approximação debaixo de mau tempo, porque a arrebentação começa muito fóra, a 3 ou 5 milhas da costa. Ao contrario o mar é bastante profundo na costa do sul.

A 3 ou 4 milhas da costa do Algarve ha um extenso banco de ostras, interrompido em varios pontos, com a profundidade de 30 a 40 metros.

CAPITULO IV

METEOROLOGIA

CLIMA

Comprehendido entre os parallelos de 38° e 42°, Portugal está na região media da zona temperada septentrional, gosando portanto de um clima temperado. Mas, dependendo o clima de uma região, dentro da mesma zona, de variadas circumstancias meteorologicas, orographicas e geologicas, e apresentando Portugal,

3

apezar da sua pequena extensão, notaveis differenças de condições climatericas nas diversas partes do seu territorio, devemos, para um estudo mais detalhado, dividi-lo em zonas parciaes.

É o que vamos fazer, dividindo o reino em sete zonas climatericas, do modo seguinte:

1.ª Zona de NE. ou *Terra fria*.

2.ª Zona *quente* do N.

3.ª Zona litoral do N.

4.ª Zona central.

5.ª Zona litoral do centro.

6.ª Zona do S.

7.ª Zona litoral do S.

1.ª Zona. — Comprehende os dois territorios das provincias da Beira e Traz os Montes, vulgarmente chamados *Terra fria*, os quaes, sendo formados pelas serras elevadas e pelos plan'altos de maior altitude do paiz, são separados pelo valle do Douro, que corta esta zona em duas partes de contornos muito irregulares.

Ao S. do Douro podemos considerar a terra fria limitada por uma linha que, partindo da serra da Marvana, a NE. de Penamacor, vae contornar a serra de Estrella, e segue depois para o N., passando pela Guarda até Trancoso; aqui volta para O. para cingir o plan'alto que se estende até á serra de Freita, e, costeando por O. e N. a serrania de Montemuro, volta para E. por Penedono até Barca d'Alva. Ao N. do Douro segue por Moncorvo ao longo do valle do Sabor, voltando por Chacim para o S., indo contornar o plan'alto de Carrazeda, e continuando depois para o N. até ao S. de Vinhaes; atravessa o Tua, e cinge pelo poente o valle d'este rio; voltando para SO., ao N. de Murça e de Villa Real, vae abranger a serra do Marão, e mais ao N. a serrania de Barroso e Cabreira; e entrando no Minho, cinge as serras do Gerez e Peneda, terminando ao S. de Melgaço.

A altitude do plan'alto de Sabugal a Almeida é de 700 a 800 metros; o de Trancoso a Penedono tem 800 a 900 metros; o de Fragoas 800 metros; o de Mogadouro e Miranda 700 metros, e o plan'alto de Barroso 1:000 metros.

A cumeada da serra da Estrella está metade do anno coberta de neve; nas outras serras e plan'altos d'esta zona cáe neve frequentes vezes durante o inverno.

N'esta zona ha dois postos meteorologicos, Guarda e Moncorvo. O seguinte quadro, que resume as observações de nove annos, mostra as medias meteorologicas mensaes e as medias annuaes do posto da Guarda, um dos mais importantes do paiz.

1864 A 1872

Altitude do barometro 1:039 metros

Mezes	Pressão media	Temperatura			Chuva millimetros	Humidade relativa	Evaporação millimetros	Numero de dias de chuva
		Media	Maxima absoluta	Minima absoluta				
Dezembro.....	675,42	3,62	14,0	—6,8	102,8	94,5	35,2	10,9
Janeiro........	675,13	3,47	14,4	—7,1	127,2	95,6	33,1	14,8
Fevereiro	676,02	5,32	18,6	—8,6	86,5	90,4	57,4	10,9
Março........	671,87	5,77	19,0	—5,0	119,2	86,7	99,5	12,6
Abril........	674,73	10,40	25,8	—2,0	67,6	78,3	141,5	9,0
Maio.........	673,86	12,45	27,2	1,0	109,3	78,6	156,4	13,0
Junho........	676,99	17,20	33,4	2,7	36,2	66,8	234,1	5,9
Julho........	676,95	19,40	34,6	7,0	15,8	61,4	281,2	3,4
Agosto.......	676,84	19,42	32,6	7,0	26,4	60,9	272,9	8,4
Setembro.....	676,45	15,99	31,6	3,5	78,7	73,5	181,8	9,3
Outubro.....	674,86	10,91	24,5	—1,9	118,8	84,8	102,3	11,2
Novembro	674,49	6,86	18,4	—3,6	111,4	88,9	64,6	11,7
Medias annuaes	675,30	10,90	34,6	—7,1	999,4	80,0	1.660,0	116,1

O numero medio de dias de nevoeiro por anno é de 67,5; de neve ou geada 45,5; de trovoada 26,2; de saraiva 4,6.

A media do ozone é a seguinte: no inverno 8,9; primavera 8,4; verão 6,4; outono 8,3.

Os ventos dominantes são: inverno S., NO., SSO., E., O.; primavera NO., S., NE., E., SSE.; verão NO., S., N., E., N.; outono S., NO., E., O., SSE.

A velocidade do vento é em media: no inverno 19 kilometros; primavera 18^k,5; estio 12^k,9; outono 16^k,7.

A maxima velocidade achada n'este periodo de nove annos foi de 110 kilometros.

A media da tensão do vapor atmospherico, expressa em millimetros, é a seguinte: inverno 6,36; primavera 7,89; estio 10,79; outono 8,83.

2.ª Zona.—Comprehende a parte central do valle do Douro, entre Sinfães e Foscôa, e os valles do Tua e Sabor, ficando quasi completamente cercada pela zona fria, da qual comtudo é separada por uma estreita faxa de clima mais temperado, e que forma a transição da *terra quente* para a *terra fria*.

Apesar de não haver n'esta região posto meteorologico que nos forneça os seus caracteres, é tão notavel o contraste que faz com a primeira zona, são tão differentes as condições climatericas das regiões vizinhas, que a simples observação conduz a isola-la com a denominação de *zona quente do norte*.

3.

A sua constituição geologica, a orientação do valle do Douro, de E. a O., e o abrigo natural que ao N. lhe fazem as elevadas serras que flanqueiam aquelle profundo valle, são causas que contribuem para que a temperatura media d'esta zona seja muito mais elevada do que a das regiões vizinhas.

É este o denominado paiz vinhateiro do Alto Douro, bem conhecido pelos seus preciosos vinhos.

3.ª Zona.—A provincia de Entre Douro e Minho, e a parte da Beira que fica ao N. de Aveiro, constituem esta zona, que confina ao nascente com as duas primeiras. A proximidade do oceano, a sua constituição geologica e a barreira de serras que do lado do nascente a abrigam dos ventos de terra, são condições que tornam mais temperado o seu clima, contribuindo tambem para que seja mais humido do que as zonas que se estendem para o S. e do que a zona antecedente.

N'esta zona o posto meteorologico do Porto fornece-nos as seguintes indicações, medias das observações de nove annos

1864 A 1872

Altitude do barometro 85 metros

Mezes	Pressão media	Temperatura			Chuva millimetros	Humidade relativa	Evaporação milimetros	Numero de dias de chuva
		Media	Maxima absoluta	Minima absoluta				
Dezembro.....	756,11	9,98	20,8	0,0	180,2	79,6	–	11,8
Janeiro........	755,94	9,68	20,0	—0,8	241,1	83,8	–	16,6
Fevereiro.....	756,59	11,18	22,3	0,0	128,6	79,5	–	11,1
Março........	752,25	12,11	25,3	1,2	151,6	73,9	–	11,0
Abril........	754,33	15,50	30,3	8,3	86,6	72,0	–	8,8
Maio........	752,84	17,26	33,2	5,4	128,4	73,7	–	9,7
Junho........	755,37	20,81	35,4	9,4	36,2	70,2	–	4,4
Julho........	755,16	21,18	36,1	11,1	23,9	74,4	–	3,0
Agosto........	754,82	21,68	37,4	12.2	22,2	70,8	–	8,8
Setembro......	754,65	19,74	35,2	8,2	130,4	73,8	–	9,3
Outubro......	754,17	16,15	30,2	8,2	173,9	78,3	–	12,2
Novembro.....	754,43	12,60	23,0	0,0	220,0	79,4	–	13,0
Medias annuaes	754,72	15,66	37,4	—0,8	1:523,1	75,8	–	114,7

O numero medio annual de dias de nevoeiro é de 37,5; de neve ou geada 0,3; de trovoada 3.

As medias do ozone são: inverno 3,8; primavera 4,1; verão 3,5; outono 3,9.

Os ventos dominantes são: no inverno E., SE., S., SSO., ESE.; primavera NO., O., SO., N., NNO.; estio SO., NO., NNO., N., ONO.; outono O., SO., E., SSO., NO.

A tensão media do vapor atmospherico é a seguinte: inverno 8,14; primavera 10,21; estio 14,63; outono 11,58.

4.ª Zona.—Confina ao N. com as zonas antecedentes, e é limitada a O. e S. por uma linha que parte de Albergaria para o S. e passa pelas serras de Bussaco e Louzã, desce ao Zezere, e voltando para E. segue pelas serras que flanqueiam o Tejo, vae passar pelo S. de Castello Branco e Idanha a Nova, e termina ao S. de Penha Garcia. Esta zona é accidentada por grandes e extensas serras com altitudes de 600 a 1:200 metros, e a sua altitude media é de 350 metros. Dentro d'esta zona não ha nenhum posto meteorologico, mas podem em parte applicar-se-lhe as indicações do posto de Coimbra.

As suas producções agricolas caracterisam comtudo esta região de modo que a tornam bem distincta das antecedentes. Quando o inverno é rigoroso cáe neve com abundancia n'esta região, mas o derretimento é immediato.

5.ª Zona.—A faxa litoral comprehendida entre Aveiro e Villa Nova de Milfontes, e limitada ao nascente pela zona antecedente até Abrantes, e d'ahi para o S. por uma linha que atravessa as planuras de alem Tejo, passando por Coruche, Alcacer e S. Thiago do Cacem, constitue a zona litoral do centro. É accidentada na região central por algumas montanhas que não excedem 600 metros de altitude, sendo o restante da zona, ao N. e ao S., formado de extensas planuras com a altitude media de 70 metros.

Alem das observações dos observatorios meteorologicos de Lisboa e Coimbra existem observações feitas em Aveiro, Figueira e Cintra (Granja); limitar-nos-hemos porém a resumir as indicações d'aquelles dois notaveis estabelecimentos scientificos.

O observatorio meteorologico do Infante D. Luiz foi fundado em 1854 no edificio da escola polytechnica de Lisboa a instancias e sob a direcção do lente da mesma escola o sr. dr. Guilherme Pegado, a quem cabe a gloria de ter iniciado em Portugal o serviço meteorologico official. No capitulo respectivo descreveremos este notavel estabelecimento scientifico; n'este logar daremos unicamente o resumo das observações da serie de dezesete annos de 1856 a 1872, a qual dividiremos em dois periodos.

Durante o primeiro periodo a media annual de dias de nevoeiro foi de 17,4; de trovoada 15,7.

A media do ozone é: 5,4 no inverno; 5,2 na primavera; 3,8 no estio; e 4,9 no outono.

Os ventos dominantes foram: inverno N., NNE., NNO., OSO., SO., NO., NE.; primavera NNO., N., NO., OSO., ONO., SO., NNE.; estio NNO., N., NO., OSO., SO., ONO.,

O., SSO.; outono N., NNO., OSO., NNE., NO., SSO., ONO., O., NE., S.

A velocidade media do vento foi no inverno 15^k,7; na primavera 16^k,7; no estio 19^k,1; no outono 14^k,9.

A tensão media do vapor atmospherico é a seguinte expressa em millimetros; inverno 7,85; primavera 8,77; estio 10,79; outono 10,40.

1.º PERIODO — 1856 A 1863

Altitude do barometro 95^m,1

Meses	Pressão media	Temperatura Media	Temperatura Maxima absoluta	Temperatura Minima absoluta	Chuva millimetros	Evaporação millimetros	Humidade relativa	Numero de dias de chuva
Dezembro.....	757,56	10,40	19,0	0,2	91,5	90,0	79,1	13,8
Janeiro........	757,76	9,71	18,5	0,9	100,7	90,5	77,9	16,0
Fevereiro.......	756,46	10,36	19,4	—1,5	106,9	104,3	71,5	14,5
Março.,.......	755,84	12,68	24,5	2,7	85,5	157,4	68,3	14,0
Abril........	754,75	14,51	26,0	4,4	54,6	178,4	66,3	13,9
Maio	754,71	16,29	33,3	5,4	50,4	220,3	64,0	12.7
Junho	756,00	19,20	36,1	11,2	19,8	267,6	59,8	8,5
Julho,.......	756,17	21,71	37,5	10,9	2,1	356,8	53,6	3,1
Agosto........	755,32	21,56	37,8	13,2	13,2	328,4	55,0	4,1
Setembro.....	756,05	19,64	35,0	10,4	26,1	241,1	62,4	10,1
Outubro.......	755,15	17,10	30,8	7,4	95,0	173,8	68,4	13,6
Novembro.....	754,29	13,45	23,2	8,6	137,2	98,6	76,0	15,9
Mediasannuaes	755,84	15,55	37,8	—1,5	782,9	2.307,2	66,9	140,1

Em 1857 começaram as series de observações magneticas. As declinações e inclinações medias annuaes que se deduzem d'essas series são as seguintes:

Annos	Declinação	Inclinação
1858...................................	21° 38',1	60° 45',8
1859...................................	21° 34',0	60° 38',1
1860...................................	21° 29',0	60° 37',3
1861...................................	21° 23',0	60° 28',2
1862...................................	21° 16',1	60° 21',4
1863...................................	21° 10',5	60° 19',9

A variação diaria media foi: no inverno 7',88; na primavera 10',98; no estio 10',59; no outono 6',47.

N'este periodo a media da variação annua da declinação foi 5',52 e da inclinação 5',18.

2.º PERIODO - 1864 A 1872

Altitude do borometro 102ᵐ,3

Mezes	Pressão media	Temperatura			Chuva millimetros	Humidade relativa	Evaporação, millimetros	Numero de dias de chuva
		Media	Maxima absoluta	Minima absoluta				
Dezembro.....	756,42	10,19	18,9	—0,5	94,1	79,5	55,8	13,7
Janeiro........	755,75	10,35	17,9	0,6	105,2	82,0	53,2	17,6
Fevereiro.....	756,91	11,36	20,0	1,2	81,6	77,7	71,3	12,9
Março........	752,53	12,19	23,6	2,8	93,7	70,2	122,7	14,6
Abril	754,28	14,92	28,8	6,9	41,4	69,3	144,5	12,1
Maio.........	753,07	16,67	30,7	9,4	64,4	70,3	169,1	12,1
Junho........	755,03	20,15	34,7	12,1	9,8	62,7	253,4	7,0
Julho........	754,94	21,08	35,9	14,5	3,5	65,0	264,5	5,2
Agosto........	754,42	21,73	37,4	14,6	8,1	62,3	273,4	4,2
Setembro.....	754,64	20,20	33,8	11,9	49,2	67,7	186,3	9,9
Outubro.......	754,18	16,69	27,8	7,3	89,5	72,8	121,7	12,1
Novembro.....	754,83	13,41	22,5	5,4	104,7	78,1	75,3	14,9
Medias annuaes	754,85	15,75	37,4	—0,5	745,4	71,5	1:759,1	136,2

Segundo as observações d'este periodo a media annual de dias de nevoeiro é de 19,3; de trovoada 14,2.

A media ozonometrica é: 6,6 no inverno; 5,9 na primavera; 4,3 no estio; 5,3 no outono.

Os ventos dominantes são: no inverno N., NE., NNE., NNO., SO.; primavera N., SO., NNO., NO., SSO.; estio N., NNO., SO., NO., NNE.; outono N., SO., SSO., NNO., NNE.

A velocidade media do vento foi de 17ᵏ,8 no inverno; 19ᵏ,6 na primavera; 19ᵏ,6 no estio; 18 kilometros no outono.

A tensão media do vapor atmospherico é a seguinte: inverno 7,80; primavera 8,62; estio 11,35; outono 10,33.

As medias annuaes da declinação e inclinação magneticas são:

Annos	Declinação	Inclinação
1864...............................	21° 5′,1	60° 15′,1
1865...............................	21° 0′,8	60° 8′,8
1866...............................	20° 54′,4	60° 3′,4
1867...............................	20° 46′,2	59° 58′,9
1868...............................	20° 39′,0	59° 55′,6
1869...............................	20° 32′,2	59° 51′,9
1870...............................	20° 24′,3	59° 45′,6
1871...............................	20° 17′,4	59° 40′,5
1872...............................	20° 9′,9	59° 35′,5

A variação diaria media foi: no inverno 4′,6; na primavera 6′,6; no estio 5′,6; no outono 6′,3.

A media da variação annua da declinação é 6′,88, e da inclinação 4′,95.

As medias annuaes do observatorio de Lisboa, deduzidas das observações de toda a serie de dezesete annos, são as seguintes:

Pressão[1] 755,00, temperatura media 15°,65, chuva 764,2, evaporação 2:033,2, humidade 69,2, numero de dias de chuva 138,2.

As observações regulares e completas começaram no observatorio meteorologico de Coimbra no anno de 1867.

Eis o resumo d'essas observações n'um periodo de oito annos, de 1867 a 1874.

Altitude do barometro 140ᵐ,96

Mezes	Pressão media	Temperatura			Chuva millimetros	Humidade relativa	Evaporação millimetros	Numero de dias de chuva
		Media	Maxima absoluta	Minima absoluta				
Dezembro.....	751,48	9,55	20,7	—0,7	101,4	75,41	99,9	14,4
Janeiro........	752,23	9,65	19.4	—2,1	69,5	79,12	87,2	16,0
Fevereiro......	753,32	10,89	21,6	1,2	59,6	74,95	112,2	12,5
Março........	749,24	11,93	26,6	0,9	76,5	68,66	173,1	12,5
Abril........	750,58	14,62	30,7	3,6	48,5	67,26	197,5	10,5
Maio........	748,62	16,52	34,8	6,1	72,5	69,95	204,8	12,5
Junho	750,99	19,70	39,9	8,8	45,3	64,84	257,3	8,1
Julho........	750,84	21,70	40,0	11,2	12,2	68,13	256,2	4,8
Agosto........	750,55	21,18	40,4	10,2	13,7	66,43	276,1	5,4
Setembro......	750,42	19,22	35,5	8,1	68,3	69,37	224,6	10,4
Outubro.......	751,23	15,58	34,0	3,7	62,6	72,70	163,4	10,6
Novembro.....	750,30	12,15	29,0	0,4	111,3	76,46	85,2	12,6
Medias annuaes	750,58	15,22	40,4	—2,1	781,7	71,10	1:756,0	130,5

A media dos dias em que houve nevoeiro é 71; trovoada 28; geada 13; saraiva 6,6.

A media ozonometrica é: 13,6 no inverno; 13,7 na primavera; 10,9 no estio; e 11,7 no outono.

A media da tensão do vapor atmospherico é: inverno 7,21; primavera 8,31; estio 11,66; outono 9,62.

Os ventos dominantes são: inverno SSE., NO., SE., S., E.;

[1] Corrigiu-se a pressão do primeiro periodo da differença de altitude do barometro no segundo.

primavera NO., ONO., NNO., ESE.; estio NO., ONO., NNO., O., ENE.; outono NO., NNO., SSE., ONO., SE.

A velocidade media do vento foi de 18ᵏ,1 no inverno, 15ᵏ,5 na primavera, 12ᵏ,5 no estio, 13ᵏ,3 no outono. A maxima velocidade foi de 96 kilometros.

A declinação media annual em 1874 foi 20° 2′ 22″; a inclinação 60° 40′ 0″.

Comparando os quadros meteorologicos do Porto, Coimbra e Lisboa, vê-se que a differença caracteristica entre as duas regiões, onde estão situados aquelles observatorios, consiste em que no Porto, sendo menor o numero de dias de chuva, a quantidade de agua que ali cáe annualmente é proximamente o dobro da que cáe nas outras duas localidades, e o grau de humidade é tambem mais elevado.

A temperatura media annual em Coimbra é um pouco inferior á temperatura media do Porto; mas ao passo que a temperatura maxima no Porto é 37°,4, em Coimbra é 40°,4; e a minima sendo —0,8 no Porto, é --2,1 em Coimbra.

Em Lisboa a variação diaria da temperatura raras vezes excede 14° no verão e 9° no inverno. No Porto essa variação é alguns graus mais subida, e o mesmo succede em Coimbra; mas em relação a este ultimo ponto deve-se attender a que a sua distancia ao mar é de 35 kilometros, e que está na passagem da zona litoral do centro para a zona central.

6.ª Zona.—Toda a provincia do Alemtejo, a pequena parte da Beira ao S. do parallelo de Castello Branco, e a maior parte do Algarve, podem incluir-se n'esta zona.

Exceptuando algumas differenças locaes, produzidas pela maior altitude, como nas serras de Portalegre e do Algarve, todas as regiões d'esta zona, formada de extensos plan'altos com 200 a 300 metros de altitude media apenas accidentados por valles pouco profundos, apresentam uma uniformidade de clima que não se encontra nas zonas anteriores. Ha n'esta região tres postos meteorologicos, Campo Maior, Evora e Beja, dos quaes só o primeiro nos fornece uma serie de observações sufficiente para a deducção das medias annuaes, de 1864 a 1872.

A media annual de dias de nevoeiro é de 23,5; de neve ou geada 7,7; de trovoada 16,5; de saraiva 1,8.

A media do ozone é: no inverno 4,8; primavera 4,9; estio 3,7; outono 4,4.

A ordem de frequencia dos ventos é a seguinte: inverno NO., ENE., NE., ONO., SE.; primavera NO., ONO., OSO., NNO., SSO.; estio ONO., NO., OSO., NNO., SE.; outono NO., ONO., ENE., SSO., NE.

A velocidade media do vento é a seguinte: inverno 9ᵏ,8;

primavera 11^k,5; estio 12^k,4; outono 9^k,6. A velocidade maxima foi de 73 kilometros.

A tensão media de vapor atmospherico é: inverno 7,02; primavera 7,93; estio 9,74; outono 9,15.

1864 A 1872

Altitude do barometro 288 metros

Mezes	Pressão media	Temperatura			Chuva millimetros	Humidade relativa	Evaporação millimetros	Numero de dias de chuva
		Media	Maxima absoluta	Minima absoluta				
Dezembro......	739,39	8,02	20,4	—2,5	62,3	76,5	53,5	9,2
Janeiro.......	739,56	8,31	21,0	—3,6	66,1	78,4	50,9	12,2
Fevereiro......	739,77	10,15	25,2	—2,3	51,9	70,1	69,6	10,4
Março........	735,26	11,64	28,8	—0,5	61,2	59,2	126,1	10,0
Abril	737,19	15,98	35,2	2,2	36,4	52,6	171,5	7,7
Maio........	735,96	18,13	37,1	1,7	57,4	52,7	207,3	9,7
Junho	737,81	23,13	41,8	7,9	26,8	40,2	326,2	5,0
Julho........	737,42	24,96	44,3	10,2	3,2	36,6	444,2	1,6
Agosto.......	737,20	25,16	42,8	11,3	14,7	36,7	405,2	1,9
Setembro......	737,88	21,82	39,9	8,1	45,2	48,5	260,4	7,4
Outubro......	737,37	16,36	37,0	4,0	61,1	60,5	157,6	9,6
Novembro.....	737,97	11,71	27,5	—0,6	67,8	71,7	84,4	10,6
Medias annuaes	737,73	16,28	44,8	—3,6	554,1	56,9	2:356,9	95,3

Da comparação das tabellas meteorologicas de Lisboa e Campo Maior sobresáem os seguintes resultados.

As medias mensaes do inverno e as medias dos mezes de outubro e novembro são menores em Campo Maior; ao contrario as medias dos outros mezes são ali superiores.

As maximas temperaturas são mais elevadas em Campo Maior, onde é frequente no estio o thermometro marcar mais de 40°, e subir a 44°, ao passo que as minimas são sempre inferiores na mesma localidade. A amplitude das temperaturas extremas é ali de 48°. O mez mais secco é, como em Lisboa, o de julho; mas sendo n'este mez a media da humidade em Lisboa de 53,6, é em Campo Maior de 36,6.

A quantidade annual de chuva, sendo quasi 1 metro menos do que no Porto, é inferior áquella que cáe em Lisboa em 228 millimetros.

De tudo isto se conclue que o clima d'esta região é pouco temperado e o mais quente do reino, sem por isso deixar de estar exposto no inverno a intensos frios.

Os ventos dos quadrantes de SE. e NE. são os mais quentes durante o estio, e são indistinctamente denominados *sudo* no Alemtejo. No inverno são os mesmos ventos de NE. e E. os mais frios.

Os resultados colhidos de tres annos de observações no posto meteorologico de Evora são os seguintes:

1869 A 1872

Altitude do barometro 312^m,9

Pressão media	Temperatura			Chuva millimetros	Evaporação millimetros	Humidade relativa	Tensão do vapor	Dias de chuva
	Media	Maxima absoluta	Minima absoluta					
734,13	16,25	39,9	0,2	743,4	2239,9	63,0	5,08	114,9

Ozone 5,2; dias de nevoeiro 28, de geada 2, de saraiva 2, de trovões 4; ventos dominantes NE., O., N., NO., E., SE.; velocidade media do vento 14,6, velocidade maxima 60 kilometros.

7.ª Zona. — Comprehende o litoral do Algarve entre Cacella e Lagos, e é limitada ao N. por uma linha que passa por Cacella, Salir, S. Bartholomeu de Messines e Silves, terminando um pouco ao poente de Lagos. Fica incluida n'esta demarcação a faxa de calcareo denominada o *Barrocal,* a qual é como que a passagem do litoral para a zona da serra.

Ha n'esta zona um posto meteorologico, o de Lagos, que, por estar situado em um dos extremos, não define propriamente o clima do litoral do Algarve. O clima da parte central d'esta zona, de Albufeira a Tavira, é mais quente do que o de Lagos.

Em sete annos, de 1866 a 1872, houve a media annual de 4,9 dias de nevoeiro; 0,1 de geada ou neve; e 8,5 de trovoada.

A tensão media do vapor atmospherico é: no inverno 9,24; primavera 10,40; estio 13,38; outono 12,46.

Os ventos mais frequentes são: no inverno SE., O., SO., N., S.; na primavera SO., N., SE., S., O.; no estio ONO., N., NO., SE., ESE.; no outono SE., SO., NO., O., N.

A velocidade media do vento é: no inverno de 7^k,1; na primavera 6^k,6; no estio 8^k,3; no outono 6^k,4. A maxima velocidade foi de 50 kilometros.

O seguinte quadro apresenta o resumo das observações de sete annos feitas em Lagos.

1866 A 1872

Altitude do barometro 12 metros

Mezes	Pressão media	Temperatura			Chuva millimetros	Humidade relativa	Evaporação millimetros	Numero de dias de chuva
		Media	Maxima absoluta	Minima absoluta				
Dezembro.....	763,68	12,25	23,0	1,0	92,2	79,2	54,5	11,4
Janeiro........	765,06	11,84	21,6	0,4	80,7	79,2	52,3	12,0
Fevereiro	764,95	13,07	24,8	4,7	69,5	77,1	64,8	8,1
Março........	760,14	13,86	26,8	0,5	90,6	70,4	90,1	10,4
Abril	762,26	16,32	29,2	4,4	20,4	65,3	114,9	4,4
Maio........	760,81	18,20	31,4	8,7	46,8	63,5	146,6	0,3
Junho........	762,17	21,59	35,9	10,7	11,5	57,3	192,4	2,1
Julho........	761,88	23,77	38,3	14,7	0,0	52,4	225,3	0,0
Agosto........	761,57	23,48	35,9	10,5	4,6	56,0	199,3	0,5
Setembro......	761,95	21,57	32,5	10,7	32,7	66,2	149,2	5,4
Outubro.......	762,77	18,43	31,4	7,0	43,3	69,5	113,5	5,1
Novembro	762,46	15,06	25,0	3,3	92,8	79,1	79,7	10,8
Medias annuaes	762,47	17,45	38,3	0,4	585,1	67,9	1:482,6	76,5

Comparando este quadro meteorologico com os anteriores, nota-se que, sendo a temperatura media annual em Lagos superior á de Campo Maior, as medias mensaes dos mezes de estio são superiores n'esta ultima localidade; mas as medias mensaes no inverno são muito menores ali do que em Lagos. O intervallo entre as temperaturas extremas, sendo de 48° em Campo Maior, não chega a 38° em Lagos. O numero de dias de chuva é menor em Lagos, mas é maior a quantidade de chuva que cáe annualmente; ao contrario é consideravelmente maior em Campo Maior a agua evaporada, sendo menor o grau de humidade. De tudo isto se conclue que o clima do litoral do Algarve é mais temperado do que o do Alemtejo, o que à priori se poderia inferir da sua proximidade do mar, não obstante a differença de latitude. A barreira que as serras do Algarve offerecem aos ventos do norte contribue tambem para que durante o inverno a temperatura não desça tanto como no Alemtejo, e a predominancia dos ventos do mar a certas horas do dia exerce uma benefica influencia, suavisando a temperatura tanto de verão como de inverno.

CAPITULO V

REGIÕES AGRICOLAS

Os botanicos dividiam em geral a Europa em tres grandes regiões botanicas: a *hyperborea, a media* e a *meridional.* A primeira caracterisada pelo pinheiro e outras coniferas; a segunda pelo carvalho, castanheiro e a vinha na sua região do sul; a terceira pela oliveira, figueira, laranjeira e alfarrobeira.

O sr. de Gasparin elevou a cinco o numero das regiões botanicas, caracterisadas pelas seguintes producções: matas, pastagens, cereaes, vinha e oliveira. O sr. Bella dividiu a Europa em oito regiões ou climas, baseando-se em dados meteorologicos: região glacial, fria, fria temperada, temperada mixta, temperada secca, temperada humida, quente temperada e quente; incluindo Portugal na região quente temperada, onde chove muito desde o outono até á primavera, e muito pouco no verão. Estas divisões servir-nos-hão de termo de comparação para as que estabelecemos para Portugal.

Os especialistas do nosso paiz têem-no dividido em quatro regiões agricolas. A primeira comprehende as provincias de Entre Douro e Minho e Beira Alta e denomina-se região do norte; a segunda abrange a provincia da Extremadura até ao Tejo, é a região do centro; a terceira, ou região do sul, comprehende todo o paiz que fica alem do Tejo, incluindo o Algarve; a quarta compõe-se das provincias da Beira Baixa e de Traz os Montes, é a região do NE.

A região do norte é considerada como intermedio entre a região dos *cereaes* e a da *vinha,* da divisão de Gasparin; ou entre as regiões *temperada humida* e *quente temperada* de Bella.

A região do centro corresponde á região da *vinha* e á região *quente temperada.*

A região do sul é olhada como analoga da região da *oliveira* de Gasparin e da região *quente* de Bella.

A região de nordeste é classificada como equivalente á região dos *cereaes* de Gasparin, e á *temperada mixta* de Bella.

Parece-nos que esta divisão considera muito em geral as condições climatericas das diversas regiões do reino, sem caracterisar bem a feição agricola especial a cada uma d'ellas.

Por esta rasão, para irmos em harmonia com a divisão de climas que descrevemos, apresentâmos a seguinte divisão de regiões agricolas, que nos parece representar melhor a geographia botanica do reino, servindo ao mesmo tempo esta divisão para comprovar aquella, por isso que a cada clima deve corresponder um caracter agricola differente.

Dividiremos, pois, o reino em sete regiões agricolas, correspondentes ás sete zonas climatericas:

1.ª Região de *nordeste,* caracterisada pelo carvalho e castanheiro, e pelo centeio de primavera e verão, e pastagens no verão e outono. A amoreira dá-se bem nas terras abrigadas d'esta região.

2.ª Região *quente do norte,* é por excellencia a região da vinha; a oliveira e o trigo tambem prosperam n'esta zona.

3.ª Região *litoral do norte,* caracterisada pelo castanheiro, centeio e milho de primavera e verão; a vinha não amadurece completamente o fructo; a laranjeira desenvolve-se bem nos sitos abrigados.

4.ª Região *central,* é uma região mixta, na qual apparecem a par o castanheiro, o carvalho, a azinheira, a oliveira e a vinha, e é propria para a cultura do trigo, centeio e milho na primavera.

5.ª Região *litoral do centro,* caracterisada pela oliveira, laranjeira, vinha e trigo de outono e primavera.

6.ª Região do *sul,* caracterisada especialmente pela sobreira e azinheira, e pela oliveira, vinha e trigo de outono e primavera.

7.ª Região *litoral do sul,* caracterisada particularmente pela alfarrobeira, que só aqui se desenvolve e rebenta espontaneamente do solo, bem como a palma rasteira, originarias ambas da Africa, mas completamente aclimadas n'esta região. Caracterisam tambem esta zona: a figueira, larangeira, vinha, oliveira, o trigo de inverno e primavera, e o milho. A bananeira, o mendobi, a batata doce *(convolvulus batata),* o algodoeiro, a canna saccharina e muitos outros vegetaes exoticos desenvolvem-se e fructificam bem n'esta região:

Um caracter botanico commum ás tres ultimas regiões, é a perfeita aclimação da *agave americana* e do *cactus opuntia* importados do Brazil.

A flora de Portugal comprehende quasi todas as especies dos paizes temperados, e grande numero de especies exoticas provenientes de todas as partes do mundo. Entre as arvores fructiferas, conta-se, alem das já mencionadas, o pecegueiro, pereira, pereiro, maceira, cerejeira, gingeira, amoreira, ameixieira, etc., das quaes ha grande numero de variedades. Das outras especies arboreas destinadas, quer á cultura florestal, quer á ornamental, as principaes, são: choupo, alamo, acacia, platano, freixo, cedro, olaia, ulmeiro, teixo, cypreste, e varias especies de eucalyptus.

———

A sua fauna conta, alem das 8 especies de animaes domesticos communs a quasi toda a Europa, 32 especies de mammiferos (quadrupedes), 326 especies de aves, e um numero ainda não determinado de especies de reptis, insectos e molluscos.

Os mammiferos conhecidos no paiz, são: veado, javali, cabra do Gerez, lobo, raposa, lynce, gato bravo, texugo, doninha, furão, lontra, gineto, toirão, sacarrabos, duas especies de lebre, coelho, ouriço, toupeira, musaranho, migale pyrenaica, e algumas especies de ratos e morcegos.

No mar que banha as costas de Portugal e nos seus rios, vive uma grande variedade de molluscos, crustaceos e peixes. D'estes ultimos estão classificadas 252 especies, das quaes 13 são novas[1].

CAPITULO VI

GEOLOGIA

I

DESCRIPÇÃO GEOLOGICA

Na composição do solo de Portugal entram quasi todas as formações geologicas conhecidas, circumstancia á que se deve, em grande parte, a diversidade de aptidões agricolas e as differenças climatericas que já notámos.

Um terço da superficie do reino é constituido pelas rochas igneas e vulcanicas, taes como, o granito, diorite, porphyros, basaltos, etc. Outra terça parte é formada pelos terrenos sedimentares mais antigos, schistos, grauwackes e calcareos crystallinos. O resto do paiz é composto por terrenos das epochas secundaria, terciaria e quaternaria.

Para facilidade da descripção enumeraremos separadamente os territorios que ficam ao N. e ao S. do Tejo.

Ao N. d'este rio, o granito occupa largas superficies no Minho, Beira e Traz os Montes. A provincia do Minho é quasi toda granitica á excepção de tres faxas de schistos, dirigidas proximamente de NO. a SE. Encontram-se alli algumas variedades de granitos; o porphyroide é o mais abundante, e forma uma longa faxa na parte oriental da provincia desde o rio Minho até ao Marão, passando por Arcos de Valle de Vez e Guimarães, e prolongando-se ainda pela provincia de Traz os Montes. Na Peneda e no valle do Cavado, encontra-se um granito

---

[1] Ao incansavel zêlo do sabio lente de zoologia da escola polytechnica de Lisboa, o sr. J. V. Barbosa du Bocage, se deve o desenvolvimento que n'estes quinze annos tem tido no paiz os estudos entomologicos.

A classificação e descripção de grande numero de especies de peixes e crustaceos, tem sido feitas pelo distincto naturalista o sr. Felix de Brito Capello.

de grão fino com mica preta; e no monte de Airó, um granito de mica branca, empregado nas construcções de Braga. Em alguns pontos o granito apresenta a passagem para as pegmatites, como se vê no Gerez, onde se encontra uma variedade com feldspatho côr de rosa.

Em Traz os Montes, as rochas graniticas formam duas massas distinctas, uma no N. outra no S. da provincia, alem de alguns outros retalhos, na serra de Montesinho, na serra da Nogueira, na de Lagoaça, e de uma orla na margem do Douro desde Freixo até alem de Miranda, onde alarga para O. até proximo de Vimioso. A massa granitica do S. estende-se desde o Tamega até ao Sabor, tendo por limite S. uma linha que passa por Mondim, Villa Real e Foz do Sabor; e por limite N. outra linha que passa ao S. de Villa Flor e Murça, começando ahi a inclinar para o N. para ir constituir parte da serra de Padrella. A massa granitica do N. da provincia é dividida em duas pelo valle do Tamega, formando a mais occidental, toda a serrania de Barroso; e a oriental estendendo-se desde o valle do Tamega até Valle Passos e Torre de D. Chama.

Na Beira os granitos occupam quasi todo o centro da provincia, ligando-se aos do Minho entre a Foz do Tamega e Barqueiros. O seu limite occidental vae passar por S. Pedro do Sul, serra das Talhadas, Caramullo e Tondella, tendo contornado pelo N. o valle do Criz, Santa Comba Dão até ao valle do Alva. Volta para E. limitando pelo S. este macisso até á serra da Estrella, a qual atravessa, seguindo depois o valle da Meimôa até á serra das Mezas, onde se interna em Hespanha. Ao N. são os granitos limitados por uma linha que partindo de Lamego passa a uma legua ao N. de Meda e Escalhão.

Ao S. fica o macisso granitico dos campos de Castello Branco, abrangendo a serra da Gardunha, e mais para E. a serra de Monsanto e Penamacor.

A E. d'este macisso ha um retalho granitico entre Salvaterra e Segura, nas encostas do Erjes.

Na parte occidental do baixo Minho, finalmente, ha uma faxa de granitos e gneiss, desde a Povoa de Varzim até ao Porto, prolongando-se ainda para o S. do Douro até Grijó; e na Beira, em Arouca, serra da Freita e Manhouce, ficam dois retalhos de granito e mica-schisto.

A restante superficie das provincias do Minho e Traz os Montes, é formada pelas rochas schistosas mais ou menos modificadas pelas erupções graniticas e dioriticas.

A mais septentrional das tres faxas de schistos, já mencionadas, da provincia do Minho, começa em Braga, passa em Ponte de Lima, e alargando successivamente, estende-se de um lado até Caminha e do outro até Valença, circumdando o pequeno retalho granitico da serra de S. Paio, na margem do rio Minho.

A faxa schistosa mais occidental, começa ao N. de Espozende, passa por Vallongo, e atravessando o Douro encosta-se pelo poente á grande massa granitica da Beira, constituindo as serras do Orestal, parte do Caramulo e Bussaco. Esta faxa liga-se ao S. do Alva á larga massa de schistos que constituem as serranias do Açor, Louzã, Alvellos, Isna, Muradal, todo o sul da Beira até ao Tejo, e a região que fica ao nascente do maciço granitico de Castello Branco.

No meio dos granitos da Beira apparecem tres retalhos de schistos: um na serra da Estrella, nas encostas do Zezere entre Manteigas e Valhelas, e na cumeada sobranceira a Gouveia e encostas do Mondego; outro ao N. de Vizeu, constituindo a serra de Cota; e outro entre Pinhel e Figueira de Castello Rodrigo, ficando n'elle incluida a serra da Marofa.

A ultima faxa que indicámos na provincia do Minho, começa nas terras de Basto, no valle do Tamega, e seguindo para E. constitue a serra de Marão e as duas margens do Douro até á Barca d'Alva, preenchendo o espaço entre os granitos da Beira e os de Traz os Montes. N'esta provincia os schistos, em geral muito alterados, occupam toda a superficie onde não apparecem os granitos, a qual adquire maior desenvolvimento na parte oriental, que é tambem onde o metamorphismo produzido por emissões dioriticas se operou em mais larga escala, impregnando os schistos de amphibole. Pertencem na maior parte á epocha siluriana os schistos que acabâmos de descrever; d'esses os mais antigos são os schistos e calcareos crystallinos da parte NE. de Traz os Montes.

A faxa occidental do Minho, formada de schistos do siluriano superior, inclue uma outra estreita faxa de schistos, psammites e conglomerados da serie carbonifera, contendo depositos de hulha, faxa que se prolonga, com varias interrupções, para o SO. pela provincia da Beira, até á serra do Bussaco.

A esta vasta região schistosa succede para poente uma faxa de grés vermelhos, dirigida de N. a S. desde as faldas da serra do Bussaco até proximo de Thomar, passando por Coimbra. Ao norte, no valle do Vouga ha um retalho de rochas identicas, as quaes pertencem á formação triasica.

Sobre esta formação assentam os calcareos jurassicos que, apparecendo na Beira circumscriptos a uma faxa que começa no valle do Sertima e alarga depois de atravessar o Mondego, e a alguns retalhos nas gandaras de Cantanhede, serra de Buarcos e alturas de Verride, adquire maior desenvolvimento na Extremadura, constituindo as serras de Penella e Sico até Pombal, o flanco esquerdo da bacia do Nabão, e a serrania de Aire e

4

Rio Maior, reapparecendo mais ao sul na serra de Monte Junto e Barrigudo, estendendo-se para o poente alem de Torres Vedras e para o nascente até Alemquer e Alhandra.

Ao poente d'esta zona jurassica ha ainda uma faxa de rochas da mesma formação, começando ao sul da Nazareth, na costa do mar, e constituindo mais para SO. a serra do Bouro, o plan'alto da Cesareda e as alturas da Lourinhã até ao Vimeiro. A peninsula de Peniche é tambem formada de calcareos jurassicos, bem como uma orla junto á costa desde o forte da Consolação até á faxa antecedente a O. da Lourinhã.

Finalmente nas encostas meridionaes da serra de Cintra reapparecem os calcareos jurassicos, sublevados pela erupção dos granitos d'esta serra.

A esta zona jurassica seguem-se os calcareos e margas da epocha cretacea, que sendo apenas representados a O. de Coimbra por pequenos retalhos, abrangem a E. de Leiria uma larga superficie. Para o S. de Alcobaça prolonga-se o cretaceo, entre as duas faxas jurassicas até Torres Vedras, e ao sul d'esta villa, occupa quasi todo o territorio entre o Tejo e o Oceano. Foi n'esta região que tiveram logar as erupções basalticas a O. e N. de Lisboa, as quaes affloram de um modo muito irregular em diversos pontos. A estas erupções, granitica e basaltica, se deve a transformação dos calcareos jurassicos e cretaceos de Cintra e Pero Pinheiro, em magnificos e variados marmores.

Envolvendo os retalhos jurassicos a O. de Coimbra, e assentando sobre as camadas cretaceas, se estende um vasto deposito terciario, desde Aveiro até Leiria e Nazareth, o qual é coberto proximo do litoral, por uma orla de medões de areia de 3 a 8 kilometros da largura. Ao sul do maciço jurassico da serra de Aire, e de Rio Maior, todo o terreno até ao Tejo é formado por calcareos e grés terciarios lacustres, estendendo-se desde Thomar até Villa Franca, e que fazem parte da grande bacia terciaria do valle do Tejo.

Entre Alhandra e Lisboa o solo é composto por calcareo e grés igualmente terciarios, mas de formação marina. A NO. de Lisboa, alguns pequenos retalhos terciarios e quaternarios, cobrem em varios pontos os calcareos cretaceos, desde o rio Sizandro até Cintra, distinguindo-se entre elles o retalho terciario marino de Collares.

Em varios localidades da região que temos descripto, os schistos e os granitos são cobertos por depositos de areias e calhaus rolados; como se vê nas encostas do rio Codes a N. de Abrantes, no Alto de Sarzedas e serra de Magarefe, onde attingem a altitude de perto de 500 metros; no valle do Tejo e ao S. de Idanha a Nova, onde estes depositos adquirem maior desenvolvimento. Nas provincias do N. tambem se encontrem varios retalhos d'estes depositos, dos quaes mencionaremos, como mais extensos, os de Fundão, Arganil, Louzã e Villa Pouca de Aguiar.

Ao S. do Tejo os granitos são menos abundantes, mas ainda se apresentam no norte e centro do Alemtejo, em massas consideraveis. Ao norte, esta rocha constitue o solo da região entre Portalegre, Crato, Tolosa, Niza e Povoa. Mais ao sul apparecem formando as planuras que se estendem de Monforte a Barbacena e até ao Caia. A O. de Monforte, e já proximo de Fronteira, ha um pequeno retalho granitico, e ainda mais para oeste fica outro retalho ao sul da Figueira.

No centro do Alemtejo occupam os granitos maior superficie, estendendo-se desde Cabeção por Vimieiro até Lavre para poente, e até Vianna e Monte de Trigo ao sul.

Para E. de Evora encontram-se tambem os granitos, entre as duas aldeias de Machede, entre o Freixo e Redondo, e perto de S. Thiago Maior.

Ao N. da Vidigueira ha uma pequena mancha de granito, e a L. de Serpa, entre Aldeia Nova e as Pias, apparecem os ultimos granitos do sul; ficando ainda entre Serpa e a Vidigueira um pequeno acervo granitico em Pedrogão.

A NO. de Montemór o Novo, a N. de Evóra e em Reguengos, ao granito substitue-se a syenits, rocha eruptiva que constitue igualmente toda a serra da Fóya de Monchique no Algarve.

No centro do Alemtejo, teve logar uma erupção de rochas porphyricas, notavel pela extensão que occupa, desde uma e meia legua ao S. de Montemór Novo até Serpa; porém de Ferreira e Beja até Serpa, predominam as diorites, assim como nos arredores de Cuba.

No Alto Alemtejo tambem estas rochas eruptivas apparecem em Elvas, Campo Maior, Alter Pedroso e Monforte.

Os schistos silurianos da Beira continuam-se ao sul de Tejo até aos granitos de Niza, e apparecem depois na serra de Portalegre, a par de outros mais modernos da epocha devoniana; para o sul constituem todo o solo da parte oriental e meridional do Alemtejo e do norte do Algarve e para o nascente só se vêem como ilhas no meio do terreno terciario, na serra de Montargil, na Serrinha ao N. de Alcacer, e a SE. d'esta villa. Os schistos, porém, do centro do Alemtejo são distinctos dos do norte e sul da mesma provincia, porque em geral estão muito alterados pela erupção das rochas dioriticas e graniticas, e são acompanhados por extensas bancadas de calcareos crystallinos, como succede de Souzel a Extremoz e Borba, na serra de Portel, em Vianna, a NO. de Beja e em Serpa.

O metamorphismo é tão completo que em alguns pontos, os schistos amphibolicos se confundem com as diorites que as alteraram, como se vê a E. de Beja e proximo de Reguengos.

4.

Ao sul são os schistos limitados no Algarve por uma estreita faxa de calcareos e grés triasicos, á qual se segue uma zona de calcareos jurassicos, que em Sagres, Albufeira e Fuzeta chegam até á costa.

Nos outros pontos do litoral do Algarve esta zona jurassica é separada do mar, em partes, por alguns retalhos de calcareos e margas cretaceas, como se vê a O. de Lagos, em Lagoa, Albufeira, e a N. de Faro e Olhão, e por outros retalhos de depositos terciarios e quaternarios, como succede em Lagos, Pera, Quarteira, Faro, Olhão, Cacella e Villa Real.

Na peninsula de Setubal os calcareos jurassicos constituem a serra da Arrabida, á qual se encosta do lado do norte uma orla de rochas cretaceas.

Em S. Thiago de Cacem apparecem tambem os calcareos jurassicos, e por ultimo junto á Carrapateira no Algarve.

O resto da região ao S. do Tejo, muito consideravel ainda, e que abrange quasi toda a parte alemtejana da bacia do Tejo e a do Sado, é coberto pelos depositos terciarios e alguns quaternarios no valle do Tejo e seus affluentes, e em alguns pontos do litoral.

Em resumo: os granitos predominam no norte e centro do reino; as syenites e diorites são mais frequentes ao sul do Tejo; as rochas porphyricas apparecem quasi exclusivamente no centro do Alemtejo; e os basaltos a NO. e N. de Lisboa.

A isto devemos acrescentar que o gneiss se encontra a O. e a E. do Porto; os mica-schistos ao sul de Arouca na serra de Freita, ao sul de Mangualde, etc.; e que as protogynas, serpentinas e outras rochas talcosas se apresentam como accidentes locaes em varios pontos.

As rochas schistosas presilurianas, silurianas e devonianas formam o resto do norte, centro e quasi todo o sul do reino.

As camadas secundarias constituem quasi toda a zona comprehendida entre Aveiro e Lisboa, a serra da Arrabida e o litoral do Algarve.

Os depositos terciarios e as alluviões quaternarias cobrem uma larga superficie da parte central do reino, e encontram-se em numerosos retalhos dispersos por todo o paiz.

Grande numero de emissões metalliferas atravessam as diversas formações, formando porém geralmente grupos distinctos. No parte NE. de Traz os Montes apresenta-se quasi exclusivamente o estanho. O chumbo, quasi sempre argentifero, encontra-se principalmente em um grupo de filões nos schistos da Beira, ao SE. de Oliveira de Azemeis. O cobre, aindaque formando importantes filões n'esta ultima localidade, abunda mais no Alemtejo.

O manganez é privativo do Baixo Alemtejo, especialmente

entre Mertola e Beja, como preenchendo a lacuna entre as grandes massas de pyrite cuprica de S. Domingos e Aljustrel.

O ferro apresenta-se em filões nos schistos das serras de Monfurado e do Cercal no Alemtejo, e entre as camadas secundarias ao sul de Leiria, onde é acompanhado por camadas de lignites.

Este combustivel fossil da epocha jurassica encontra-se tambem na serra de Buarcos.

Junto aos schistos devonianos das serras de Vallongo e Bussaco encontram-se importantes filões de anthracite, em um retalho de terreno carbonifero, o qual apparece igualmente a SE. de Alcacer do Sal, proximo ás alturas da Senhora da Conceição.

Finalmente alguns filões de antimonio existem nos schistos devonianos e silurianos.

II

STRATIGRAPHIA

Para completar esta descripção geologica procuraremos dar conhecimento das principaes linhas de deslocação e direcções dos levantamentos que tão profundamente accidentaram a maior parte da superficie do reino.

Não possuimos elementos sufficientes que sirvam de base a uma classificação chronologica das diversas linhas stratigraphicas; infelizmente os distinctos geologos, que têem estudado a constituição geognosica do paiz, ainda não fizeram conhecer os resultados dos seus interessantes estudos a tal respeito. Limitar-nos-hemos portanto a mencionar as direcções dos levantamentos das principaes montanhas, das falhas e das linhas stratigraphicas, emfim, que observámos. Essas direcções são as medias de muitas medidas tomadas: umas directamente nos stratos, outras nas cartas chorographica e geographica do reino.

Os rumos que exprimem essas direcções são *verdadeiros,* e designam a orientação local.

Tendo nós que adoptar uma ordem qualquer na inscripção, e não podendo fixar a idade relativa dos levantamentos, dividimo-las em tres grandes grupos, incluindo em cada um d'elles os levantamentos cuja idade nos parece poder ser fixada relativamente aos grandes periodos que abrangem: 1.º, os terrenos paleozoicos; 2.º, os terrenos secundarios; 3.º, os terciarios e quaternarios.

É uma grosseira classificação, um ensaio provisorio, que estudos ulteriores poderão aperfeiçoar.

As direcções das linhas de deslocação que se observam nos

terrenos paleozoicos classificados como os mais antigos do paiz pelo sr. Delgado[1], são todas no quadrante NO. As principaes são as seguintes:

N. 36° O.— N'esta direcção foram levantados a maior parte dos schistos luzentes e os calcareos crystallinos do centro do Alemtejo, como se observa nas alturas do Alandroal e Borba, e na pequena serra do Caixeiro.

O. 34° N.— É a direcção dos schistos e calcareos da serra de Portel, e das alturas a N. de Extremoz. A serra de Penhagarcia na Beira, devida a uma deslocação na direcção O. 33° N. pertence ao mesmo systema. Na direcção media de O. 38° N. se vêem alguns accidentes orographicos ao N. de Bragança e na serra da Senhora da Luz, e a esta direcção se adapta perfeitamente o rio Douro, a SE. de Moncorvo, e a serra de Urros. Na provincia do Minho a serra de Arga, na Beira a serra do Dianteiro, e no Alemtejo as serras de Castello de Vide, Mourel, Collos e Embarradouro, ao N. do Monchique, todas constituidas pelos schistos crystallinos ou pelos silurianos, parecem pelas suas direcções pertencer ao mesmo systema de levantamento.

O. 41° N.— N'este rumo estão as serras de Faro, Albarqueira e Atalhada (continuação da serra de Mucella).

N. 34° O.— É a direcção das serras de Vallongo, Bussaco e Aguas Quentes.

O. 3° N.— Avelanoso, Santa Comba e Sarraquinhos em Traz os Montes.

O. 9° N.— Evendos e Amendoa.

O. 27° N.— Melriça, Monfurado e Malcata.

N. 42° O.— Santa Helena, Orvalho, Manhouce, Marvão e Bairros.

N. 22° O.— Pindello e Magdalena (junto ao Zezere).

N. 17° O.— Peneda e Rego.

N. 40° O.— Cabreira, S. Mamede, Niza e Ossa.

N. 6° O.— Perre, S. Luiz (Cercal) e Mesas.

E. 35° N.— Alturas, Campeã, Marvana e Alvellos.

E. 30° N.— Cambezes, serra do Algarve e falhas das ribeiras do Vascão e Foupana.

E. 26° N.— Talhadas, Anta e falha do Mondego.

E. 21° N.— Alvão, Oliveira, Marofa, Açor e falhas do Lima, Cavado e parte do Douro.

EO.— Montemuro e Almirante.

São estas as direcções dos levantamentos que ergueram as rochas silurianas, devonianas e carboniferas.

---

[1] Vide os *Estudos sobre os terrenos paleozoicos de Portugal*, na *Revista de obras publicas e minas*, por J. F. N. Delgado.

Ao começar o largo periodo jurassico, já esta parte da peninsula iberica apresentava uma fórma approximada da que hoje tem, com a differença que o seu limite occidental era formado por uma linha que, partindo do local onde está a villa de Ovar, se dirigia pelos logares onde hoje existe Coimbra e Thomar até ao cabo de Sines, e continuando até ao cabo de S. Vicente voltava para E., indo passar por Silves e Castro Marim. Era esta a linha da costa banhada pelos mares jurassicos.

Durante as epochas jurassica e cretacea succederam-se varias commoções subterraneas que produziram enormes fracturas nos terrenos anteriormente emergidos, e levantaram os calcareos liasicos e oolithicos através da formação neocomiense.

Eis as direcções principaes d'essas linhas de deslocação.

E. 40° N.—Serra do Barrigudo e parte da serra de Aire.

Acha-se n'esta direcção a erupção granitica da serra do Gerez e as falhas do valle superior do Cavado e de parte do valle do Tamega.

O. 42° N.—Serra de Minde e linhas de deslocação entre Torres Vedras e Alhandra.

N. 28° O.—Serra de Alvados e Murgeira, e falhas das ribeiras de Chelleiros e Safarujo. Em identica direcção se vêem alinhadas as quatzites e schistos silurianos das serras do Perdigão e Rhodão, Mucella, Agadão, Cota e varias outras em Traz os Montes e Alemtejo.

O. 16° N.—Serra de Buarcos, Mendro e Alcaria Ruiva.

A linha que liga os acervos pyritosos de S. Domingos e Aljustrel tem a direcção de O. 19° N. que é tambem a de varias deslocações ao N. de Lisboa, e ao N. de Leiria. Pertence provavelmente a esta epocha a erupção das diorites do centro do Alemtejo, e de varios pontos da Extremadura.

Segundo o sr. Carlos Ribeiro a erupção basaltica que levantou as camadas do cretaceo medio e superior entre Torres Vedras e Lisboa effectuou-se na direcção EO.

E. 14° N.—A erupção syenitica da Foya de Monchique através dos schistos silurianos teve logar n'esta direcção, que é tambem a que em geral tem o maciço da serra de Cintra.

O. 14° N.—Monte Figo e serra de Neche, no Algarve. A direcção do levantamento dos Pyrenéos, transportada ao meridiano de Monte Figo, coincide com a d'esta serra.

Seguiram-se a estas deslocações outras orientadas no quadrante NE. que, durante e depois do periodo terciario alteraram profundamente a estructura do solo.

Largas superficies das actuaes bacias do Tejo, Sado, Mondego e Vouga tinham sido abatidas pelas anteriores deslocações do solo, dando logar á formação de grandes lagos, nos quaes se depozeram as camadas terciarias lacustres.

As direcções das linhas stratigraphicas e dos accidentes orographicos que, segundo nos parece, devem referir-se ao periodo terciario e post-terciario, são:

N. 19° E.—Serra de Alvaiazere, Bouro e Cravella (prolongamento do Marão).

N. 28° E.—Serra da Estrella entre Celorico e Ceia, e serras do Espinhal, Sicó, Circulo, Candieiros e Achada; deslocações entre Montemór o Velho e Cantanhede, e falha da ribeira de Chelleiros.

N. 10° E.— Serra do Marão e Viso. Esta direcção é igual á de uma parte do rio Sever e da ribeira de Maças. Encontram-se vestigios d'esta linha de deslocação, na parte N. da serra de Cintra, e a ribeira de Manique tem igual direcção.

N. 15° E.—Completou-se n'esta direcção o levantamento da serra da Estrella, com a erupção dos granitos da serra dos Cantaros (parte central da serra). No seu prolongamento para o N. se acham as serras de Moreira e Meda. Na serra de Monte Junto, e no extremo sul do paiz na serra do Espinhaço de Cão encontram-se tambem vestigios d'este levantamento.

N. 33° E.—É a direcção de uma serie de grandes linhas orographicas, representadas pela serra de Nogueira, em Traz os Montes, Mousinho e Luzim no Minho, Caramulo e Gardunha, na Beira. Proximo das Caldas da Rainha os calcareos jurassicos têem esta direcção, que é tambem a de muitos valles da Beira.

E. 43° N.—Serra da Arrabida e parte da serra de Aire. A serra de Bornes em Traz os Montes tem uma direcção identica.

A emersão da bacia terciaria do Tejo, começada pelo anterior levantamento, completou-se com o que ergueu a serra de Serves, e abriu a falha do Tejo entre a sua foz e Lisboa, na direcção E. 15° N., fazendo desapparecer o lago que occupava aquella bacia.

Nos arredores de Lisboa e na peninsula de Setubal, notou o sr. Carlos Ribeiro nos depositos terciarios diversas falhas, orientadas proximamente de N. a S.

Antes de terminar, apresentaremos alguns exemplos de concordancia de algumas das direcções que acabâmos de mencionar, com os circulos de comparação da rêde pentagonal.

A linha stratigraphica O. 42° N. é proximamente parallela ao circulo *diametral Ic,* adoptado para representar o novo systema do monte Serrat nas proximidades de Barcelona.

O *trapezoedrico TTbc,* que atravessa a peninsula desde os Pyrenéos até ao N. do cabo de S. Vicente, cortando o meridiano de Lisboa no rumo E. 32° N., coincide com a direcção de uma parte do rio Mira e com a das principaes linhas orographicas e hydrographicas da parte oriental do Algarve.

O *circulo primitivo de Lisboa* é quasi parallelo ao levantamento das serras da Arrabida, Aire e Bornes na direcção E. 43° N.

O *trapezoedrico Tc,* que atravessa Portugal na direcção E. 41° 10' N. desde a peninsula de Peniche até Miranda do Douro, apresenta tambem um notavel parallelismo com a cordilheira do Gerez, e os valles do Tamega e do Douro entre Freixo e Miranda.

Finalmente o *hexatetraedrico HaTTa* que corta o norte de Portugal entre o Lima e o Cavado, na direcção de N. 20° E., parallela a estes rios, ajusta-se perfeitamente á direcção do Neiva, cujo valle segue até ao oceano, e a grande numero de accidentes orographicos, dos quaes citaremos as serras do Alvão, Oliveira e Marofa.

CAPITULO VII

HYDROLOGIA

I

AGUAS COMMUNS

As provincias do Minho, Traz os Montes e Beira são abundantes de boas aguas potaveis, como em geral succede em todas as regiões montanhosas e graniticas. Não se encontram n'ellas, todavia, as grandes e copiosas nascentes que fornecem as regiões de calcareos compactos, justa compensação da esterilidade que muitas vezes acompanha estes terrenos quando as resistentes bancadas calcareas affloram em largas superficies. D'esta especie de nascentes ha em Portugal notaveis exemplares, como são: as grandes nascentes Olhos da Fervença a SO. de Cantanhede, Ançã e Alcabideque proximo de Condeixa, todas na zona secundaria da Beira; as nascentes que alimentam os rios Nabão, Almonda, Alviella, Alcobertas e Rio Maior, que rebentam de algares abertos nos calcareos jurassicos da Extremadura; a nascente do Alviella, que produz mais de 250:000 metros cubicos diarios, logoque esteja concluido o canal que a deve transportar a Lisboa, fornecerá á capital quasi toda a agua de que ella necessita.

São tambem notaveis as nascentes de Extremoz, Borba, Villa Viçosa, Alvito e Portel, que brotam dos calcareos crystallinos metamorphycos do Alemtejo. No Algarve são dignas de menção as copiosas nascentes de Loulé, S. Braz de Alportel, Tavira, Estoy, etc., igualmente na faxa de calcareos.

A região terciaria fornece tambem consideraveis nascentes;

taes são: as de Longomel e Margem, que alimentam a perenne ribeira de Sor; a nascente do rio Arcão; as de Aguas de Moura e outras de menor importancia.

As planuras do Alemtejo e a serra do Algarve, constituidas por schistos e grauwackes, são em geral pouco abundantes de agua, e do mesmo modo as extensas charnecas que cobrem as partes elevadas do terreno terciario do Alemtejo; aqui, porém, é facil encontrar aguas nos valles, logoque se pesquisem convenientemente.

É frequente encontrar ali extensos pantanos e paúes, causados pelo desaproveitamento de abundantes nascentes.

II

AGUAS MINERAES

É Portugal, relativamente á sua extensão, o paiz mais profusamente provido de aguas mineraes, tão diversamente mineralisadas, com tão differentes temperaturas e com tão variadas applicações therapeuticas.

É esta riqueza devida á variada constituição do solo, e ás innumeras falhas que o fracturaram profundamente.

Apesar dos estudos ordenados pelos governos, está ainda incompleta a relação de todas as aguas mineraes, tanto assim que ás relações officiaes acrescentaremos algumas, de que tivemos conhecimento nas nossas excursões pelo paiz, sem todavia termos a pretensão de que seja completa a nossa lista.

Ha analyses rigorosas de algumas d'estas aguas, feitas por um dos mais habeis chimicos, o sr. dr. Agostinho Vicente Lourenço; infelizmente algumas d'essas bellas analyses perdem parte do seu muito valor, por não terem sido feitas na origem. Daremos comtudo os resultados d'esses trabalhos, porque são da maior confiança, senão quanto aos gazes que d'ellas se evolvem, pelo menos quanto aos residuos solidos dos saes que contêem.

Elevam-se ao numero de 108 as nascentes de aguas mineraes de que temos conhecimento, distribuidas pelas provincias do modo seguinte:

Minho [1] 17
Traz os Montes 13
Beira... 35
Extremadura 26
Alemtejo... 16
Algarve.. 2

[1] Extractos dos relatorios da commissão nomeada pelo governo para o estudo das aguas mineraes.

A sua classificação é a seguinte:

Sulphurosas............................... 72
Salinas.................................... 8
Salinas muriaticas......................... 4
Salinas cupriferas e arsenicaes............ 2
Salinas nitrosas........................... 2
Alcalinas gazosas.......................... 3
Gazosas.................................... 10
Indeterminadas............................. 8

D'estas são:

Frias (até 20° C.)......................... 34
Frescas (até 25° C.)....................... 12
Temperadas (até 32° C.).................... 11
Quentes (até 38° C.)....................... 17
Muito quentes (de 38.° para cima).......... 10
De temperatura desconhecida................ 24

As aguas de temperatura mais elevada são: as de S. Pedro do Sul, que attingem 69° C., as de Vizella, com 66° C., Gerez, 63° C., Aregos, 60° C., Chaves, 56° C.

Em relação á sua superficie tem Portugal 1 nascente de agua mineral por 822 kilometros quadrados; a Hespanha tem 1 por 960, e a França 1 por 1:867.

O quadro seguinte mostra o resultado das analyses a que procedeu a commissão nomeada pelo governo;

Nomes		Temperatura	Acido sulphydrico Grammas	Saes que contêem	Peso de residuo solido Grammas	Quantidade de agua em 24 horas Hectolitros
Vizella	Mourisco ...	36°,5	0,00662	Silicatos e chloruretos alcalinos, saes calcareos e magnesianos.	0,3310	3:270
	Lameira....	32°,5	0,00913	Idem	0,3415	
	Medico	37°,5	0,00987	Idem	0,3475	
Taipas...............		29°	0,00242	Idem	0,2035	2:500
Mónsão...............		31° a 39°	—	Chloruretos, sulfatos alcalinos e calcareos.	0,4615	3:190
Gerez		54° a 63°	—	Silicatos, chloruretos alcalinos e calcareos.	0,2675	—
Rendufo		32°,5	—	Chloruretos e sulfatos alcalinos e calcareos.	0,1147	1:510
Entre Rios		—	0,00180		0,3210	270
Moledo (contraforte)..		42°	0,00425	Chloruretos, silicatos de cal e magnesia, ferro, alumina.	0,2517	2:500
Moledo (estrada).....		39°,5	0,00061	Idem	0,2670	

Nomes	Temperaturas	Acido sulphydrico — Grammas	Saes que contêem	Peso do residuo solido — Grammas	Quantidade de agua em 24 horas — Hectolitros
Aregos.............	57°	0,00235	Sulfatos e chloruretos alcalinos, saes calcareos e magnesia, ferro, alumina.	0,2900	3:000
S. Pedro do Sul......	69°	0,00140	Sulfatos, chloruretos e silicatos de cal e magnesia, ferro e alumina.	0,3150	4:600
Alcafache..........	49°	0,00021	Idem......................	0,3040	1:200
Felgueiras..........	32° a 39°	—	Idem......	0,3446	500
Vidago	Frias	—	Evolução de acido carbonico, carbonatos de potassa, soda, cal, magnesia e ferro, chlorureto de potassio, silica, alumina, materias organicas.	4,4050	
Chaves	56°	—	Idem......................	1,7645	
Villarelho..........	16°,4	—	Idem......................	1,9000	
Luso	25°	—	Silicatos e chloruretos alcalinos.	0,0592	
Caldas da Rainha....	33°,8	0,00850	Chloruretos de sodio, sulfatos de cal, magnesia, soda e potassa, carbonatos de cal, magnesia, silica.	2,7850	
Arsenal da marinha de Lisboa.	Fria	0,02100 a 0,04260	Variavel segundo as marés. Chloruretos de sodio, potassio e magnesio, bromureto de potassio, sulfato de cal e magnesia, ferro, alumina.	26,2960 a 28,2140	
Alcaçarias do Duque (Lisboa).	34°	—	Evolve grande quantidade de azote, e quantidades minimas de acido carbonico e oxygenio. Chlorureto de sodio, sulfato de cal, soda, potassa, carbonato de cal e magnesia, silica.	0,7128	
Cucos..............	32°	—	Chloruretos de sodio, potassio, calcio e magnesio, sulfato de cal, carbonatos de cal e magnesia.	3,4570	
S. João do Deserto ou Aljustrel (banho exterior).	Fria	—	Reacção muito acida, sulfatos de ferro e cobre, chloruretos alcalinos, sulfatos de cal, magnesia, alumina, zinco, silica e bastante arsenico (0,00169).	7,1510	
Cabeço de Vide......	25°	0,00693	Chloruretos e carbonatos alcalinos	0,3225	
Monchique..........	31° a 34°	É sulfurosa	Sulfatos e chloruretos alcalinos, carbonatos de cal e magnesia, silica, ferro e alumina.	0,2848	
Tavira	25°	—	Idem	0,4700	

Alem das aguas mineraes mencionadas ha uma grande quantidade de nascentes de agua ferrea.

LISTA DAS AGUAS MINERAES DE PORTUGAL

Minho

Aguas Santas.
Ave (S. Miguel).
Barreiro (ao N. de S. Thyrso).
Braga (Crespos).
Caldas.
Caldellas.
Canavezes.
Entre Rios.
Gerez.
Guimarães.
Lijó.
Mosqueiros.
Monsão.
Padreiro.
Taipas.
Torre (S. Pedro).
Vizella { Mourisco. / Loureira. / Medico.

Traz os Montes

Carlão.
Chaves.
Favaios.
Lagoaça.
Loureiro ou Sermanha.
Moledo.
Murça.
Pedras Salgadas.
Pombal de Anciães.
Ponte de Cavez.
Rede.
Vidago.
Villarelho.

Beira

Alcafache.
Aldeia Nova.
Almeida.
Almofalla.
Alpedrinha.
Aregos.
Bicanho.
Bussaco.

Carvalhal.
Condeixa.
Felgueiras.
Freixialinho.
Grajal.
Lagiosa.
Linhares.
Longroiva.
Luso.
Manteigas.
Monfortinho.
Penamacor.
Pinhel.
Pranto.
Ranhados.
Rapoula.
Ribeira de Boi.
Santa Comba-Dão.
S. Gemil.
S. Jorge.
S. Pedro do Sul.
S. Romão.
Treixedo.
Unhaes da Serra.
Verride.
Villa da Rainha.
Zebras.

Extremadura

Alhandra.
Arrabidos.
Belver.
Brancas.
Caldas da Rainha.
Idem Aguas Santas.
Cascaes { Estoril. / Poça. / S.to Antonio do Estoril. / Cucos.
Gayeiras.
Leiria.
Lisboa { Arsenal da Marinha. / Alcaçarias do Duque. / Alcaçarias de D. Clara.

Lisboa { Chafariz de El-Rei.
Doutor.
Chafariz de Andaluz.

Maiorca.
Monte Real.
Obidos.
Rio Real.
S. Mamede.
Torres Vedras.
Valle de Flores.
Vimeiro.

Cabeço de Vide.
Fadagosa.
Gafete.
Gavião.
Maria Viegas.
Mertola.
Monte de Pedra.
Ouguella.
Portalegre.
Ribeira de Vide.
Souzel.
Toloza.
Vimieiro.

Alemtejo

Aljustrel { Interior da ermida de S. João do Deserto.
Exterior.

Arez.

Algarve

Monchique.
Tavira.

II

GEOGRAPHIA POLITICA

CAPITULO I

HISTORIA DA FORMAÇÃO TERRITORIAL DE PORTUGAL

Portucale foi o nome que se deu a uma povoação denominada, em epochas mais remotas, *Cale*, situada na margem esquerda do Douro, onde hoje se vê Villa Nova de Gaia. Pela sua posição perto da foz de um grande rio veiu a adquirir importancia bastante para dar o seu nome a um territorio, que já no meado do seculo IX apparece designado, districto ou terra portucalense, pertencente ao reino da Galliza.

Este districto passou a fazer parte da monarchia leoneza, quando a Galliza foi encorporada ao reino de Leão. O resto do moderno Portugal estava sob o jugo dos sarracenos.

No anno de 1064, Fernando I de Leão, tendo conquistado Coimbra, estabeleceu um condado formado do territorio conquistado e da terra portucalense ao sul do rio Douro, cujo governo deu ao conde Sisnando. Do districto de Portucale, que abrangia as provincias do Minho e Traz os Montes, fez outro condado, dando o governo d'elle ao conde Nuno Menendes.

Em 1093, D. Affonso VI de Leão, juntando aquelles dois condados com a denominação de condado de Portucale, deu-o, com a mão de sua filha, ao conde D. Henrique, o qual assim se tornou senhor feudal d'essa parte da monarchia leoneza.

Seguindo as tendencias da epocha, este principe tentou emancipar-se do dominio de Leão, tornando-se independente; mas essa gloria estava reservada para seu filho. O sentimento de independencia nacional começou a germinar no espirito do povo portuguez, a ponto de o vermos dar o titulo de rei a D. Affonso Henriques, logoque elle tomou o poder das mãos de sua mãe, em 1128, ainda antes de casar apoderar-se d'esse titulo, o qual só lhe foi reconhecido em 1144 por D. Affonso VIII de Leão. É desde esta epocha que Portugal figura na lista das nações como reino independente.

O territorio de que então se compunha era formado pelas actuaes provincias de Entre Douro e Minho e de Traz os Montes, e uma parte das Beiras, limitada por uma linha que passava um pouco ao sul de Soure, Miranda do Corvo, Arganil e Ceia. O resto do moderno Portugal fazia parte do imperio mussulmano, e era denominado Al-Gharb, o qual se dividia em tres provincias: 1.ª Belatha, cujas principaes cidades eram Santarem e Lisboa; 2.ª Al-Kassr, cujas principaes povoações, no moderno Alemtejo, eram, Evora, Beja, Alcacer; 3.ª Al-Faghar, cuja capital era Silves.

Durante o seu reinado, o conquistador D. Affonso Henriques dilatou consideravelmente as fronteiras do seu estado, tomando Santarem, Lisboa, Evora e Alcacer, a qual depois perdeu. Assim, no principio do reinado de D. Sancho I, o territorio portuguez achava-se augmentado com o resto da Beira, á excepção das terras de alem do Côa (Castello Rodrigo, Almeida, Sabugal, etc.) que pertenciam ao reino de Leão; com a provincia de Belatha ou moderna Extremadura, e com uma parte da de Al-Kassr. Ao sul do Tejo a fronteira era muito variavel e sujeita aos acasos da guerra com os sarracenos; comtudo Portugal ali possuia já definitivamente a cidade de Evora, como uma ilha no meio do paiz inimigo.

D. Sancho I procurou tambem dilatar os seus estados, conquistando a maior parte do Alemtejo e Algarve (1189), conquistas que logo depois perdeu com a parte dos dominios ao sul do Tejo, á excepção de Evora, que D. Affonso I lhe tinha deixado, chegando os sarracenos a apoderar-se dos castellos de Palmella e Almada, os quaes depois abandonaram, sendo em seguida occupados pelos christãos.

No reinado de D. Affonso II foi reconquistada Alcacer (1217), e as fronteiras do sul e sueste ficaram delimitadas por uma linha que passava por Alcacer, Evora e Amonchas.

D. Sancho II proseguiu as conquistas encetadas pelos seus antecessores, tomando Elvas (1226), Beja, Mertola, Tavira e Ayamonte (1238), estendendo o seu dominio até ao rio Odiel junto a Huelva.

D. Affonso III completou as conquistas de seu pae, expulsando para sempre os mussulmanos do resto do Al-Gharb, que ainda occupavam, desde Faro e Loulé até ao cabo de S. Vicente.

Poucos annos depois D. Affonso X de Castella apoderou-se do territorio conquistado por D. Sancho II, alem do Guadiana, desde Ayamonte até Huelva.

Depois de um seculo de lutas, o reino de Portugal ficou constituido em 1250, como actualmente está, á excepção das terras de alem do Côa, as quaes só lhe foram encorporadas por el-rei D. Diniz.

CAPITULO II

DIVISÕES TERRITORIAES

I

DESCRIPÇÃO DAS FRONTEIRAS

Na provincia de Entre Douro e Minho, a linha da fronteira segue o curso do rio Minho desde a sua foz até S. Gregorio, acima de Melgaço; d'este ponto volta ao sul pela ribeira de Alcobaça e serras ao nascente de Castro Laboreiro, desce pela ribeira da Gavieira, corta o rio Lima acima de Lindoso, e sobe ao pico da Cruz do Touro, na serra do Gerez. Mede esta parte da raia 117 kilometros, dos quaes 67 pelo rio Minho.

Na provincia de Traz os Montes, a fronteira do norte segue pela cumeada do Gerez, desce ao rio Salas, o qual logo torna a cortar subindo ás serras de Mourilhe e Larouco, corta a ribeira de Perdizes, e segue até ao Tamega, cujo curso acompanha pelo espaço de uma legua; atravessa este rio e sobe á serra de Mairos; desce ao rio Rabaçal, cuja corrente sobe pelo espaço de tres leguas; corta este rio e o rio Tuella, e subindo á serra da Condessa ou de Montezinho, contorna as nascentes do Sabor. Atravessa as ribeiras de Calabor, da Varzea e a de Rio de Honor, e segue até encontrar a ribeira de Maçãs; acompanha a corrente d'esta ribeira até á altura do Outeiro, e ahi a deixa para subir ás serras de Valle de Frades e de Avellanoso; corta a ribeira de Angueira, e segue pela crista da serra da Senhora da Luz até ao rio Douro acima de Paradella. A fronteira de leste é formada pelo rio Douro até á confluencia do Agueda.

A fronteira de Traz os Montes tem 328 kilometros de desenvolvimento, dos quaes 97 pelo rio Douro.

Na provincia da Beira Baixa a fronteira segue o curso do rio Agueda e a do seu affluente a ribeira de Tourões até Villar Formoso, seguindo então uma linha sem divisoria natural até á serra das Mezas; alem d'esta serra acompanha o curso dos rios Torto, Bazagueda e Erges até á confluencia d'este ultimo no Tejo, e o curso d'este rio até á confluencia do Sever.

A raia d'esta provincia tem a extensão de 211 kilometros.

Na provincia do Alemtejo a linha da raia, deixando o Tejo, segue o rio Sever, atravessa os contrafortes da serra de S. Mamede, acompanha a ribeira Abrilonga e parte do rio Xevora, atravessa os plainos de Campo Maior, encontra o Caia entre Elvas e Badajoz, e segue-o até ao Guadiana, cujo curso acompanha até Monsaraz. Ahi sobe o ribeiro de Cuncos, na margem esquerda do Guadiana, vai cortar a ribeira de Alcarrache, e mais adiante a Ardilla, passa entre Barrancos e Ensinasola, segue pelos contrafortes da serra de Aroche até Ficalho, onde se mette no rio Chança até encontrar de novo o Guadiana, tendo percorrido uma extensão de 307 kilometros, dos quaes 56 pelo Guadiana.

Na provincia do Algarve a fronteira é formada pelo Guadiana na extensão de 39 kilometros.

A extensão total das fronteiras de Portugal é de 1:002 kilometros.

II

DIVISÃO DE PROVINCIAS

A antiga divisão repartia o continente do reino em sete provincias: Entre Douro e Minho, Traz os Montes, Beira Alta, Beira Baixa, Extremadura, Alemtejo e Algarve.

A provincia de Entre Douro e Minho é limitada ao norte pelo rio Minho, que a separa da Galliza; a leste, pela ribeira de Alcobaça e parte da ribeira da Gavieira, as quaes a separam tambem da Galliza, e pelas serras do Gerez e Cabreira, rio Tamega e serra do Marão, por onde confina com Traz os Montes; ao sul é limitada pelo Douro, que a separa da Beira Alta, e a oeste é limitada pelo oceano.

A sua superficie é de 7:306 kilometros quadrados.

A provincia de Traz os Montes é limitada, ao norte pela fronteira, que a separa da Galliza; a leste pela ribeira de Maçãs, serra da Senhora da Luz e rio Douro, confinando com o antigo reino de Leão; ao sul pelo rio Douro, que a divide das duas Beiras, e a oeste confina com a provincia de Entre Douro e Minho. A sua superficie é de 11:116 kilometros quadrados.

A provincia da Beira Alta é separada, ao norte, das duas anteriores provincias pelo rio Douro; a leste confina com a Beira

Baixa, e ao sul com a Extremadura; a oeste é limitada pelo oceano. A sua superficie é de 11:787 kilometros quadrados.

A provincia da Beira Baixa confina ao norte com a de Traz os Montes, a leste com o reino de Leão pelo rio Agueda, ribeira de Tourões e serra das Mezas e com a Extremadura hespanhola pelos rios Torto, Erjes e Tejo; ao sul é dividida do Alemtejo pelo rio Tejo até á confluencia da Ocreza, e da Extremadura portugueza pelas serras de Evendos e Amendoa, rio Codes até ao Zezere; a oeste confina com a Beira Alta, e é separada da Extremadura pelo rio Zezere. A superficie d'esta provincia é de 12:190 kilometros quadrados.

A provincia da Extremadura confina ao norte com a Beira Alta; a leste com a Beira Baixa e Alemtejo pelas charnecas de Ponte de Sôr, Montarjil, Soure, Marateca e pelo rio Sado até Alvalade; ao sul é limitada pela ribeira de Campilhas, confinando ainda por este lado com o Alemtejo; ao poente é limitada pelo oceano. A sua superficie é de 18:375 kilometros quadrados.

A provincia do Alemtejo é limitada ao norte pelo rio Tejo; a leste confina com as provincias hespanholas da Extremadura e Andaluzia; ao sul é separada do Algarve pela ribeira do Vascão, serras do Caldeirão e Rozal, e ribeira de Seixe; a oeste confina com a Extremadura e o oceano. A sua superficie é de 24:411 kilometros quadrados.

A provincia do Algarve confina ao norte com o Alemtejo, a leste com a Andaluzia, e ao sul e poente é limitada pelo oceano. A sua superficie é de 4:685 kilometros quadrados.

III

DIVISÃO ADMINISTRATIVA

1.º Districtos. — O continente do reino é dividido em 17 districtos administrativos, subdivididos em 268 concelhos e estes em 3:799 parochias.

As provincias foram divididas do seguinte modo, sendo os districtos designados pelo nome das suas capitaes:

Provincias	Districtos	Superficies Hectares
Entre Douro e Minho ...	Vianna...............	223:819
	Braga...............	278:002
	Porto...............	238:781
Traz os Montes.........	Villa Real............	445:081
	Bragança.............	666:475
		1.842:158

Provincias	Districtos	Superfície — Hectares
	Transporte......	1.842:158
	Aveiro...............	292:522
Beira Alta............	Vizeu...............	497:848
	Coimbra.............	388:310
Beira Baixa...........	Guarda..............	556:225
	Castello Branco........	662:768
	Leiria..............	349:015
Extremadura..........	Santarem............	686:468
	Lisboa.............	760:303
	Portalegre...........	644:148
Alemtejo.............	Evora..............	709:653
	Beja.................	1.087:281
Algarve.............	Faro...............	485:835
		8.962:531

2.º **Concelhos.** — Os districtos foram divididos do seguinte modo:

1.º *Vianna do Castello:* 10 concelhos; capital, Vianna do Castello; 10:000 habitantes. Povoações principaes: Valença, 2:800; Caminha, 2:300; Arcos de Valle de Vez, 2:200; Ponte de Lima, 2:000.

2.º *Braga:* 13 concelhos; capital, Braga; 20:000 habitantes. Povoações principaes: Guimarães (cidade), 8:000; Barcellos, 3:700; Espozende, 1:000.

3.º *Porto:* 19 concelhos; capital, Porto; 76:000 habitantes. Povoações principaes: Penafiel (cidade), 4:500; Amarante, 1:500; Mattosinhos, 3:000; Povoa de Varzim, 11:000; Villa Nova de Gaia, 7:600.

4.º *Villa Real:* 14 concelhos; capital, Villa Real; 5:100 habitantes. Povoações importantes: Chaves, 6:400; Peso da Regua, 2:900.

5.º *Bragança:* 12 concelhos; capital, Bragança; 5:100 habitantes. Povoações principaes: Miranda do Douro (cidade), 900; Mirandella, 1:800; Moncorvo, 2:000; Vinhaes, 2:000.

6.º *Aveiro:* 16 concelhos; capital, Aveiro; 6:500 habitantes. Povoações principaes: Feira, 2:000; Ilhavo, 8:200; Ovar, 10:400; Oliveira de Azemeis, 2:000.

7.º *Vizeu:* 26 concelhos; capital, Vizeu; 6:800 habitantes. Povoações principaes: Lamego (cidade), 8:000; S. João da Pesqueira, 2:500; S. Pedro do Sul, 2:500; Mangualde, 4:000.

8.º *Coimbra:* 17 concelhos; capital, Coimbra; 13:200 habitantes. Povoações principaes: Figueira da Foz, 4:400; Mira, 5:000; Montemór o Velho, 2:000; Cantanhede, 3:000.

5.

9.º *Guarda:* 14 concelhos; capital, Guarda; 4:000 habitantes. Povoações principaes: Manteigas; 2:500; Pinhel (cidade), 2:200; Trancoso, 2:500; Celorico, 2:000; Almeida, 1:700.

10.º *Castello Branco:* 12 concelhos; capital, Castello Branco; 6:500 habitantes. Povoações principaes: Covilhã, 9:000; Fundão, 2:400; Penamacôr, 2:300; Idanha a Nova, 2:500.

11.º *Leiria:* 12 concelhos; capital, Leiria; 3:000 habitantes. Povoações principaes: Caldas da Rainha, 2:200; Peniche, 3:100; Pombal, 3:000.

12.º *Santarem:* 18 concelhos; capital, Santarem (cidade); 6:300 habitantes. Povoações principaes: Thomar (cidade), 4:000; Torres Novas, 6:000; Abrantes, 5:500; Almeirim, 3:200.

13.º *Lisboa:* 28 concelhos; capital, Lisboa; 190:000 habitantes. Povoações principaes: Setubal (cidade), 13:000; Belem, 14:000; Aldeia Gallega, 4:000; Cintra, 4:000; Almada, 4:000; Cezimbra, 5:000; Villa Franca, 3:800; Alemquer, 4:000; Torres Vedras, 3:000; Alcacer do Sal, 2:500.

14.º *Portalegre:* 15 concelhos; capital, Portalegre; 6:700 habitantes. Povoações principaes: Castello de Vide, 5:200; Elvas (cidade e praça de guerra de 1.ª ordem), 11:000; Marvão, 1:500; Campo Maior, 5:000; Fronteira, 2:000; Alter do Chão, 2:600; Niza, 3:000.

15.º *Evora:* 13 concelhos; capital, Evora (cidade); 11:900 habitantes. Povoações principaes: Extremoz, 7:000; Montemór Novo, 3:900; Borba, 3:600; Redondo, 3:400; Villa Viçosa, 3:500.

16.º *Beja:* 14 concelhos; capital, Beja; 7:000 habitantes. Povoações principaes: Moura, 5:400; Serpa, 5:500; Cuba, 3:800; Almodovar, 3:500; Odemira, 3:000; Ourique, 3:000.

17.º *Faro:* 15 concelhos; capital, Faro (cidade); 8:000 habitantes. Povoações principaes: Tavira (cidade), 10:000; Lagos (cidade), 7:500; Silves (cidade), 5:000; Loulé, 12:000; Villa Nova de Portimão, 5:500; Villa Real de Santo Antonio, 3:000; Olhão, 7:000; Monchique, 5:000.

IV

DIVISÃO JUDICIAL

O reino está dividido em dois districtos judiciaes, Lisboa e Porto.

Ao primeiro districto, ou *relação* de Lisboa, pertencem 8 districtos administrativos: Leiria, Castello Branco, Lisboa, Santarem, Portalegre, Evora, Beja e Faro; o districto do Funchal, nas ilhas adjacentes, e a provincia de Cabo Verde.

Ao segundo districto ou *relação* do Porto, pertencem os 9

districtos administrativos de Vianna, Braga, Porto, Villa Real, Bragança, Aveiro, Vizeu, Coimbra e Guarda.

Os districtos judiciaes são divididos em comarcas, estas em julgados, e estes em districtos de juiz de paz. As comarcas são divididas em 3 classes, em relação com a população e a superficie.

Os seguintes quadros mostram a divisão judicial nas duas relações do continente, antes de dezembro de 1874, em que foi alterada nos districtos de Lisboa e Beja:

Relação de Lisboa

| Districtos | Comarcas | | | | Julgados | Districtos de juiz de paz |
	1.ª Classe	2.ª Classe	3.ª Classe	Total		
Lisboa	10	6	2	18	15	74
Leiria	1	1	4	6	6	33
Castello Branco	2	2	1	5	7	19
Santarem	4	–	2	6	12	33
Portalegre	2	–	2	4	11	28
Evora	2	1	1	4	9	22
Beja	1	–	4	5	9	24
Faro	2	3	–	5	10	24
Total no continente	24	13	16	53	79	257
Funchal	2	–	–	2	9	23
Cabo Verde	–	–	2	2	13	24
Total	26	13	18	57	101	304

Relação do Porto

| Districtos | Comarcas | | | | Julgados | Districtos de juiz de paz |
	1.ª Classe	2.ª Classe	3.ª Classe	Total		
Porto	7	5	2	14	8	81
Vianna	3	2	1	6	4	56
Braga	5	2	1	8	5	61
Villa Real	2	3	2	7	7	48
Bragança	1	1	5	7	5	26
Aveiro	3	4	1	8	8	41
Vizeu	2	2	8	12	14	93
Coimbra	3	3	2	8	9	41
Guarda	1	3	4	8	6	25
Total	27	25	26	78	66	472

As alterações introduzidas pela nova divisão judicial de dezembro de 1874, foram as seguintes:

Districtos	Comarcas				Julgados
	1.ª Classe	2.ª Classe	3.ª Classe	Total	
Lisboa..........	10	6	4	20	63
Beja............	1	-	5	6	22

V

DIVISÃO ECCLESIASTICA

O reino e possessões ultramarinas dividem-se em 4 provincias ecclesiasticas: *Lisbonense, Bracarense, Eborense* e *Goense.*

As provincias dividem-se em 29 dioceses, estas em *arciprestados* ou *vigararias,* e estas subdividem-se em parochias.

A provincia lisbonense divide-se em 10 dioceses: o patriarchado de Lisboa, e os bispados de Leiria, Guarda, Lamego, Castello Branco, Portalegre, Angra, Funchal, Cabo Verde e Angola.

A provincia bracarense divide-se em 7 dioceses: o arcebispado de Braga, e os bispados do Porto, Aveiro, Coimbra, Vizeu, Bragança e Pinhel.

A provincia eborense divide-se em 4 dioceses: o arcebispado de Evora, e os bispados de Elvas, Beja e Algarve.

A provincia goense divide-se em 9 dioceses, e comprehende o arcebispado de Goa, e os bispados de Cochim, Cranganor, Meliapor, Malaca, Macau, Nankim, Pekim, Timor, e a prelazia de Moçambique.

As dioceses do continente contêem 3:784 parochias.

VI

DIVISÃO MILITAR

O reino e ilhas adjacentes estão divididos em 5 divisões militares: 1.ª, Lisboa; 2.ª, Vizeu; 3.ª, Porto; 4.ª, Evora; 5.ª, Angra.

1.ª *Divisão.* Comprehende os districtos de Lisboa, Santarem, Leiria, Coimbra, Castello Branco e Funchal.

2.ª *Divisão.* Districtos de Vizeu, Guarda, Villa Real e Bragança.

3.ª *Divisão.* Comprehende os districtos de Porto, Braga, Vianna do Castello e Aveiro.

4.ª *Divisão*. Districtos de Evora, Beja, Portalegre e Faro.
5.ª *Divisão*. Districtos de Angra, Ponta Delgada e Horta[1].

VII

DIVISÃO MARITIMA

O litoral do reino está dividido em 3 departamentos maritimos: do norte, Porto; do centro, Lisboa; do sul, Faro.

Cada departamento subdivide-se em capitanias de porto, da fórma seguinte:

Departamento do norte: 5 capitanias de porto. Despeza: Porto, 2:787$000 réis; Caminha, 408$000 réis; Vianna do Castello, 364$000 réis; Aveiro, 208$000 réis; Figueira 428$000 réis. Tem delegações em Espozende, Villa do Conde e Povoa de Varzim.

Departamento do centro: 5 capitanias. Despeza: Lisboa, 2:992$000 réis; S. Martinho, 189$000 réis; Setubal, 418$000 réis; Peniche, 146$000 réis; Ericeira, 146$000 réis.

Departamento do sul: 5 capitanias. Despeza: Faro, 831$000 réis; Lagos, 344$000 réis; Villa Nova de Portimão, 202$000 réis; Tavira, 358$000 réis; Villa Real de Santo Antonio, réis 430$000. Delegação em Olhão.

VIII

DIVISÃO ADUANEIRA

Ha no continente duas alfandegas maritimas de 1.ª classe e tres de 2.ª classe; cada alfandega tem delegações de 1.ª e 2.ª ordem.

Ha uma alfandega de raia de 1.ª classe e 8 de 2.ª, com delegações de 1.ª e de 2.ª ordem.

Alfandegas maritimas

1.ª **Classe**. *Lisboa* — Delegações de 1.ª ordem em Peniche, Ericeira, Setubal e Sines. Delegações de 2.ª ordem em Cascaes e Cezimbra. Pessoal, 175 empregados no serviço interno e 740 na fiscalisação, fiscaes, guardas e remadores. Despeza: empregados (director, chefes de serviço, verificadores, officiaes e aspirantes), 51:180$000 réis, fiscalisação 116:444$000 réis. Despezas diversas, 25:000$000 réis.

Porto — Delegações de 1.ª ordem em Aveiro e Villa do Conde, e de 2.ª ordem em Povoa de Varzim. Pessoal do serviço

---

[1] A estatistica do pessoal e despeza no serviço d'estas divisões territoriaes, será apresentado em capitulos especiaes.

interno 50 empregados, na fiscalisação 350. Despeza: no serviço interno 16:450$000 réis, na fiscalisação 55:679$000 réis. Despezas diversas, 7:500$000 réis.

2.ª Classe. *Vianna do Castello* — Delegações de 1.ª ordem em Caminha e Espozende. Pessoal, 16 empregados no serviço interno e 102 na fiscalisação. Despeza 3:150$000 réis com o serviço interno, 12:444$000 réis na fiscalisação. Despezas diversas, 1:889$000 réis.

Figueira da Foz — Com delegações de 1.ª ordem em S. Martinho e de 2.ª ordem na Vieira e Pederneira. Pessoal, 14 empregados no serviço interno e 71 empregados na fiscalisação. Despeza 2:570$000 réis no serviço, e 9:423$000 réis na fiscalisação. Despezas diversas, 897$000 réis.

Faro — E suas delegações de 1.ª ordem em Lagos, Portimão, Olhão, Tavira e Villa Real de Santo Antonio, e de 2.ª ordem em Albufeira, Fuzeta e Alcoutim. Pessoal, serviço interno, 36 empregados, fiscalisação 317. Despeza: no serviço interno 6:350$000 réis, na fiscalisação 38:278$000 réis. Despezas diversas, 4:410$000 réis.

Alfandegas de raia

1.ª Classe. *Elvas* — Com delegações de 1.ª ordem em Porto de Olivença, Campo Maior e Villa Viçosa, e de 2.ª ordem em Tilheiro. Pessoal, 15 empregados no serviço interno e 72 na fiscalisação. Despeza: no serviço interno 2:900$000 réis, na fiscalisação 11:161$000 réis. Despezas diversas, 3:870$000 réis.

2.ª Classe. *Valença* — Com as delegações de 1.ª ordem em Villa Nova da Cerveira, Monção, Melgaço e Ponte da Barca. Pessoal, 17 empregados no serviço interno e 123 na fiscalisação. Despeza: serviço interno 2:650$000 réis, fiscalisação réis 15:309$000. Despezas diversas, 1:000$000 réis.

Chaves — E delegações de 1.ª ordem em Montalegre e Vinhaes; e de 2.ª ordem em Villar de Perdizes e Rebordello. Pessoal no serviço interno 14 empregados, fiscalisação 88. Despeza no serviço interno 2:290$000 réis, na fiscalisação 11:774$000 réis. Despezas diversas, 1:000$000 réis.

Bragança — E delegações de 1.ª ordem em Miranda e de 2.ª ordem em Outeiro e Vinioso. Pessoal, 12 empregados no serviço interno e 89 na fiscalisação. Despezas: no serviço interno 2:160$000 réis, na fiscalisação 12:287$000 réis. Despezas diversas, 790$000 réis.

Barca d'Alva — E delegações de 1.ª ordem em Bemposta e Freixo, e de 2.ª em Lagoaça e Escarigo. Pessoal, 14 empregados no serviço interno e 118 na fiscalisação. Despezas: no serviço interno 2:630$000 réis, na fiscalisação 15:629$000 réis. Despezas diversas, 690$000 réis.

Aldeia da Ponte — E delegações de 1.ª ordem em Almeida e Villar Maior, e de 2.ª ordem em Valle de Espinho. Pessoal 11 empregados no serviço interno e 60 na fiscalisação. Despezas: no serviço interno 2:090$000 réis, na fiscalisação 8:533$000 réis, diversas 620$000 réis.

Idanha a Nova — Com delegações de 1.ª ordem em Penamacor e de 2.ª ordem em Salvaterra do Extremo, Rosmaninhal e Malpique. Pessoal 12 empregados no serviço interno, e 60 na fiscalisação. Despezas: no serviço interno 1:940$000 réis, na fiscalisação 8:533$000 réis, diversas 610$000 réis.

Portalegre — Com delegações de 1.ª ordem em Niza, Castello de Vide e Arronches. Pessoal 10 empregados no serviço interno e 77 na fiscalisação. Despezas : no serviço interno 2:130$000 réis, na fiscalisação 11:730$000 réis, diversas 575$000 réis.

Serpa — Com delegações de 1.ª ordem em Mourão, Moura, Mertola e Barrancos. Pessoal 12 empregados no serviço interno e 49 na fiscalisação. Despezas : no serviço interno 1:850$000 réis, na fiscalisação 14:740$000 réis, diversas 1:160$000 réis.

Para a fiscalisação aduaneira no interior do paiz está o reino dividido em 4 districtos fiscaes, com o pessoal de 320 empregados, e a despeza de 54:990$000 réis. Ha alem d'este o pessoal da fiscalisação extraordinaria, que se eleva a 253 empregados, fazendo a despeza de 35:841$500 réis.

Em resumo o pessoal empregado na fiscalisação é o seguinte:

Chefes fiscaes............................	18
Fiscaes	94
Guardas a cavallo.......................	256
Guardas a pé...........................	2:132
Patrões e remadores....................	373
Machinistas.............................	15

IX

DIVISÃO ELEITORAL

Os circulos eleitoraes são 108.

O continente do reino está dividido em 92 circulos eleitoraes, do modo seguinte:

Districto de Vianna

1 Vianna.
2 Monção.
3 Ponte de Lima.
4 Valença.
5 Arcos.

Districto de Braga

6 Braga.

7 Villa Verde.
8 Barcellos.
9 Famalicão.
10 Povoa de Lanhoso.
11 Fafe.
12 Guimarães.

Districto do Porto

13 \
14 / Porto.

15 Amárante.
16 Penafiel.
17 Felgueiras.
18 Paredes.
19 Santo Thyrso.
20 Gondomar.
21 Villa Nova de Gaia.

Districto de Villa Real

22 Chaves.
23 Villa Real.
24 Regoa.
25 Alijó.
26 Valle Passos.

Districto de Bragança

27 Bragança.
28 Macedo.
29 Mirandella.
30 Moncorvo.

Districto de Aveiro

31 Aveiro.
32 Anadia.
33 Estarreja.
34 Feira.
35 Arouca.
36 Oliveira de Azemeis.

Districto de Coimbra

37 Penacova.
38 Arganil.
39 Coimbra.
40 Soure.
41 Cantanhede.
42 Figueira.

Districto de Vizeu

43 Sinfães.
44 Lamego.
45 Pesqueira.
46 Moimenta.
47 Mangualde.
48 Carregal.
49 Tondella.
50 S. Pedro do Sul.
51 Vizeu.

Districto da Guarda

52 Guarda.
53 Sabugal.
54 Pinhel.

55 Trancoso.
56 Ceia.

Districto de Castello Branco

57 Castello Branco.
58 Certã.
59 Covilhã.
60 Fundão.

Districto de Leiria

61 Caldas.
62 Leiria.
63 Pombal.
64 Figueiró.

Districto de Lisboa

65
66
67 } Lisboa.
68
69 Villa Franca.
70 Mafra.
71 Belem.
72 Torres Vedras.
73 Almada.
74 Setubal.

Districto de Santarem

75 Torres Novas.
76 Thomar.
77 Abrantes.
78 Santarem.
79 Chamusca.

Districto de Portalegre

80 Portalegre.
81 Elvas.
82 Aviz.

Districto de Evora

83 Evora.
84 Extremoz.
85 Redondo.

Districto de Beja

86 Beja.
87 Moura.
88 Mertola.

Districto de Faro

89 Tavira.
90 Faro.
91 Silves.
92 Lagos.

As ilhas adjacentes estão divididas em 8 circulos eleitoraes; a saber:

Districto do Funchal

93 Ponta do Sol.
94 Funchal.

Districto de Angra

95 Angra.
96 Vélas.

Districtó da Horta	Districto dè Ponta Delgada
97 Horta.	99 Ponta Delgada.
98 Lages.	100 Ribeira Grande.

As provincias ultramarinas comprehendem 8 circulos:

101 Nova Goa.	105 Moçambique.
102 Margão.	106 Cabo Verde.
103 Macau.	107 S. Thomé.
104 Loanda.	108 Timor.

CAPITULO III

ORGANISAÇÃO GERAL DO REINO

I

CONSTITUIÇÃO DO ESTADO

A fórma de governo que rege Portugal é a monarchia representativa e hereditaria, que substituiu a monarchia absoluta.

Desde que se declarou nação independente adoptou Portugal a fórma monarchica, elegendo para rei o filho do conde D. Henrique, primeiro senhor donatario da provincia ou condado de Portucalle.

A monarchia primitiva, saída do seio do feudalismo, conservou ainda por muitos annos o cunho das instituições feudaes, e á sombra d'ellas cresceu o poder dos senhores feudaes e do clero, augmentando ao mesmo tempo a tyrannia por elles exercida sobre o povo.

Não tardou a reacção. A realeza, procurando destruir esse poder que assombrava a coroa, foi auxiliando as tentativas de emancipação dos povos, já creando novos municipios, e concedendo com largueza fóros e privilegios a grande numero de povoações, já cerceando as attribuições e prerogativas da nobreza.

Pouco a pouco, vencidos os obstaculos que se oppunham a essas aspirações, obstaculos que D. João II soube vencer violentamente, a monarchia absoluta pôde firmar-se e reger desassombradamente os destinos da nação até 1820.

Datam d'esta epoca as primeiras tentativas para a substituição do antigo regimen pelo systema liberal, que só pôde estabelecer-se definitivamente em 1833, depois de um largo periodo de sangrentas lutas intestinas.

Os principios fundamentaes da carta constitucional, outorgada por D. Pedro IV em 1826, resumem-se no seguinte:

A soberania reside no corpo collectivo formado por todos os cidadãos, denominado nação. É cidadão portuguez todo o que nasce em territorio da nação ou é naturalisado. Todo o cidadão é livre; todos são iguaes perante a lei, e gosam livremente do direito de petição e de reunião. A propriedade e o domicilio são inviolaveis. Todos os cultos são permittidos, mas a religião do estado é a religião catholica, apostolica, romana.

Os poderes da nação são divididos em: poder legislativo, poder moderador, poder executivo e poder judicial.

O poder legislativo é exercido pelas *côrtes geraes,* compostas de uma camara de pares vitalicia e hereditaria, e de uma camara de deputados de eleição popular. Pertence-lhe a confecção ou derogação das leis, e o exame e approvação das medidas governativas e do orçamento do estado.

Os deputados são actualmente 108; o seu mandato dura quatro annos. A eleição é directa; cada circulo eleitoral elege um deputado.

O poder moderador é exercido pelo rei, ao qual pertence o direito de sancção das leis, de nomeação do governo e de commutação ou perdão das penas. O rei é irresponsavel e inviolavel.

O poder executivo é exercido pelo governo, composto de sete ministros, que em nome do rei faz executar as leis, dirige e administra os negocios do estado. O rei é o chefe do poder executivo. Os ministros são os seguintes: dos negocios do reino, ecclesiasticos e de justiça, fazenda, guerra, marinha e ultramar, estrangeiros, e obras publicas, commercio e industria.

O poder judicial é exercido por juizes de direito e juizes de facto ou jurados, em completa independencia dos outros poderes do estado.

Em 1852 as côrtes decretaram um acto addicional á carta constitucional, cujas principaes disposições são: a abolição da pena de morte nos crimes civis, a substituição das eleições indirectas por directas, a creação de uma camara municipal em cada concelho, e a descentralisação parcial no governo das provincias ultramarinas.

O conselho d'estado politico e administrativo, creado pela carta constitucional, foi reformado pela lei de 9 de junho de 1870, que o separou em dois: conselho d'estado politico, consultivo, cujas funcções são gratuitas, e supremo tribunal administrativo, cujos membros têem o ordenado de 1:600$000 réis.

II

ADMINISTRAÇÃO GERAL

A direcção politica e administrativa do estado está a cargo do ministerio, que é responsavel perante as côrtes por todos os actos emanados do poder executivo. As attribuições dos ministros nos diversos ramos de administração publica são as seguintes:

Ministerio do reino. — Compete-lhe a administração geral, politica e civil, a segurança, a hygiene e a instrucção publica; as operações do recrutamento; a nomeação das auctoridades administrativas, e a beneficencia publica.

Junto a este ministerio funccionam: um supremo tribunal administrativo; uma junta consultiva de instrucção publica, e uma junta consultiva de saude publica.

Pessoal do ministerio, 43 empregados superiores e subalternos, e 11 empregados menores. Despeza, 31:291$000 réis.

Ministerio dos negocios ecclesiasticos e de justiça. — Pertence a este ministerio a direcção dos negocios ecclesiasticos, as relações com a santa sé, a nomeação do pessoal ecclesiastico, a direcção geral dos negocios de justiça, a nomeação dos magistrados judiciaes e dos representantes do ministerio publico, a administração e policia das cadeias.

Funcciona junto a este ministerio um supremo tribunal de justiça, e a procuradoria geral da corôa e fazenda.

Pessoal do ministerio, 36 empregados superiores e subalternos, e 7 empregados menores. Despeza, 25:480$000 réis.

Ministerio da fazenda. — Pertence-lhe a direcção financeira do estado, a arrecadação e administração dos dinheiros publicos, a nomeação dos empregados da fazenda, a direcção das alfandegas e da casa da moeda, e da administração dos bens nacionaes.

Funcciona junto a este ministerio um tribunal de contas, que tem a seu cargo examinar as contas de todos os empregados que gerem ou arrecadam dinheiros do estado.

Pessoal do ministerio, 170 empregados superiores e subalternos, e 18 empregados menores. Despeza 92:014$000 réis.

Ministerio da guerra. — Tem por attribuições o commando geral do exercito, a administração militar e a do arsenal do exercito, do deposito do material de guerra, da fabrica da polvora e da fundição e fabricação de armas; as promoções, a instrucção militar, e a construcção, reparação e conservação das fortificações e edificios do ministerio. Pertence-lhe tambem a administração da justiça militar e dos presidios.

Junto a este ministerio funcciona um supremo tribunal de justiça militar.

Pessoal do ministerio, 68 officiaes militares e empregados civis, e 13 empregados menores. Despeza 45:300$000 réis.

· **Ministerio da marinha e ultramar.** — Tem a seu cargo a organisação da marinha de guerra, as promoções nos quadros da armada, o recrutamento maritimo, a instrucção naval, a administração do arsenal da marinha e cordoaria, a policia dos portos maritimos, da marinha mercante e de pesca, a saude naval e a administração geral das provincias ultramarinas.

Pessoal do ministerio, 64 officiaes da armada e empregados civis, e 13 empregados menores. Despeza 38:164$000 réis.

Ha junto a este ministerio os seguintes conselhos e juntas consultivas: junta consultiva do ultramar, junta consultiva da marinha, junta consultiva de saude naval, commissão de aperfeiçoamento da artilheria naval, conselho de instrucção naval, conselho de administração de marinha.

Ministerio dos negocios estrangeiros. — Todas as relações com os paizes estrangeiros estão a cargo d'este ministerio, por intermedio do corpo diplomatico e consular, sendo das suas attribuições as negociações diplomaticas, a execução dos tratados e a nomeação do pessoal diplomatico e consular.

Pessoal do ministerio, 20 empregados superiores e subalternos, e 7 empregados menores.

Ministerio das obras publicas, commercio e industria. — Tem a seu cargo a conservação e construcção das estradas e pontes, a fiscalisação dos caminhos de ferro, a administração das linhas do estado, a conservação dos edificios nacionaes, a administração geral dos telegraphos e pharoes, dos correios, e das matas nacionaes, os trabalhos geodesicos, hydrographicos e geologicos, a concessão e fiscalisação de minas, a direcção dos negocios relativos á agricultura e ás subsistencias, a organisação dos concursos e exposições, a instrucção agricola e industrial, o serviço veterinario, o commercio interno, as industrias e a auctorisação das sociedades e companhias commerciaes.

Pessoal do ministerio, 71 engenheiros e empregados civis, superiores e subalternos, e 15 empregados menores. Despeza, 41:089$000 réis.

Ha n'este ministerio uma junta consultiva de obras publicas e minas.

III

ESTATISTICA

CAPITULO I

POPULAÇÃO

Deixando de parte tudo quanto diz respeito aos antigos povoadores da Lusitania, vamos tratar dos factos estatisticos relativos á população do reino, analysando-os quanto no-lo permittam as escassas e deficientes estatisticas officiaes que se têem feito.

O primeiro arrolamento da população data de 1527, no reinado de D. João III.

Anteriormente, em 1422, tinha D. João I ordenado o arrolamento dos bésteiros: foi sobre esta base que Balbi e depois Rebello da Silva calcularam hypotheticamente a população que o reino devia ter n'aquella epocha[1].

Alguns outros ensaios se fizeram depois com maior ou menor approximação, até que em 1863 o governo ordenou o recenseamento geral da população referido ao ultimo dia d'aquelle anno, empregando-se as medidas necessarias para que fosse feito com a maior exactidão.

O quadro seguinte mostra o total de habitantes em diversas epochas, e o augmento annual da população:

Annos	Habitantes	Augmento annual
1422	1.008:000	2:076
1527	1.226:000	2:766
1732	1.793:000	25:723
1776	2.905:000	2:440
1801	2.966:000	857
1822	2.984:000	7:077
1835	3.076:000	25:687
1851	3.487:000	37:824
1864	3.978:713	–

A grande differença qué se nota no augmento da população nos diversos periodos do antecedente quadro, parece dever attribuir-se antes á imperfeição da estatistica, do que a factos sociaes; todavia se attendermos ás condições que deviam favorecer ou obstar ao desenvolvimento da população n'aquelles periodos, reconheceremos que a grande desigualdade d'aquelle augmento é justificada pelo estado politico e social do reino nas epochas que considerâmos.

Assim o augmento annual de 0,2 por 100 que se observa nos tres seculos que decorreram de 1422 a 1527 tem plausivel explicação nas guerras, nas conquistas e nas emigrações para os vastos dominios portuguezes na Asia, Africa e America. Descontando o exagero que parece haver na avaliação referida a 1776, podemos ainda justificar uma boa parte d'aquelle augmento, considerando que o periodo de 1732 a 1776 abrange

[1] Vide *Relatorio sobre a população e agricultura em Portugal*, por L. A. Rebello da Silva.

a sabia administração do marquez de Pombal. A invasão franceza e a emigração para o Brazil effectuadas no periodo de 1801
a 1822 explicam bem o diminuto augmento de 0,03 por cento.
Finalmente o augmento annual medio de 0,8 por cento, de 1835
a 1864 está perfeitamente em harmonia com o progressivo desenvolvimento do paiz.

Podiamos extrahir dos mappas annualmente enviados pelos
governos civis ao ministerio do reino, a cifra da população para
os annos que desde 1864 têem decorrido até hoje; porém, não
podendo esses mappas ser considerados como verdadeiros recenseamentos da população, preferimos calcula-la para o anno de
1874, partindo como base do recenseamento de 1864, e adoptando o augmento annual medio de 0,8 por cento, o que dá
para 1874, 4.296:950 habitantes. Como adiante se verá, o excesso medio dos nascimentos sobre os obitos é superior a 1 por
cento do total da população, e portanto superior ao augmento
annual que calculámos.

Conservando-se aquelle augmento annual a população de
Portugal duplicará no fim de 88 annos.

A seguinte tabella mostra o augmento annual e o periodo
de duplicação para os principaes paizes da Europa:

Paizes	Augmento por cento	Periodo de duplicação — Annos
Russia	1,39	50
Suecia	1,30	53
Inglaterra	1,29	54
Prussia	1,13	61
Dinamarca	1,09	64
Hollanda	1,01	69
Hespanha	0,89	78
Belgica	0,83	84
Portugal	0,80	88
Baviera	0,71	98
Italia	0,70	99
Austria	0,57	122
Grecia	0,53	131
França	0,35	198

A população acha-se muito desigualmente distribuida; é muito
densa na provincia do Minho e na Beira Alta, e muito rara na
maior parte do Alemtejo.

Os concelhos onde a população é mais densa, segundo o censo
de 1864, são Lisboa, que tem 11:077 habitantes por kilometro
quadrado; Porto, 2:330; Belem, 414; Braga, 281; Villa Nova

de Gaia, 267; Ilhavo, 247; Bouças, 235; Louzada, 200; Povoa de Varzim, 184; Guimarães, 178; Paredes, 173; Feira, 163; Olhão, 147.

Os concelhos onde a densidade da população é menor, são, Alcacer, 5; Coruche, 6; Grandola, 7; Aviz, 7; Ponte de Sôr, 7; Monforte, 8; Aljustrel, 8; Montemór, 9.

O seguinte quadro mostra por districtos a superficie, a população e a densidade ou população especifica, referida ao anno de 1864:

Districtos	Superficie	População	População especifica
Aveiro	292:522	252:563	86,33
Beja	1.087:281	142:897	13,14
Braga	273:002	320:769	117,49
Bragança	666:475	164:050	24,61
Castello Branco	662:768	165:473	24,96
Coimbra	388:310	282:627	72,78
Evora	709:653	104:147	14,67
Faro	485:835	179:517	36,95
Guarda	556:225	217:542	39,11
Leiria	349:015	180:504	51,72
Lisboa	760:903	454:825	59,82
Portalegre	644:143	101:129	15,68
Porto	233:781	423:792	181,28
Santarem	686:468	201:226	29,31
Vianna	223:819	204:679	91,44
Villa Real	445.081	221:851	49,84
Vizeu	497:848	368:967	74,11
	8.962:581	3.986:558	44,48

Estão acima da media geral de 44,48 habitantes por kilometro quadrado, os districtos do Porto, Braga, Vianna, na provincia do Minho, onde a população é mais densa; os da provincia da Beira Alta, Aveiro, Vizeu e Coimbra, e os de Lisboa, Leiria e Villa Real. Todos os outros districtos estão abaixo da media geral, sendo os tres districtos do Alemtejo aquelles onde a população se acha mais rareada.

Calculando o augmento da população nos dez annos de 1864 a 1874, organisa-se o seguinte quadro da população em 1874:

Districtos	População	População especifica
Aveiro	272:763	93,2
Beja	154:827	14,2
Braga	346:429	126,8
Bragança	177:170	26,6
	950:689	

6

Districtos	População	População específica
Transporte......	950:689	
Castello Branco	178:708	26,9
Coimbra............................	305:287	78,6
Evora..............................	112:477	15,8
Faro...............................	193:877	39,8
Guarda............................	234:912	42,2
Leiria.............................	194:944	55,8
Lisboa	491:205	1 68,3
Portalegre.........................	109:192	16,9
Porto	451:212	193,0
Santarem..........................	217:316	31,6
Vianna............................	221:049	98,7
Villa Real.........................	239:591	53,8
Vizeu	398:477	80,0
	4.298:881	47,9

1 Desconta-se a superfície dos estuarios do Tejo e Sado para o calculo da população, específica.

Julgâmos esta avaliação ainda abaixo da verdade, postoque muito approximada, porque não só a base em que assentâmos os calculos (o censo de 1864) é deficiente, como foi mesmo officialmente reconhecido, mas tambem considerâmos um pouco baixa a relação de 0,8 para o augmento annual da população.

Damos em seguida uma tabella comparativa da população, segundo os mappas officiaes nos annos seguintes:

Districtos	1870	1871	1872
Aveiro	257:445	256:544	255:126
Beja........................	138:068	137:784	139:767
Braga......................	323:310	321:622	319:425
Bragança....................	153:560	153:738	154:587
Castello Branco	165:415	169:938	165:972
Coimbra....................	286:525	289:266	242:905
Evora......................	98:459	98:053	99:691
Faro.......................	185:312	188:422	192:104
Guarda.....................	216:735	214:363	216:279
Leiria......................	181:111	181:164	188:043
Lisboa (censo de 1864)......	454:691	454:691	454:691
Portalegre..................	95:807	95:504	96:327
Porto	437:650	439:515	437:347
Santarem...................	203:161	203:836	207:095
Vianna.....................	209:496	209:864	208:368
Villa Real..................	211:565	212:095	215:310
Vizeu	369:878	370:171	367:971
	3.988:187	3.990:570	4.011:908

É muito desigual a proporção entre a população urbana e a rural nas diversas provincias. Ao passo que no Alemtejo, Algarve e sul da Beira e da Extremadura a população está agglomerada nas povoações, nas provincias do norte, principalmente no Minho e Beira Alta, está mais espalhada pelos campos, d'onde resulta que a população urbana é, relativamente, em maior numero do que a rural.

Não é possivel, portanto, para calcular approximadamente essa população, estabelecer uma regra geral para todo o reino, porque se ha povoações de 3:000 habitantes, cuja população deve ser classificada como urbana, ha outras de 5:000 almas, que devem ser olhadas como centros ruraes.

Se considerarmos como população rural unicamente a das cidades e villas mais importantes, teremos:

Populaçáo urbana.................. 483:000
População rural................... 3.797:000

Na proporção de 1:272 para 10:000 habitantes, proporção muito inferior á de quasi todas as nações da Europa.

Se avaliassemos a população urbana pelo processo geralmente seguido, considerando como rural toda a população das freguezias que têem menos de 3:000 habitantes, achar-se-ia para a população urbana o numero de 930:000, e para a população rural 3.370:000 em numeros redondos, na relação de 2:771 para 10:000 habitantes, numero superior ao que se acha calculado para a França, Belgica e Italia.

A media d'estas duas avaliações ficará muito provavelmente mais proxima da verdade, e é essa que adoptámos, na falta de melhor base estatistica.

População urbana................ 706:500
População rural................. 3.583:500

Na relação de 1:970 para 10:000 habitantes.

O seguinte quadro dá a proporção da população urbana, nos principaes paizes da Europa.

	Por 10:000 habitantes
Gran-Bretanha..................	5:003
Hollanda......................	3:584
Saxonia......................	3:500
Russia.......................	2:807
Italia........................	2:688
Belgica......................	2:519
França.......................	2:316
Suecia........	media	983
Suissa........		
Norwega.......		

6.

Classificando as 3:754 freguezias do reino relativamente á população que continham em 1864, acha-se:

Abaixo de 100 habitantes..................   5
De   101 a   200...................... 89
De   201 a   300...................... 265
De   301 a   400...................... 432
De   401 a   500...................... 388
De   501 a 1:000..................... 1:324
De 1:001 a 1:500..................... 548
De 1:501 a 2:000..................... 286
De 2:001 a 2:500..................... 156
De 2:501 a 3:000..................... 70
De 3:001 a 3:500..................... 71
De 3:501 a 4:000..................... 35
De 4:001 a 5:000..................... 34
De 5:001 a 10:000................... 42
Acima de 10:000......................   9

Os districtos onde ha maior numero de povoações de mais de 4:000 habitantes, são: Lisboa, Porto, Faro, Coimbra, Aveiro, Castello Branco e Santarem.

A população das principaes cidades de Portugal era a seguinte, em 1864: Lisboa, 190:000 habitantes; Porto, 80:000; Braga, 19:600; Coimbra, 12:000; Evora, 11:000; Setubal, 11:000; Elvas, 10:000; Tavira, 9:000; Faro, 8:000; Vianna, 8:000; Beja, 7:000; Guimarães, 7:000; Santarem, 6:000; Aveiro, 6:000; Castello Branco, 6:000; Vizeu, 6:000; Portalegre, 6:000; Bragança, 5:000; Guarda, 4:000.

O augmento da população tem-se effectuado principalmente nas cidades, em parte á custa da população rural. Lisboa, que era cidade de 15:000 habitantes quando foi conquistada aos arabes por D. Affonso I, em 1147, tinha em 1430, 64:000 habitantes, em 1532, 78:000 e em 1551 já perto de 100:000.

Em 1430 tinha Santarem 21:000 habitantes; Coimbra, 21:300; Aveiro e Braga, 10:600; Vizeu, 6:400; Faro, 10:000; Silves, 10:000; etc.[1]

A estatistica do movimento da população referida ao anno de 1862, publicada pelo ministerio da justiça, dá para o reino o numero de 983:983 fogos. O censo de 1864 deu o numero de 958:201. Não se tendo dado motivo algum para a diminuição de 25:782 fogos em dois annos, é evidente haver erro em uma das estatisticas, ou mais provavelmente em ambas. Tomaremos a media e teremos o numero de fogos em 1864, representado por 971:092 sendo 4,10 o numero de habitantes por cada fogo.

[1] *Relatorio ácerca da agricultura e população*, pelo sr. Rebello da Silva.

Em Lisboa o numero de fogos que consta das estatisticas de 1862 e 1864 é de 47:330 e 42:180; a media é 44:755. O numero de habitantes por cada fogo da capital é portanto 4,47.

Sendo 9:000 o numero de predios na capital, a distribuição da população urbana é proximamente de 16 por cada predio, havendo 500 casas por 10:000 habitantes. Fóra da capital a proporção é muito menor; ha approximadamente 470:000 casas, na relação de 8 habitantes por casa, havendo por consequencia 1:250 casas para 10:000 habitantes.

———

Apurou o recenseamento official de 1864, 1.955:929 habitantes do sexo masculino e 2.030:629 do feminino, estando na proporção com a totalidade da população: o primeiro de 49,06, o segundo de 50,94. Esta superioridade numerica da população feminina sobre a masculina tem sempre sido observada nos principaes paizes á excepção dos Estados Unidos e de Italia. A relação media entre os dois sexos, em quasi toda a Europa é 49,61 para 50,39. Na Prussia a proporção é de 49,97 para 50,03 e na Suecia de 48,31 para 51,69.

Segundo o censo de 1864, a superioridade do sexo feminino sobre o masculino não se observa em todo o reino; ha 7 districtos em que se dá o inverso.

O seguinte quadro mostra quaes são esses districtos e a proporção dos dois sexos.

Districtos	Homens	Mulheres
Bragança	51,27	48,73
Santarem	50,43	49,57
Lisboa	52,12	47,88
Portalegre	52,58	47,42
Evora	52,64	47,36
Beja	52,22	47,78
Faro	50,65	49,35

Não havendo outros recenseamentos da população que confirmem este facto estatistico, não é prudente generalisar as consequencias naturaes que d'elle dimanam. Todavia são tão accordes os dados estatisticos em indicar a superioridade numerica do sexo masculino nos districtos do sul; é tão notavel a coincidencia que se dá, de ser nos districtos onde ha mais emigração que a estatistica accusa maior inferioridade numerica no sexo masculino; que nos parece real e verdadeiro o facto em questão.

Em relação ao estado civil, o recenseamento classificou a população do seguinte modo:

Homens		Mulheres	
Solteiros	1.255:982	Solteiras	1.261:076
Casados	615:624	Casadas	594:766
Viuvos	84:323	Viuvas	174:790
	1.955:929		2.030:699

A sua relação com a totalidade da população é a seguinte, para 100 habitantes:

Solteiros	31,50	Solteiras	31,68
Casados	15,44	Casadas	14,92
Viuvos	2,12	Viuvas	4,39

Em quasi toda a Europa esta relação é, em media, a seguinte:

Solteiros	30,26	Solteiras	29,09
Casados	17,26	Casadas	17,22
Viuvos	1,82	Viuvas	4,35

Segundo o recenseamento a população divide-se do modo seguinte, por idades[1]:

Annos de idade	Sexos		Total
	Masculino	Feminino	
Até 1	68:911	65:521	134:432
De 1 a 5	223:743	216:270	440:013
De 5 a 10	222:826	212:503	435:329
De 10 a 15	208:902	199:672	408:574
De 15 a 20	161:406	203:002	364:408
De 20 a 25	155:988	187:252	343:240
De 25 a 30	165:650	193:873	359:523
De 30 a 35	114:923	129:180	244:103
De 35 a 40	165:901	182:250	348:151
De 40 a 45	106:838	112:536	219:374
De 45 a 50	124:236	138:809	263:045
De 50 a 55	61:160	71:461	132:621
De 55 a 60	85:321	106:271	191:592
De 60 a 65	48:323	54:977	103:300
De 65 a 70	45:100	54:824	99:924
De 70 a 75	18:835	21:598	40:433
De 75 a 80	15:709	19:823	35:532
De 80 a 85	4:909	5:361	10:270
De 85 a 90	2:710	3:591	6:301
De 90 a 95	513	755	1:268
De 95 a 100	395	685	1:080
Mais de 100	95	131	226

[1] Omittem-se os individuos cuja idade é desconhecida.

MOVIMENTO DA POPULAÇÃO

A estatistica official do movimento da população tem sido feita pelos parochos das freguezias, e unicamente em referencia á população catholica. Não figura portanto n'esta estatistica a população protestante e judaica.

Essa estatistica comprehende os baptismos, casamentos e obitos, especialisando os sexos, idades, datas, profissões, filiação e naturalidade. Mas não faz em especial a estatistica dos nascimentos, mencionando apenas o numero d'elles como esclarecimento accessorio da estatistica dos baptismos. Por consequencia, todas as comparações relativas á filiação e sexo, que adiante se encontram, referem-se ao numero de baptismos, e não ao dos nascimentos.

Por outro lado, vemo-nos forçados a apresentar apenas a estatistica de um anno, porque o unico trabalho official que ha publicado é o de 1862, e não podémos obter para todos os districtos uma estatistica completa referida a outras epochas.

I

NASCIMENTOS

O numero de nascimentos em 1862 foi de 119:391, na relação de 1 para 32,2 habitantes.

O numero de baptismos foi 127:202. D'esse numero eram: filhos legitimos 105:695; legitimados 797; naturaes 10:206; expostos 10:504.

Os filhos naturaes estão para os legitimos na proporção de 9,65 para 100; os expostos estão para os legitimos como 9,94 para 100.

A relação d'aquellas quatro classes dos nascimentos para a totalidade é a seguinte:

Legitimos...................... 88,1 por cento
Legitimados.................... 0,6 »
Naturaes....................... 8,0 »
Expostos....................... 8,3 »

O numero de filhos legitimados está para o numero dos filhos naturaes, como 1 para 12,8, ou na proporção de 7,8 legitimados por 100 naturaes.

Adoptada a proporção 83,1 por cento, que achâmos para os filhos legitimos, obtem-se o numero de 99:214 nascimentos legitimos em relação ao numero total que acima demos de 119:391 nascimentos.

Em relação ao sexo o numero total dos baptismos divide-se em: 65:475 varões e 61:727 femeas.

Em 1860 baptisaram-se 60:951 varões e 57:519 femeas; em 1861, 70:909 varões e 67:045 femeas.

Observa-se tambem em Portugal o facto, quasi geral na Europa, dos nascimentos masculinos excederem sempre os femininos.

Pelo quadro geral do movimento da população no reino, que damos mais adiante, vê-se que em 1862 os districtos onde houve mais nascimentos, foram, em ordem decrescente: Faro, Portalegre, Santarem, Villa Real, Evora e Beja.

Os districtos onde houve menor numero de nascimentos foram: Braga, Coimbra, Aveiro, Vianna, Leiria e Lisboa.

Os outros districtos pouco se afastaram da media geral.

De dezembro a maio ha maior numero de nascimentos do que de maio a novembro, e este facto deu-se em 1862, na relação de 3 para 2.

Nos principaes paizes da Europa a relação dos nascimentos para a população, é a seguinte:

Nascimentos por 100 habitantes

Russia	5,07	Inglaterra	3,56
Hungria	4,15	Hollanda	3,55
Hespanha	3,85	Suecia	3,27
Prussia	3,82	Belgica	3,23
Austria	3,82	Dinamarca	3,11
Italia	3,76	Portugal	3,11
Baviera	3,76	Grecia	2,89

II

CASAMENTOS

O numero de casamentos, segundo o referido recenseamento, foi de 25:222, na relação de 1 para 152,4 habitantes.

Os mezes em que os casamentos foram mais frequentes são os seguintes, em ordem decrescente: fevereiro, novembro, janeiro, outubro, maio e junho.

Quanto ao estado anterior dos nubentes o numero 25:222, divide-se: em relação aos maridos, em 21:783 solteiros e 3:439 viuvos; em relação ás mulheres, em 23:252 solteiras e 1:970 viuvas.

Relativamente á idade do marido e da mulher por occasião do casamento, o recenseamento dá o seguinte resultado:

Annos de idade	Homens	Mulheres	Annos de idade	Homens	Mulheres
Até 20	814	3:413	De 50 a 60	705	305
De 20 a 30	13:274	14:333	De 60 a 70	255	51
De 30 a 40	7:639	5:465	De 70 a 80	52	16
De 40 a 50	2:475	1:636	De mais de 80	8	3

.A distribuição dos casamentos segundo as profissões, é a seguinte:

Profissões ou occupações	Homens	Mulheres
Governo de sua casa......................	–	6:715
Qualquer occupação agricola..............	13:689	5:025
Industriaes..............................	4:068	1:244
Commerciantes...........................	615	157
Empregados publicos......................	296	–
Militares................................	499	–
Maritimos...............................	1:023	–
Creados..................................	1:299	1:770
Diversas profissões......................	1:723	1:132
Vivendo de suas rendas	499	490
Sem occupação...........................	1:385	8:220
Mendigos................................	40	44

O quadro seguinte mostra a proporção dos casamentos por 100 habitantes nos principaes paizes:

Russia...................	1,04	Belgica..................	0,76
Hungria..................	0,90	Dinamarca...............	0,74
Baviera..................	0,88	Italia...................	0,74
Inglaterra e Prussia.......	0,85	Suecia...................	0,69
Austria..................	0,83	Noruega.................	0,67
Hollanda.................	0,82	Portugal	0,65
Hespanha................	0,80	Grecia	0,60
Wurtemberg..............	0,80	Irlanda..................	0,53

III

OBITOS

Em 1860 houve 76:816 obitos; em 1861, 89:839; em 1862, 88:742.

Este ultimo numero decompõe-se, quanto á filiação, em:

Legitimos............................. 73:753
Legitimados........................... 372
Naturaes.............................. 4:030
Expostos 7:041

E em relação ao estado civil, em:

		Por cento
Menores de quinze annos.....	43:359.....	49,91
Solteiros...................	13:349.....	15,36
Casados....................	18:642.....	21,45
Viuvos.....................	12:925.....	14,87

Nos tres ultimos annos acima designados houve sempre um excesso de mortalidade no sexo feminino, ao contrario do que constantemente se tem observado em França:

Annos	Sexo masculino	Sexo feminino
1860.............................	37:815	39:001
1861.............................	44:769	43:070
1862.............................	44:348	44:899

Classificando os mezes por ordem de mortalidade, de maior para menor, vê-se que em 1862 o mez de maior numero de obitos foi o de agosto, seguindo-se setembro, outubro, novembro, dezembro, julho, janeiro, março, junho, fevereiro, maio e abril.

A mortalidade, segundo as profissões, foi a seguinte:

Clerigos 390
Qualquer occupação agricola............... 18:440
Industriaes e artistas.................... 2:709
Commerciantes......................... 482
Empregados publicos................... 299
Militares............................ 315
Maritimos........................... 699
Creados 1:556
Governo de sua casa.................. 9:365
Occupações diversas.................. 2:793
   Sem occupação:
Vivendo de suas rendas 2:758
Vivendo na casa paterna 37:255
Vivendo em casa alheia............... 8:086
Mendigos 2:248
Vadios.............................. 69
Ignora-se 1:278

Em relação ás diversas idades fornece o recenseamento de 1862 o seguinte resultado:

Mortos á nascença..................... 1:864
Antes de 1 anno...................... 19:073
De 1 a 3 annos...................... 14:953
De 3 a 7.......................... 4:941
De 7 a 10.......................... 1:458
De 10 a 15.......................... 1:438
De 15 a 20.......................... 1:712
De 20 a 25.......................... 2:259
De 25 a 30.......................... 2:089
De 30 a 40.......................... 4:652

De 40 a 50 annos...................... 5:420
De 50 a 60.......................... 6:015
De 60 a 70.......................... 9:338
De 70 a 80.......................... 8:699
De 80 a 90.......................... 3:800
De 90 a 100......................... 715
De mais de 100...................... 114

D'este quadro se deduz que 16 por cento dos habitantes morreram antes de completarem um anno de idade. Dos restantes quasi 15 por cento não chegaram aos tres annos.

Não proseguiremos nas deducções que se podiam tirar dos precedentes quadros, porque para terem algum valor fôra preciso que assentassem em uma longa serie de annos de observações estatisticas.

Pela mesma rasão é ainda impossivel calcular com probabilidade de acerto o numero de annos da vida media. É sómente como approximação que damos os seguintes:

Vida media { A partir do nascimento 31,0
A partir dos tres annos 49,0
Calculada pelos nascimentos ... 32,2

Nos principaes paizes da Europa a mortalidade por 100 habitantes é a seguinte:

Noruega................ 1,83 | Hollanda................ 2,54
Suecia .... 1,97 | Prussia................. 2,69
Dinamarca .... 2,02 | Hespanha 2,96
Grecia .... 2,06 | Baviera................. 2,99
Inglaterra............. 2,27 | Hungria................. 3,06
França................. 2,30 | Italia 3,06
Portugal .... 2,31 | Austria 3,25
Belgica .... 2,40 | Russia.................. 3,68

Duração da vida media

A partir do nascimento				A partir dos cinco annos		
Paizes	Annos	Mezes		Paizes	Annos	Mezes
Noruega..........	48	—		Noruega..........	54	8
Suecia...........	45	3		Suecia...........	53	10
Dinamarca.......	45	3		Dinamarca.......	52	8
Belgica..........	40	8		França...........	51	9
Inglaterra	40	—		Portugal.........	51	—
França...........	39	10		Belgica..........	50	6
Hollanda	38	1		Inglaterra	50	5
Prussia..........	36	5		Prussia..........	50	4
Italia...........	31	10		Hollanda	49	8
Hespanha.........	31	2		Hespanha.........	47	1
Portugal.........	31	—		Italia...........	47	—

IV

EMIGRAÇÃO

Esse movimento espontaneo da população causado pelo desejo aventuroso de conquistar a fortuna e o bem estar, que na patria com difficuldade se alcança, e que tem produzido muitas decepções, e causado muitas victimas, a emigração, data em Portugal dos primeiros descobrimentos e conquistas portuguezas, e augmentou consideravelmente com a descoberta das inexgotaveis minas de oiro do Brazil.

É facto conhecido de todo o mundo, a rapida colonisação d'aquelles vastos dominios portuguezes, onde, em pouco mais de dois seculos, uma nação com menos de dois milhões de habitantes, creou muitos e importantes centros de população que, na epocha em que essa provincia portugueza se separou da metropole, já eram muitos d'elles cidades ricas e populosas.

A torrente da emigração, tendo afrouxado nos annos que se seguiram ao da independencia do Brazil, continuou a dirigir-se para esse paiz de irmãos, e modernamente recrudesceu a ponto de despertar os cuidados e attenção do governo e do parlamento portuguez.

Não entra no plano d'este livro investigar as causas da emigração. Trataremos unicamente dos factos estatisticos que lhe são referentes.

Não deixaremos todavia de observar que d'entre as variadas causas da emigração ha duas principaes; a negação para o serviço militar, e a ambição das riquezas. São causas geraes que produzem o movimento emigrante em quasi todos os paizes. Falta de trabalho não ha actualmente, porque na maior parte do paiz é sensivel a falta de braços. A insufficiencia dos salarios, e a carestia dos meios de subsistencia, para um povo sobrio como o das provincias do norte de Portugal, são causas secundarias, que não soffrem comparação com as tentações dos engajadores ou contratadores e com as seductoras historias das riquezas facilmente adquiridas [1].

A emigração portugueza destina-se principalmente para o Brazil; uma pequena parte dirige-se para a America do norte.

No Brazil é o Rio de Janeiro o ponto que recebe maior numero de emigrantes; segue-se depois o Pará, Pernambuco, Bahia e Maranhão.

As provincias do Minho e Beira Alta, e os Açores são as re-

[1] O facto de se contratarem trabalhadores no Alemtejo, onde os salarios são mais elevados do que no norte, a 300 réis, e pedreiros e carpinteiros a 500 e 600 réis, moeda fraca, prova bem que a insufficiencia do salario não é a causa principal da emigração.

giões de Portugal que fornecem maior contingente á emigração. A quinta parte dos emigrantes compõe-se de menores de quatorze annos.

O quadro estatistico que segue mostra qual foi a emigração para o Rio de Janeiro nos annos de 1870 a 1874[1], o numero dos que saíram do imperio e dos que falleceram. É preciso notar que os numeros da ultima parte do quadro não têem absoluta referencia aos que indicam a entrada dos emigrantes.

A maior parte dos que saíram eram emigrantes de annos anteriores, e o numero dos fallecidos refere-se sómente á cidade e seus suburbios. Ainda assim o numero dos fallecimentos é 20 por cento do total dos emigrantes durante o referido quinquennio.

Mappa dos emigrantes

Procedencias	1870	1871	1872	1873	1874	Total
Aveiro...............	834	1:365	1:673	1:134	925	5:931
Beja.................	–	7	–	1	2	10
Braga...............	798	1:293	1:661	1:000	1:062	5:814
Bragança...........	12	18	46	36	19	131
Castello Branco......	5	3	4	8	3	23
Coimbra.............	74	322	419	484	384	1:683
Faro................	–	1	5	7	–	13
Guarda	20	30	36	43	37	166
Leiria..............	11	14	21	17	12	75
Lisboa..............	276	406	535	455	623	2:295
Porto	2:264	2:957	3:408	2:507	2:900	14:036
Santarem............	3	5	4	1	2	15
Vianna..............	312	704	888	641	638	3:183
Villa Real..........	265	467	911	561	733	2:937
Vizeu...............	259	471	1:014	676	760	3:180
Angra...............	461	372	971	920	1:123	3:847
Horta...............	253	281	300	334	273	1:441
Ponta Delgada.......	103	151	405	467	869	1:995
Funchal.............	19	20	10	1	3	53
	6:969	8:887	12:311	9:293	10:368	46:828
Menores de 14 annos...	1:421	1:678	2:171	1:770	2:177	9:157
Saíram a expensas suas	1:728	2:375	2:711	3:346	3:050	13:210
Saíram indigentes.....	416	273	278	262	278	1:507
Falleceram..........	1:547	1:162	1:416	3:969	1:542	9:636

Dos emigrantes que vão para o Brazil, uma grande parte morre. Dos poucos que regressam á patria, a maior parte volta

[1] Este mappa é extrahido das informações remettidas pelos consulados do Brazil ao ministerio dos negocios estrangeiros.

tanto ou mais miseravel do que foi, mas auxiliados e soccorridos pelos estabelecimentos de beneficencia portuguezes no Brazil. Outros, relativamente em pequeno numero, adquiriram fortuna, mais ou menos avultada, muitas vezes á custa de improbos trabalhos e medonhas privações.

Os raros emigrantes que grangearam riquezas muito avultadas, ficam quasi todos no Brazil, onde constituem importantes e florescentes colonias de portuguezes, em poder dos quaes está o principal commercio do imperio.

Nos ultimos annos teem regressado ao reino muitos dos portuguezes que residiam no Brazil, importando consideraveis capitaes, que teem vindo augmentar a riqueza fiduciaria do paiz com o estabelecimento de numerosos bancos.

O numero medio annual de emigrantes para o Brazil, nos annos de 1871 a 1874, é de 11:689.

O numero de portuguezes residentes na provincia da Bahia era 6:000 em 1872, sendo 4:000 na capital e 2:000 no sertão. Em Maceió, capital da provincia das Alagoas, havia em 1872 437 portuguezes.

Pelo porto da Bahia a emigração foi de 835 homens e mulheres, sendo 443 menores de quatorze annos, durante o periodo de 1864 a 1871, o que dá uma media annual de 104 emigrantes. No anno de 1872 desembarcaram 215 emigrantes. Durante o mesmo periodo de oito annos falleceram na Bahia 668 portuguezes, pouco mais de tres quartas partes do total dos emigrantes.

O total dos espolios liquidados no mesmo periodo foi de réis 3.615:000$000.

Para a provincia do Maranhão emigraram de 1862 a 1873 854 portuguezes.

Na provincia do Pará entraram no periodo de 1864 a 1872 5:655 emigrantes, sendo 1:266 menores de quatorze annos. Falleceram 916, regressaram ao reino 2:440 e sairam da provincia 225.

A população portugueza em 1872 n'esta provincia era de 14:074 habitantes.

Para a provincia de Pernambuco emigraram no periodo de 1864 a 1872 4:809 portuguezes, sendo 1:746 menores de quatorze annos, falleceram 986 e regressaram ao reino 2:264.

Na America do norte existe uma colonia de açorianos no Massachussets, os quaes depois de juntarem alguma fortuna regressam á patria.

Em 1872 e 1873 emigraram para os Estados Unidos 1:194 portuguezes, sendo 24 de Portugal, 1:161 dos Açores, 3 da Madeira e 6 de Cabo Verde. Regressaram a Portugal 505, e naturalisaram-se 20.

CAPITULO II

AGRICULTURA

A agricultura é em Portugal a principal fonte de riqueza publica, e como tal mereceu sempre a solicitude dos governos desde eras remotas. Todavia muitas causas obstaram, em diversas epochas, ao seu desenvolvimento. As lutas continuas, as conquistas e a emigração foram as causas principaes, que, absorvendo as forças vivas do paiz, annullaram os esforços empregados para a fazer progredir.

Na epocha do engrandecimento da nação, á custa das gloriosas descobertas e conquistas portuguezas, as consideraveis riquezas que dos vastos dominios da Asia, Africa e America annualmente chegavam á metropole, nada influiram no progresso da agricultura.

Quando a côrte nadava em oiro, e Lisboa era citada como uma maravilha de luxo, quando se construiam os mosteiros de Belem, Mafra e Estrella, quando se ostentava uma marinha imponente, deixou-se inculta a maior parte do reino, e jazia talvez na miseria quasi toda a população agricola.

Reanimou-se um pouco a agricultura com a sabia administração do marquez de Pombal; veiu porém um periodo de guerras, com o seu cortejo de devastação e ruinas, paralysa-la de novo. As lutas civis, que só terminaram no meiado do presente seculo, obstaram ainda ao progredimento d'esta e de outras industrias.

Foi sómente a partir de 1852 que a agricultura começou a desenvolver-se a par dos consideraveis melhoramentos com que o paiz tem sido dotado até hoje.

Juntamente com a construcção de estradas e caminhos de ferro, veiu a desamortisação dos bens de corporações de mão morta e dos baldios municipaes, a abolição dos morgados e o desenvolvimento da instrucção publica contribuir poderosamente para esse progresso, subdividindo mais a propriedade, facilitando a sua cultura e a permutação dos productos. Alem d'esses melhoramentos, uma longa serie de medidas governativas foi posta em vigor. Auxiliando todas directa ou indirectamente a agricultura, umas regularam a administração dos estabelecimentos de credito rural, denominados *celleiros communs*, outras crearam as quintas de ensino agricola, as estações experimentaes de agricultura, os logares de agronomos de districto, as intendencias de pecuaria, as exposições agricolas; outras, finalmente, fundaram os bancos ruraes e as companhias de credito predial e de credito e progresso agricola.

Faltam dados estatisticos de confiança, anteriores a 1852, que nos sirvam de termo de comparação para demonstrar a influencia d'essas medidas sobre o progresso da agricultura. Todavia o movimento commercial e as receitas e despezas do estado podem dar uma idéa d'esse progresso.

O seguinte quadro dá a comparação de tres epochas com quinze annos de intervallo:

Annos	Movimento do commercio externo	Receitas	Despezas
1842......	17.892:000$000	10.257·000$000	11.775:000$000
1856......	38.460:000$000	10.938:000$000	12.584:000$000
1872......	56.842:000$000	13.800:000$000	—$—

Em trinta annos o valor do movimento commercial passou alem do triplo.

Apesar de se ter feito officialmente grande numero de trabalhos estatisticos relativos á agricultura, é ainda extremamente difficil, se não impossivel, fazer uma estatistica agricola de Portugal completa. Só hypotheticamente podemos avaliar a população agricola, a grandeza media da propriedade e divisão agricola do territorio, etc., sendo impossivel resolver outras questões de economia rural.

Vamos comtudo tentar fazer uma estatistica agricola do reino, baseando-nos sobre o que ha officialmente feito, e sobre as informações particulares que obtivemos e observações proprias. Antes porém descreveremos a largos traços a agricultura das provincias do continente, com o fim de tornar de antemão conhecidas as differenças que se observam nos systemas de cultura, na distribuição e divisão da propriedade, e no grau de aperfeiçoamento agricola n'essas regiões do paiz.

MINHO

O solo bastante accidentado d'esta provincia é, na maior parte, proveniente da decomposição dos granitos. Ó terreno cultivado é portanto arenoso, contendo os elementos do feldspatho e da mica, á excepção de algumas terras anateiradas das estreitas varzeas que orlam as margens das ribeiras.

A cultura estende-se pelas encostas dos montes e serras até onde a penedia lhe não oppõe barreira insuperavel. Póde dizer-se que n'esta rica provincia, todo o terreno aravel está submettido a cultura. Ha uma superficie não pequena de cumeadas e encostas de rocha nua, completamente improductiva; a outra parte inculta, que constitue os baldios e maninhos de logradouro publico, é cuidadosamente aproveitada na producção de matos para o fabrico de estrumes, e na pastoreação do gado miudo.

A maior parte das terras são de regadio. Para se obter a agua necessaria para as irrigações, se tem empregado os maibres esforços e se despendem importantes capitaes, quer na abertura de levadas ou canaes de irrigação, quer na pesquiza de aguas por meio de galerias de mina que as vão catar ao seio das montanhas.

Produz-se n'esta provincia, o milho, centeio, pouco trigo e cevada, batatas, legumes, linho, cebolas, nabos, etc. prados, vinho verde, pouco azeite, castanha, alguma laranja e fructas de diversas qualidades.

O systema de cultura é um dos melhores do paiz, não tanto pela perfeição dos processos e instrumentos empregados, como pelo incessante cuidado e assiduo trabalho com que o Agricultor procura obter da terra o maximo proveito. Uma parte importante das lavouras do Minho, é a creação e engorda do gado bovino, cujos lucros chegam a indemnisar o lavrador da escassez das colheitas.

O typo mais geral da cultura nas terras irrigadas é o seguinte: no principio da primavera semea-se o centeio; depois d'este ceifado semea-se o milho, e na segunda saxa uma herva pratense, que forma um prado temporario até ao fim do inverno. No anno seguinte segue a mesma rotação, substituindo-se ao centeio alguma cultura intercalar.

As aguas de rega são empregadas na lima dos prados durante o outono e o inverno.

Como se vê a terra nunca fica de pouzio.

Para obter esta successão de culturas, sem o emprego de um afolhamento bem combinado, que aliás o agricultor do Minho desconhece, emprega elle grande cuidado na fabricação dos estrumes, chegando a semear mato nas localidades onde ha escassez de baldios.

Domina n'esta provincia a pequena cultura, não só em consequencia da grande divisão de propriedade, como porque as grandes propriedades são arrendadas por pequenas parcellas.

Como adiante se verá, existem ainda no Minho grandes propriedades; e a pequena propriedade está quasi toda sobrecarregada com fóros, restos dos antigos prazos e senhorios.

O systema de arrendamento é em geral *ao terço*.

Um hectare de terra irrigada produz em media o rendimento bruto de 230$000 réis, do qual, deduzida a despeza de exploração ou 70$000 réis, fica o producto liquido de 160$000 réis. D'este pertence ao senhorio proximamente 96$000 réis e ao rendeiro 64$000 réis. Não entra n'este calculo o rendimento dos gados nem a despeza em estrumes.

O gado empregado na lavoura é o bovino, o qual depois de ser utilisado n'esse serviço, é destinado á engorda.

Cultiva-se a vinha pelo antigo processo romano, deixando-a livremente enlaçar os pampanos pelas arvores junto ás quaes são plantadas. Cada hectare contém em media 250 a 300 uveiras, dispostas ordinariamente nas orlas das propriedades, produzindo 4 a 5 pipas de vinho.

Apenas nas proximidades do Douro se produz algum vinho maduro de inferior qualidade.

Os melhores vinhos verdes produzem-se nos centros vinhateiros de Basto, Amarante, Arcos de Valle de Vez e Monsão.

TRAZ OS MONTES

Ao passar as montanhas que separam o Minho d'esta provincia, os systemas de cultura, os habitos e costumes do povo são differentes, como differentes são o clima, constituição do solo e sua configuração.

Dentro da mesma provincia são notaveis as differenças. Descrevendo os climas já as fizemos conhecer, e dissemos que vulgarmente ali era designada *terra quente* a zona das margens do Douro e de alguns outros rios seus affluentes, como o Corgo, Pinhão, Tua e Sabor; e *terra fria* a zona dos elevados plan'altos cuja altitude media regula por 700 metros, sendo todavia de 1:000 metros a do plan'alto de Barroso.

Ha ainda uma zona mixta ou *temperada*, que forma a passagem da primeira para a segunda, havendo tambem muitos retalhos de terrenos encravados na zona fria, cujo clima é temperado.

Os terrenos cultivados d'esta provincia são em geral melhores do que os do Minho; tem valles, como os da Villariça, Sabor, Tua e Tamega, cuja fertilidade é proverbial.

As producções da zona fria são: principalmente, centeio, batatas, castanhas e alguns legumes. É porém abundante esta zona de boas pastagens onde se cria bastante gado bovino.

A oliveira não se dá n'esta região, e a vinha fructifica mal nos valles abrigados.

Na zona temperada as producções são: trigo, centeio, algum milho, legumes, batatas, vinho maduro e verde, alguma azeite, castanhas, linho e fructas. A laranjeira não produz n'esta zona.

Na terra quente as producções são: vinho, azeite, trigo, cevada e centeio, amendoa, laranja e outras fructas.

Na zona temperada tem-se desenvolvido muito a plantação de amoreiras, para a creação do bicho da seda.

Os principaes centros vinicolas da provincia, são: 1.º, as margens do Douro entre a Regua e a foz do Sabor, entrando n'esta região as encostas da parte inferior dos valles do Corgo, Pinhão, Tua e Sabor. É esta a região dos famosos vinhos do Alto Douro, conhecidos em todo o mundo pela designação de vinhos do Porto; 2.º, a ribeira de Oura ao sul de Chaves; 3.º, as margens do Tua, em Torre de D. Chama; 4,º, os arredores de Bragança.

A propriedade está mais dividida no districto de Villa Real do que no de Bragança, no qual prepondera a mediana propriedade. A mediana e a pequena cultura são a regra geral.

A area cultivada é inferior á inculta, o que não é para admirar em uma provincia tão montanhosa como esta.

BEIRA

A parte septentrional d'esta provincia a nascente das serras da Freita e Caramullo, tem uma grande similhança com a provincia de Traz os Montes. A mesma altitude media, igualdade de terrenos, similhante accidentação e relevo, e producções identicas. O grande centro vinicola do Douro abrange tambem a margem esquerda desde Rezende até defronte da foz do Sabor, e as quintas que produzem o melhor vinho do Douro, são situadas n'esta margens, nos concelhos de Lamego, Armamar e de S. João da Pesqueira.

As mesmas zonas, fria, temperada e quente, se observam n'esta provincia abrangendo a primeira as serranias e plan'altos dos concelhos de Sinfães, Oliveira do Hospital, Castro Daire, Rezende, Fragoas, Penedono, Aguiar, Trancoso, Almeida, Guarda, Manteigas e Covilhã; sendo a zona quente limitada ás margens do Douro. As producções são identicas ás das regiões similares de Traz os Montes.

Na parte central e sul da Beira são as producções agricolas quasi as mesmas da zona temperada de Traz os Montes, com a differença de que n'esta região, que abrange os concelhos do sul do districto de Vizeu, a parte oriental do districto de Coimbra, uma pequena parte do da Guarda e quasi todo o districto de Castello Branco, possue mais olivaes e o azeite é de melhor qualidade.

N'esta parte da Beira ha tres centros vinicolas muito importantes, que produzem vinhos muito apreciados; são as margens do Dão, Fundão e Penamacor.

Nas duas regiões d'esta provincia que até aqui considerámos, a parte inculta é superior á cultivada. A cultura, bastante densa na larga bacia do Mondego, comprehendida entre as serranias do Bussaco e Caramullo ao poente, e a cordilheira da Estrella ao nascente e sul, abrange tambem uma larga superficie, na Cova da Beira, entre a Estrella e a Gardunha, nos campos de Castello Branco, e no concelho da Certã e Pedro-

7.

gam; no resto d'essas regiões vê-se limitada aos valles das asperas montanhas que as accidentam, as quaes estão quasi completamente despidas de arvoredo e até de matos.

Os terrenos incultos são aproveitados na pastoreação da grande quantidade de gado ovino que ha na provincia, e para o córte de matos que são empregados no fabrico de estrumes. É verdade que parte d'estes terrenos são arroteados e semeados de centeio em periodos de oito a doze annos e mais; porém não serve, este systema de cultura, para que se considerem cultivados esses terrenos, que só utilmente podiam ser empregados na creação de florestas.

O resto da Beira, isto é, a sua parte occidental, que abrange as extensas gandaras dos districtos de Aveiro e Coimbra, está todo cultivado ou coberto de pinhaes, á excepção da orla de areias que vae de Ovar até a serra de Buarcos com 41:000 hectares de superficie, e de 5:000 hectares incultos na dita serra.

É n'esta região que está situado o conhecido centro vinhateiro denominado «a Bairrada», no concelho da Mealhada.

É conhecido o genio activo e trabalhador dos habitantes da Beira e de Traz os Montes, e é proverbial a sua sobriedade.

Com taes predicados não admira que transformem em poucos annos as areias movediças das dunas do litoral em productivas terras e em pinhaes de abrigo, indo assim conquistando passo a passo e sem auxilio algum, os areiaes que tendem constantemente a invadir as terras que com ellas confinam.

Os productos d'esta região são: trigo, centeio, milho, vinho maduro e verde, madeiras de pinho, legumes, etc.

Ha na Beira concelhos onde a propriedade está muito dividida como nos dos districtos de Aveiro e Coimbra; em outros, porém, como nos de Castello Branco, Idanha a Nova, etc., só ha grandes ou medianas propriedades.

N'esta provincia o arvoredo dominante é o pinheiro maritimo na zona litoral, e o silvestre no interior; o castanheiro na região montanhosa o carvalho na zona fria; e o azinho e sobro nas proximidades do Tejo.

EXTREMADURA

Esta provincia divide-se naturalmente em duas partes muito distinctas, separadas pelo Tejo.

A região do norte d'aquelle rio, constituida pelos terrenos secundario e terciario, á excepção de uma pequena parte que confina com a Beira, é ainda accidentada por serras, postoque muito menos elevadas que as da Beira, quasi todas formadas de calcareos rijos e por isso incultas; mas apresenta valles espaçosos e fertilissimos, e planuras extensas ou collinas com declives suaves de facil e proveitosa cultura. Na faxa litoral do districto de Leiria ha extensos pinhaes, sendo entre todos notavel o grande pinhal nacional de Leiria. Finalmente o Tejo é bordado em uma grande extensão de ricas campinas, que as inundações do rio tornam feracissimas.

Ao contrario a região do sul do Tejo é pela maior parte composta de vastas charnecas, fracamente accidentadas pelos valleiros que as cortam em todos os sentidos, onde apenas se encontra algum terreno cultivado ou alguns montados de sobro ou azinho, rarissimas povoações e só a largos espaços alguma casa isolada.

Exceptua-se a peninsula de Setubal, na qual se encontram tratos de terreno muito ferteis e esmeradamente aproveitados em vinhas, pomares de laranjeiras, pinhaes, etc.

A região do norte é muito abundante de aguas, que se empregam ou na irrigação ou como motor. É n'ella que se encontram as maiores nascentes do reino.

É abundantissima de fructas de toda a especie, e possue extensos olivaes.

As producções principaes d'esta parte da Extremadura são: trigo, cevada, centeio, milho, vinho, azeite, linho, madeiras, laranjas e outras fructas. Tem muito gado ovino, bovino e cavallar, principalmente nos concelhos Ribatejanos.

Os animaes empregados nos trabalhos de lavoura são em geral da especie bovina. Os instrumentos agrarios são os antigos arado e charrua, porém em varias propriedades da provincia já se tem adoptado as modernas charruas e outros instrumentos aperfeiçoados, e em algumas se emprega já o vapor nos trabalhos agricolas.

Ainda n'esta parte da Extremadura a propriedade está um pouco dividida, porém já a grande propriedade começa a estar em maioria, principalmente nos concelhos do Ribatejo.

A região ao sul do Tejo tem grande escassez de agua, á excepção da orla do Tejo, da já mencionada peninsula de Setubal, de alguns valles affluentes do Sado e das cercanias de S. Thiago do Cacem.

Alem das campinas da margem esquerda do Tejo, iguaes em fertilidade ás da margem direita, devem notar-se as magnificas varzeas do Sorraia, de Mugem, de Santo Estevão e do Sado, que formam notavel contraste com a aridez das proximas charnecas.

As producções d'esta região são: trigo, cevada, centeio, vinho, laranja, madeiras.

Na Extremadura são muito conhecidos os centros vinicolas de Torres Vedras, Cartaxo, Torres Novas, Carcavellos, Lavradio, Setubal, termo de Lisboa, Collares, Bucellas e Figueiró dos

Vinhos. Os concelhos onde ha mais olivaes são Torres Novas, Thomar, Santarem, Alcobaça e Olivaes.

Caldas da Rainha, Alcobaça, Setubal e S. Thiago do Cacem são notaveis pelas fructas que produzem.

Não só na orla litoral do districto de Leiria ha pinhaes; na peninsula de Setubal, no concelho de Aldeia Gallega e no de Alcacer do Sal ha igualmente alguns pinhaes do estado e de particulares, cuja superficie junta á de outros pequenos retalhos póde ser avaliada em 30:000 hectares, ainda assim muito diminuta relativamente á grande área inculta.

Os pinhaes da região d'esta provincia ao norte do Tejo occupam uma superficie de 38:840 hectares, entre os quaes figura o pinhal nacional de Leiria com 8:000 hectares.

Nas vertentes do Zezere pertencentes a esta provincia apparece ainda o castanheiro, para só depois se encontrar na serra de Cintra.

Alguns montados de sobro e azinho se vêem nos concelhos de Santarem, Torres Novas, Chamusca, etc., e principalmente nos concelhos de Grandola e S. Thiago do Cacem.

ALEMTEJO

As charnecas da provincia da Extremadura ao sul do Tejo prolongam-se ainda pela provincia do Alemtejo até aos limites dos terrenos terciarios, invadindo ainda largas faxas das formações siluriana e metamorphica; porém n'estas começa a apparecer mais cultura, ou a cobrir-se o solo de montados, os quaes se apresentam já mais densos na parte central do grande plan'alto que constitue esta provincia. Assim nos concelhos limitrophes com á Extremadura atravessa-se vastas superficies incultas; nos concelhos mais orientaes encontra-se ao contrario uma cultura muito extensa, composta de grandes searas, vastos montados e olivaes e vinhedos consideraveis.

Os mais notaveis centros de cultura são os concelhos de Portalegre, Elvas, Extremoz e Borba, Evora e Montemór o Novo, Cuba e Beja, Moura e Serpa.

N'esta provincia a grande cultura e ás grandes propriedades são á regra geral, sendo muito rara a pequena cultura. As propriedades rusticas, denominadas herdades, têem a superficie média de 200 hectares. Ha porém herdades de 3:000 e mais hectares, e poucas são as que têem menos de 100 hectares.

A cultura predominante é a de cereaes. O gado empregado nas lavouras é o bovino e o muar. O primeiro só o emprega o lavrador que possue manadas, o segundo é o mais geralmente empregado, não só na lavoura, como no tiro das carretas usadas em toda a provincia.

Os systemas de cultura variam segundo as qualidades da terra e a largueza das herdades.

Nos concelhos de Cuba, Beja e Ferreira, por exemplo, onde abundam as terras substanciosas, grande porção d'ellas é semeada todos os annos em afolhamento biennal de trigo e grão, ou triennal de cevada, trigo e grão. A maioria das boas terras do Alemtejo cultivam-se por *alquevive*, systema que consiste em semear dois annos a fio trigo, ou trigo no primeiro e cevada, milho ou grão no segundo, ficando no terceiro anno de pousio, mas tendo antes sido lavrada ou *alquaivada*.

Nas terras fracas segue-se o systema de as dividir em parcellas, a que chamam *folhas,* d'onde se deriva o termo portuguez *afolhamento,* e que vão sendo successivamente arroteadas, se estão no estado bravio, e semeadas, ficando cada parcella de pousio tantos annos quantos as folhas em que a herdade foi dividida. É esta uma das rasões por que n'esta provincia fica todos os annos uma grande superficie inculta.

O systema de pousio é indispensavel para esta provincia, emquanto dominar o systema de pastoreação para a alimentação dos gados.

Os processos agricolas são geralmente os antigos; porém muitos proprietarios e lavradores abastados têem abandonado a rotina, adoptando os processos e instrumentos modernos.

Os productos agricolas principaes são: trigo, cevada, centeio, vinho, azeite, cortiça, queijos.

O trigo produz-se em maior quantidade nos districtos de Beja e Evora.

O azeite nos concelhos de Elvas, Extremoz, Souzel, Montemór o Novo, Portel, Moura e Serpa.

Os centros vinicolas mais importantes são: Castello de Vide, Campo Maior, Borba, Evora, Redondo, Cuba e Vidigueira, Beja e Ferreira.

Os montados mais extensos existem nos concelhos de Arronches, Monforte, Crato e Portalegre, Elvas e Campo Maior, Souzel, Avis, Alandroal, Evora, Portel, Montemór, Beja, Ourique e Almodovar.

Uma parte da serra de Portalegre está vestida de castanheiros; é esta a unica localidade do Alemtejo onde se encontra esta arvore.

Esta provincia tem abundancia de gado ovino, caprino, suino, bovino e cavallar. Ha proximo de Alter do Chão uma coudelaria, notavel pela producção de uma raça cavallar bem conhecida e apreciada com aquella designação. Esta coudelaria pertence á casa real.

A creação e engorda do gado suino nos montados da provincia é uma das partes mais importantes da sua industria agricola.

O gado ovino de lã branca abunda mais no alto Alemtejo e o de lã preta ao sul da provincia, porque se accommoda mais facilmente aos pastos dos matagaes, mais vastos no sul de que no norte.

Os melhores queijos de leite de ovelha são dos concelhos de Moura e Serpa.

N'esta provincia não se fabricám estrumes; as terras são adubadas unicamente por meio dos rebanhos de gado. O systema de cultura resente-se d'esta falta, e do systema de pastoreação seguido na creação dos gados.

ALGARVE

Esta provincia divide-se em duas zonas distinctas: a do *litoral* e a *da serra*.

A zona litoral, tendo uma largura que varia entre 5 e 15 kilometros, é pouco accidentada, toda cultivada, á excepção de alguns areiaes na proximidade da costa, e muito arborisada, o que a torna quasi tão pittoresca como o Minho. N'esta zona a propriedade está muito dividida, e as grandes propriedades que n'ella existem arrendam-se ordinariamente por pequenas parcellas.

Cultiva-se n'ella trigo, que apenas produz tres a dez sementes, alguma cevada e centeio, milho e algumas leguminosas e batata doce.

Produz tambem boa laranja, vinho, azeite, figo, amendoa e alfarroba.

As principaes regiões vinhateiras são: Moncarapacho, Fuzeta, Kelfes e Olhão; freguezias dos concelhos de Tavira e Olhão, que constituem um centro vinicola, cujo vinhos são conhecidos com a denominação de *Fuzeta*; Villa Nova de Portimão e Lagoa.

Esta zona litoral é bastante arborisada com figueiras, oliveiras e alfarrobeiras. Os figueiraes occupam unicamente a parte litoral comprehendida entre Lagos e Cacella e parte dos valles do concelho de Loulé. Os olivaes abundam nos concelhos de Tavira e Silves.

A alfarrobeira encontra-se espalhada em todo o litoral desde Lagos até Tavira, e veste uma grande superficie das serras calcareas que vão do Monte-Figo até alem de Loulé, nas quaes rebenta espontaneamente do solo.

A região da serra está quasi toda inculta, excepto nos concelhos de Monchique e Alcoutim, e em alguns valles onde se abrigam algumas pequenas povoações. No concelho de Monchique tem muito desenvolvimento a cultura das arvores pomiferas e do milho e leguminosas. As encostas da serra de Foya, junto á villa, e na freguezia do Alferce, vêem-se vestidas de magnificos soutos de castanheiros.

No concelho de Alcoutim produz-se muito trigo e centeio, e especialmente no plan'alto entre a Foupana e o Vascão, e possue alguns montados de sobro e azinho.

O gado bovino é aquelle que mais geralmente se emprega na lavoura. A especie ovina é inferior, pouco abundante e produz lã de má qualidade. De gado caprino ha porém mais abundancia na região da serra, na qual é tambem grande o numero de muares, que são empregadas nos trabalhos de lavoura ou de carga.

Tendo dado uma idéa do estado geral da agricultura no reino, passaremos a fazer a sua estatistica.

I

ADMINISTRAÇÃO

Todos os negocios agricolas e todo o serviço relativo a esta industria estão a cargo da repartição de agricultura, da direcção geral do commercio e industria, no ministerio das obras publicas. A administração geral das matas do reino, que antigamente dependia do ministerio da marinha, passou em 1852 para o das obras publicas. Em 1842 foi decretada a formação de sociedades agricolas nos districtos administrativos, mas o seu serviço só foi regulado em 1854. Compete-lhes o estudo das questões agricolas dos seus districtos e dos meios necessarios para o desenvolvimento e aperfeiçoamento da agricultura, a administração das estações experimentaes e a organisação das exposições agricolas e pecuarias.

Os fundos necessarios para o custeamento das despezas a cargo das sociedades agricolas são annualmente votados pelas juntas geraes dos districtos, e pagos pelos cofres districtaes.

Em cada districto ha um intendente de pecuaria pago pelo governo, ao qual pertence, alem do serviço official de veterinaria, a direcção dos postos pecuarios ou de cobrição, e o ensino professional de zootechnia. Em 1873 foram creados os logares de agronomos districtaes, que, tendo a seu cargo a direcção technica das estações experimentaes, devem professar um curso de agricultura e fazer conferencias annuaes em varios pontos do districto.

Para o ensino agricola geral ha em Lisboa um instituto geral de agricultura, onde se professam cursos completos de agronomia e zootechnia. O ensino agricola elementar é professado na quinta regional de Cintra, onde ha um collegio de regentes e operarios agricolas,

II

CREDITO AGRICOLA

A falta de capitaes por modico juro tem sido uma das causas principaes do pouco desenvolvimento da agricultura. Muitas tentativas se tem feito para facilitar aos pequenos lavradores os recursos precisos para a cultura das terras, fundando-se monte pios agrarios e companhias de credito; mas, ou a sua acção tem sido puramente local, ou não teem correspondido, por causas de que não nos occuparemos, ao que d'essas instituições se esperava.

Data de 1576 o estabelecimento do primeiro celleiro commum no Alemtejo, Evora, elevando-se successivamente o seu numero até ao principio do seculo actual. Em algumas das outras provincias crearam-se monte pios agrarios.

De uma estatistica official feita em 1852 extrahimos os seguintes elementos:

Districtos	Monte pios	Celleiros communs	Capitaes			Taxa do juro %
			Generos — Hectolitros	Dinheiro — Réis	Predios	
Faro.........	3	–	664,5	–$–	180$000	5
Beja.........	–	5	14:866,7	19:506$370	337$000	5 8 9¼/6
Evora........	–	12	20:838,0	3:552$640	5:282$000	5 9¼/6
Portalegre.....	–	12	15:416,7	78$030	517$780	5 9¼/6
Lisboa........	2	1	1:464,2	153$950	548$000	5
Santarem......	–	1	–	–$–	–$–	5
Leiria........	1	–	266,6	–$–	–$–	5
Castello Branco	1	–	1:775,9	–$–	–$–	5
Bragança......	10	8	1:061,5	32$000	–$–	6¼ 7½
	17	34	56:354,1	23:322$990	6:814$780	

No districto de Beja havia mais um celleiro commum, em Serpa, fundado em 1690, mas que não entra n'este mappa, porque foi convertido em banco rural em 1840. O capital d'este estabelecimento é o seguinte:

Dinheiro........................ 11:667$060
Predios......................... 506$220
Taxa do juro.................... 5⁰/₀

Em 1868 fundou-se em Vizeu um banco rural, que tem prosperado. Em 1872 o seu movimento foi:

Em dinheiro...................... 233:000$000
Desconto de letras............... 350:000$000
Emprestimos sobre penhores....... 37:000$000
Depositos........................ 603:000$000

Em 1874 foi fundado em Faro outro banco rural com o capital de 30:000$000 réis, sendo 10:000$000 réis da misericordia de Faro e 20:000$000 réis da sociedade geral agricola e financeira de Portugal.

Damos aqui em resumo o balancete de janeiro de 1875, para mostrar o movimento importante que em poucos mezes tem tido este banco:

Activo		Passivo	
Prestações a receber	15:000$000	Capital............	30:000$000
Caixa..............	3:846$544	Caixa economica....	194$000
Letras e escripturas		Deposito..........	12:000$000
a receber.......	3:239$991	Lucros e perdas....	1:380$480
Emprestimos e hypothecas........	2:405$000		
Emprestimos sobre letras...........	19:000$200		
Emprestimos sobre penhores........	15$000		
Gastos geraes......	67$745		
	43:574$480		43:574$480

A esphera de acção de todos os anteriores estabelecimentos de credito é limitada aos concelhos onde têem a sua séde.

III

DIVISÃO AGRICOLA DO SOLO

A falta de trabalhos cadastraes torna difficil a avaliação, ainda mesmo approximada, da superficie do territorio, tanto em relação á divisão agricola como á divisão da propriedade. Para obviar a esta falta ordenou o governo em 1867 que, pela direcção dos trabalhos geodesicos, se procedesse á demarcação approximada das superficies cultivada e inculta, estremando na primeira as superficies arborisadas de pinhaes, soutos de castanheiros e carvalhos, olivaes e montados.

Relativamente á area total do reino é ainda pequena a superficie assim demarcada; mas como esses trabalhos se estendem a varios districtos, d'elles nos servimos de base para a avaliação a que procedemos, juntamente com a estatistica da producção corrigida, como adiante se mostra, e outros dados que temos colligido.

Aváliando por provincias as superficies social e cultivada, acha-se o seguinte resultado:

Provincias	Superficie social	Superficie productiva	Superficie inculta	Superficie total
Minho..........	12:602	498:000	229:000	730:602
Traz os Montes...	7:556	469:000	635:000	1.111:556
Beira...........	30:673	1.310:000	1.057:000	2.397:673
Extremadura.....	60:786	940:000	795:000	1.795:786
Alemtejo........	11:077	1.190:000	1.240:000	2.441:077
Algarve.........	14:835	235:000	236:000	485:835
	137:529	4.642:000	4.183:000	8.962:529

Na superficie social inclue-se toda a area occupada pelas povoações, estradas, rios e ribeiras, e decompõe-se da seguinte fórma:

Superficie occupada por: Hectares
    Povoações.............................. 26:100
    Estradas e caminhos de ferro............ 20:094
    Rios e ribeiras........................ 91:335

A superficie cultivada, avaliada por parcellas em relação á sua applicação agricola, subdivide-se do modo seguinte:

Culturas		Superficie — (Hectares)		Relação para a superficie total
Cereaes.....	Trigo.............	260:000		
	Milho.............	520:000		
	Centeio...........	270:000		
	Cevada...........	70:000		
	Arroz...........	7:000	1.127:000	12,5
Culturas diversas.....	Legumes..........	90:000		
	Batatas..........	30:000		
	Hortas e jardins....	50:000		
	Linho...........	25:000		
	Outras culturas.....	50:000	245:000	2,7
Prados......	Temporarios.......	10:000		
	Permanentes.......	30:000	40:000	0,4
			1.412:000	

Culturas		Superficie — (Hectares)		Relação para a superficie total
Transporte........		....	1.412:000	16,3
Pastagens naturaes.............		....	1.466:000	7,2
Pousios.................		....	650:000	2,2
Vinhas.............		....	204:000	
Arvoredo fructifero....	Olivaes...........	200:000		...
	Pomares de laranja	8:000		
	Pomares de outras arvores fructiferas	30:000		
	Figueiraes..........	20:000		
	Alfarrobaes........	12:000		
	Castanhaes........	10:000		
	Montados.........	370:000	650:000	7,2
Matas.......	Pinhaes...........	210:000		
	Soutos e carvalhaes	50:000	260:000	2,9
			4.642:000	

Uma grande parte do solo cultivado de cereaes está vestido de arvoredo de varias especies fructiferas. Estão n'este caso a maior parte da provincia do Minho, o litoral do Algarve e notavel porção do terreno cultivado da Extremadura, Beira e Traz os Montes.

A superficie inculta comprehende uma parte improductiva, constituida por cumeadas fragosas de rocha nua e escalvada, e outras, que pela sua altitude não admittem vegetação arborea; encostas de rochedo aprumado; e areias da costa; e finalmente outra parte de solo cultivavel ou susceptivel de arborisação.

A parte improductiva tem approximadamente a seguinte superficie:

	Hectares
Cumeadas e encostas fragosas..........	93:500
Areiaes.........................	60:000
Total............	153:500

A parte inculta (baldios, charnecas, etc.) tem 4.029:500

Juntando á superficie social a das cumeadas, encostas e areiaes, acha-se o numero de 291:029 hectares, que representa a superficie improductiva do paiz.

Por consequencia a parte aproveitavel é de 8.671:500 hectares.

O quadro seguinte [1] mostra a proporção das diversas especies de cultura nos principaes paizes da Europa:

Paizes	Relação para 100 hectares				
	Terras araveis e hortas	Prados	Vinhas	Matas	Outras culturas
Allemanha.......	48,00	17,70	1,00	26,10	6,60
Austria.........	32,53	10,86	0,86	33,00	22,75
Baviera.........	42,26	16,72	0,43	29,80	10,79
Belgica.........	51,58	10,43	0,01	18,52	19,46
França.........	51,90	9,80	4,27	17,70	24,33
Grecia.........	10,04	1,62	1,99	18,83	67,52
Hespanha......	41,79	13,81	1,85	5,52	37,03
Hollanda.......	21,77	35,86	-	7,10	35,27
Inglaterra.......	29,96	47,51	-	-	22,53
Italia	41,00	24,00	2,00	15,00	18,00
Portugal.......	22,57	0,44	2,27	2,90	71,83
Prussia.........	50,10	18,30	0,30	23,90	7,40
Russia	43,19	7,41	0,59	18,20	30,61
Suecia.........	7,50	2,50	-	60,00	30,00
Suissa.........	14,85	5,60	0,64	15,90	63,01
Turquia	40,30	6,00	2,00	15,00	36,70

IV

DIVISÃO DA PROPRIEDADE

Já dissemos que a propriedade está mais dividida nos districtos de Vianna, Braga, Porto, Villa Real, Aveiro, Coimbra, Leiria, e menos dividida nos districtos de Evora, Beja, Portalegre, Lisboa, Faro, Castello Branco, Santarem, Bragança e Guarda.

O seguinte quadro indica bem a proporção em que a propriedade se achava dividida em 1868 nos diversos districtos do continente, mostrando a grandeza media da propriedade, o numero medio de predios por hectare, o numero de proprietarios, e a sua relação para a totalidade da população.

Deduz-se d'este quadro que: sendo a grandeza media da propriedade em Portugal de 1,55 hectares, os districtos onde a propriedade tem menor grandeza, isto é, que estão abaixo d'aquella media, são: Aveiro, Vianna, Coimbra, Braga, Vizeu, Villa Real, Porto, Leiria e Guarda; e os districtos onde os pre-

[1] Extrahido da *Statistique de la France*, por Maurice Block, com a correcção conveniente em relação a Portugal.

dios são maiores são em ordem crescente: Bragança, Santarem, Castello Branco, Faro, Lisboa, Portalegre, Beja, Evora:

Districtos	Numero de predios inscriptos nas matrizes	Numero de predios por hectare	Superficie media de cada predio em hectares	Numero de contribuintes	Relação para a população total dos districtos
Aveiro........	583:879	1,99	0,50	71:516	28,3
Beja.........	78:846	0,07	13,87	27:908	19,5
Braga........	419:637	1,53	0,65	56:991	17,7
Bragança.....	384:082	0,57	1,73	36:920	22,5
Castello Branco...	229:917	0,35	2,90	34:595	22,1
Coimbra......	629:401	1,62	0,61	80:470	28,4
Evora........	47:123	0,07	15,15	15:132	14,5
Faro.........	167:732	0,34	2,92	42:759	23,8
Guarda.......	393:682	0,71	1,40	58:032	27,0
Leiria.......	382:517	1,10	0,91	51:617	27,0
Lisboa.......	207:546	0,27	3,66	63:046	12,9
Portalegre...	63:869	0,10	10,08	17:365	17,1
Porto........	259:843	1,11	0,89	62:310	14,7
Santarem.....	241:146	0,35	2,84	49:675	24,6
Vianna.......	377:312	1,68	0,58	50:043	24,5
Villa Real...	514:592	1,15	0,86	52:821	23,8
Vizeu........	698:261	1,40	0,71	80:175	21,7
	5.678:385	0,64	1,55	853:385	21,4

Se classificarmos os districtos em relação ao numero de proprietarios, acharemos que, sendo a media dos possuidores de predios de 21,4 por cento no reino, estão acima d'esta media, isto é, a propriedade está mais dividida, nos districtos de Coimbra, Aveiro, Leiria, Guarda, Santarem, Vianna, Villa Real, Faro, Bragança, Castello Branco e Vizeu, e estão abaixo da media geral, isto é, a propriedade está mais accumulada nos districtos de Beja, Braga, Portalegre, Porto, Evora e Lisboa.

A comparação da grandeza das collectas da contribuição predial nos diversos districtos esclarece muito a questão da divisão da propriedade; por isso damos a seguinte tabella, que indica por districtos a proporção com a totalidade dos contribuintes, do numero de collectas divididas em cinco classes.

Devemos observar que a divisão da propriedade não indica a extensão das lavouras ou explorações agricolas. No Minho, por exemplo, ha grandes propriedades, mas exploradas pela pequena cultura, isto é, as propriedades são divididas em parcellas que os rendeiros exploram. No Alemtejo e nos districtos de Lisboa, Santarem e Castello Branco, alem da grande propriedade ha a grande cultura, que abrange muitas vezes mais de um predio rustico, formando explorações agricolas de mais de 10:000 hectares, passando algumas de 20:000:

Districtos	Proporção do numero de collectas				
	Até 100 réis	De 100 a 1$000 réis	De 1$000 a 10$000 réis	De 10$000 a 50$000 réis	Superior a 50$000 réis
Aveiro............	22,0	47,5	28,5	1,5	0,05
Beja.............	8,1	57,1	28,6	5,1	1,1
Braga............	10,4	47,2	36,5	5,6	0,3
Bragança.........	3,9	45,5	43,1	6,2	1,3
Castello Branco ..	8,0	53,6	35,6	2,3	0,5
Coimbra.........	19,4	51,3	27,5	1,6	0,2
Evora............	2,2	45,3	38,3	10,6	3,6
Faro.............	10,3	52,3	33,7	3,4	0,3
Guarda..........	20,8	53,7	23,1	2,1	0,3
Leiria...........	12,9	53,7	32,1	1,2	0,1
Lisboa	3,5	35,0	44,8	13,1	3,6
Portalegre.......	1,0	50,0	37,3	9,1	2,6
Porto............	10,6	48,5	32,5	7,6	0,8
Santarem........	4,8	53,1	37,5	3,5	1,1
Vianna..........	7,4	48,7	41,5	2,2	0,2
Villa Real.......	14,4	48,0	35,0	2,4	0,2
Vizeu...........	16,5	49,6	31,3	2,3	0,3

Não temos elementos pelos quaes se possa conhecer o numero das explorações agricolas e a sua grandeza.

O valor venal da propriedade só póde ser avaliado approximadamente pelo rendimento collectavel, por não haver estatistica que trate d'essa especialidade. Damos portanto o seguinte quadro do rendimento collectavel dos predios rusticos e urbanos em 1869, e o valor venal correspondente:

Districtos	Predios rusticos	Predios urbanos	Valor total
Aveiro.........	831:000$000	22:000$000	17.040:000$000
Beja...........	978:000$000	63:000$000	20.723:000$000
Braga..........	946:000$000	80:000$000	20.536:000$000
Bragança.......	781:000$000	34:000$000	16.303:000$000
Castello Branco	539:000$000	24:000$000	11.266:000$000
Coimbra..	1.244:000$000	105:000$000	26.992:000$000
Evora..........	916:000$000	81:000$000	19.958:000$000
Faro...........	1.009:000$000	65:000$000	21.476:000$000
Guarda........	830:000$000	22:000$000	17.052:000$000
Leiria.........	655:000$000	26:000$000	13.624:000$500
Lisboa........	3.488:000$000	1.664:000$000	103.044:000$000
	12.212:000$000	2.186:000$000	288.014:000$000

Districtos	Predios rusticos	Predios urbanos	Valor total
Transporte...	12.212:000$000	2.186:000$000	288.014:000$000
Portalegre.....	863:000$000	80:000$000	18.870:000$000
Porto..........	1.357:000$000	796:000$000	43.064:000$000
Santarem......	1.253:000$000	68:000$000	26.436:000$000
Vianna........	708:000$000	41:000$000	14.980:000$000
Villa Real.....	780:000$000	44:000$000	16.486:000$000
Vizeu.........	1.710:000$000	78:000$000	35.770:000$000
	18.883:000$000	3.293:000$000	443.620:000$000

Convem porém notar que o valor venal assim deduzido está longe de ser verdadeiro, porque o rendimento collectavel é bastante inferior, em geral, ao rendimento liquido das propriedades.

V

PRODUCÇÕES

A estatistica da producção agricola tem sido feita officialmente pelo seguinte processo. Todos os annos os governos civis dos districtos são obrigados a remetter para a direcção geral do commercio e industria mappas da producção organisados em vista dos mappas fornecidos pelos concelhos, onde tem origem a avaliação. Esta avaliação, que deve ser feita servindo-lhe de base as informações dos regedores das freguezias, pecca ordinariamente por deficiencia, a ponto de que na maior parte dos districtos a producção dada pela estatistica official não chegaria para o consumo, ainda mesmo depois de se lhe juntar a importação.

Devemos portanto corrigir a estatistica official, para a approximar da verdade o mais possivel. Para esse fim extrahiremos do relatorio da direcção geral do commercio e industria [1] ácerca das subsistencias, feito em 1873, os calculos da producção dos cereaes panificaveis, referidos ao quinquennio de 1866 a 1870. O calculo baseia-se no consumo, computando em 200 kilogrammas a quota frumentaria de cada habitante, sendo o numero de habitantes 3.827:392. A comparação da quantidade de cereaes necessarios para o consumo com a somma da producção official e da importação, apresentou um *deficit*, que é o erro da estatistica. Repartido esse *deficit*, pelas especies de cereaes, deu a producção media correcta. Eis o resultado do calculo:

[1] Elaborado pelo director geral, o sr. conselheiro Rodrigo de Moraes Soares, cujos escriptos sobre agricultura fazem auctoridade.

8

	Kilogrammas
Cereaes panificaveis necessarios para consumo..	765.478:400

Producção segundo a estatistica official: milho..	359.918:075
Deducção para sementes a 4 por cento e para animaes domesticos a 10 por cento.........	50.388:530
Disponivel para consumo..................	309.529:545
Trigo,..,,,.............,,.,,.,,.,,.,,...	156.680:854
Deducção para sementes a 13 por cento......	20.368:511
Disponivel......................	136.312:343
Centeio.....,..............,,...	121.665:683
Deducção de 15 por cento para sementes e de 5 por cento para animaes domesticos.........	24.333:136
Disponivel......................	97.332:547
Somma da producção....,,,,,.,,,........	543.174:435
Importação estrangeira, media....,,.,,.,,.,,	40.969:986
Importação das ilhas adjacentes.....,.,,.,	5.664:110
Total........	46.634:096
Exportação, media.....,..............	933:383
Producção e importação liquida da exportação..	588.875:143
Cereaes necessarios para consumo............	765.478:400
Deficit........,,............,.,....,,,	176.603:257

Applicando a correcção proporcional, acha-se:

	Milho	Trigo	Centeio
Producção official....	359.918:075	156.680:854	121.665:683
Correcção...,......	114.726:567	50.080:732	36.392:590
Producção rectificada	474.644:642	206.761:586	158.058:273

Identicas correcções se fizeram no mesmo relatorio em relação ás outras producções agricolas.

Calculo similhante empregámos na deducções dos numeros que representam a producção referida a 1873, mas, tomando por base o numero de habitantes 4.260:000, que já mostrámos representar com bastante approximação a população do reino n'aquella epocha.

1.º Trigo

A cultura dominante em Portugal é a dos cereaes.

Não temos dados estatisticos pelos quaes se conheça a superficie empregada n'esta cultura em epocha diversas. O mais que se póde avançar é dizer que ha quarenta annos a superficie cultivada seria a terça parte da actual; e que de 1850 até hoje tem sido progressivo o arroteamento dos matagaes e o desbravamento dos terrenos incultos. Hoje são rarissimos os matos em localidades onde, não ha muitos annos, se caçava o javali e o gamo.

De todos os cereaes, aquella cuja producção avulta mais é o milho.

A cultura do trigo é mais importante nos districtos de Beja, Evora, Lisboa, Santarem, Portalegre e Faro. Nos districtos do norte é onde se cultiva menos trigo; actualmente esta cultura vae tendo ali algum desenvolvimento.

Nos ferteis terrenos de Beja e nos campos dos districtos de Lisboa e Santarem, o producto medio do trigo regula por 10 a 15 sementes. Chega porém a render 30 e mais sementes, nas terras mais fortes e mais bem tratadas. No Algarve o rendimento d'este cereal é apenas de 3 a 5 sementes, chegando raras vezes a 10. As condições meteorologicas d'esta provincia explicam em parte aquellas cifras.

O preço do trigo varia muito de districto para districto, sendo o minimo medio de 200 réis por cada decalitro e o maximo medio de 350 réis nos annos regulares. É escusado dizer que o preço menor encontra-se sempre nos districtos do sul. O preço medio no reino regula por 300 réis.

Em 1873 a producção acousada pela estatistica official foi de 2.116:113 hectolitros, superior em 54:523 hectolitros á media do quinquennio de 1866 a 1870, que é de 2.061:590.

Calculando o *deficit* da estatistica official, por um processo identico ao que já mencionámos, tomando para um dos termos da equação os cereaes necessarios para o consumo de 4.260:000 habitantes, acharemos que a correcção proporcional applicavel á cifra da producção do trigo é 677:151.

Conclue-se que a producção real deve ter sido em 1873 de 2.793:269 hectolitros.

A superficie cultivada com este cereal regula por 260:000 hectares.

A producção media do trigo nos principaes paizes é:

	Hectolitros
Inglaterra........................	37.000:000
Russia...........................	80.000:000
Hespanha........................	66.000:000

s.

	Hectolitros
Estados Unidos	98.000:000
Austria	40.000:000
Italia	35.000:000
Prussia	28.000:000
Belgica	5.000:000
Portugal	3.000:000
Hollanda	2.000:000

2.º Milho

A cultura d'este cereal domina e excede muito a cultura dos outros cereaes nos tres districtos da provincia do Minho, nos da Beira Alta e nos districtos de Leiria e Santarem pertencentes á Extremadura. Excede ainda a cultura do trigo nos districtos da Guarda e Castello Branco, na Beira Baixa e no districto de Villa Real em Traz os Montes.

Nos outros districtos é muito inferior á cultura dos outros cereaes. O districto que produz menos milho, segundo a estatistica official, é o de Bragança, seguindo-se-lhe os districtos de Evora e Beja, nos quaes data de poucos annos a introducção d'esta cultura.

O rendimento d'esta cultura póde calcular-se na media de 30 sementes; excede algumas vezes 100, como succede no fertil valle da Villariça em Traz os Montes, nos campos do Tejo e Mondego e em varias localidades do Minho; regula por 40 a 50 sementes em grande parte do Minho e da Beira, mas desce a 10 e 15 sementes no Algarve e a menos no Alemtejo.

A producção media regula por 5.400:000 hectolitros, que com a correcção correspondente de 1.728:000 se eleva a 7.128:000 hectolitros.

O preço varia de 200 a 300 réis o decalitro.

A superficie que se cultiva de milho avalia-se em 520:000 hectares.

3.º Centeio

Cultiva-se principalmente nas regiões frias e montanhosas, e nas terras fracas do resto do reino. Os districtos onde predomina esta cultura são: Guarda, Bragança, Castello Branco e Villa Real. Excede a cultura do trigo nos districtos de Braga, Porto, Vizeu e Vianna. Os outros districtos produzem pouco centeio. O rendimento d'esta cultura é termo medio de 10 sementes.

A producção media é de 1.800:000 hectolitros. A producção correcta é de 2.340:000 hectolitros.

O preço medio do centeio é de 160 réis o decalitro.

A superficie destinada a esta cultura póde avaliar-se em 270:000 hectares.

4.º Cevada e aveia

A cultura d'estes cereaes acompanha parallelamente a do trigo, sendo mais productores de cevada os districtos mais productores de trigo.

A producção media é de 1.000:000 hectolitros.

5.º Batatas

O seu preço varia de 200 a 300 réis o decalitro.

Produz 15 a 20 sementes.

A superficie que occupa esta cultura anda por 30:000 hectares.

É esta uma das principaes culturas do paiz, principalmente nas provincias do norte, e tendo tido grande desenvolvimento desde 1835 até hoje, tende ainda a desenvolver-se mais nas provincias do centro e sul. Os districtos mais productores d'este precioso genero alimenticio são: Guarda, Villa Real, Bragança, Vizeu, Lisboa, Castello Branco, Coimbra, Aveiro. Os menos productores são: Evora e Beja.

Da producção dada pela estatistica official no decennio de 1861 a 1870 tira-se a media de 1.751:000 hectolitros. Segundo o indicado relatorio ácerca das subsistencias o erro estatistico approxima-se de 80.000:000 kilogrammas, ou 1.143:000 hectolitros, devendo portanto a producção media subir a 2.894:000 hectolitros. Em 1873 a producção de batatas no reino foi de 1.502:000 hectolitros, que com a devida correcção se deve elevar a 2.642:000 hectolitros.

O rendimento regula por 60 a 100 hectolitros por héctare.

O preço d'este genero, que é sempre mais elevado nas provincias do sul do que nas do norte, onde elle abunda mais, é em media no norte do reino de 240 réis por 15 kilogrammas, o que equivale a 1$200 réis o hectolitro; no sul a media é de 320 réis por cada 15 kilogrammas, ou 1$600 réis por hectolitro.

Em 1872 a exportação d'este genero foi de 5.559:029 kilogrammas.

6.º Legumes

Comprehende-se n'esta denominação o feijão, fava, grão de bico, chicharo, ervilha, lentilha e tremoço. A cultura do feijão occupa maior superficie nos districtos do norte; o grão de bico e chicharo no sul.

A media da producção fornecida pela estatistica official no decennio de 1861 a 1870 é de 22.799:000 kilogrammas de legumes seccos.

Em 1873 foi esta producção avaliada em 20.960:000 kilogrammas.

É esta a parte da estatistica onde facilmente se reconhece maior omissão, para o que basta calcular o consumo de legumes para todos os habitantes do paiz pela quota de 8ᵏ,37, que é a que corresponde a cada habitante de Lisboa pela exacta estatistica da alfandega municipal, achando-se que a quantidade de legumes seccos necessaria para o consumo do paiz é de 32.035:271 kilogrammas. Maior deve ser a quantidade consumida, por isso que fóra de Lisboa consomem-se mais legumes. No mencionado relatorio calcula-se em 50.000:000 kilogrammas a producção corrigida.

7.º Arroz

Cultiva-se sómente nas varzeas pantanosas dos districtos de Lisboa, Aveiro, Coimbra, Leiria, Evora, Faro e Portalegre.

Esta cultura vulgarisou-se ha cerca de trinta annos, e pelo facto de ser muito productiva estendeu-se não só aonde existiam pantanos, como tambem ás terras araveis que facilmente se podiam alagar.

A insalubridade que resultou d'este abuso obrigou o governo a prohibir esta cultura nas terras proprias para qualquer outra.

Por essa occasião se averiguou que a area dos pantanos existentes no reino era de 44:000 hectares. Actualmente é menor, porque se tem procedido ao enxugo e esgotamento de alguns situados nos campos do Mondego e Tejo.

A media da producção referida aos ultimos dez annos é de 6.500:000 kilogrammas de arroz descascado.

Rende ordinariamente esta cultura 50 a 100 sementes.

· O preço do hectolitro é, termo medio, 3$000 réis.

A superficie dos arrozaes é de 6:000 a 7:000 hectares.

8.º Culturas diversas

Produz-se no paiz grande variedade e abundancia de hortaliças, das quaes é impossivel calcular a quantidade.

Cultivam-se em todo o paiz muitas variedades de couves, nabos, chicoria, cenouras, rabanos, alfaces, etc., destinadas não só para a alimentação dos habitantes, como para sustento dos animaes.

A cultura das cebolas tem tido grande desenvolvimento em consequencia da exportação d'este genero para Inglaterra e Brasil.

No litoral do Algarve cultiva-se em larga escala a batata doce, *convolvulus batata*, que é toda consumida na alimentação do povo algarvio.

Tambem ali se introduziu a cultura do mendobi ou ginguba, originario de Africa. Ensaiou-se a cultura da canna doce e do algodão, obtendo-se resultados satisfactorios.

9.º Linho

Cultiva-se o linho em quasi todo o reino, mas principalmente no Minho, Traz os Montes, Beira e Extremadura ao norte do Tejo.

No Algarve cultiva-se na região da serra, e no Alemtejo sómente em alguns concelhos.

A superficie empregada n'esta cultura é approximadamente de 25:000 hectares.

A producção media por hectare é de 7 hectolitros de semente e 400 kilogrammas de materia textil em bruto, que depois dos convenientes preparos rende 40 kilogrammas de linho assedado; 60 de estopa e perto de 50 de tomentos.

A producção total do reino é approximadamente de 170:000 hectolitros de semente e 10.000:000 kilogrammas de linho bruto.

O preço medio é de 4$000 réis por hectolitro de semente e 50 réis o kilogramma de linho em bruto. O valor da producção é portanto de 680:000$000 réis de semente e 500:000$000 réis de linho bruto.

Os 10.000:000 kilogrammas da producção em bruto, reduzem-se pelas primeiras operações industriaes executadas pelo productor a 1.000:000 kilogrammas de linho assedado, de estopa 1.800:000 e de tomentos 1.500:000.

O preço medio do linho assedado regula por 400 réis o kilogramma, a estopa a 160 réis e os tomentos a 60 réis o kilogramma.

10.º Fructas

São numerosas as especies de fructas que Portugal produz, e é extraordinariamente abundante em alguns districtos a producção d'este genero alimenticio, que em certas epochas do anno constitue o principal alimento das classes pobres.

As principaes especies de arvores fructiferas são: a laranjeira, limoeiro, oliveira, castanheiro, figueira, pereira, macieira, pecegueiro, damasqueiro, ginjeira, cerejeira, nogueira, amendoeira, etc. A bananeira fructifica no Algarve, onde tambem se têem acclimado algumas arvores do Brazil, taes como as que produzem a goiaba, o maracujá, etc.

A estatistica official menciona sómente a producção de laranja, limão, castanhas, amendoas, nozes.

Em 1873 a producção da laranja foi, segundo a estatistica official, de 250:000 milheiros e a de limão de 33:000.

A producção de castanhas foi de 109:305 hectolitros; a media é de 270:000 hectolitros.

A amendoa produziu 21:250 hectolitros, e as nozes 28:217 hectolitros.

Todos os districtos produzem laranja; os que produzem mais e de melhor qualidade são: Faro, Lisboa, Leiria, Coimbra, Evora, Aveiro, Braga, etc.

A amendoa produz-se nos districtos de Bragança, Faro e Guarda.

A castanha abunda nos districtos de Bragança, Villa Real, Guarda, Portalegre, Castello Branco e Santarem.

Os olivaes occupam uma superficie de 200:000 hectares. O resto distribue-se pelos districtos de Evora, Lisboa, Santarem, Castello Branco, Bragança, Faro, Coimbra e Villa Real.

A producção media do azeite de 1861 a 1870 é de 180:000 hectolitros. O erro da estatistica official é avaliado em mais de um terço, devendo a producção ser de 250:000 hectolitros. O melhor azeite é o dos districtos de Beja, Castello Branco e Lisboa.

O preço do hectolitro é em media de 9$000 réis.

11.º Vinhas

A cultura da vinha em Portugal remonta á mais alta antiguidade. Os antigos escriptores fallam dos vinhos da Lusitania como sendo dos melhores d'esta parte da Europa occidental, e alguns dos processos de cultura e vinificação em uso em alguns pontos do paiz conservam ainda o cunho dos processos romanos.

Data porém do meiado do seculo XVIII o maior desenvolvimento da viticultura, principalmente na zona vinhateira do Douro, depois da fundação da companhia dos vinhos do Alto Douro.

Esse desenvolvimento é accusado pelo seguinte quadro da exportação do vinho pela barra do Porto desde 1678:

	Pipas
1678 a 1687	632
1689 a 1717	7:188
1757	12:482
1775	24:013
1795	55:918
1798	72:496
1807	54:718
1819	26:387
1825	51:939
1833	20:809
1843 a 1852, media	33:176
1853	60:674
1856 a 1857, media	38:300
1857 a 1858, media	19:430

Desde o anno de 1757 até ao fim do seculo o augmento é progressivo; a consideravel diminuição e as oscillações que se notam até 1843 resultam do estado anormal do paiz e da Europa n'esse periodo, e a diminuição que se observa de 1857 para 1858 é devida aos estragos do *oidium,* que fez o seu apparecimento no paiz em 1854.

A producção em todo o reino achâmo-la avaliada em 1852 da fórma seguinte:

Provincias	Vinho maduro	Vinho verde	Total — Pipas
Minho........................	–	199:509	199:509
Traz os Montes	188:990	13:691	202:681
Beira........................	203:549	67:211	270:760
Extremadura...................	157:149	–	157:149
Alemtejo.....................	24:860	–	24:860
Algarve.....................	10:210	–	10:210
			865:169
Hectolitros.......................................			4.325:845

Para os annos anteriores a estatistica da producção dá o seguinte resultado geral:

	Pipas
1848...............................	843:674
1849...............................	485:023
1850...............................	499:462
1851...............................	787:809

Nos dez annos de 1861 a 1870 a producção media official é de 1.743:556 hectolitros. Em 1873 foi de 2.041:715 hectolitros.

O *deficit* que resulta da comparação d'esta cifra com a que é precisa para satisfazer ás necessidades do consumo, exportação, fabrico de alcool, etc., é avaliado em 1.734:000 hectolitros no relatorio ácerca das subsistencias. Este *deficit* da estatistica official eleva-se a 2.042:600 hectolitros, se calcularmos o consumo para 4.286:000 habitantes. O erro estatistico é portanto de 100 por cento.

A producção de 1873 fica sendo de 4.086:000 hectolitros, quantidade ainda inferior á realidade, porque n'estes calculos não entra a quantidade consideravel de vinho que fica armazenado para os annos seguintes.

Na falta de medição directa da superficie cultivada de vinha, avalia-la-hemos indirectamente pela producção, suppondo que um hectare contém 5:041 cepas (com o intervallo medio de 1m,40), as quaes produzem 2:520 litros, a 500 litros por 1:000 cepas.

Pela producção rectificada de 1878 a superficie vinicola é de 162:063 hectares.

Juntando a esta área a sua quarta parte, que suppomos representar a producção consumida em fructo e a superficie das bacelladas não productivas, ou 40:516 hectares, teremos para a superficie occupada por vinhas proximamente 202:579 hectares.

O producto medio da vinha por hectare é de 25,20 hectolitros. Antes da devastação produzida pelo *oidium* o rendimento era muito superior, como se deprehende da producção anterior a 1852 relativa a uma superficie vinhateira menor do que a actual.

Em França o producto medio foi avaliado em 1862 pela estatistica official em 20,99 hectolitros por hectare, mas houve departamentos que apresentaram o producto maximo de 57 hectolitros.

Em todos os districtos se cultiva a vinha. Classificando-os em relação á quantidade produzida (segundo a estatistica official) apresentam-se na seguinte ordem: Vizeu, Lisboa, Aveiro, Braga, Bragança, Leiria, Santarem, Porto, Coimbra, Vianna, Guarda, Evora, Beja, Villa Real, Castello Branco, Portalegre, Faro. Classificando os districtos em relação á qualidade dos productos teremos a seguinte ordem: Vizeu, Villa Real, Bragança, Lisboa, Faro, Aveiro, Santarem, Beja, Evora, Leiria, Coimbra, Castello Branco, Portalegre, Guarda, Braga, Vianna, Porto.

Os principaes centros productores de vinhos maduros são: *Alto Douro*, abrangendo nas duas margens do Douro parte dos districtos de Vizeu, Villa Real e Bragança; *Bragança, Oura*, no districto de Villa Real; *Dão*, no districto de Vizeu; *Bairrada*, no de Aveiro; *Fundão e Penamacor*, no de Castello Branco; *Figueiró dos Vinhos*, no de Leiria; *Torres Novas* e *Cartaxo*, no de Santarem; *Torres Vedras, Carcavellos, Arruda, Bucellas, Collares, Lavradio, Setubal*, no districto de Lisboa; *Castello de Vide*, no de Portalegre; *Borba, Evora* e *Redondo*, no districto de Evora; *Cuba, Vidigueira e Beja*, no de Beja; *Fuzeta e Portimão*, no de Faro.

Os principaes centros de producção de vinho verde são: *Amarante e Basto*, nos districtos do Porto e Braga; *Aroos e Mourão*, no districto de Vianna.

Teem sido encarregados do estudo oenologico do paiz homens os mais eminentes n'essa especialidade; e diversas commissões se teem occupado officialmente da classificação dos vinhos; não ha todavia trabalhos completos em relação a todo o paiz.

Não ha uma classificação methodica de todas as variedades de vidonhos, e apenas em alguns centros vinicolas se fez a analyse dos mostos.

Conhecem-se porém já todos os processos de vinificação em uso no paiz, cujas descripções se podem ver nas memorias e relatorios especiaes.

Emquanto á grande variedade de vinhos que Portugal possue, os trabalhos para a organisação da exposição de vinhos que teve logar em Londres em 1873 adiantaram muito a sua classificação, tornando bem patente o valor da grande riqueza vinicola d'este paiz, ao qual só basta aperfeiçoar os processos de cultura, vinificação e conservação dos vinhos para occupar o primeiro logar entre as nações viticultoras.

O commercio dos vinhos portuguezes quasi que se limitava antigamente á exportação dos vinhos do Alto Douro, conhecidos pela denominação de vinhos do Porto; muito florescente no fim do seculo passado e principios do actual, passou depois por grande decadencia, causada principalmente pela falsificação dos vinhos exportados pela barra do Porto durante o privilegio da companhia, de que em parte resultou a elevação dos direitos que estes vinhos pagavam em Inglaterra. Actualmente este ramo de commercio tende a melhorar. Ultimamente tem tido grande desenvolvimento a exportação para Inglaterra e Brazil de vinhos da Bairrada, Dão, Cartaxo e de vinhos verdes do Minho, muito apreciados no mercado inglez.

12.º Matas e arvoredos diversos

Ha regiões no paiz densamente vestidas de arvoredos de diversas especies; ha outras, com maior superficie, completamente nuas.

Estão no primeiro caso: a maior parte da provincia do Minho, a faxa litoral desde Ovar até ao sul de Leiria, uma parte do centro do Alemtejo e o litoral do Algarve, alem de varias superficies arborisadas no interior da Beira e de Traz os Montes.

No segundo caso está toda a região montanhosa do paiz e as extensas charnecas ao sul do Tejo.

Se por um lado juntarmos as superficies occupadas por matas 260:000 hectares, por arvoredo fructifero 650:000, e um quarto da superficie das terras araveis, ou proximamente 500:000 hectares, que representa a superficie arborisada com arvores fructiferas de diversas especies, perfazendo a somma de 1.410:000 hectares, ou 15,3 por cento da superficie total do paiz; e se por outro lado addicionarmos a superficie de 1.466:000 hectares, em que avaliamos os terrenos de pastagens, áquella que representa a área inculta, que é de 4.029:500 hectares, sommando ambas

5.495:500 hectares, ou proximamente 60 por cento da área total, poderemos comparar as duas áreas obtidas e acharemos que a superficie arborisada é pouco mais da quarta parte da superficie despida de arvoredo.

A superficie que classificámos como matas póde subdividir-se em:

	Hectares
Matas do estado......................	25:000
Matas de municipios...................	2:000
Pinhaes particulares	184:000
Soutos de castanheiros e carvalhos.......	50:000

As matas do estado compõem-se de 27 matas e pinhaes, espalhados em diversos pontos do reino.

O mais importante de todos é o pinhal nacional de Leiria, mandado semear por D. Diniz. Tem perto de 9:000 hectares arborisados. Os outros pinhaes e matas têem apenas cada um 500 até 2:000 hectares de superficie. São pela maior parte os restos dos immensos bens dos conventos, que ficaram na posse do estado quando teve logar a desamortisação d'aquella grande riqueza. D'estas matas a principal é a magnifica mata do Bussaco, exemplo bem evidente de como se podem converter em ricas florestas as asperas encostas das serras, que hoje se vêem nuas e escalvadas.

As principaes essencias florestaes que povoam estas matas são: o pinheiro bravo e o manso, o carvalho, castanho e sobro. Ha tambem n'ellas, como arvores de ornamento, o cedro, o olmeiro, alamo, platano, etc.

Em alguns dos pinhaes pratica-se a resinagem dos pinheiros. (Vid. *Industrias.*)

Os productos da exploração das matas foram nos annos abaixo mencionados os seguintes:

Em 1859–1860:

Arvores cortadas, 78:155.	
Madeiras	55:243$680
Combustivel......................	5:983$129
Estrumes, 79:099 carradas..........	7:554$080
Productos resinosos fabricados........	3:112$657
Substancias resinosas colhidas.........	1:751$863
Sementes, 10:482,5 alqueires.........	2:310$270
Rendimentos proprios	363$490
Rendimentos diversos	764$455
Total......	77.083$624

Em 1861–1862, total da exploração... 51:173$553

A receita foi a seguinte:

1859–1860....................	62:530$575
1861–1862....................	59:615$370

A despeza foi:

1859–1860....................	50:548$690
1861–1862....................	60:010$808

Um caminho de ferro amaricano liga o pinhal de Leiria com o porto de S. Martinho, na extensão proximamente de 37 kilometros.

A organisação e despeza do pessoal d'este serviço é o seguinte para 1875–1876:

Administrador geral..............	1:100$000
Secretario.....................	400$000
Ajudante.....................	180$000
Pessoal de secretaria (7)..........	1:490$000
3 Chefes de divisão florestal.........	2:076$000
1 Director....................	366$000
6 Mestres....................	1:317$600
1 Capellão, administrador do santuario da mata do Bussaco.............	216$000
1 Servente....................	86$400
Corpo de guardas florestaes:	
3 Cabos de guardas...............	603$000
37 Guardas....................	3:140$280
	11:032$280

13.º Prados e pastagens

A cultura pascigosa exerce-se principalmente na provincia do Minho. No resto do reino os prados artificiaes não têem sido por emquanto mais que ensaios.

Na Beira e Traz os Montes as pastagens naturaes são abundantes. No Alemtejo e Algarve a vasta superficie empregada na pastoreação dos gados, só na primavera e principio de estio produz pastagens mais ou menos abundantes; no resto do anno os gados pastam nos restolhos, e nos extensos tractos incultos que apenas lhes fornecem um magro alimento.

Os prados podem distinguir-se em temporarios e permanentes. Os primeiros são quasi todas as terras regadias do Minho e parte de Traz os Montes e Beira, que depois de terem produzido o milho ficam de prado até ao fim do inverno. As hervas que ordinariamente se semeiam para prado são: o azevem *(lolium perenne)*, a herva molar *(holcus lanatus)*, o trevo, e a serradella.

Algumas vezes se emprega para este fim o centeio e a cevada, que depois de darem dois a tres córtes ainda produzem o grão.

Os prados permanentes são as terras constantemente alagadas, a que chamam lameiros, e que se encontram nas regiões montanhosas das provincias do norte. Os sapaes das rias de Aveiro, Faro e Castro Marim, e das lesirias do Tejo devem tambem ser incluidas na categoria de prados permanentes, pois produzem durante todo o anno uma herva propria dos terrenos salgados, que é empregada na alimentação do gado bovino e cavallar. Os prados permanentes avaliâmo-los em 30:000 hectares.

As pastagens comprehendem todos os terrenos de pousio e os de pastagem natural, aindaque sejam dedicados á producção do feno. Abundam estes terrenos no Alemtejo e na Beira. A sua superficie póde ser computada em 2.116:000 hectares.

14.º Mel e cera

Contribuindo o arroteamento dos terrenos incultos, no meio dos quaes estão estabelecidas em geral as colmeias, e o progresso da agricultura, para fazer diminuir a producção do mel e cêra, póde-se dizer que tem certamente diminuido em Portugal essa producção, apesar de não haver estatisticas pelas quaes se avalie esta diminuição.

Pelo facto de haver ainda uma enorme superficie inculta no reino, a producção do mel é consideravel. A estatistica official dá uma producção de 620:000 kilogrammas de mel e 253:000 de cêra. Más a exportação de cêra em 1872 foi 1.217:423 kilogrammas, que diminuida da importação de 140:228 kilogrammas, dá 1.077:195 kilogrammas que deviam ter sido produzidos no paiz. Avaliando em 100:000 kilogrammas a cêra consumida, fica a producção real da cêra elevada a 1.177:195 kilogrammas. O erro estatistico é portanto de 924:423 kilogrammas.

A exportação de mel foi de 492:390 kilogrammas, subtrahindo a importação de 446 kilogrammas e addicionando o consumo de 300:000 kilogrammas, fica a producção representada por 791:944 kilogrammas. O erro estatistico é 171:944 kilogrammas.

A estatistica das profissões feita em 1867 dá para todo o continente do reino o numero de 1:297 creadores de abelhas. Mas a estatistica do districto de Aveiro, feita pela inspecção dos pesos e medidas em 1861, dá só para esse districto 14:076 colmeias. Na Alemtejo e Algarve o numero de colmeias deve ser muito maior.

PECUARIA

Fez-se em 1870 o primeiro recenseamento dos gados em Portugal. Não passam de tentativas as diversas estatisticas pecuarias, que se fizeram até essa epocha; d'essas, a mais completa, é a que a repartição de agricultura organisou em relação ao anno de 1852.

O seguinte quadro mostra os resultados geraes das duas estatisticas:

Especies	Numero de cabeças	
	Em 1852	Em 1870
Cavallar.............................	69:785	79:716
Muar...............................	38:899	56:690
Asinina............................	123:171	137:950
Bovina.............................	522:688	529:474
Lanar..............................	2.417:049	2.706:777
Caprina............................	1.044:743	936:869
Suina..............................	858:334	776:868

Reconhece-se pela inspecção e confronto dos dois recenseamentos, que ha deficiencia no ultimo em relação ás especies bovina, caprina e suina, porque não é possivel que diminuisse a creação dos gados d'estas especies, no periodo em que a agricultura teve tão consideravel desenvolvimento, e em que a exportação d'esses mesmos gados quintuplicou, como se vê do seguinte resumo estatistico da importação e exportação dos gados[1]:

Periodos	Valores medios annuaes	
	Importação	Exportação
1796 a 1800.................	190:000$000	6:000$000
1801 a 1810.................	238:000$000	7:000$000
1811 a 1820.................	359:000$000	8:000$000
1821 a 1831.................	257:000$000	—$—
1842, 1843 e 1848...........	56:000$000	57:000$000
1851, 1855 e 1856..........	242:000$000	233:000$000
1861 a 1865.................	1.161:000$000	618:000$000
1866 a 1870	740:000$000	1.231:000$000

[1] Extrahido do relatorio que acompanha o recenseamento geral dos gados elaborado pelo sr. R. de Moraes Soares.

Os intendentes de pecuaria de todos os districtos do reino foram unanimes em accusar a deficiencia da estatistica, e o distincto professor de zootechnia, o sr. Silvestre Bernardo Lima, avalia, muito prudentemente, o erro estatistico total em 11,8 por cento do numero de cabeças, e em 33 por cento do valor apurado no recenseamento.

Os dois seguintes quadros apresentam o recenseamento official e o rectificado.

Recenseamento official

Especies	Numero de cabeças	Valores	Valor medio por cabeça
Cavallar.........	79:716	1.924:883$880	24$165
Muar.............	50:690	1.247:279$760	24$606
Asinina..........	137:950	680:732$400	4$934
Bovina...........	520:474	12.891:537$020	24$770
Ovina............	2.706:777	2.020:059$490	$746
Caprina..........	936:869	710:280$060	$758
Suina	776:868	4.059:716$510	5$225
	5.209:344	28.533:989$120	

Recenseamento rectificado

Especies	Numero de cabeças	Valores	Valor medio por cabeça
Cavallar.........	88:000	2.539:564$665	28$838
Muar.............	50:690	1.496:735$710	29$525
Asinina..........	137:950	680:732$400	4$934
Bovina...........	624:568	16.245:019$670	30$389
Ovina............	2.977:454	2.666:327$295	$895
Caprina..........	936:869	852:336$070	$909
Suina	971:085	6.850:429$880	7$053
	5.786:616	31.331:145$690	

Segundo a estatistica official, a reducção das cabeças naturaes do gado recenseado a cabeças normaes ou de gado grosso [1], dá, na totalidade, a relação de 5 cabeças naturaes para 1 normal. A relação geral européa é de 3 para 1. Esta superioridade

[1] Gado cavallar e muar, sendo de marca 1 cabeça natural por cabeça normal; menores de marca, 3 por 2; crias de um a tres annos, 2 por 1. Asinino, 2 por 1; crias, 3 por 1. Bovino, 1 por 1; crias de menos de anno, 3 por 1; de mais de anno, 2 por 1. Ovino e caprino, 15 por 1; crias, 30 por 1. Suino, 6 por 1; crias, 12 por 1.

provém, de que a maior parte dos paizes da Europa abunda mais em cabeças de gado grosso, e as de gado miudo são de mais vulto e peso que as do gado portuguez.

O quadro que segue, mostra essa reducção a cabeças normaes, o seu valor medio, e relação com a superficie do paiz e sua população.

Especies	Cabeças normaes	Valor medio da cabeça normal	Relação por kilometro quadrado absoluto	Relação por kilometro quadrado cultivado	Relação por 1:000 habitantes
Cavallar.....	57:993	33$183	0,65	1,74	14,58
Muar........	39:186	31$829	0,44	1,18	10,77
Asinina......	67:390	10$101	0,76	2,02	17,61
Bovina......	463:480	27$795	5,17	13,91	121,12
Ovina.......	170:871	11$856	1,91	5,11	44,52
Caprina......	58:236	12$199	0,64	1,75	15,23
Suina........	96:967	41$866	1,07	2,92	25,35
	953:623		10,64	28,68	249,18

Nos principaes paizes da Europa, a população pecuaria especifica e o numero de cabeças normaes por 1:000 habitantes, é a seguinte[1]:

Estados	Cabeças normaes por kilometro quadrado	Cabeças normaes por 1:000 habitantes
França...................	34,6	494
Inglaterra..............	47,8	515
Prussia.................	36,9	540
Baviera.................	51,1	803
Wurtemberg............	61,7	685
Saxonia................	56,1	345
Austria.................	30;9	552
Hungria................	30,5	718
Hespanha..............	11,3	367
Italia..................	24,9	291
Russia.................	8,6	693
Suecia.................	6,2	650
Dinamarca.............	8,9	1:202
Hollanda..............	53,9	492
Belgica................	66,0	402
Suissa.................	30,3	500
Portugal..............	10,6	249

[1] M. Block, *L'Europe politique et sociale*, 1869.

Os districtos do reino mais abundantes de gado, isto é, os de maior densidade pecuaria, são: Porto, Braga, Aveiro, Coimbra, Villa Real, Vizeu e Bragança. Os outros districtos seguem a seguinte ordem decrescente: Leiria, Vianna, Portalegre, Evora, Guarda, Santarem, Lisboa, Beja, Faro e Castello Branco.

Classificando-os pelo seu valor pecuario especifico, isto é, pelo valor pecuario por kilometro quadrado, apresentam-se os districtos na seguinte ordem, sendo Vizeu o que tem o valor medio de 250$000 réis; Porto, Braga, Aveiro, Vianna, Coimbra, Bragança, Vizeu, Villa Real, Evora, Lisboa, Portalegre, Leiria, Santarem, Guarda, Beja, Faro e Castello Branco.

1.º Gado cavallar

Mereceu sempre particular attenção dos governos a producção hippica.

Desde os fins do seculo XIV que em Portugal se publicaram varias leis e regulamentos coudelicos, com o fim de promover e melhorar a producção cavallar.

Estabeleceram-se varias coudelarias, tanto no Alemtejo, como na Extremadura e Beira, que chegaram a produzir typos afamados, como os de Alter e campos de Coimbra. As de Cantanhede e do Ribatejo adquiriram tambem justa nomeada. Em 1821 foram extinctas as coudelarias, em vista do estado de decadencia a que tinham chegado, ficando sómente a de Alter, pertencente á casa real. Continuou esta decadencia até que pela creação de alguns postos de cobrição, das exposições e concursos, melhoramentos realisados nos ultimos annos, a producção hippica começou a aperfeiçoar-se.

Em 1872 o numero de postos hippicos era de 59 em todo o reino, pelos quaes se distribuiram, desde 1857, 84 cavallos reproductores das raças de Alter, hespanhola, arabe, hanoveriana, ingleza, marroquina, alemtejana, percherão, ribatejana e outros provenientes do cruzamento d'estas raças.

Distinguem-se dois typos géraes nas raças cavallares de Portugal [1]: 1.º O typo *galliziano*, de pequena estatura, mas sobrio e rijo, que tem por solar as provincias do norte. 2.º Typo *betico-lusitano*, que é o mais geral do reino, principalmente nas provincias do sul. A este typo pertence o cavallo de Alter, que de todas é a casta mais apurada.

As 79:716 cabeças cavallares apuradas pelo recenseamento, no valor de 1.924:383$880 réis, têem o valor medio de 24$165 réis por cabeça.

---

[1] Quasi tudo quanto dizemos sobre pecuaria é extrahido dos escriptos do distincto zootechnico o sr. Silvestre Bernardo Lima.

Este numero e valor das cabeças cavallares decompõe-se do modo seguinte:

Especies	Numero	Valor	Valor medio
Cavallos de marca[1]	10:296	655:875$100	63$700
Cavallos de menos de marca	19:565	335:069$350	17$125
Eguas de marca	8:965	283:308$050	31$599
Eguas de menos de marca	33:834	523:647$320	15$476
Crias de 2 a 3 annos	7:056	126:484$660	17$940
	79:716	1.924:384$480	

[1] Estão incluidos os cavallos do exercito em numero de 2:186, com o valor medio de 106$737 réis.

O numero de cabeças cavallares de marca é 26 por cento da totalidade das cabeças cavallares, e as menores de marca 73 por cento.

O numero de cavallos está para o das eguas como 1:1,4.

A população hippica especifica do reino é 0,88 por kilometro quadrado, sendo o districto do Porto o de maior densidade hippica (2,17), seguindo-se-lhe os districtos de Braga (1,89), Lisboa (1,79), Santarem (1,50), Vianna (1,14), Coimbra (1,12), Aveiro (1,09) e Villa Real (0,91), que estão acima da media. Abaixo da media ficam os districtos de Vizeu (0,69), Evora (0,62), Guarda (0,59), Bragança (0,57), Leiria (0,56), Portalegre (0,54), Beja (0,46), Faro (0,40) e Castello Branco (0,24).

Os districtos de melhor producção cavallar são os de Evora, Portalegre, Lisboa e Santarem.

Em relação ao serviço que prestam, o recenseamento de 1870 classificou as cabeças cavallares da maneira seguinte:

Serviços	Cavallos		Eguas	
	Numero de cabeças	Valor medio	Numero de cabeças	Valor medio
De sella { exercito......	2:186	106$737	–	–$–
{ particulares..	7:416	39$083	8:039	23$695
Tiro	3:325	51$725	886	56$053
Lavoura	3:552	23$583	4:201	22$887
Carga	5:396	15$273	6:110	14$883
Todo o serviço	7:658	15$721	12:160	19$914
Creação	328	75$163	11:403	22$192

9.

Dos 7:416 cavallos de serviço de sella, excluidos os do exercito, 3:236 são de marca com o valor medio de 59$261 réis, e 4:186 são de menos de marca com 18$926 réis de valor medio.

Das 11:403 eguas fantis são: de marca 4:122 com o valor medio de 28$972 réis, menores de marca 7:281 a 15$412 réis.

As 4:122 eguas de marca dividem-se em 2:494 manadias e 1:628 não manadias. Das menores de marca são manadias 2:081 e não manadias 5:200.

Os districtos onde ha mais eguas creadeiras são: Santarem (1:571), Braga (1:233), Portalegre (1:019), Coimbra (982), Aveiro (966), Evora (929), Beja (833), Vianna (691), os quaes estão acima da media geral, que é de 670 eguas de creação.

Os districtos onde o numero de eguas de marca destinadas a creação, é superior ou igual ao numero das eguas menores de marca são: Evora, Bragança, Guarda e Castello Branco.

Nos oito districtos de maior creação cavallar, têem numero superior de eguas de marca os seguintes: Portalegre, Evora, Beja, Santarem e Aveiro.

O regimen manadio dá-se no Alemtejo, Ribatejo e campos de Coimbra.

A relação do numero de cavallos de lançamento para o das eguas de creação é de 1:36.

O numero de possuidores de gado cavallar é de 49:772, sendo:

De   1 a   5 cabeças 48:880
De   6 a 10   438
De 11 a 20   207
De 21 a 50   182
De 51 a 100   47
De 101 a 150   9
De 151 a 300   9

O movimento commercial de gado cavallar com os paizes estrangeiros tem acompanhado o crescente desenvolvimento de todo o commercio, sendo a importação superior á exportação, como se vê do seguinte quadro.

Periodos	Importação		Exportação	
	Numero de cabeças	Valor	Numero de cabeças	Valo
1842, 1843, 1848..	252	21:131$760	171	3:647$830
1851, 1855, 1856..	660	37:194$133	322	10:594$533
1861 a 1865......	1:042	73:731$600	593	17:287$000
1866 a 1870......	1:064	51:947$460	353	10:298$860

A existencia de gado cavallar nos principaés paizes referida aos annos de 1871 e 1872, é a seguinte:

Russia da Europa....	15.217:684	Baviera............	380:108
Estados Unidos......	8.990:900	Dinamarca..........	316:570
Austria e Hungria....	3.339:876	Belgica............	283:163
França..............	2.882:851	Hollanda...........	252:054
Gran-Bretanha e Ir-		Noruega...........	149:167
landa	2.665:307	Saxonia...........	107:222
Prussia...............	2.278:724	Wurtemberg........	104:297
Italia...............	1.391:626	Suissa............	100:324
Hespanha (1865).....	672:559	Grecia............	98:938
Suecia.............	428:446	Portugal	88:000

2.º Gado muar

Em harmonia com uma das qualidades mais apreciaveis do gado muar, a de poder supportar facilmente as temperaturas elevadas das regiões meridionaes, abunda este gado mais nas provincias do sul, onde é empregado nos serviços de lavoura, tiro e carga.

O recenseamento de 1870 apurou 50:690 cabeças muares no valor de 1.247:279$760 réis, sendo 24$606 réis a media do valor por cabeça. D'estas são adultas 47:812 e crias 2:878.

A densidade, ou numero de cabeças por kilometro quadrado, é de 0,56; a relação para 1:000 habitantes é 13,24.

O numero de cabeças muares naturaes reduzido a cabeças normaes fica em 39:186, ou 4,1 por cento da totalidade das cabeças pecuarias normaes.

Os districtos que, em relação á superficie, apresentam densidade superior á media geral são: Faro (1,17), Beja (0,98), Evora (0,94), Porto (0,87), Portalegre (0,72), Leiria (0,66). Os outros districtos têem a seguinte densidade: Lisboa (0,49), Braga (0,46), Aveiro (0,41), Coimbra (0,40), Villa Real (0,39), Guarda (0,37), Vizeu (0,32), Santarem (0,29), Bragança e Castello Branco (0,20), Vianna (0,13).

O numero de possuidores de gado muar é de 31:405, dos quaes possuem:

De   1 a   5 cabeças................... 30:827
De   6 a 10......................... 516
De 11 a 20......................... 50
De 21 a 50......................... 10
De 51 a 100......................... 1
De mais de 100 1

Em relação ao serviço em que são empregados dividem-se os muares em: muares de trem 1:041, dos quaes 238 do exercito com o valor medio de 177$500 réis, e 803 de particulares do valor de 60$664 réis; muares de sella ou carga 25:729 com o valor medio de 20$531 réis; muares de lavoura 21:042 com 27$913 réis de valor medio.

O emprego d'este gado na lavoura dá-se quasi exclusivamente nos districtos de Beja, Evora, Portalegre e Faro.

No serviço de carga são empregados principalmente nos districtos de Lisboa, Faro, Leiria, Porto e Santarem.

Os districtos mais productores de muares são: Beja, Guarda, Faro, Evora e Portalegre.

A importação e exportação de gado muar desde 1842 foi a seguinte:

Periodos	Importação		Exportação	
	Numero de cabeças	Valor	Numero de cabeças	Valor
1842, 1843, 1848..	51	2:607$000	384	9:557$260
1851, 1855, 1856..	220	13:903$930	488	18:837$260
1861 a 1865......	818	15:490$850	1:172	35:631$100
1866 a 1870......	578	25:494$420	804	23:308$080

O numero de muares e de gado asinino, em alguns dos principaes paizes da Europa, é o seguinte:

Hespanha............... 907:668   Belgica............... 9:788
França. {muares........ 299:129   Prussia............... 9:708
        {asininos...... 518:837   Noruega............... 5:475
Portugal {muares........ 50:690   Hollanda.............. 2:706
         {asininos...... 137:950 Russia da Europa....... 2:026
Austria................ 77:661

3.º Gado asinino

O numero de cabeças asininas é de 137:950, no valor de 680:732$400 réis. A media por cabeça é de 4$934 réis.

O recenseamento accusa 61:447 jumentos, 67:242 jumentas e 9:261 crias.

O numero de cabeças por kilometro quadrado é 1,53, e a proporção para 1:000 habitantes é de 36,04. Estão superiores á media geral os districtos de Leiria (3,75), Faro (2,56), Lisboa (2,14), Santarem (2,12), Guarda (1,83), Coimbra (1,77), Bragança (1,64). Os districtos que têem menor numero de cabeças asininas, são, de menor para maior: Vianna (0,18), Aveiro (0,46), Braga (0,76), Vizeu (0,81), Porto (0,95), Castello Branco (1,01), Villa Real (1,16), Beja (1,19), Evora (1,35) e Portalegre (1,36).

O numero de possuidores de gado asinino é de 110:510, sendo;

De 1 a 5 cabeças.................... 110:323
De 6 a 10......................... 137
De 11 a 20......................... 45
De 21 a 50......................... 4
De mais de 50, no districto de Beja...... 1

As medias annuaes da importação e exportação d'este gado são:

Periodos	Importação		Exportação	
	Numero de cabeças	Valor	Numero de cabeças	Valor
1842, 1843, 1848..	90	767$770	241	1:249$700
1851, 1855, 1856..	191	2:739$460	138	1:460$930
1861 a 1865......	302	4:184$000	310	3:066$650
1866 a 1870......	516	5:098$080	353	2:826$640

4.º Gado bovino

Descrevem os especialistas oito raças bovinas portuguezas, circumscriptas a determinadas regiões do reino, e apresentando differenças muito salientes, não só das raças estrangeiras, como entre si.

Começando pelo norte, temos:

1.ª Raça *minhota* ou *gallega*; principalmente raça de trabalho, dá boas rezes de ceva, e vaccas leiteiras que produzem 1:000 litros de leite, dando 1 kilogramma de manteiga por 24 a 25 litros. Rendem 50 a 54 por cento de carne limpa.

2.ª Raça *barrozã* com dupla aptidão para trabalho e ceva.

Nos concursos regionaes de Braga e nas exposições do Porto, têem apparecido bois gordos de 850 à 980 kilogrammas.

As melhores vaccas dão 1:000 a 1:200 litros de leite por anno; 18 litros de leite dão 1 kilogramma de manteiga e 3 de queijo.

A principal creação d'esta raça effectua-se nas montanhosas terras de Barroso e Gerez. As rezes semi-gordas de 400 a 500 kilogrammas dão 52 a 56 por cento de carne limpa.

Na serrania do Marão ha uma raça chamada *maroneza*, que pouco differe da barrozã.

3.ª Raça *mirandeza*, mais encorpada que as precedentes, e com mais aptidão para o trabalho; produz pouco leite, mas ceva-se facilmente.

O seu solar é principalmente nas terras de Miranda do Douro, mas generalisa-se por toda a Beira e Extremadura; subdivide-se em tres variedades principaes: *bragancez, mirandez beirão* e *mirandez estremenho* ou ratinho serrano. Rezes de 500 a 600 kilogrammas rendem 53 a 57 por cento de carne limpa.

4.ª Raça *arouqueza,* que fornece bons bois de trabalho e engordando facilmente.

Têem concorrido ás exposições do Porto rezes com 800 a 1:000 kilogrammas de peso.

As vaccas dão apenas 600 litros de leite, mas bastam 15 a 18 litros para darem 1 kilogramma de manteiga. Encontra-se esta raça na faxa montanhosa entre o Douro e o Vouga, e que passa por Arouca.

5.ª Raça *brava ribatejana,* de pequena estatura, destinada principalmente ás corridas de touros, e depois para o trabalho, engordando com grande facilidade, e rendendo 50 por cento de carne limpa.

As campinas do Tejo e as charnecas adjacentes são o seu solar.

6.ª Raça *turina,* derivada da raça hollandeza. A sua principal aptidão é a lactigena, e produz 2:500 a 3:500 litros de leite por anno. Habita esta raça quasi exclusivamente os suburbios de Lisboa.

7.ª Raça *alemtejana,* na qual se distinguem duas variedades, *grande* e *pequena.* A sua aptidão dominante é a do trabalho. As rezes da raça grande deitam 360 a 600 kilogrammas, e 51 a 56 por cento de carne limpa; a raça pequena 260 a 400 kilogrammas de peso, e rendem 49 a 50 por cento de carne limpa.

8.ª Raça *algarvia* com aptidão para o trabalho e para a engorda. Rezes de 250 a 360 kilogrammas rendem 49 a 53 por cento de carne limpa.

Apparecem algumas variedades que se não filiam em qualquer das raças descriptas, mas cuja importancia é puramente local.

O gado bovino recenseado em 1870, produziu o numero de 520:474 cabeças, com o valor total de 12.891:537$020 réis, saindo a media por cabeça a 24$770 réis.

	Numero de cabeças	Valores	Media por cabeça
Bois..................	256:031	8.549:327$840	33$393
Vaccas...............	162:538	3.045:207$670	18$735
Touros...............	3:950	106:185$260	26$882
Bezerros de trabalho....	49:858	827:661$190	16$600
Crias até 1 anno........	48:097	363:155$060	7$550
	520:474	12.891:537$020	

O numero de rezes bovinas é proximamente 10 por cento da totalidade das cabeças pecuarias naturaes, e 48,6 por cento das cabeças normaes.

O seu valor é 54,7 por cento do valor total da massa pecuaria. O numero de cabeças por kilometro quadrado é 5,80, numero que representa a densidade media do gado bovino no reino. A 1:000 habitantes correspondem 136 cabeças bovinas.

Os districtos mais abundantes de gado bovino são: Porto que tem 26,9 cabeças por kilometro quadrado, Braga (23,52), Vianna (18,85) e Aveiro (16,07).

Estão ainda acima da media geral os districtos de Villa Real (6,23), Coimbra (6,08) e Vizeu (5,85). Todos os restantes districtos estão abaixo da media geral, na seguinte ordem: Leiria (4,70), Bragança (4,21), Portalegre (4,16), Lisboa (4,14), Santarem e Evora (3,74), Faro (3,28), Guarda (2,68), Castello Branco (2,17) e Beja (9,13).

Em relação com o numero de habitantes, occupa o primeiro logar Portalegre, que tem 276,39 cabeças por 1:000 habitantes; e em seguida, Evora (266,01), Vianna (207,87), Braga (201,96), Aveiro (187,28), Bragança (174,28), Beja (165,72), e Porto (150,43). Os outros districtos estão abaixo da media geral, sendo o ultimo o da Guarda (69,34).

O recenseamento classifica o gado bovino do seguinte modo, pelas suas funcções economicas:

		Numero de cabeças	Valor medio
Gado de trabalho..	Bois	249:381	32$822
	Bezerros................	49:858	16$600
Vaccas leiteiras....	Só para leite............	3:937	25$008
	Para leite e manteiga....	1:506	17$260
Vaccas de creação..	Manadias................	21:282	18$861
	Não manadias...........	7:888	18$631
Vaccas de creação e trabalho................		106:900	18$603
Para todos os fins		20:033	18$212
Touros	Manadios...............	3:055	26$537
	Não manadios...........	895	28$059
Gado de engorda...	Bois	6:650	54$731
	Vaccas.................	992	18$918
Crias............	Manadias...............	11:457	8$103
	Não manadias...........	36:640	7$377

A engorda do gado bovino pratica-se principalmente nos districto do Porto, Braga e Vianna, seguindo-se-lhe Aveiro, Vizeu e Villa Real. N'estes districtos o regimen empregado é o de estabulação. No resto do reino, o mais geralmente usado é o de pastagem.

Os districtos mais creadores de gado bovino são os de Vianna, Braga, Aveiro, Villa Real e Vizeu.

O regimen manadio dá-se principalmente nos districtos de Santarem, Evora, Portalegre, Lisboa e Beja, nos quaes abundam os terrenos dedicados ás pastagens naturaes.

Segundo o recenseamento o numero de possuidores d'esta especie de gado era, de 178:542, em 1870; sendo 169:508 possuidores de 1 a 5 rezes bovinas; 6:451 de 6 a 10; 1:470 de 11 a 20; 716 de 21 a 50; 263 de 51 a 100; 62 de 101 a 150; 55 de 151 a 300; 13 de 301 a 500; 2 de 501 a 700, e 2 de 701 a 1:000.

As grandes manadas de gado bovino só se encontram nos districtos do Alemtejo, e nos de Lisboa e Santarem.

O movimento commercial do gado bovino tem tido um desenvolvimento notavel, principalmente na exportação para Inglaterra. O seguinte quadro mostra, para diversos periodos, a importancia d'este ramo de commercio.

| | Importação | | Exportação | |
Periodos	Cabeças	Valores	Cabeças	Valores
1842, 1843, 1848	3:374	29:646$900	989	26:269$000
1851, 1855, 1856	8:598	159:750$900	3:689	153:067$100
1861 a 1865....:	36:461	868:271$200	9:239	453:229$100
1866 a 1870....	33:509	562:275$300	16:616	939:394$460

O valor medio por cabeça nos periodos do quadro antecedente é o seguinte:

Periodos	Importação — Valor medio	Exportação — Valor medio
1842, 1843, 1848	8$787	26$560
1851, 1855, 1856	18$580	41$764
1861 a 1865.....................	23$814	49$056
1866 a 1870.....................	16$780	56$535

O valor medio por cabeça do gado importado, mostra-nos o preço na Hespanha e Marrocos, o valor do gado exportado denota o preço medio no paiz. O augmento progressivo d'este ultimo valor é um indicio de aperfeiçoamento na engorda do gado, aperfeiçoamento que de facto se tem realisado em quasi todo o paiz.

Nos principaes paizes o numero de rezes bovinas é o seguinte[1]:

Estados Unidos	26.693:305	Hespanha	2.904:598
Russia da Europa	22.816:000	Hollanda	1.410:822
França	11.284:414	Belgica	1.242:445
Ilhas Britannicas	9.718:505	Dinamarca	1.238:898
Prussia	8.612:150	Suissa	992:895
Austria	7.425:212	Noruega	950:000
Italia	3.708:635	Portugal	624:568
Baviera	3.162:387	Grecia	104:904

5.º Gado ovino

As raças ovinas portuguezas são classificadas pelo sr. Lima como filiadas nos tres typos europeus, denominados: *bordaleiro*, *merino* e *estambrino*.

Pertencem ao primeiro typo os carneiros chamados vulgarmente *serranos* ou *gallegos* e *caréos*, predominando estas raças nos districtos de Vianna, Braga, Vizeu, Coimbra, Leiria, Santarem e Lisboa. O peso medio das rezes d'este grupo é de 18 a 20 kilogrammas, dando 50 por cento de carne limpa. O vello pesa pouco mais de 1 kilogramma, quebrando na lavagem 45 a 55 por cento.

Pertencem ainda ao typo bordaleiro os carneiros de Miranda, de serra da Estrella, das areias e matos do Alemtejo, e dos campos de Mondego, animaes de melhor lã e de mais corpo, cujo vello pesa 1^k,5 a 2^k,5, perdendo na lavagem 50 a 60 por cento.

Pertencem ao typo *merino*: 1.º, os gados chamados *dos barros*, e que estanceiam entre Campo Maior e Mourão, cujas rezes pesam termo medio 30 kilogrammas, dando um vello de 2 a 5 kilogrammas que perde 70 a 75 por cento na lavagem; 2.º, a raça *saloia* dos arredores de Lisboa, que produz vellos brancos de 3 a 4 kilogrammas, quebrando 60 a 70 por cento; 3.º, o gado *badano*, de lã branca, dos concelhos de Moncorvo, Villa Flor e Mirandella em Traz os Montes, o qual dá um vello de 4 a 6 kilogrammas quebrando na lavagem 30 por cento.

Do typo *estambrino*, só por excepção apparecem alguns carneiros nos districtos de Vianna, Castello Branco, Guarda, Vizeu e Bragança.

O gado de lã preta é mais abundante que o de lã branca, estando o primeiro na proporção de 50,7 por cento, e o segundo na de 49,3 por cento. Os districtos onde predomina o gado preto são: Beja, Evora, Santarem, Faro, Aveiro, Coimbra, Vizeu e Leiria. O gado branco é mais abundante nos districtos de Portalegre, Porto, Lisboa, Guarda, Villa Real, Castello Branco.

[1] Extrahido da *Statistique de France*, por M. Block.

Nos districtos de Bragança e Vianna é proximamente igual o numero de rezes de lã preta e de lã branca.

O recenseamento apurou 2.706:777 cabeças ovinas, com o valor de 2.020:059$490 réis. A media por cabeça é de 746 réis.

Este numero divide-se do seguinte modo:

		Numero de cabeças	Valor medio por cabeça
Carneiros	Brancos	294:890	762
	Pretos	298:193	763
Ovelhas	Brancas	901:898	605
	Pretas	920:314	588
Crias	Brancas	139:143	322
	Pretas	157:839	335

Este gado produz a quantidade de lã seguinte:

Lã	Quantidades — Kilogrammas	Valor	Peso do vello — kilogr.	Valor medio do vello	Valor do kilogramma de lã
Branca	2.804:359	501:128$690	2,844	$418	$178
Preta	1.962:951	451:670$750	1,617	$372	$230

O gado ovino recenseado é 52 por cento da totalidade do numero de cabeças pecuarias naturaes, e 18 por cento do numero das cabeças normaes.

A lã preta é, em geral, de melhor qualidade e quebra menos pela lavagem que a lã branca; isto explica a superioridade do seu valor medio.

A media especifica da densidade da população ovina no reino é de 30,2 por kilometro quadrado.

Estão superiores a esta media os districtos de Bragança (67,1), Vizeu (51,3), Coimbra (46,2), Guarda (45,7), Portalegre (33,0), Evora (31,2), Aveiro (30,1). Abaixo da media: Villa Real (27,8), Braga (27,4), Leiria (26,7), Castello Branco (26,1), Beja (23,7), Porto (17,9), Santarem (16,0), Vianna (15,2), Lisboa (12,3), Faro (8,8).

Em relação ao numero absoluto de cabeças de gado ovino, os districtos onde elle abunda mais são: Bragança, Beja, Vizeu, Guarda, Evora, Portalegre, Coimbra e Castello Branco.

O melhor gado lanar encontra-se no Alemtejo e nos districtos de Bragança, Lisboa e Guarda.

O numero de possuidores d'esta especie de gado é de 120:812, debaixo das seguintes categorias:

De	1 a	5 cabeças...............	47:661
De	6 a	10.....................	28:173
De	11 a	20.....................	23:539
De	21 a	50.....................	13:873
De	51 a	100....................	4:056
De	101 a	150....................	1:533
De	151 a	300....................	1:855
De	301 a	500....................	662
De	501 a	700....................	232
De	701 a	1:000..................	126
De 1:001 a 2:000.....................			86
Acima de 2:000......................			16

Tem ido sempre em crescente desenvolvimento o commercio d'este gado, avantajando-se muito a exportação á importação, como prova o seguinte quadro:

Periodos	Importação		Exportação	
	Cabeças	Valor	Cabeças	Valor
1842, 1843, 1848..	114	232$960	11:974	10:236$990
1851, 1855, 1856..	305	495$666	25:690	28:728$300
1861 a 1865......	400	500$000	49:454	58:542$400
1866 a 1870,.....	2:391	2:308$220	64:723	73:572$000

Nos principaes paizes o numero de rezes de gado ovino é o seguinte:

Russia da Europa.....	39.315:000	Grecia..............	2.539:538
Austro-Hungria.......	35.607:812	Baviera.............	2.058:688
Ilhas Britannicas......	32.246:642	Dinamarca..........	1.875:052
Estados Unidos.......	31.679:300	Noruega.............	1.705:394
França..............	24.707:496	Suecia..............	1.622:000
Hespanha............	22.054:967	Belgica.............	586:097
Prussia..............	19.628:754	Suissa..............	415:400
Turquia.............	3.000:000	Hollanda............	90:000
Portugal............	2.977:454	Italia..............	40:339

6.º Gado caprino

As principaes variedades de gado caprino são as denominadas vulgarmente *serrana* e *charnequeira*.

As cabras da primeira variedade são ordinariamente felpudas, mais encorpadas e mais leiteiras do que as da segunda. As cabras de mais nomeada no reino, são as do Jarmello nas proximidades da serra da Estrella.

Á proporção que a cultura progride, vae diminuindo a quantidade d'este gado, sendo provavelmente real a diminuição que se observa no recenseamento de 1870 comparado com a estatistica de 1852.

O numero de cabeças de gado caprino é de 936:869, no valor de 710:280$000 réis, saindo a media por cabeça a 758 réis, sendo:

	Numero de cabeças	Valor medio
Bodes.	36:935	$950
Chibatos.	64:892	$971
Cabras de creação.	622:427	$758
Cabras de leite.	85:773	1$017
Crias.	126:842	$423
	936:869	

O gado caprino entra por 17,9 por cento na totalidade das cabeças pecuarias naturaes, e 6 por cento no total das cabeças normaes.

A media especifica por kilometro quadrado é 10,4.

Ficam acima d'esta media os districtos de Castello Branco (18,9), Villa Real (18,9), Coimbra (13,3), Portalegre (12,4), Bragança (12,2), Vizeu (12,0), Santarem (11,8), Evora (11,1). Abaixo da media estão: Leiria (10,2), Braga (8,1), Faro (6,9), Beja e Lisboa (6,7), Guarda (6,5), Aveiro (6,3), Vianna (5,3), Porto (4,4).

O numero de possuidores de gado caprino é de 50:688, sendo:

De 1 a 5 cabeças	22:698
De 6 a 10	8:432
De 11 a 20	8:195
De 21 a 50	7:146
De 51 a 100	2:768
De 101 a 150	806
De 151 a 500	585
De 501 a 700	37
De 701 a 1:000	11
Acima de 1:000	10

A exportação d'esta especie de gado é, do mesmo modo que para o gado ovino, muito superior á importação, e tem tambem augmentado como mostra o seguinte quadro:

Medias annuaes

Periodos	Importação		Exportação	
	Cabeças	Valor	Cabeças	Valer
1842, 1843, 1848....	30	38$333	3:831	2:847$600
1851, 1855, 1856....	78	97$400	8:999	10:791$250
1861 a 1865........	177	101$050	16:421	20:489$100
1866 a 1870........	591	605$860	21:641	24:085$560

O seguinte quadro mostra o numero de cabeças de gado caprino nos diversos paizes :

Hespanha............	4.429:576	Portugal	936:869
Grecia..............	2.415:143	Suissa..............	345:482
Austria............	2.275:900	Suecia e Noruega......	360:000
França..............	1.791:725	Ilhas Britannicas.......	210:000
Italia..............	1.750:000	Belgica..............	197:138
Turquia da Europa....	1.500:000	Baviera.............	150:855
Prussia..	1.477:335	Hollanda............	40:000
Russia..............	1.364:962		

7.º Gado suino

Em duas raças differentes se divide o gado suino em Portugal, a *alemtejana* e a *beirôa,* pertencente a primeira ao typo *bisaro,* e a segunda ao typo *romanico.* Em ambas ellas se vae effectuando o cruzamento com porcos da raça Berckshire, que lhes incute mais precocidade e aptidão cevatriz.

O numero de cabeças suinas apuradas pelo recenseamento é 776:868, com o valor total de 4.059:716$510 réis, e o medio por cabeça de 5$225 réis, sendo :

	Numero de cabeças	Valor medio
Porcos de ceva........................	221:179	9$267
Porcas de ceva........................	94:564	8$723
Varrascos............................	8:379	5$081
Porcas de creação.....................	56:806	5$393
Crias	395:940	2$111

O numero total de suinos representa 14,9 por cento da totalidade das cabeças naturaes pecuarias, e 10,1 por cento das cabeças normaes.

A media especifica é de 8,66 por kilometro quadrado.

Superiores a esta media estão os districtos do Porto (26,89), Braga (21,09), Aveiro (14,13), Villa Real (13,53), Vizeu (12,32), Leiria (12,22), Coimbra (11,58), Evora (10,18) e Portalegre (8,63). Inferiores á media: Bragança (7,60), Vianna (7,22), Beja (7,18), Santarem (5,25), Guarda (4,97), Castello Branco (4,79), Lisboa (2,96) e Faro (2,79).

Os districtos que têem maior numero, em absoluto, de cabeças suinas são: Beja, Evora, Porto, Vizeu, Villa Real, Braga, Portalegre e Bragança.

No sul, são os districtos de Evora e Portalegre onde o gado suino tem melhor qualificação. No norte, são os districtos de Villa Real, Vizeu e Vianna.

O numero de possuidores d'esta especie de gado é 298:672, a saber:

De   1 a   5 cabeças................ 286:235
De   6 a   10......................   8:017
De   11 a   20......................   2:107
De   21 a   50......................   1:086
De   51 a   100......................   604
De 101 a   150......................   273
De 151 a   300......................   245
De 301 a   700......................   96
De 701 a 1:000......................   ·9

O movimento commercial em relação ao gado suino é o seguinte:

Periodos	Importação		Exportação	
	Numero	Valor	Numero	Valor
1842, 1843, 1848..	1:136	1:973$450	786	3:646$860
1851, 1855, 1856..	6:052	27:582$390	1:813	9:626$650
1861 a 1865.......	20:956	98:843$050	2:463	29:960$000
1866 a 1870.......	17:099	92:530$180	13:433	157:934$640

Nos principaes paizes o gado suino é o seguinte:

Estados Unidos....... 32.000:000
Russia da Europa..... 9.785:412
Austro-Hungria....... 7.914:855
França............... 5.377:231
Prussia.............. 4.278:531
Hespanha............. 4.264:817
Italia............... 3.386:731
Ilhas Britannicas.... 3.189:167
Turquia da Europa.... 1.000:000
Portugal............. 971:085
Baviera.............. 926:522
Grecia............... 500:000
Belgica.............. 496:564
Dinamarca............ 381:512
Suecia............... 370:000
Suissa............... 304:428
Hollanda............. 302:514
Noruega.............. 96:000

CAPITULO III

INDUSTRIA

Não temos estatistica industrial. O pouco que ha feito, devido unicamente ao zeloso interesse que o sr. Fradesso da Silveira patenteou sempre pela industria, não passa de tentativa isolada, meras informações para a estatistica geral, relativas apenas a algumas industrias e a alguns districtos do reino.

Não é possivel saber ao certo o numero de estabelecimentos industriaes, o numero e salario dos operarios, a quantidade e valor dos artefactos, nem da materia prima empregada.

Limitar-nos-hemos, portanto, ao que ha publicado, acrescentando algumas informações que colligimos.

Em 1867 fez-se uma estatistica das profissões e estabelecimentos industriaes, com o fim unico do lançamento da contribuição industrial. Recensearam-se 199:174 contribuintes. Este numero decompõe-se do seguinte modo:

Grande industria...................... 9:402
Pequena industria..................... 106:157
Commercio............................ 73:368
Profissões liberaes................... 10:247

As industrias e profissões recenseadas foram 421.

Na grande industria comprehende esta estatistica: 55 fabricas de fiação, 178 de cardação, 12 de estamparia, 488 de tecidos, 39 de tinturaria, 24 de sabão, 45 de papel, 28 fundições, 255 pisões, 13 fabricas de louça faiança, 1 de porcelana, 6 de vidros, 228 de cortumes, 3 de azulejos, 2 de gêlo, 22 de massas, 4 de oleados, 10 de productos chimicos, 1 de guano, 15 de rolhas de cortiça, 81 typographias, 484 ourives, 3:500 fabricas de azeite de oliveira, 601 de aguardente, etc.

Na pequena industria comprehendem-se os seguintes estabelecimentos: 10:984 moinhos, 2:773 padeiros, 1:383 fornos de pão, 4:162 teares, 646 alfaiates, 2:360 sapateiros, 1:255 tamanqueiros, 195 chapelleiros, 122 costureiras, 2:299 barbeiros, 571 marceneiros, 3:570 serralheiros, 1:086 ferradores, 155 tanoeiros, 25 esculptores em madeira, 377 funileiros, etc.

Esta estatistica é bastante deficiente, principalmente no que se refere á pequena industria. Para provar esta asserção basta dizer que, a estatistica organisada pela repartição dos pesos e medidas, em epoca anterior áquella, nos districtos de Aveiro, Vizeu, Portalegre, Evora, Beja e Faro, dá um numero de teares manuaes muito superior ao que aquella estatistica apresenta

10

para todo o reino; 5:287 teares só para aquelles districtos; e juntando a estes os 6:158 **teares,** que a estatistica do districto de Vianna do Castello dá como empregados na manufactura dos pannos de linho, temos 11:445 **teares;** mais 7:283 do que os mencionados na estatistica para a contribuição industrial.

I

INDUSTRIAS TEXTIS

Linho.—A manufactura do linho está muito espalhada por todo o reino, e constitue um dos elementos mais importantes da industria domestica do paiz.

A grande industria é apenas representada n'esta especialidade pela fabrica de fiação e tecidos de Torres Novas, e por algumas pequenas fabricas de cotins, etc., no Porto e Lisboa.

A fabrica de Torres Novas, fundada em 1845, possuia em 1860[1] 770 fusos para fiar o linho assedado, 720 para estopas e 240 para a linha. Os teares eram: 12 movidos por motor hydraulico e 105 manuaes. Tinha 2 calandras e 9 machinas á Jacquard. A força do motor hydraulico é de 35 cavallos.

Os operarios eram 308, sendo 58 homens, 155 mulheres, 40 rapazes e 55 raparigas.

O valor da producção annual era de 40:000$000 a 50:000$000 réis. Consumia, termo medio, 131:400 kilogrammas de linho em rama.

Fabrica lonas e meias lonas, brins para velame, cotins, brins para calças e riscados para colchões. Esta fabrica foi premiada com um diploma de merito na exposição universal de Vienna de Austria.

A pequena industria é exercida em larga escala em todos os districtos do reino, mas com especialidade nos districtos de Vianna, Braga, Porto, Villa Real, Aveiro, Vizeu, Coimbra, Guarda, Castello Branco, Leiria, Lisboa e Portalegre.

Produz esta industria domestica grandes quantidades de linha e panno de linho, de que não podemos precisar o valor.

Na exposição de Vienna de Austria obteve ella 22 medalhas de merito e 4 diplomas de merito.

Não se sabe o numero de teares manuaes que esta industria emprega em todo o reino.

Em relação ao districto de Vianna, uma estatistica de 1859[2] menciona 6:158 teares empregados temporariamente na manufactura do linho, e produzindo 594:032 metros de panno, com

[1] Fradesso da Silveira, *Informações ao governo.*
[2] *Estatistica do districto de Vianna do Castello* por Eusebio Candido P. Furtado Coelho.

o valor de 154:000$000 de réis. No districto do Porto havia, em 1872, 1:531 teares de linho.

O tempo empregado n'este trabalho é de dois a seis mezes por anno, e cada tear produz annualmente 96 metros de panno, termo medio.

Do districto de Aveiro exporta-se para diversos pontos do paiz, annualmente, 195:100 metros de panno de linho e estopa [1].

A exportação de panno de linho, cotins, brins, linho em rama e estopa, para o estrangeiro, foi a seguinte, nos annos abaixo designados:

Annos	Quantidade — Kilogrammas	Valor
1856...........................	258:034	95:000$000
1872...........................	125:857	59:000$000

O preço medio do panno de linho é de 260 réis o metro.

Algodão.—A industria fabril que emprega esta materia prima tem tido grande desenvolvimento nos ultimos annos. A importação de algodão em rama, que em 1856 era de réis 354:000$000, subiu a 568:000$000 réis em 1872, valor de 1.968:549 kilogrammas.

A fabricação de tecidos e a fiação do algodão executa-se no Porto, Lisboa, Penafiel e Vizella. No districto do Porto ha 277 pequenas fabricas de tecidos de algodão e 3 de fiação. Em Lisboa e suburbios ha 5 grandes fabricas de fiação e tecidos, 5 de estamparia e 1 de tecidos de malha.

O marquez de Pombal, por intermedio da junta do commercio, procurou desenvolver esta industria, auxiliando o estabelecimento das fabricas de tecidos de algodão e estamparia em Azeitão, Sacavem e Alcobaça, e mais tarde (1789) a de fiação e tecidos de malha de Thomar.

Lã.—A industria dos lanificios é actualmente a mais importante do paiz, principalmente pela aperfeiçoamento dos processos mechanicos e das machinas empregadas n'estas manufacturas, do que tem resultado maior perfeição e melhor acabamento dos tecidos. Ainda não attingiu, todavia, o grau de perfeição que era de esperar, em vista da protecção que a pauta das alfandegas lhe faculta e da abundancia do economico motor hydraulico.

Alem da industria fabril dos lanificios, existe espalhada por todo o reino a industria domestica, que desde remotas eras pro-

[1] *Estatistica do districto de Aveiro*, pela repartição dos pesos e medidas.

10.

duz os tecidos mais ou menos grosseiros usados principalmente pelo povo das provincias.

Já em 1573 era tão importante esta industria, que D. Sebastião lhe deu um *regimento,* que foi ampliado em 1690, pelo qual ella se regeu até á implantação do systema liberal. D. Pedro II fez desenvolver a fabricação dos tecidos de lã, mandando vir mestres e officiaes estrangeiros; porém, alguns annos depois as fabricas caíram em decadencia, até que o marquez de Pombal as fez reviver, estendendo tambem a esta industria a sua energica iniciativa.

Fundaram-se durante a sua administração as fabricas reaes da Covilhã e Fundão em 1764, e a de Portalegre em 1772. A despeza com a construcção dos grandes edificios destinados a estas fabricas, com a acquisição de machinas e seu custeamento nos primeiros annos, foi superior a 600:000$000 réis. Em oito annos, desde 1781 a 1788, a fabrica da Covilhã e Fundão deu de lucro 19:000$000 réis; e a de Portalegre 57:000$000 réis. N'esse ultimo anno, 1788, as duas fabricas foram transferidas da posse do estado, por titulo de venda, para duas sociedades, que as fizeram prosperar até que a invasão franceza as lançou em uma tal decadencia, que a fabrica da Covilhã deixou de trabalhar durante alguns annos.

Em 1821 a 1822 passaram estas fabricas para outros possuidores, por accordo entre o governo e os antigos proprietarios.

Em 1867 havia no districto de Lisboa 3 fabricas de lanificios, no do Porto, 39; Castello Branco, 71; Guarda, 42; Portalegre, 4.

No concelho da Covilhã, do districto de Castello Branco, ha 27 fabricas de cardar e fiar lã, 8 fabricas de fiação e tecidos, 47 fiações mechaniças e 17 manuaes, 35 pisões, 20 tinturarias, 13 estabelecimentos para ultimação.

Tem 557 teares, dos quaes 37 á Jacquard. Emprega este centro fabril 900 homens, 314 rapazes, 290 mulheres e 26 raparigas, total 1:596. O capital empregado é avaliado em réis 900:000$000. O consumo da lã é de 1.400:000 kilogrammas. A producção é de 2:540 peças com 133:350 kilogrammas.

Em Castello Branco ha uma fabrica de cardar, fiar e tecer a lã, com motor de vapor. Consome 100:000 kilogrammas de lã annualmente.

Estas fabricas produzem pannos, cazimira, mantas, châiles, saragoças, briches, etc.

A antiga fabrica real de Portalegre, que actualmente pertence a uma companhia, tinha em 1861 o seguinte pessoal: 116 homens, 52 mulheres e 34 menores. Os salarios eram: homens a 200 a 240 réis; mulheres 80 a 120 réis; menores 60 a 100 réis. Consumia 103:000 kilogrammas de lã. Tem um motor a vapor, e uma roda hydraulica. Produzia e produz mescla e panno preto, no valor medio de 50:000$000 réis.

Das outras tres fabricas que ha na cidade, duas são movidas a vapor, e produzem mantas, chailes e alforges.

A industria domestica exerce-se principalmente nos districtos de Beja, Evora, Faro, Coimbra, Aveiro, Bragança e Vizeu. No districto de Beja havia, em 1863, 205 teares grandes, 831 pequenos e 3 pisões. No de Evora havia 66 teares e 6 pisões. No de Faro 384 teares.

Produzem estes districtos boas mantas e cobertores, saragoças, estamenhas, cintas, etc.

No districto de Aveiro havia, na mesma epocha, 1:818 teares e 26 pisões; e no de Vizeu, 1:600 teares e 30 pisões.

A producção da lã foi a que mostra o seguinte quadro, em duas epochas differentes:

Producção das lãs

Districtos	1870		1873	
	Branca	Preta	Branca	Preta
Aveiro..........	25:388	66:477	32:066	48:892
Beja............	28:307	276:138	37:494	428:064
Braga..........	40:298	14:625	16:998	11:064
Bragança.......	768:030	372:456	473:208	141:922
Castello Branco ..	214:333	77:469	256:986	78:302
Coimbra........	66:432	143:920	47:525	85:032
Evora..........	152:245	386:241	175:818	281:937
Faro...........	9:938	27:784	20:841	32:965
Guarda.........	386:768	107:822	1.356:522	368:733
Leiria..........	46:737	69:222	22:519	41:555
Lisboa.........	188:900	35:112	139:998	35:434
Portalegre.......	505:708	35:007	28:673	408:382
Porto..........	18:951	3:801	17:992	8:188
Santarem.......	29:848	111:509	[1]29:848	111:509
Vianna.........	10:843	8:002	16:712	11:873
Villa Real.......	193:500	26:811	174:238	26:168
Vizeu..........	118:133	200:556	[2]68:836	131:506
	2.804:359	1.962:951	2.911:274	2.251:476
	4.767:310		5.162:750	

[1] É a producção de 1870.
[2] É a producção de 1871.

O valor da lã produzida é o seguinte: em 1870, lã branca 501:128$690 réis, lã preta 451:670$750 réis; em 1873, lã branca 509:471$725 réis, lã preta 504:330$624 réis.

O valor medio do kilogramma de lã branca é 175 réis, e de lã preta 224 réis.

Seda.—A producção e manufactura da seda é muito antiga em Portugal. É d'isto prova o foral dado pelo arcebispo de Braga, no anno de 1233, aos moradores do Couto Ervededo, concelho de Chaves, no qual ordenou que a folha das amoreiras não fosse vendida para fóra do couto, e que do sirgo que se creasse lhe pagariam a sua parte em casulos [1].

Era em Traz os Montes e em parte da Beira, que a sericicultura e a fabricação da seda estavam mais desenvolvidas, e onde esta industria mais resistiu ás vicissitudes por que passou em todo o reino. Já em 1670 as fabricas de Traz os Montes produziam sedas e velludos que tinham creado reputação.

Por essa epocha se tentou implantar em Lisboa esta industria, mas a empreza falhou.

Em 1734 concedeu-se a um francez o estabelecimento de uma fabrica de sedas na capital, para o que organisou uma companhia com o capital de 60:000$000 réis.

Esta empreza teve começo no sitio da Fonte Santa, proximo do actual cemiterio dos Prazeres. Em 1735 começou a construcção do edificio para a fabrica no *suburbio* do Rato, sendo concluido em 1740, e custando perto de 28:000$000 réis.

Em 1750 a fazenda tomou posse da fabrica, indemnisando a companhia, que por má administração não pôde sustentar a empreza. N'esta epocha tinha a fabrica 80 teares de tecidos e 11 de meias.

Desenvolveu-se a fabricação nos primeiros annos da administração por conta do estado, mas só a vemos florescer e entrar no periodo de maior prosperidade, sob a poderosa influencia do marquez de Pombal. Tendo creado a junta do commercio, que tanto contribuiu para o desenvolvimento geral da industria, entregou-lhe a administração superior da real fabrica das sedas, facultando-lhe sempre todos ou auxilios que a junta requeria, e promulgando grande numero de medidas tendentes a desenvolverem esta industria em todo o paiz.

Foram as principaes, a edificação do bairro industrial denominado das Aguas livres que, segundo o plano, devia conter 472 habitações e 1:888 teares; a plantação de amoreiras nas cercanias de Lisboa, em Villa Franca, Oeiras, Almeirim, Abrantes, na Beira e em Traz os Montes; e a concessão de muitos privilegios aos creadores do sirgo e aos fabricantes.

Produzia a fabrica, sedas de matiz, velludos lisos e lavrados, telas, galões, e franjas de oiro e prata, fitas de seda e velludo e meias de seda. A fabricação de sedas lisas era feita nos teares de fóra da fabrica real.

[1] José Accurcio das Neves, *Noções historicas, economicas e administrativas sobre a producção e manufactura das sedas em Portugal.*

Consumiu a fabrica real em 1768, 16:000 arrateis de seda crua, em 1773, 40:000, e em 1775, 44:000.

A producção foi: em 1769, 1:482 peças de seda de differentes qualidades; em 1771, 1:807 peças; em 1773, 2:220; em 1775, mais de 3:000.

Até 1770 tinha a fabrica recebido subsidios na importancia de 590:000$000 réis, proveniente do donativo dos 4 por cento, que o corpo commercial de Lisboa voluntariamente offereceu ao governo depois do terramoto de Lisboa de 1755.

O numero de teares de seda na fabrica real chegou a 236 em 1784, e 72 teares de galões.

A producção de seda attingia já 80:000 arrateis no anno de 1804, em todo o reino. Mas a invasão do reino em 1808 aniquilou esta industria, destruindo as fabricas e as plantações de amoreiras.

Em 1824 estava já muito reduzido o trabalho da fabrica real, a ponto de haver só 26 mestres fabricantes, 17 mestres e 42 officiaes. N'esta epocha havia em Lisboa 1:036 teares de seda pertencentes a particulares, dos quaes só trabalhavam 293. No Porto havia 180 fabricas de seda com 833 teares, estando em actividade só 357, e 22 fabricas de retroz.

Em Bragança, onde chegou a haver em actividade mais de 300 teares, trabalhavam na mesma epocha só 60, que teciam setim, tafetá, nobreza e lenços.

Havia mais em Rebordello 6 teares, em Bornes 5, e em Chacim 15, alem de 52 tornos para fiação de retroz. N'esta ultima villa existiram importantes fabricas de tecidos e de fiação de seda.

Continuando em decadencia desde 1824 até 1850, começou de novo a desenvolver-se a producção e a fabricação da seda, em Traz os Montes, Beira, Minho e Extremadura.

Em 1856 a exportação de casulo foi de 862 kilogrammas, e a de seda crua em rama de 1:080 kilogrammas.

Em 1872 a exportação subiu a 33:707 kilogrammas de casulo, e a 2:833 de seda em rama.

A importação da seda em rama, como materia prima para as fabricas, foi: em 1856, 18:421 kilogrammas, e em 1872, 16:356.

A producção da seda em 1872 foi, em numero redondo, de 210:000 kilogrammas, segundo a estatistica official. O districto mais productor é Bragança, que produziu 98:000 kilogrammas, seguindo-se o da Guarda, 58:200; Vizeu, 41:000; e Villa Real, 10:500. Os outros districtos pouco produzem.

Pelo seguinte quadro do movimento commercial da seda (materia prima e tecidos) se póde avaliar tanto o augmento de consumo como o da producção:

Annos	Importação	Exportação
1842.........................	215:628$000	47:327$000
1848.........................	222:656$000	40:458$000
1851.........................	260:747$000	60:379$000
1856.........................	535:793$000	83:481$000
1868.........................	626:564$000	149:441$000
1870.........................	560:930$000	117:123$000
1872.........................	694:681$000	148:642$000

O preço medio do casulo é 700 réis. É exportada grande quantidade de *semente* para França e Italia; em 1871 exportou-se do districto de Bragança 1:262 kilogrammas, no valor de 44:000$000 réis, a 35$000 réis o kilogramma; e do de Vizeu 694 kilogrammas, cujo preço variou, segundo as localidades, de 6$500 a 26$000 réis[1]. Em 1872 exportou-se 1:495 kilogrammas, no valor de 17:000$000 réis.

Na mesma epocha (1871) o preço medio em França era de 530 francos, ou 94$870 réis[2]. O preço minimo em França acha-se no anno de 1845 a 120 francos o kilogramma, ou réis 21$480.

A producção de seda nos principaes paizes foi avaliada em 1872 do modo seguinte:

Paizes	Quantidade — Kilogrammas
Italia..	3.125:000
China..	3.105:700
França.......................................	636:000
India oriental...............................	594:000
Japão..	508:000
Russia.......................................	440:000
Austria......................................	250:000
Turquia......................................	218:000
Portugal.....................................	210:000
Hespanha.....................................	171:400
Grecia.......................................	(?) 6:400

A fabricação de tecidos de seda está actualmente restringida a Lisboa e Porto. Em Lisboa ha 10 fabricas de seda, no Porto 29.

Na exposição de Vienna de Austria os expositores de seda em

[1] Extrahido dos relatorios dos governadores civis.
[2] M. Block, *Statistique de la France*, vol. II, pag. 163, 2.ª edição.

rama, fiada ou tecida, obtiveram 1 medalha de progresso, 1 de merito e 5 diplomas de merito.

Tecidos mixtos.—Ha no districto do Porto 63 fabricas de tecidos mixtos, de lã e algodão, lã e seda, linho e seda, linho e algodão e algodão e seda.

O producto d'estas fabricas é consumido no reino.

Rendas.—Esta fabricação é em Portugal inteiramente do dominio da pequena industria. Os principaes centros de producção são: Vianna do Castello, Peniche, Setubal, Cezimbra, Villa do Conde, Olhão e Constança.

Avalia-se em 30:000$000 réis o valor das rendas produzidas em todo o reino.

Exportam-se para o Brazil e possessões ultramarinas. Em 1856 exportou o reino 167 kilogrammas de rendas de linho, no valor de 3:543$000 réis; em 1872, 611 kilogrammas na importancia de 2:891$000 réis.

II

INDUSTRIAS DO VESTUARIO

A estatistica de 1867 recenseou 5:714 estabelecimentos empregados nas diversas industrias relativas ao vestuario. Em Lisboa o numero de estabelecimentos, em 1868, era de 1:023, e 1:390 o numero de officiaes de alfaiate, chapelleiro, sapateiro e luveiro.

Não ha exagero, se se considerarem estes numeros actualmente como duplicados.

A exportação das obras provenientes d'estas diversas industrias passou muito alem do dobro, no periodo de dezeseis annos de 1856 a 1872, como se vê do seguinte quadro:

Designação	1856	1872
Tecidos em obra..............	57:133$000	65:280$000
Chapéus de feltro, palha, etc.....	27:341$000	40:830$000
Bonets.......................	2:560$000	3:219$000
Calçado	32:238$000	198:277$000
Luvas.......................	648$000	11:694$000
Chapéus de sol................	2:434$000	4:407$000
	122:354$000	323:707$000

Fato.—O recenseamento de 1867 conta 166 estabelecimentos de fato feito, 58 adelos, 646 alfaiates e 122 modistas e costureiras.

Lisboa contava, em 1868, 96 alfaiates, 346 officiaes e 23 modistas ou costureiras.

É manifesta a deficiencia d'estes numeros. A estatistica do districto de Vianna menciona 590 alfaiates.

Chapellaria.—É industria muito antiga em Portugal. Braga era o centro productor dos chapéus de feltro e de lã grosseiros, e ainda hoje, ali e no districto de Aveiro, existe esta fabricação em grande desenvolvimento. O marquez de Pombal animou muito esta industria, fundando em 1759 uma fabrica de chapéus em Pombal; a par d'esta se desenvolveram outras, chegando a industria nacional a produzir chapéus sufficientes, não só para o consumo de todo o reino, mas tambem para abastecer os mercados do Brazil e das colonias de Africa e Asia. Em 1826 havia no reino 50 fabricas de chapéus de feltro, sendo 31 em Lisboa, e 3 de chapéus de pellucia de seda, alem do grande numero de fabricas de chapéus de lã do Minho.

A media da exportação de chapéus nos annos anteriores a 1826 era de 208:000 a 210:000, com o valor de 280:000$000 réis. Começou a decair esta fabricação sob a influencia de diversas causas, entre as quaes sobresáe o abandono a que a moda condemnou os chapéus de feltro, substituindo-os pelos de pellucia de seda, cuja fabricação só mais tarde se introduziu em Portugal.

Os direitos protectores que depois se estabeleceram na pauta das alfandegas, fizeram reviver esta industria, a ponto de fabricar productos iguaes aos estrangeiros, e habilitar-se a conquistar as primeiras distincções nas exposições de Londres e Paris, obtendo ultimamente na exposição de Vienna 1 medalha de progresso, 2 de merito e 3 diplomas de merito.

Pelo recenseamento de 1867 havia n'essa epocha 195 fabricas de chapéus. Em 1868 tinha Lisboa 76 officinas de chapelleiro com 116 officiaes. Actualmente ha cerca de 90, cuja producção se calcula em 900:000$000 réis, subindo a producção do reino proximamente a 2.000:000$000 réis.

A importação da materia prima para esta industria em 1872 foi a seguinte: pellucia de seda 575 kilogrammas no valor de 8:000$000 réis; pellos 25:435 kilogrammas, 40:000$000 réis; feltros 85:866 kilogrammas, 10:000$000 réis.

Calçado.—A estatistica recenseou, em 1867, 2:360 sapateiros e 1:255 tamanqueiros; em Lisboa a estatistica de 1868 contou 328 estabelecimentos de sapateiro com 920 officiaes. O numero de officiaes de sapateiro, em todo o reino, calcula-se em 6:000.

É esta uma das industrias que mais se tem aperfeiçoado. Alem de varias distincções obtidas nas exposições anteriores á de Vienna, n'esta obteve esta industria 1 medalha de progresso, 1 de merito e 1 diploma de merito.

O consideravel augmento da exportação, que, de 1856 a 1872, subiu de 32:000$000 a 198:000$000 réis, mostra a importancia d'esta industria que, alem d'isso, fornece os consumidores de todo o reino. A importação de calçado é relativamente insignificante.

Luvas.—Em 1867 havia 23 luveiros em todo o reino, segundo a estatistica official, sendo 15 em Lisboa. Esta industria dá trabalho a perto de 100 costureiras e 30 officiaes.

III

INDUSTRIAS DOS METAES

Antes de 1755 a industria manufactora dos metaes estava em grande atrazo. Alem das fundições nos arsenaes do estado, apenas se fabricavam grosseiras ferragens e cutelaria no Porto, Braga e Guimarães, e varias obras de picheleiro e caldeireiro em Lisboa e outras localidades das provincias.

O marquez de Pombal, estendendo tambem a estas industrias a sua vigorosa protecção, arrancou-as do estacionamento em que jaziam e creou outras novas, mandando vir mestres estrangeiros.

Á direcção da real fabrica das sedas encarregou o estabelecimento e administração das novas fabricas, saindo as despezas do seu custeamento, dos rendimentos da fabrica e de alguns subsidios do estado. Assim se estabeleceu uma fabrica de cutelaria e outra de serralheria, annexas á fabrica das sedas; e do mesmo modo foi creada em Alcantara uma fabrica de limas, em Pernes outra fabrica de limas e serralheria, as fundições de ferro em Paço de Arcos, na Foz de Alge e a de Lisboa, denominada real fabrica de fundição estabelecida no bairro dos fabricantes, na qual se fundiram mais tarde os sinos para o convento do Coração de Jesus (Estrella).

Todas estas fabricas foram transmittidas a particulares, em poder dos quaes prosperaram até 1808, em que a invasão franceza as destruiu. D'ellas sairam muitos artistas habeis que, espalhando-se pelo reino, aperfeiçoaram a cutelaria e a serralheria. A provincia do Minho aperfeiçoou os seus artefactos e augmentou tanto a sua producção, que em 1817 exportava pelo Porto ferragens no valor de 213:000$000 réis; em 1818, 271:000$000 réis; em 1819, 200:000$000 réis; em 1821, 212:000$000 réis; em 1822, 151:000$000 réis; em 1823, réis 180:000$000; em 1824, 107:000$000 réis; e em 1826, réis 193:000$000. Pela barra de Lisboa havia tambem consideravel exportação de ferragens.

A estatistica de 1867 recenseou 3:566 officinas de ferraria e serralheria, 40 cutelarias, 65 officinas de moveis de ferro, 20 armeiros, 11 officinas de arco e arame de ferro, 28 fundições,

10 officinas de bronze, 63 de cobre, 11 picheleiros, 3 fabricas de balanças e pesos, 2 fabricas de chumbo de caça, 169 latoeiros e 484 ourives de oiro e prata.

As principaes fabricas de fundição são: em Lisboa, companhia Perseverança, Petters & C.ª, Ramos e Bachelay; no Porto, as fabricas de Massarellos e do Bicalho.

O capital da fabrica de fundição da companhia Perseverança é superior a 200:000$000 réis, e o valor das transacções effectuadas annualmente era, em 1866, de 130:000$000 réis. Tem duas machinas de vapor, uma da força de 20 cavallos e outra da força de 5. O numero de operarios e chefes de trabalho regula por 250.

A fabrica de Massarellos tem o capital de 100:000$000 réis. Tem uma machina de vapor da força de 16 cavallos, que fornece o movimento a grande numero de machinas. Tem dois fornos de fundição, com a capacidade para fundir cada um 3:000 kilogrammas de ferro. Consome annualmente 40:000 kilogrammas de ferro para forja e 25:000 de chapa. O movimento da fundição era em 1866 superior a 12:000 kilogrammas por semana. Emprega 200 operarios.

A fabrica do Bicalho tem um motor a vapor construido nas suas proprias officinas; emprega 150 operarios.

Fabricam estes estabelecimentos machinas de vapor e machinas de varias especies, bombas, apparelhos e utensilios de lavoura, etc.

A importação de materia prima para estas industrias tem augmentado progressivamente. Foi a seguinte nos annos abaixo mencionados:

Metaes	1856		1872	
	Quantidade — Kilogrammas	Valor	Quantidade — Kilogrammas	Valor
Aço..............	402:690	37:000$000	606:640	53:000$000
Chumbo.........	766:725	74:000$000	328:263	23:000$000
Cobre...........	239:365	113:000$000	197:507	68:000$000
Estanho.........	81:683	18:000$000	59:735	26:000$000
Ferro {fundido ...	2.449:707	41:000$000	(?) 1:516	19:000$000
Ferro {forjado ...	11.672:954	554:000$000	14.915:199	941:000$000
Folha de Flandres	478:511	66:000$000	918:679	112:000$000
Latão...........	51:742	23:000$000	135:791	51:000$000
Prata...........	711	25:000$000	12	163$000
Zinco..........	10:076	1:000$000	5:050	546$000

A exportação de materia prima e de productos da industria nacional foi:

Metaes em bruto e fabricados		1856		1872	
		Kilo-grammas	Valor	Kilo-grammas	Valor
Aço	em bruto..	17:970	1:700$000	440	100$000
	em obra..	3:447	3:000$000	22:725	5:000$000
Bronze em obra		2:689	1:300$000	3:101	1:800$000
Chumbo	em obra..	201:903	27:000$000	60:559	6:000$000
	em barras	18	7$000	1:800	200$000
Cobre	em folhas	391	200$000	–	–$–
	em obra..	611:809	22:800$000	47:510	13:800$000
Estanho	em barras	4:207	1:600$000	308	200$000
	em obra..	590	500$000	495	400$000
Ferro	em barras ou folhas	73:067	5:900$000	16:191	1:400$000
	em obra..	554:273	97:000$000	669:306	99:000$000
Folha de Flan-dres	em bruto..	16:767	2:800$000	–	–$–
	em obra..	2:211	3:000$000	5:360	800$000
Latão em obra		9:285	6:000$000	28:133	9:000$000
Oiro em obra		27	13:000$000	48	20:000$000
Prata	em barras	708	23:000$000	545	18:000$000
	em obra..	2:050	64:000$000	1:347	55:000$000
Zinco	em barras	1:889	200$000	–	–$–
	em obra..	401	300$000	195	100$000

Possue o estado dois estabelecimentos fabrís importantes, o arsenal do exercito e o arsenal da marinha.

No primeiro temos a mencionar a officina de fundição de canhões e a officina de armas.

A fabrica de fundição de canhões consta: de officina de fundição de ferro, dita de fundição de bronze e officinas de serralheria. Possue machinas de limar, de brocar, de estriar canhões, de abrir roscas nos projecteis, etc.

A fabrica de armas, consideravelmente melhorada e augmentada nos ultimos annos, tem igualmente machinas de furar, limar, tornear e estriar, serras mechanicas, uma plaina mechanica e algumas outras machinas construidas no proprio arsenal.

O valor dos artigos manufacturados pelo arsenal do exercito desde outubro de 1871 a igual mez de 1873 sobe a 207:586$000 réis.

A parte fabril do arsenal da marinha consta das officinas de apparelho, bandeireiros e alfaiates, calafates, caldeiras, carpinteiros de machado, carpinteiros de branco e pedreiros, correeiros, entalhadores, funileiros e caldeireiros, fundições, ferraria, machinas, moldes, polieiros e torneiros, pintores, serragem, tanoeiros, talhame e velame. N'estas diversas officinas têem sido introduzidos grandes melhoramentos, especialmente nas officinas de machinas, de caldeiras e de serragem, as quaes possuem possantes machinas de furar e cortar chapas de metal, tornos, etc., movidos a vapor. Produzem estas officinas machinas de vapor, caldeiras e em geral todas as peças necessarias para os navios que se construem ou reparam no arsenal.

A seguinte nota estatistica representa os valores das materias primas empregadas, das ferias e da producção das diversas officinas d'este importante estabelecimento do estado nos tres annos economicos de 1870-1873:

Annos	Materias primas	Ferias	Total	Producção
1870-1871..,	121:823$102	93:469$350	215:291$452	265:707$942
1871-1872...	115:572$721	91:430$956	207:003$677	224:789$248
1872-1873...	155:837$320	108:333$128	264:170$448	272:979$028

No valor dos productos fabricados está incluida a percentagem de despeza de administração, fiscalisação, policia e outras, que nos annos acima mencionados foi: 1870-1871, 8,4556; 1871-1872, 13,3257; 1872-1873, 8,7585.

A despeza feita com cada officina em material e mão de obra, cuja somma representa o valor dos productos fabricados livre da percentagem acima indicada, foi, nos referidos annos, a que mostra o seguinte quadro:

Officinas	1870-1871	1871-1872	1872-1873
Apparelho................	17:182$227	12:581$044	6:445$267
Bandeiria e alfaiates......	17:164$372	13:308$008	15:219$058
Calafates................	22:539$522	17:648$677	20:956$118
Caldeiras................	12:278$182	14:570$087	16:874$847
Carpinteiros de branco e pedreiros...............	11:975$684	14:452$472	15:920$852
Carpinteiros de machado..	79:705$813	53:134$858	80:672$240
Correeiros..............	1:981$875	3:162$011	2:985$006
Entalhadores............	780$570	670$850	699$850
Funileiros e caldeireiros...	16:580$355	10:413$156	23:229$989
Ferraria................	10:999$596	10:177$499	13:976$718
Fundições..............	7:399$538	6:469$394	7:793$129
Machinas..............	14:963$005	12:635$311	14:351$658
Moldes................	1:284$248	924$817	1:710$510
Polieiros..............	4:015$056	2:495$867	2:635$874
Pintores..............	4:396$794	5:395$686	6:297$987
Serragem..............	1:555$155	888$561	1:906$331
Tanoeiros..............	1:781$185	1:824$108	1:784$647
Talhame..............	1:692$085	1:502$948	1:996$393
Velame	16:719$474	16:102$374	15:539$597
	244:994$426	198:356$728	250:995$563

A administração d'este estabelecimento e das suas dependencias, fabrica de cordoaria e depositos de materias primas, de viveres e de material de guerra, pertence a um funccionario superior denominado superintendente, escolhido pelo governo de entre os officiaes superiores da armada.

O pessoal do arsenal e a despeza respectiva orçada para 1875-1876 é indicada pelo seguinte quadro:

Superintehdencia

Superintendente, gratificação............	480$000
Secretario, gratificação.................	300$000

Secretaria

2 Escripturarios, a 700 réis..............	512$400
2 Escreventes, a 500 réis	366$000
2 Serventes, a 400 réis	292$800

Administração de fazenda

Chefe, gratificação....................	180$000
Commissario de mostras, gratificação......	180$000
7 Aspirantes, a 96$000 réis..............	672$000

Primeira direcção

Chefe, gratificação....................	360$000
Sub-chefe.............................	360$000

Segunda direcção

Chefe, engenheiro constructor, gratificação..	780$000
Sub-chefe, engenheiro constructor, gratificação.....................	432$000
3 Ajudantes, engenheiros constructores, gratificação......................	1:296$000

Depositos

3 Officiaes de fazenda encarregados dos tres depositos, gratificação...............	212$000
2 Aspirantes.........................	192$000
3 Escreventes, a 500 réis	549$000
9 Serventes, a 400 réis.................	1:317$600

Contabilidade industrial

Chefe, 1.º apontador...................	480$000
Sub-chefe, 2.º apontador...............	400$000
2 Escreventes, a 500 réis	366$000
1 Servente, a 400 réis	146$400

Divisões e officinas

9 Escreventes, a 500 réis	1:647$000

Policia

	Porteiro, a 1$000 réis.................	366$000
10	Guardas, a 700 réis.................	2:562$000

Officinas

581	Operarios do quadro effectivo...........	74:696$000
86	Operarios supranumerarios.............	11:335$800
	Operarios provisorios.................	10:000$000

Empregados addidos

	Inspector de machinas.................	900$000
	Desenhador.........................	240$000
6	Escreventes, a 500 réis...............	1:098$000
1	Escrevente, a 400 réis...............	146$000
	Augmentos de vencimentos.............	349$200
	Guarda, a 700 réis..................	256$200
	Servente, a 240 réis.................	87$840
		112:958$640

Ha no arsenal um conselho de trabalhos composto do superintendente, dos chefes das duas direcções, do mestre da officina das machinas e do engenheiro constructor naval, servindo de secretario.

A fabrica nacional da cordoaria é um estabelecimento fabril dependente do arsenal da marinha, e tem o seguinte pessoal:

	Director, gratificação..................	360$000
	Official de fazenda, gratificação..........	120$000
152	Operarios do quadro effectivo.............	14:643$420
4	Operarios supranumerarios..............	234$240
2	Fieis, a 500 réis.....................	366$000
	Porteiro, a 600 réis..................	219$600
	Guarda, a 360 réis...................	131$760

Tem esta fabrica duas officinas: a de cordoame e a de fiação e tecidos.

O seguinte quadro resume o movimento fabril d'estas duas officinas:

Officina de cordoame

Manufacturas produzidas	1870—1871	1871—1872	1872—1873
Enxarcias..............	15:080$222	20:805$515	24:840$928
Fio—linho e mealhar...	2:116$535	1:847$288	2:153$737
Diversas..............	835$697	552$944	539$656
	17:830$454	23:205$747	27:534$319

Material despendido	1870-1871		1871-1872		1872-1873	
	Kilogrammas	Valor — Réis	Kilogrammas	Valor — Réis	Kilogrammas	Valor — Réis
Linho cherva e canhamo	49:840	9:718$800	58:450	11:339$300	147:860	31:150$500
Linho branco assedado	745	359$046	523	303$050	640	358$400
Linho branco para mealhar...........	500	199$800	631	252$400	888	359$100
Alcatrão, desperdicios, etc.	—	1:326$866	—	765$931	—	985$220
Cairo, etc.	—	—$—	—	—$—	1:153	121$245
		11:604$512		12:660$681		32:974$465

Mão de obra	1870—1871	1871—1872	1872—1873
Ferias................	4:907$210	4:802$735	4:519$500
Locomovel............	81$732	92$386	91$803
Despezas geraes........	1:237$000	1:152$249	2:150$057
	6:225$942	6:047$370	6:761$360

Officina de fiação e tecidos

Manufacturas produzidas	1870—1871	1871—1872	1872—1873
Tecidos (brim, lona, etc.)	14:124$672	13:214$855	14:925$407
Fio..................	—$—	—$—	610$118
Linho assedado........	558$846	—$—	605$600
Diversos.............	2:171$221	575$624	2:565$730
	16:854$739	13:790$479	18:706$855

Material despendido	1870—1871		1871—1872		1872—1873	
	Kilogr.	Valor	Kilogr.	Valor	Kilogr.	Valor
Linho....	25:992	7:863$318	29:559	9:495$681	30:283	9:243$339
Estopa...	6:754	635$095	—	—$—	6:822	1:529$130
Diversos..	—	94$792	—	116$774	—	127$636
	32:746	8:593$205	29:559	9:612$455	37:105	10:900$105

11

Mão de obra	1870—1871	1871—1872	1872—1873
Fiação..............	4:245$894	4:164$068	3:818$833
Tecidos.............	3:008$905	3:169$845	2:619$884
	7:254$799	7:334$913	6:438$717

IV

ARTES CERAMICAS E FABRICAS DE VIDRO

A estatistica official de 1867 fornece os seguintes numeros, relativos ás diversas industrias que empregam as argillas plasticas, e á fabricação de vidros.

    Fabricas de telha ou tijolo............... 620
    Fabricas de louça de barro.............. 1:406
    Fabricas de louça faiança............... 13
    Fabricas de porcelana 1
    Fabricas de vidros................... 6

O pessoal d'estes estabelecimentos é de 4:700 operarios.

Em todos os districtos se fabrica louça de barro; as localidades que mais se distinguem são: no districto de Leiria, Caldas da Rainha; no districto de Evora, Extremoz e Vianna; no districto de Lisboa, Lisboa e Abrigada, onde ha uma fabrica de tubos de grés e tijolos refractarios; no districto de Vizeu, Mollelos, louça preta; no districto de Portalegre, Flor da Rosa.

As fabricas de louça faiança e de pó de pedra estão situadas em Lisboa, Sacavem, Porto, Coimbra, Olhão e Caminha.

A fabrica de porcelana pertence ao districto de Aveiro, na Vista Alegre.

As fabricas de vidros estão nos seguintes districtos: Leiria, fabrica da Marinha Grande; Lisboa; Aveiro, na Vista Alegre e em Oliveira de Azemeis.

A fabricação da louça de pó de pedra e faiança em Portugal data de 1767. N'esse anno teve começo a fabrica de louça, fundada pelo marquez de Pombal, em Lisboa no sitio do Rato junto á Mãe de Agua, para o que mandou vir de Italia um habil mestre.

Não se fabricou n'esta fabrica do estado senão louça de barro e faiança ordinaria, mas serviu de ponto de partida para o estabelecimento de outras fabricas na capital, em Coimbra e no Porto.

Em 1769, por influencia do poderoso ministro, instituiu um particular, Guilherme Stephens, a fabrica de vidros da Marinha

Grande, com o auxilio de um emprestimo de 32:000$000 réis pelo cofre do donativo dos 4 por cento. Esta fabrica passou para o estado, em 1826, por disposição testamentaria do irmão e herdeiro do fundador. É uma vasta edificação que occupa uma area de 18 hectares junto á povoação du mesmo nome, duas leguas a O. de Leiria. Está arrendada por 2:000$000 réis annuaes, e produz vidraça e crystal, em cujo fabrico o actual arrendatario tem introduzido grandes aperfeiçoamentos.

Em 1860 tinha 4 fornos de fusão, 5 de estender e 3 de calcinar areia.

A fabrica consta das seguintes officinas: officina de vidraça, que tem annexas as officinas de estender vidraça, de secca e calcinação das materias primas, e de refinação do salitre e potassa; a officina de crystal, a officina de cadinhos, e a officina de lapidação na qual havia em 1860 quatorze machinas de lapidar postas em movimento por um motor de vapor, da força de 6 cavallos, mas que não pertencia ao material da fabrica.

Alem d'estas officinas principaes ha a olaria, a officina de lavagem das areias, a casa dos pisões com um motor hydraulico, a amassaria, a carpintaria, etc.

Os vastos edificios fabris e ruraes, e o material fabril d'esta fabrica foi avaliado no anno de 1827 em 104:424$440 réis; pela avaliação de 1860 o valor total era 58:078$440 réis.

A producção annual até 1860, era: 668:812 peças de crystal, 36:300 peças lapidadas, 96:874 kilogrammas de vidraça e 90 kilogrammas de cadinhos para uso da fabrica.

O pessoal administrativo compunha-se de 7 empregados. O pessoal fabril constava de 182 operarios, com salario de 200 a 800 réis, e 23 mulheres a 100 réis.

A fabrica de porcelana e vidros da Vista Alegre foi fundada em 1821, mas já nos fins do seculo passado se tinha tentado estabelecer esta industria em Portugal.

V

PAPEL — IMPRESSÃO

Ha 45 fabricas de papel de escrever e de impressão, e 25 de papel de embrulho e papelão. O pessoal consta de 1:921 operarios, sendo 748 homens, 937 mulheres e 236 menores.

Os salarios regulam de 40 a 100 réis para os menores, 80 a 120 para as mulheres, e 240 a 600 para os homens.

Consomem estas fabricas annualmente cerca de 4 milhões de kilogrammas de trapo.

A producção de papel é actualmente calculada em 2 milhões de kilogrammas.

11.

Em 1862 havia 52 fabricas de papel[1], que produziam 1.500:000 kilogrammas de papel, e consumiam 3 milhões de kilogrammas de trapo.

Pela estatistica de 1867 havia 89 estabelecimentos de trapeiros. Estes estabelecimentos juntavam quantidade de trapo superior ás necessidades do consumo das fabricas. Em 1861 importaram-se 2:302 kilogrammas de trapo, e exportaram-se 32:148 kilogrammas.

Em 1872 a importação de trapo foi de 625 kilogrammas, e a exportação de 989 kilogrammas.

As fabricas de papel estão estabelecidas nos districtos de Aveiro, Lisboa, Santarem, Braga, Coimbra, Porto, Leiria e Vizeu. O districto de Aveiro é o que possue maior numero de fabricas; as melhores pertencem aos districtos de Lisboa (Abelheira e Alemquer), Santarem (Thomar) e Coimbra (Louzã).

A estatistica de 1867 enumera 81 typographias. Actualmente ha mais de 90.

Alem d'estas ha os seguintes estabelecimentos do estado: imprensa nacional de Lisboa, imprensa da universidade de Coimbra, e imprensa da academia das sciencias.

A introducção da arte typographica em Portugal começou, segundo alguns auctores, pelo estabelecimento de uma typographia na cidade de Leiria, pelos annos de 1470 ou 1474. O que é porém certo, é que a publicação mais antiga que se conhece, é impressa em Lisboa e tem a data de 1489.

Propagando-se rapidamente este grande invento pelas principaes cidades do reino, floresceu á sombra da protecção dos reis e do publico até ao meado do seculo XVIII, como industria particular. Tendo soffrido alguma decadencia, principalmente depois do terremoto de 1755, o marquez de Pombal, querendo restaurar e aperfeiçoar a arte typographica, fundou em dezembro de 1768 a *impressão regia,* annexando-lhe a real fabrica de letras de imprensa que, por proposta da junta do commercio, tinha sido creada em 1758, juntando-se-lhe uma aula de gravura. No anno seguinte, 1769, annexou-se tambem á impressão regia uma fabrica de cartas, que durante muitos annos forneceu a principal verba de receita d'aquelle estabelecimento.

Nos primeiros vinte annos, isto é, até 1789, rendeu a impressão regia mais de 78:000$000 réis. A fabrica das cartas rendeu, de 1790 a 1795, 18:000$000 réis. Em 1801 o rendimento da impressão ascendia já a 38:000$000 réis, e foi gradualmente subindo até á media de 51:000$000 réis, de 1811 a 1821, decrescendo depois até 40:000$000 réis. Com a mudança de governo, em 1833, a impressão regia passou a cha-

[1] Segundo a estatistica feita pela repartição dos pesos e medidas.

mar-se *imprensa nacional*. Depois d'esta epocha, tem caminhado em progressivo desenvolvimento, como bem o indica o seguinte quadro do seu rendimento e pessoal:

Annos economicos	Pessoal	Receita
1848–1849......................	129	40:778$000
1856–1857......................	211	73:890$000
1865–1866......................	290	116:202$000
1873–1874......................	295	143:602$000

Como estabelecimento do estado, a imprensa nacional de Lisboa é administrada por um funccionario de nomeação regia; mas, como qualquer estabelecimento industrial, o seu custeamento é feito com a receita produzida pelas impressões para o estado e para os particulares, pela venda de typos e cartas de jogar.

O pessoal de administração compõe-se, alem do administrador geral, de 5 empregados da contadoria e 4 fieis.

Consta este grande estabelecimento de quatro officinas principaes: a typographica, a de fundição de typos, a lithographica e a fabrica de cartas.

A officina typographica subdivide-se em: officina de composição e uma escola annexa, officinas de impressão manual, de impressão mechanica e uma escola de impressão; gabinete dos revisores, e officinas de calandragem, assetinagem, encadernação e brochura. Uma machina de vapor da força de 6 cavallos põe em movimento os prelos mechanicos.

O pessoal dividido por estas diversas officinas, consta: de 10 directores, mestres e contramestres; 81 compositores; 8 revisores; 42 impressores; 22 aprendizes; 17 encadernadores e empregados na officina de assetinagem; 14 empregados menores, distribuidores, etc.; total 194. D'estes, 80 trabalham de empreitada e 114 a jornal.

A media da importancia das ferias semanaes foi, em 1866, de 770$000 réis; o salario maximo foi de 2$160 réis; o minimo de 450 réis. Em 1874 a importancia media das ferias semanaes foi de 930$000 réis.

O material da typographia consta de 15 prelos manuaes, 9 prelos mechanicos, sendo 1 de impressão a duas cores, 4 machinas de tirar provas, 2 calandras, uma prensa hydraulica e varias outras prensas e machinas. Os typos em uso montam a mais de 50:000 kilogrammas.

Pelo seguinte quadro da receita d'estas officinas se conhece bem o seu desenvolvimento desde a fundação da imprensa:

Annos	Pessoal	Receita
1770....................................	28	7:743$000
1801....................................	31	12:219$000
1811....................................	46	18:386$000
1832....................................	61	17:280$000
1848....................................	89	32:056$000
1856....................................	144	60:060$000
1866....................................	186	86:864$000
1871....................................	192	74:589$000
1874....................................	194	84:379$000

A officina de fundição de typos tem duas secções: a secção de gravura e galvanoplastia, e a secção de fundição de typos e estereotypia.

A secção de gravura tem o seguinte pessoal: 1 director, 4 operarios e aprendizes. Desde a sua creação o pessoal tem sido o mesmo, com raras alterações. O material d'esta officina consta de 3 machinas de gravar, 4 diversos apparelhos galvanicos e outros.

A secção de fundição de typos tem 1 director, 1 contramestre, 20 fundidores, 21 aprendizes e mulheres, 3 serralheiros mechanicos e 3 serventes. O material da officina compõe-se de 14 machinas de fundir, 2 de *clichar,* 5 de crenear, roçar, rebarbar, muitos apparelhos de estereotypagem, grande numero de moldes e matrizes, e 60:000 kilogrammas de typos em deposito.

A importancia media das ferias semanaes, nas duas secções d'esta officina, foi: no anno em 1866 de 200$740 réis, sendo o salario maximo 2$450 réis e o minimo 400 réis.

O seguinte quadro mostra a producção, receita e pessoal em differentes annos; por elle se póde ajuizar do progresso d'esta officina.

Annos	Pessoal	Producção — Kilogrammas	Receita
1847......................	19	2:419	3:261$000
1856......................	38	10:809	6:970$000
1866......................	60	27:496	15:009$000
1874......................	52	35:492	33:413$290

A officina lithographica foi montada em 1836 e successivamente melhorada.

Tinha em 1874 o seguinte pessoal: 1 director, 3 desenhadores e gravadores, 10 estampadores, 2 aprendizes e 2 serventes.

A media das ferias semanaes era n'esse anno de 68$000 réis; sendo o salario maximo 1$200 réis e o minimo 400 réis.

O material da officina consta de 15 prelos manuaes, 1 prelo mechanico, 1 apparelho para tiragem a cores, 1 machina de pautar papel e grande numero de pedras.

A receita d'esta officina tem sido a seguinte:

1845–1846......................	1:853$000
1855–1856......................	3:575$000
1865–1866......................	13:179$000
1873–1874.......................	5:499$000

A fabrica das cartas tinha em 1866, 1 mestre, 4 operarios e 3 machinas. Em 1874 havia apenas 2 operarios. Emquanto durou o privilegio exclusivo da fabrica, isto é, desde a sua creação até 1833, as suas receitas foram:

1770.............................	8:074$000
1801	26:256$000
1814.............................	33:048$000
1820	21:762$000
1826	14:219$000
1832.............................	7:288$000

Depois de 1833 as receitas soffreram as alternativas que se vêem do seguinte quadro:

	Media annual
1838–1840......................	2:269$000
1841–1845......................	1:318$000
1847–1850......................	699$000
1861–1865......................	1:613$000
1871–1874......................	1:556$000

A despeza total com este notavel estabelecimento é a seguinte, segundo o orçamento para 1875–1876:

Administração geral	5:369$000
Officina typographica	78:815$000
Officina de fundição de typos........	19:170$000
Officina lithographica	7:642$000
Fabrica das cartas	1:170$000
Total........	112:166$000

O rendimento total foi o seguinte nos tres ultimos annos economicos:

1871–1872......................	115:981$000
1872–1873.......................	122:173$000
1873–1874......................	143:602$000

A imprensa nacional fornece quasi todo o typo que se consome no reino, e exporta, principalmente para o Brazil, quantidades muito importantes. Comparando o movimento commercial do caracteres de imprensa nos annos de 1856 e 1872, se vê claramente o incremento que tem tido a sua fabricação.

	1856		1872	
	Kilo-grammas	Valores	Kilo-grammas	Valores
Importação........	2:922	2:271$000	2:767	2:146$000
Exportação	1:150	2:943$000	15:315	7:305$000

O consumo de papel n'este estabelecimento foi o seguinte nos annos abaixo mencionados:

Annos	Resmas	Peso — Kilogrammas
1864.................................	11:841	148:465
1866.................................	11:833	211:703
1871.................................	12:085	218:476
1874.................................	14:582	227:185

Terminando o que diz respeito á imprensa nacional de Lisboa, devemos acrescentar que, na execução dos seus variados trabalhos tem attingido um tão subido grau de perfeição, que, nos grandes concursos das exposições universaes de Londres, Paris e Vienna de Austria conquistou as mais elevadas distincções, e mereceu ser qualificada como um dos mais notaveis estabelecimentos typographicos da Europa.

VI

INDUSTRIAS DIVERSAS

Alcool.—O recenseamento de 1867 manifestou 601 estabelecimentos de distillação de aguardente sujeitos á contribuição industrial. Se entrassem n'aquella estatistica os alambiques de todos os fabricantes de vinho, aquelle numero elevar-se-ia consideravelmente.

Segundo a estatistica official de 1872, fabricou-se no reino 55:069 hectolitros de aguardente,

Eis qual foi o commercio de alcool e bebidas alcoolicas nos annos seguintes:

	1856		1872	
	Hectolitros	Valores	Hectolitros	Valores
Importação	4:807	143:000$000	8:204	186:000$000
Exportação	897	21:000$000	225	6:000$000

Vinagre.—Na falta de outros elementos estatisticos, a exportação consideravel d'este producto denota a importancia da sua fabricação.

Em 1872 exportou o reino 12:760 hectolitros de vinagre, com o valor de 64:552$000 réis.

Couros e pelles.—Em 1867 recenseou a estatistica das profissões 288 fabricas de cortumes.

O pessoal empregado n'esta industria é calculado em 1:900 operarios. Os salarios variam de 240 a 600 réis.

A importação de couros verdes foi: em 1856, 1.269:141 kilogrammas, no valor de 404:377$000 réis; em 1872, 2.438:424 kilogrammas, com o valor de 759:918$000 réis.

A exportação foi: em 1856, 109:407 kilogrammas, valendo 33:566$000 réis; em 1872, 215:671 kilogrammas com o valor de 70:811$000 réis.

A reexportação foi: em 1850, 74:928 kilogrammas com o valor de 28:185$000; em 1872, 199:846 kilogrammas no valor de 71:926$000 réis.

As pelles dos animaes abatidos para consumo representam um valor de 1.170:000$000 réis. Addicionando a esta verba a da importação e subtrahindo os valores da exportação e reexportação, teremos o valor da materia primeira d'esta industria, isto é, 1.788:000$000 réis.

A fabricação duplica o valor das pelles: portanto o valor dos productos fabricados é approximadamente de 3.576:000$000 réis.

Como industria correlativa, citaremos a existencia de 19 fabricas de sumagre.

Materias gordas. Sabão.—Alem dos 3:500 lagares de azeite de oliveira, de cuja fabricação já nos occupámos, ha varios estabelecimentos onde se extrahe o oleo de purgueira e o azeite de peixe. A estatistica de 1867 recenseou 59 lagares de espremer a cera; 85 fabricas de vélas de cera; 27 fabricas de vélas de sebo; 1 de vélas de estearina e 24 fabricas de sabão.

Em 1872 havia no districto do Porto 27 fabricas de vélas de sebo e 4 no de Lisboa.

No quadro seguinte representâmos o movimento commercial de materias gordas e sementes oleaginosas, em 1856 e 1872.

Productos	1856		1872	
	Importação	Exportação	Importação	Exportação
Azeite de oliveira...	417$000	1.336:015$000	1:102$000	1.016:364$000
Azeite de peixe.....	5:647$000	15:150$000	7:393$000	10:855$000
Cera.................	46:476$000	279:349$000	8:659$000	817:604$000
Gorduras...........	475$000	4:810$000	4:217$000	422$000
Sebo...............	14:455$000	21:143$000	28:651$000	3:420$000
Oleos..............	36:741$000	98:665$000	108:066$000	150:850$000
Sementes oleaginosas	114:407$000	4:370$000	90:600$000	264:896$000
Petroleo...........	–$–	–$–	308:297$000	–$–
Parafina...........	–$–	–$–	7:004$000	–$–

O movimento commercial dos productos fabricados foi o seguinte:

Productos	1856		1872	
	Importação	Exportação	Importação	Exportação
Cera em obra...	52$000	73:127$000	–$–	48:436$000
Vélas de sebo...	2:563$000	20:224$000	4:479$000	6:063$000
Vélas de stearina	3:251$000	2:577$000	76:683$000	114$000
Sabão..........	282$000	–$–	21:646$000	4:032$000

Madeiras.— A madeira produzida em Portugal não chega para as construcções nem para as industrias que a empregam como materia prima.

O seguinte quadro indica o movimento commercial das madeiras e dos productos fabricados.

Productos	1856		1872	
	Importação	Exportação	Importação	Exportação
Aduellas...........	176:756$000	–$–	376:041$000	114$000
Carvão............	106$000	824$000	6:892$000	1:202$000
Cortiça em bruto...	3:150$000	354:952$000	9:155$000	1.010:770$000
Cortiça em obra...	–$–	19:858$000	446$000	53:744$000
Lenha.............	590$000	2:554$000	299$000	1:834$000
Madeira em bruto (barrotes, vigas, tábuas, etc.)...	255:699$000	50:506$000	222:327$000	191:380$000
Madeira em obra...	24:080$000	44:334$000	71:642$000	76:549$000
	460:381$000	473:028$000	687:802$000	1.335:793$000

Como se vê por este quadro, a cortiça entra por mais de tres quartos no valor total da exportação de madeiras. O grande desenvolvimento que se tem dado aos montados de sobro, faz esperar que em poucos annos subirá muito o valor da exportação d'esta materia.

A estatistica de 1868 recenseou em Lisboa: 267 marceneiros, 307 officiaes de marceneiro, 29 estofadores e 22 officiaes, 13 esculptores em madeira, 36 entalhadores, 3 embutidores, 132 carpinteiros e 580 officiaes d'este officio, 3 fabricantes de bilhares, 71 polidores, 7 officinas de carruagens, 3 fabricas de serrar madeiras e 13 officiaes, 34 estancias de madeira, 12 formeiros, 44 torneiros com 103 officinas, 42 tanoeiros e 49 officiaes.

No principio do capitulo demos o resultado da estatistica de 1867 para todo o reino.

VII

INDUSTRIA DA PESCA

Todas as povoações do litoral se dedicam á pesca maritima. Os principaes centros d'esta industria são: Caminha, Vianna, Povoa de Varzim, Douro (S. João da Foz, Valbom, etc.), Buarcos, Nazareth, Peniche, costa da Trafaria (foz do Tejo), Cezimbra, Sines, Lagos, Pera, Olhão, Fuzeta, Tavira e Villa Real de Santo Antonio.

Os rios onde a pesca fluvial é mais importante são: Minho, Douro, ria de Aveiro, Tejo, Sado, ria de Faro e Guadiana.

As pescarias mais notaveis e em que se acham empregados maiores capitaes, são: a da sardinha, em todo o litoral, a do atum na costa do Algarve e a da pescada. A pesca fluvial de mais vulto é a do salmão (no rio Minho) e a do savel.

Em 1853 havia 3:430 barcos empregados na pesca maritima e fluvial em todo o reino; o pessoal era de 29:564 homens e rapazes [1].

O seguinte quadro mostra qual foi o movimento commercial dos productos da pesca nos annos de 1868 a 1872:

Annos	Importação	Exportação
1868	1.296:789$000	177:121$000
1869	1.315:026$000	167:473$000
1870	1.224:282$000	291:795$000
1871	1.471:684$000	222:974$000
1872	1.756:200$000	269:417$000

[1] Não temos elementos para poder distinguir o pessoal empregado na pesca maritima do da pesca fluvial.

Mais de nove decimos das importações representa o valor do bacalhau importado.

O valor da exportação de productos da pesca em 1872 foi o seguinte:

Azeite de peixe.....................	10:853$000
Coral em bruto....................	9:118$000
Lixa............................	1:670$000
Ostras...........................	2:034$000
Outros mariscos...................	1:853$000
Peixe em conserva................	12:630$000
Atum...........................	43:034$000
Sardinha........................	127:099$000
Peixe de outras especies...........	59:641$000
Pescarias diversas................	265$000
	268:197$000

VIII

INDUSTRIAS EXTRACTIVAS

Minas.—Se é ainda duvidoso que os phenicios ou os car-thaginezes tenham exercido a industria mineira n'esta parte da antiga Iberia, é ao contrario facto averiguado que os romanos exploraram os nossos principaes jazigos metalliferos durante um periodo de tres seculos e meio pelo menos. É prova d'esta ex-ploração a descoberta de moedas, instrumentos e utensilios da epocha romana na mina de S. Domingos e em outras. Que os trabalhos dos mineiros romanos foram executados em larga es-cala, attestam-no as grandes excavações das serras de Vallongo, de Penhagarcia e outras, e das minas de Aljustrel e S. Domin-gos. N'esta ultima mina as excavações antigas foram calcula-das em 150:000 metros cubicos. A invasão dos povos do norte, aniquilando a civilisação romana e sepultando a antiga Lusita-nia em um estado de barbarie, de que só foi arrancada pelo do-minio dos arabes, interrompeu completamente a exploração das minas.

Sob o jugo dos sarracenos as minas continuaram no mesmo estado de abandono; pelo menos não existem documentos que provem que esses povos, apesar da sua civilisação, se dedicas-sem á industria mineira.

Depois da fundação da monarchia as riquezas mineraes jaze-ram ainda inexploradas até ao reinado de D. José I, em que a junta do commercio e das fabricas tentou estabelecer a in-dustria mineira em Portugal, como já tinha praticado com ou-tras industrias, começando pela exploração da mina de carvão de Buarcos. Este impulso foi depois paralysado pela invasão franceza e lutas civis até 1833. Depois d'esta epoca os trabalhos de minas começaram a desenvolver-se, mas só em 1852 tomaram verdadeiro incremento.

Desde 1836 até 1874 o numero de minas, com descoberta legalmente reconhecida e adjudicadas por concurso, eleva-se a 492.

De 1836 a 1852 foram concedidas definitivamente 35 minas, sendo: de oiro 3, mercurio 2, cobre 4, chumbo 10, antimonio 3, estanho 2, ferro 1, carvão 3 e asphalto 2 [1].

De 1852 a 1874 concederam-se 246 minas, sendo: de cobre 30, chumbo 36, cobre e chumbo 1, antimonio 6, estanho 13, ferro 21, manganez 101, manganez e ferro 25, carvão 7, asphalto 1, carvão e ferro 5.

O numero total das minas concedidas definitivamente de 1836 a 1874 é de 281. D'estas foram abandonadas ou caducaram as concessões 42, e tiveram segunda concessão 15.

A producção media annual das minas, e valor medio dos minerios nos portos de embarque ou nos logares de consumo em Portugal, foram os seguintes de 1851 a 1872:

Minerios	1851 a 1860		1861 a 1870		1871 a 1872	
	Toneladas metricas	Valores	Toneladas metricas	Valores	Toneladas metricas	Valores
Pyrite cuprica .	8:956	54:000$000	235:840	1.261:000$000	146:894	780:000$000
Cobre	1:235	55:500$000	4:227	184:000$000	1:892	81:000$000
Chumbo.	950	38:000$000	2:931	115:000$000	2:213	88:000$000
Antimonio.	60	3:000$000	164	9:000$000	19	1:000$000
Estanho	12	3:000$000	7	3:000$000	—	—$—
Carvão.	15:462	77:000$000	19:002	104:000$000	12:387	65:000$000
Manganez	—	—$—	8:832	110:000$000	14:226	221:000$000
Zinco argentifero	—	—$—	16	400$000	—	—$—
Nickel.	—	—$—	5	400$000	—	—$—
Prata	—	—$—	1,2	100$000	—	—$—
Pyrite de ferro.	4	—$—	23	100$000	—	—$—
Ferro	—	—$—	1:340	3:000$000	2:423	5:000$000
	26:679	230:500$000	272:388,2	1.790:000$000	180:054	1.241:000$000

Pedreiras.—Não se tem feito estatistica alguma ácerca da exploração das innumeras pedreiras que ha em Portugal, industria aliás de grande importancia, porque não só fornece ao paiz

[1] Os dados estatisticos são extrahidos de uma excellente estatistica mineira organisada pela repartição de minas.

todo o material de construcção, mas ainda exporta uma quantidade notavel para as possessões portuguezas e paizes estrangeiros.

Limitar-nos-hemos a designar as qualidades de pedra e locaes de extracção, dividindo os productos extrahidos nas seguintes classes: marmores e outras pedras para ornamentação, materiaes de construcção, ardosias, pedra para cal, pedra para gesso, kaolino e argillas finas, argilla ordinaria.

Marmores. — Encontra-se em varios pontos de Portugal grande variedade de magnificos marmores, desde o marmore saccharoide branco até ao marmore negro, desde o brilhante marmore brecha até ao marmore simples.

O marmore saccharoide encontra-se nos calcareos crystallinos do centro do Alemtejo, em Extremoz, Borba, Portel, Vianna e Beringel, os quaes são igualmente explorados como marmores e para o fabrico da cal. Nos arredores de Cintra, em Pero Pinheiro, e na serra da Arrabida ha pedreiras de marmores de todas as cores, e junto a Lisboa estão em exploração grandes pedreiras de calcareo branco, empregado na esculptura e ornamento dos edificios.

Em Mafra, Lisboa, Evora, se podem ver bellos exemplares dos marmores do paiz.

Materiaes de construcção. Granito. — É esta a pedra empregada nas construcções em as regiões graniticas das provincias do norte. Os melhores granitos encontram-se nos arredores do Porto (monte de S. Gens e serro de Canellas), nas proximidade de Braga (monte de Airó e Vau do Bico), na serra do Gerëz, em Castello Branco e na Guarda.

Calcareos. — É especialmente dos arredores de Pero Pinheiro e Lisboa que se extrahem as melhores cantarias. Todavia em toda a zona jurassica e cretacea existem pedreiras, que fornecem bons materiaes. Na zona terciaria do valle do Tejo ha bancadas de calcareos grosseiros e grés, que são explorados vantajosamente e fornecem bons materiaes para alvenaria.

Ardosias. — Em toda a região schistosa emprega-se o schisto ou lousa nas construcções. Proximo de Vallongo, no districto do Porto, está montado um estabelecimento com motor de vapor para a extracção e preparo das ardosias, e no mesmo concelho ha mais algumas pedreiras da mesma especie de rocha.

Cal e gesso. — Extrahe-se pedra para cal em toda a Extremadura, na Beira entre Aveiro e Coimbra, no litoral do Algarve e no centro do Alemtejo. A pedra para o fabrico do gesso encontra-se em Barcarena e serra da Arrabida no districto de Lisboa, no districto de Leiria, e no concelho de Albufeira do districto de Faro.

Segundo a estatistica de 1867 havia 377 fornos de cal e gesso.

Argilla.— O kaolino acha-se no districto de Aveiro. A argilla fina explora-se em Lisboa e Sacavem, a argilla ordinaria em quasi todo o reino.

O commercio externo de materiaes de construcção no reino e ilhas adjacentes acha-se resumido no seguinte quadro:

Materias	1856		1872	
	Importação	Exportação	Importação	Exportação
Marmore........	186$000	250$000	3:099$000	2:814$000
Mós.............	955$000	1:632$000	490$000	1:326$000
Pedras.........	3:058$000	27:072$000	2:471$000	29:897$000
Pederneiras......	—$—	464$000		398$000
Gesso...........	—$—	—$—	8:099$000	447$000
Cal............	162$000	278$000	4:575$000	12:626$000
Barro e areia.....	326$000	186$000	—$—	489$000
Cimento........	3:172$000	—$—	12:444$000	143$000
	7:859$000	29:882$000	32:078$000	48:090$000

Sal.— O sal extrahe-se da agua do mar nas marinhas, e de uma fonte salgada no concelho de Rio Maior, que fornece apenas o necessario para o consumo local. Ha proximamente 1:200 marinhas de sal nos districtos de Aveiro, Coimbra, Lisboa, Santarem e Faro.

A producção media orça por 21.000:000 a 22.000:000 de hectolitros.

A exportação de sal em 1856 foi de 1.226:457 hectolitros com o valor de 365:309$000 réis; em 1872 foi 1.885:171 hectolitros no valor de 238:991$000 réis.

CAPÍTULO IV

COMMERCIO E NAVEGAÇÃO

COMMERCIO INTERNO

É completamente impossivel avaliar com rigor o valor total das transacções effectuadas pelo commercio interno.

Ha porém diversas estatisticas parciaes, que nos fornecem meios para avaliar a importancia dos mais notaveis artigos d'essas transacções; taes são: a estatistica do commercio de cabotagem, a da navegação fluvial e a da circulação das mercadorias nos caminhos de ferro. Alem d'isto os impostos municipaes.

nas cidades onde ha barreiras, como em Lisboa e Porto, o movimento monetario nos bancos e companhias, e o movimento da bolsa fornecem elementos, para se fazer idéa d'esta parte importante da vida social do paiz.

Pelo proprio commercio externo se póde avaliar o interno, porque a maior parte das importações entra no giro do commercio interior.

Vamos pois resumir o que as estatisticas officiaes nos podem fornecer sobre o assumpto, comparando duas epochas afastadas.

I

COMMERCIO DE CABOTAGEM

A estatistica official contém unicamente o numero dos navios, a sua tonelagem e tripulação, sem dar a conhecer a tonelagem da carga, nem o seu valor. É uma falta sensivel que de modo algum podemos remediar. Eis o resumo do movimento de cabotagem nos portos do continente e ilhas adjacentes.

	Barcos de véla					
	Entradas			Saídas		
Annos	Numero de barcos	Tonelagem — Metros cubicos	Tripulação	Numero de barcos	Tonelagem — Metros cubicos	Tripulação
1856...	5:896	259:030	44:265	5:763	262:298	43:425
1872...	5:021	270:264	30:778	4:872	271:358	30:168
	Barcos de vapor					
1856...	173	46:306	4:317	175	36:904	4:327
1872...	398	186:555	10:619	392	184:539	10:392
	Total do movimento de cabotagem					
1856...	6:069	305:336	48:582	5:938	299:202	47:752
1872...	5:419	456:819	41:397	5:264	455:897	40:560

Apesar do grande desenvolvimento que n'este periodo tiveram as communicações interiores do paiz, sobretudo com a construcção dos caminhos de ferro, que tendem a diminuir a cabotagem, vemos augmentar em um terço a tonelagem das embarcações empregadas n'esse trafico, postoque o numero de entradas e saídas tenha diminuido. É esta mais uma prova dó progresso de Portugal n'estes ultimos tempos.

II

NAVEGAÇÃO FLUVIAL

No anno de 1858–1859 o movimento do commercio fluvial no rio Tejo, relativo aos portos de Abrantes, Alvega e Villa Velha, foi o seguinte:

Postos	Importação		Exportação	
	Numero de barcos	Peso da carga — Toneladas metricas	Numero de barcos	Peso da carga — Toneladas metricas
Abrantes...............	1:210	3:876	1:118	7:636
Alvega.................	608	1:573	565	4:637
Villa Velha	136	724	142	646
	1:954	6:173	1:825	12:919

Em 1855 o movimento commercial dos portos fluviaes do Tejo, desde Santarem até Villa Velha, foi:

Toneladas
Importação 17:066
Exportação 33:651

III

BANCOS

Companhias e associações

O primeiro estabelecimento de credito que se creou em Portugal foi o «banco de Lisboa», fundado em dezembro de 1821 por decreto das notaveis côrtes de 1820, durante a primeira tentativa de implantação do systema constitucional. Estabelecido definitivamente o regimen liberal, fundou-se em 1835 o «banco commercial do Porto». Em 1841 foi creada a companhia «credito nacional», que depois se denominou de «confiança nacional», e da fusão d'esta companhia com o banco de Lisboa, decretada em novembro de 1846, nasceu o «banco de Portugal». Em 1856 creou-se no Porto o «banco mercantil», e na mesma cidade se fundaram os bancos «união» em 1861, «alliança» e «companhia de utilidade publica» em 1864. N'esse anno foram fundados em Lisboa o «London & Brazilian bank», com uma caixa filial no Porto, e o «Brazilian & Portuguese bank», que em 1866 cessou as suas operações. De 1865 até fins de 1866 formaram-se em Lisboa os bancos «ultramarino» e «lusitano» e a «companhia do credito predial», e em Braga o «banco do Minho».

A lei de junho de 1867, que regulou a formação de bancos de credito agricola e industrial, promoveu a creação do «banco de Vizeu».

Durante um intervallo de alguns annos, em que uma crise financeira abalou o credito do estado e fez suspender o progresso commercial do paiz, não se regista a creação de nenhum estabelecimento de credito; mas, restabelecida a confiança, vemos fundarem-se 10 bancos e mais 18 sociedades de responsabilidade limitada desde o começo de 1873 até ao fim de 1874.

No principio do corrente anno (1875) existiam 21 bancos, com o capital inicial de 35.576:000$000 réis, e nos primeiros quatro mezes d'este anno crearam-se mais 13, com um capital superior a 30.000:000$000 réis.

Em 1854 havia 38 companhias commerciaes, industriaes e de seguros com o capital de 14.562:000$000 réis. As companhias de seguros eram 7, com o capital de 4.524:000$000 réis; as industriaes eram 22, com 7.201:000$000 réis de capital; e as commerciaes 9, com 2.837:000$000 réis de capital.

Na mesma epocha existiam 6 associações commerciaes.

Em 1859 existiam 6 companhias de seguros, com réis 4.648:000$000; 15 industriaes, com 5.324:000$000 réis; 9 mineiras, com 1.588:000$000 réis; 8 de navegação, com réis 965:000$000; 5 de viação, com 2.100:000$000 réis; 2 agricolas, com 3.022:000$000 réis; 5 companhias diversas, com réis 139:000$000, Total 50 companhias, com 17.796:000$000 réis.

O grande desenvolvimento commercial que denota esta estatistica torna-se bem patente nos seguintes quadros do movimento dos diversos bancos e importancia das suas operações.

Valor total das principaes operações de todos os bancos no mez de dezembro dos annos mencionados

Annos	Dinheiro em caixa	Desconto de letras	Emprestimos sobre penhores	Depositos	Totaes
1858...	2.477:000$000	4.333:000$000	2.395:000$000	3.182:000$000	12.387:000$000
1860...	2.941:000$000	6.506:000$000	2.371:000$000	4.088:000$000	15.906:000$000
1862...	3.182:000$000	8.588:000$000	2.531:000$000	4.405:000$000	18.706:000$000
1864...	4.431:000$000	15.399:000$000	3.635:000$000	6.022:000$000	28.887:000$000
1866...	3.442:000$000	15.265:000$000	7.645:000$000	6.182:000$000	32.535:000$000
1868...	3.046:000$000	14.189:000$000	6.469:000$000	5.766:000$000	29.470:000$000
1870...	3.652:000$000	12.463:000$000	5.626:000$000	7.701:000$000	29.477:000$000
1872...	5.826:000$000	15.869:000$000	5.972:000$000	12.167:000$000	39.834:000$000
1874...	6.994:000$000	21.992:000$000	6.041:000$000	17.164:000$000	52.191:000$000

Valor das principaes operações dos bancos em 1872

Bancos	Dinheiro	Desconto de letras	Emprestimos sobre penhores	Depositos
Portugal.........	19.713:000$000	39.717:000$000	22.954:000$000	33.103:000$000
Commercial do Porto	2.312:000$000	8.312:000$000	7.037:000$000	5.707:000$000
Mercantil.........	2.341:000$000	11.010:000$000	4.483:000$000	3.195:000$000
União............	7.915:000$000	24.448:000$000	5.919:000$000	20.673:000$000
Alliança..........	4.083:000$000	21.754:000$000	12.459:000$000	8.057:000$000
Ultramarino......	4.288:000$000	20.885:000$000	6.080:000$000	15 000:000$000
Lusitano..........	8.182:000$000	20.138:000$000	6.492:000$000	34.310:000$000
Credito predial.....	842:000$000	56:000$000	2:000$000	–$–
Nova companhia Utilidade Publica...	3.579:000$000	11.647:000$000	4.209:000$000	14.217:000$000
London & Lisboa.	1.062:000$000	5.965:000$000	–$–	4.059:000$000
Brazilian Porto..	659:000$000	3.177.000$000	–$–	2.577:000$000
Minho............	769:000$000	7.329:000$000	459:000$000	1.502:000$000
Viziense..........	233:000$000	350:000$000	27:000$000	603:000$000
	55.498:000$000	174.788:000$000	70.161:000$000	143.453:000$000

443.900:000$000

IV

CREDITO — COTAÇÃO DE FUNDOS

O credito do estado, vacillante nos periodos anteriores a 1870, começou a firmar-se desde este anno e a adquirir uma estabilidade até então desconhecida no paiz. Não só a progressiva elevação da cotação dos fundos publicos prova a confiança no credito publico; comprova-o tambem o resultado do emprestimo nacional de 38.000:000$000 réis effectuado em 1873, e o das emissões das tres series de obrigações do caminho de ferro do Minho.

O visivel progresso realisado em varias industrias, incluindo a agricola, o desenvolvimento das communicações e a paz que o reino tem desfructado, contribuindo para o augmento das receitas, têem consolidado o credito e desenvolvido a confiança no estado financeiro do paiz.

Cotação de fundos na bolsa de Lisboa

Annos	Cotação	Annos	Cotação	Annos	Cotação
1851........	48½	1860........	46½	1869........	37
1852........	38	1861........	47¼	1870........	36
1853........	37	1862........	46¼	1871........	33,5
1854........	38¾	1863........	48¼	1872........	40
1855........	39	1864........	50	1873........	44
1856........	43¾	1865........	48⅜	1874........	45,5
1857........	45	1866........	46⅛	1875........	47,71
1858........	46	1867........	46	1875 (junho)	50
1859........	47	1868........	41		

Cotação de fundos externos portuguezes em Londres

1 de janeiro de 1874.................... $43^1/_8$
31 de dezembro de 1874 .... $48^3/_4$
1 de junho de 1875.................... 51,80

V

MOEDAS

A unidade da moeda em Portugal é o *real*.
A moeda legal é a seguinte:

Moeda de cobre

Tres réis, cinco réis, dez réis, vinte réis (vintem).

Moeda de prata

	Peso — Grammas	Valor
Meio tostão............................	1,25	$050
Tostão.................................	2,50	$100
Dois tostões...........................	5,00	$200
Cinco tostões..........................	12,50	$500

Moeda de oiro

	Peso — Grammas	Valor
Decimo de corôa	1,774	1$000
Quinto de corôa.......................	3,547	2$000
Meias coròas..........................	8,868	5$000
Corôas	17,635	10$000

Moedas, cuja circulação é auctorisada

	Peso — Grammas	Valor
Peças (antigas)........................	14,188	8$000
Meias peças (antigas)..................	7,940	4$000
Soberano (inglez)......................	7,981	4$500
Meio soberano (inglez).................	3,990	2$250

Desde 1752 até ao fim de 1852 cunhou-se no reino:

Moeda de oiro	37.587:000$000
Moeda de prata	31.535:000$000
Moeda de cobre ou bronze	2.293:000$000
Total	71.415:000$000

De 1854 até 1867 cunhou-se moeda no valor seguinte:

Moeda de oiro	2.956:000$000
Moeda de prata	7.236:000$000
Moeda de cobre	15:000$000
Total	10.207:000$000

VI

PESOS E MEDIDAS .

A adopção do systema metrico-decimal foi decretada em dezembro de 1852, e effectuou-se pacificamente em quasi todo o reino.

A relação das antigas medidas para as do novo systema é a seguinte:

Medidas lineares

	Metros
Braça	2,20
Vara	1,10
Covado	0,68
Palmo	0,22
Toeza	1,98
Pé	0,33
Legua	5:551,00

Medidas de liquido

	Litros
Pipa	423,75
Almude	16,95
Canada	1,417

Medidas de secco

	Litros
Moio	828
Fanga	207
Alqueire	13,80
Maquia	0,863
Selamim	0,431

Medidas de peso

	Kilogrammas
Quintal	58,752
Arroba	14,688
Arratel	0,459

COMMERCIO EXTERNO

É considerado commercio externo todo o que se faz com as nações estrangeiras e com as colonias portuguezas. Todas as mercadorias importadas ou exportadas são sujeitas ás taxas do imposto indirecto, reguladas pela pauta das alfandegas.

O systema seguido na determinação das tarifas d'esse imposto é ainda hoje o systema *proteccionista,* com o fim de auxiliar as industrias nacionaes. Esta protecção, que antes de 1850 chegou ao exagero, avizinhando-se do systema prohibitivo e sendo causa do estacionamento das industrias e da paralysação do commercio, foi modificada depois de 1852 por algumas reformas da pauta das alfandegas, que diminuiram os direitos de importação e de exportação.

As tarifas da pauta variam de 0,8 a mais de 100 por cento do valor declarado nas mercadorias importadas. Os productos nacionaes ou nacionalisados pagam 0,3 a 1 por cento de direitos de exportação.

A inspecção dos quadros seguintes mostra claramente o progressivo augmento do movimento commercial do paiz desde 1842, augmento que se não deu nos periodos de 1847 a 1848 e de 1868 a 1869 em consequencia das crises politicas e financeiras que alteraram a marcha regular das transacções commerciaes.

No primeiro periodo de quatorze annos, de 1842 a 1856, as importações cresceram 10.625:000$000 réis; no segundo, de 1856 a 1868, 4.369:000$000 réis; no terceiro, de 1868 a 1873, 7.591:000$000 réis, o que dá para esses periodos o seguinte augmento annual medio, decompondo porém o primeiro periodo em dois:

1842 a 1851	436:000$000
1851 a 1856	1.340:000$000
1856 a 1868	364:000$000
1868 a 1873	1.518:000$000

A exportação cresceu do modo seguinte:

1842 a 1851	183:000$000
1851 a 1856	1.614:000$000
1856 a 1868	145:000$000
1868 a 1873	1.050:000$000

Os dois primeiros quadros dão o resumo geral do commercio externo, nos dois periodos de 1842 a 1856 e de 1865 a 1873, especialisando a importação para consumo, a exportação, a re-exportação, o transito e a baldeação.

Os dois segundos quadros mostram a importancia da importação e exportação relativamente ás principaes classes da pauta,

1.º Periodo

Annos	Importação		Exportação		Reexportação	
	Valores	Direitos	Valores	Direitos	Valores	Direitos
1842	9.896:000$000	2.378:000$000	6.580:000$000	300:000$000	1.480:000$000	8:000$000
1843	12.514:000$000	2.965:000$000	6.948:000$000	335:000$000	1.882:000$000	13:000$000
1848	10.806:000$000	3.111:000$000	8.543:000$000	357:000$000	2.780:000$000	15:000$000
1851	13.749:000$000	3.582:000$000	8.228:000$000	360:000$000	2.463:000$000	23:000$000
1854	18.201:000$000	3.390:000$000	14.164:000$000	156:000$000	2.381:000$000	9:000$000
1855	18.774:000$000	3.602:000$000	14.425:000$000	147:000$000	2.437:000$000	7:000$000
1856	20.451:000$000	3.896:000$000	16.299:000$000	148:000$000	1.710:000$000	6:000$000

2.º Periodo

Annos	Importação		Exportação		Reexportação		Transito		Baldeação	
	Valores	Direitos	Valores	Direitos	Valores	Direitos	Valores	Direitos	Valores	Direitos
1868	24.820:000$000	6.755:000$000	18.040:000$000	76:000$000	2.951:000$000	20:000$000	161:000$000	179$000	202:000$000	202$000
1869	22.592:000$000	6.386:000$000	17.812:000$000	70:000$000	2.132:000$000	21:000$000	217:000$000	213$000	105:000$000	105$000
1870	25.341:000$000	6.594:000$000	20.893:000$000	76:000$000	2.144:000$000	21:000$000	196:000$000	50$000	-?-	-?-
1871	27.164:000$000	6.464:000$000	21.461:000$000	89:000$000	2.143:000$000	20:000$000	1.780:000$000	789$000	231:000$000	231$000
1872	29.194:000$000	7.595:000$000	23.241:000$000	132:000$000	2.357:000$000	28:000$000	1.832:000$000	276$000	251:000$000	251$000
1873	34.047:000$000	8.937:000$000	23.609:000$000	164:000$000	1.986:000$000	27:000$000	2.633:000$000	16$000	25:000$000	25$000

Mercadorias	1849	1851	1856	1868	1870	1872
Importação						
Animaes vivos	90:000$000	90:000$000	386:000$000	462:000$000	918:000$000	1.441:000$000
Despojos de animaes	509:000$000	283:000$000	569:000$000	1.313:000$000	1.373:000$000	1.859:000$000
Pescarias	856:000$000	920:000$000	1.067:000$000	1.398:000$000	1.224:000$000	1.756:000$000
Lã e pellos	691:000$000	951:000$000	1.297:000$000	1.626:000$000	1.723:000$000	3.193:000$000
Seda	215:000$000	260:000$000	535:000$000	636:000$000	561:000$000	694:000$000
Algodão	3.691:000$000	3.213:000$000	3.588:000$000	4.480:000$000	4.785:000$000	5.075:000$000
Linho	640:000$000	711:000$000	648:000$000	786:000$000	1.110:000$000	783:000$000
Madeiras	229:00$000	66:000$000	469:000$000	523:000$000	655:000$000	689:000$000
Farinaceos	565:000$000	507:000$000	3.450:000$000	4.478:000$000	2.690:000$000	1.953:000$000
Generos coloniaes	886:000$000	1.679:000$000	2.569:000$000	3.866:000$000	4.076:000$000	3.848:000$000
Metaes	839:000$000	2.745:000$000	2.805:000$000	1.906:000$000	2.492:000$000	3.650:000$000
Bebidas	6:000$000	11.000$000	188:000$000	468:000$000	210:000$000	248:000$000
Vidros e louça	82:000$000	104:000$000	183:000$000	203:000$000	150:000$000	294:000$000
Papel e applicações	93:000$000	109:000$000	147:000$000	262:000$000	199:000$000	248:000$000
Manufacturas diversas	134:000$000	213:000$000	569:000$000	593:000$000	608:000$000	1.038:000$000
Tecidos mixtos	—	—	77:000$000	102:000$000	78:000$000	114:000$000
Exportação						
Animaes vivos	19:000$000	69:000$000	961:000$000	907:000$000	2.634:000$000	1.615:000$000
Despojos de animaes	325:000$000	243:000$000	876:000$000	1.911:000$000	887:000$000	1.531:000$000
Pescarias	53:000$000	101:000$000	129:000$000	177:000$000	291:000$000	289:000$000
Lã e pellos	145:000$000	257:000$000	257:000$000	241:000$000	284:000$000	400:000$000
Seda	47:000$000	60:000$000	83:000$000	149:000$000	117:000$000	102:000$000
Algodão	793:000$000	484:000$000	631:000$000	414:000$000	372:000$000	504:000$000
Linho	143:000$000	87:000$000	105:000$000	32:000$000	58:000$000	62:000$000
Madeiras	127:000$000	295:000$000	486:000$000	760:00$000	804:000$000	1.351:000$000
Farinaceos	13:000$000	157:000$000.	287:000$000	648:000$000	830:000$000	375:000$000
Generos coloniaes	71:000$000	60:000$000	24:000$000	386:000$000	180:000$000	585:000$000
Metaes	619:000$000	430:000$000	1.346:000$000	2.197:000$000	607:000$000	419:000$000
Bebidas	3.132:000$000	4.422:000$000	7.757:000$000	6.969:000$000	8.766:000$000	9.317:000$000
Vidros e louça	20:000$000	52:000$000	31:000$000	25:000$000	40:000$000	44:000$000
Papel e applicações	15:000$000	21:000$000	55:000$000	44:000$000	68:000$000	44:000$000
Manufacturas diversas	20:000$000	18:000$000	288:000$000	241:000$000	332:000$000	375:000$000

Completaremos esta estatistica do commercio externo com as seguintes tabellas relativas a 1856 e 1872, que demonstram o movimento commercial das principaes mercadorias, sobretudo d'aquellas que não poderam ser incluidas nos precedentes quadros, por não serem comparaveis algumas classes das pautas de 1842 e 1872. Estas tabellas mostram tambem qual o grau de importancia commercial de cada artigo.

Mercadorias		Importação		Exportação	
		1856	1872	1856	1872
Algodão.	em rama	354:000$000	568:000$000	-$-	105:000$000
	em tecidos	3.149:000$000	4.507:000$000	631:000$000	226:000$000
Lã	em rama	129:000$000	517:000$000	227:000$000	358:000$000
	em tecidos	1.134:000$000	2.628:000$000	29:000$000	35:000$000
Seda	casulo, rama, fio	156:000$000	228:000$000	-$-	42:000$000
	em obra	379:000$000	466:000$000	3:000$000	11:000$000
Linho	em rama	397:000$000	400:000$000	-$-	1:000$000
	em obra	204:000$000	384:000$000	104:000$000	58:000$000
Pelles		463:000$000	918:000$000	94:000$000	137:000$000
Cortiça	em bruto	3:000$000	7:000$000	354:000$000	1.011:000$000
	em obra	-$-	9:000$000	19:000$000	54:000$000
Madeira em bruto		248:000$000	218:000$000	50:000$000	161:000$000
Cera em bruto		46:000$000	74:000$000	359:000$000	518:000$000
Vélas de cera		-$-	-$-	73:000$000	48:000$000
Assucar		1.662:000$000	2.067:000$000	4:000$000	5:000$000
Café		293:000$000	380:000$000	2:000$000	492:000$000
Azeite		-$-	1:000$000	1.336:000$000	1.015:000$000
Vinho		25:000$000	8:000$000	7.353:000$000	9.246:000$000
Batatas		4:000$000	8:000$000	27:000$000	148:000$000
Cereaes		2.537:000$000	1.256:000$000	182:000$000	100:000$000
Alhos		-$-	-$-	10:000$000	20:000$000
Cebolas		-$-	-$-	74:000$000	148:000$000
Laranjas		-$-	-$-	740:000$000	736:000$000
Figos		-$-	-$-	133:000$000	391:000$000
Alfarroba		-$-	-$-	17:000$000	82:000$000
Amendoa		-$-	-$-	19:000$000	104:000$000
Ovos		-$-	-$-	22:000$000	112:000$000
Carne ensacada		-$-	-$-	92:000$000	113:000$000
Cautchu		-$-	-$-	-$-	235:000$000
Oleo de palma		-$-	-$-	-$-	137:000$000
Oleo de purgueira		-$-	-$-	-$-	12:000$000
Peixe		-$-	-$-	98:000$000	230:000$000
Papel		78:000$000	194:000$000	7:000$000	12:000$000
Calçado		-$-	-$-	33:000$000	198:000$000
Minerio	de cobre	-$-	-$-	-$-	1.636:000$000
	de manganez	-$-	-$-	-$-	232:000$000
	de chumbo	-$-	-$-	-$-	44:000$000
	de ferro	-$-	-$-	-$-	23:000$000
Phosphorite		-$-	-$-	-$-	17:000$000

Deduz-se dos precedentes quadros que Portugal importa principalmente: tecidos, cereaes, metaes, generos coloniaes e materias primas para as suas industrias; exporta: varios productos agricolas, minerios e algumas producções das industrias manufactora e fabril.

O vinho entra por 40 por cento no total das exportações.

Nota-se um grande acrescimo na importação das materias

primas, o que denota o desenvolvimento industrial que de facto tem havido nos ultimos annos.

A importancia das relações commerciaes com as principaes nações é indicada pelo seguinte quadro:

Nações	Importação		Exportação	
	1868	1872	1868	1872
Gran-Bretanha e possessões...........	11.174:000$000	15.321:000$000	10.809:000$000	13.196:000$000
França e possessões ..	2.920:000$000	3.808:000$000	839:000$000	827:000$000
Brazil.......	2.903:000$000	3.002:000$000	2.905:000$000	3.524:000$000
Hespanha e possessões	1.575:000$000	2.750:000$000	1.332:000$000	1.750:000$000
Estados Unidos......	900:000$000	1.210:000$000	126:000$000	211:000$000
Russia.....	2.247:000$000	479:000$000	173:000$000	755:000$000
Allemanha do norte.	898:000$000	470:000$000	285:000$000	692:000$000
Hollanda e possessões	382:000$000	437:000$000	279:000$000	473:000$000
Suecia e Noruega..	478:000$000	513:000$000	168:000$000	210:000$000
Italia..	135:000$000	30:000$000	208:000$000	223:000$000
Possessões {África portuguezas{ Asia..	742:000$000 85:000$000	728:000$000 30:000$000	435:000$000 48:000$000	600:000$000 25:000$000
Belgica...........	2:000$000	39:000$000	139:000$000	182:000$000
Marrocos..........	41:000$000	234:000$000	8:000$000	4:000$000
Republica Argentina.	5:000$000	69:000$000	34:000$000	123:000$000

NAVEGAÇÃO

O commercio externo deu logar nos annos de 1856 e 1872 ao movimento maritimo representado nos seguintes quadros:

Barcos a vapor entrados nos portos do continente

Nacionalidades	1856			1872		
	Numero de vapores	Tonelagem	Tripulação	Numero de vapores	Tonelagem	Tripulação
Allemães..............	–	–	–	27	22:080	759
Americanos............	1	400	30	–	–	–
Brazileiros............	–	–	–	2	557	34
Dinamarquezes........	–	–	–	1	977	22
Francezes.............	71	12:910	2:830	127	74:277	5:784
Hespanhoes...........	–	–	–	135	49:117	3:125
Hollandezes...........	2	734	56	26	17:796	669
Inglezes...............	207	53:084	6:739	1:008	769:381	32:675
Portugue- {do estrangeiro zes....{das possessões { portuguezas	6 –	2:593 –	575 –	17 8	11:230 8:273	528 353
Suecos e Norueguezes....	–	–	–	10	3:573	136
	287	69:721	10:230	1:356	957:261	44:080

Barcos a vapor saídos dos portos do continente

Nacionalidades	1856			1872		
	Numero de vapores	Tonelagem	Tripulação	Numero de vapores	Tonelagem	Tripulação
Allemães	2	761	117	26	25:500	744
Brazileiros	-	-	-	3	1:717	45
Francezes	65	7:465	2:602	126	125:526	5:511
Hespanhoes	1	390	17	133	69:791	3:066
Hollandezes	2	884	56	25	18:923	642
Inglezes	218	120:540	9:952	1:008	863:727	32:598
Portuguezes {para o estrangeiro	5	5:235	648	24	15:256	714
para possessões portuguezas	-	-	-	12	13:092	491
Suecos e Norueguezes	-	-	-	10	3:374	138
	293	155:155	13:392	1:367	1.145:909	43:941

Embarcações de vela entradas nos portos do continente

Nacionalidades	1856			1872		
	Numero de entradas	Tonelagem	Tripulação	Numero de entradas	Tonelagem	Tripulação
Allemãs	67	10:428	775	69	11:767	502
Americanas (Estados Unidos)	45	14:950	478	11	4:835	101
Austriacas	4	1:692	61	5	1:927	62
Belgas	15	1:898	114	5	1:098	37
Brazileiras	17	5:783	258	5	1:451	68
Dinamarquezas	34	4:602	268	55	7:531	350
Francezas	82	9:288	633	102	17:765	825
Hespanholas	585	5:668	3:220	846	16:187	5:245
Hollandezas	119	12:728	783	114	16:623	768
Inglezas	666	82:636	4:895	895	174:104	6:699
Italianas	17	2:928	176	14	2:726	131
Portuguezas {do estrangeiro	636	86:591	7:098	624	104:515	5:741
das possessões portuguezas	81	13:642	1:002	55	13:429	642
Russianas	17	2:523	137	72	20:917	735
Suecas e Norueguezas	132	24:319	1:276	249	63:853	2:276
	2:517	279:676	21:174	3:121	458:228	24:182

Embarcações de véla saídas dos portos do continente

Nacionalidades	1856			1872		
	Numero de saídas	Tonelagem	Tripulação	Numero de saídas	Tonelagem	Tripulação
Allemãs.............	38	5:124	282	64	11:499	481
Americanas..........	40	11:529	447	11	4:595	102
Austriacas...........	1	199	11	2	975	25
Belgas.............	14	2:022	116	5	1:157	37
Brazileiras	17	4:142	447	5	1:448	70
Dinamarquezas........	34	4:926	266	57	7:402	396
Francezas	82	10:408	637	98	14:877	796
Hespanholas	825	9:499	4:676	916	18:699	6:409
Hollandezas	122	12:682	805	109	16:522	726
Inglezas.............	674	90:872	5:250	904	185:966	6:739
Italianas	17	2:426	162	13	2:671	123
Portuguezas { para o estrangeiro......	943	96:790	8:818	941	115:799	7:212
Portuguezas { para possessões portuguezas .	60	11:108	725	54	12:877	628
Russianas............	17	2:870	149	70	21:167	710
Suecas e Norueguezas..	144	27:741	1:366	253	67:657	2:313
	3:028	292:338	24:157	3:502	483:311	26:767

As embarcações de véla nacionaes, entradas nos portos do continente estão para as estrangeiras na proporção seguinte: em 1856, 28 por cento, em 1872, 21,7 por cento. A tonelagem apresenta a seguinte proporção: em 1856, 36 por cento, em 1872, 25,7 por cento. Deduz-se d'esta comparação que a marinha mercante portugueza não acompanhou o desenvolvimento que teve a dos paizes estrangeiros, embora em absoluto tenha augmentado a tonelagem, apesar da diminuição do numero de navios entrados. Comparando a tonelagem media dos navios inglezes entrados n'aquelles dois annos com a tonelagem dos navios portuguezes, evidencia-se bem esse facto. Em 1856 a tonelagem media dos navios inglezes foi de 124, a dos portuguezes 140; em 1872 foi a dos primeiros 194, e a dos segundos 174.

O augmento é muito maior no movimento por barcos a vapor, o que a simples inspecção dos respectivos quadros mostra claramente.

A marinha mercante portugueza em 1852 contava 756 embarcações, com 74:404 toneladas e 8:098 tripulantes.

Em 1853 construiram-se 42 navios com 6:397 toneladas; em 1854, 63 com 9:816 toneladas: em 1873, 36 com 3:989 toneladas.

Em 1855 havia 591 embarcações com 82:402 toneladas.

No principio de 1875 havia 479 navios, sendo 28 vapores, com a lotação de 95:577 toneladas, distribuidos do seguinte modo pelas diversas praças commerciaes:

Praças	Navios[1]	Toneladas
Lisboa.....................................	152	39:151
Porto......................................	137	38:540
Aveiro.....................................	29	3:415
Caminha...................................	24	2:846
Setubal....................................	43	2:166
Vianna.....................................	17	2:041
Villa Nova de Portimão....................	20	1:620
Figueira...................................	8	1:433
Villa do Conde............................	11	1:248
Ericeira...................................	11	843
Espozende.................................	7	831
Villa Real de Santo Antonio...............	5	347
Faro.......................................	3	308
Tavira.....................................	4	256
Lagos......................................	3	233
Olhão......................................	2	131
Villa Nova de Milfontes e Odemira.........	2	119
S. Martinho................................	1	45

[1] Não entram n'este mappa os cahiques e embarcações menores

Em 1872 houve nas costas de Portugal 23 naufragios, de que resultou a morte de 23 naufragos; em 1873 naufragaram 15 navios, dos quaes eram 5 de vapor.

CAPITULO V

VIAS DE COMMUNICAÇÃO

I

ESTRADAS

Começou em agosto de 1849 a construcção das estradas empedradas, ou á Mac-Adam, pela estrada de Vendas Novas a Elvas.

No fim de 1850 estavam construidos 67:000 metros de estradas.

O custo medio por kilometro, incluindo a despeza com o pessoal technico, foi de 2:048$000 réis, sendo a despeza total até essa epocha de 137:229$000 réis.

Até ao fim de 1853 construiram-se mais 151:688 metros pelo custo medio kilometrico de 3:145$000 réis.

Juntando a essa extensão de estradas mais 218:369 metros, construidos até outubro de 1852 pela antiga inspecção de obras publicas e pela companhia de viação portuense, acha-se que no fim de 1853 estavam construidos 437:057 metros.

Até ao fim de junho de 1863 havia 1.537:955 metros construidos, e ficavam em construcção 299:661.

A despeza até essa epocha, incluindo reparações e conservação das estradas concluidas, era de 8.777:659$000 réis.

Nos dez annos decorridos de 1853 a 1863, a construcção de estradas teve um desenvolvimento representado por uma media de 110:000 metros por anno. Foi este o periodo de maior incremento na viação publica.

A despeza media por kilometro construido até áquella epocha foi de 5:707$200 réis.

Mais adiante faremos a separação das verbas gastas em trabalhos de construcção, graphicos e de conservação, bem como em pessoal technico e de administração.

Em 1868 fez-se uma classificação geral das estradas construidas e projectadas, dividindo-as em tres ordens: estradas reaes, districtaes e municipaes; decretando-se que as primeiras ficassem a cargo do estado; as segundas ou districtaes a cargo dos districtos, contribuindo o estado com metade da despeza orçada; e as terceiras ou municipaes a cargo dos municipios, auxiliando o governo a sua construcção com um terço da despeza.

A extensão de estradas, d'essas tres classes, construidas até fim de 1874, é a seguinte:

	Metros
Estradas reaes	3.136:418
Estradas districtaes	701:322
Estradas municipaes	130:122
Total	3.967:862

Ficavam em construcção 206:636 de estradas reaes, 104:432 districtaes e 1:972 municipaes.

A despeza total em estradas até fim de setembro de 1873 era de 20.679:000$000 réis.

Esta verba decompõe-se do seguinte modo:

Em trabalhos de construcção	16.268:000$000
Pessoal technico e de administração	1.246:000$000
Trabalhos graphicos	430:000$000
Conservação	2.001:000$000
Grandes reparações	715:000$000
Donativos	19:000$000
	20.679:000$000

A despeza media, por kilometro, de cada uma d'estas especialidades é:

Construcção........................ 4:171$000
Pessoal............................. 319$000
Trabalhos graphicos .... 110$000
Conservação .... 513$000
Grandes reparações................ 183$000

As verbas votadas para despezas de construcção de estradas de primeira classe e grandes reparações, subsidios para estradas districtaes e municipaes, e conservação das estradas entregues ao transito publico, no anno economico de 1875-1876 foram:

Construcções e reparações de estradas
   de primeira classe.............. 700:000$000
Subsidio para estradas municipaes e districtaes........................ 180:000$000
Conservação..................... 200:000$000

H

CAMINHOS DE FERRO

Foi Portugal um dos paizes da Europa, onde mais tarde se introduziu a viação accelerada, porque não lhe deram ensejo as lutas intestinas que succederam á implantação do systema liberal, para acompanhar as nações civilisadas no caminho do progresso. Em Inglaterra teve logar a primeira concessão de caminho de ferro em 1821; na França em 1823; em 1826 na Austria; em 1834 na Belgica e Baviera; em 1835 na Saxonia; em 1837 na Prussia, Russia e Sicilia; em 1843 no Wurtemberg; em 1845 na Hollanda; em 1847 na Hespanha; em 1848 na Dinamarca e Suissa; em 1849 na Suecia, e sómente em 1853 em Portugal, seguindo-se-lhe em 1857 a Grecia e a Turquia.

Soffrendo a principio algumas contrariedades, a construcção das vias ferreas adquiriu o seu maior desenvolvimento de 1859 a 1865, diminuindo depois consideravelmente até se paralysar de todo em 1868, para só em 1873 se reanimar continuando-se a construcção da rede de caminhos projectados.

A rede de caminhos de ferro, construidos, em construcção ou projectados, liga treze capitaes de districto e sessenta cabeças de concelho, alem de um grande numero de povoações importantes que, pela sua proximidade das linhas ferreas ou por estarem em communicação com ellas pelas estradas já construidas, gosam dos beneficios d'este poderoso instrumento de progresso.

O seguinte quadro mostra o numero e extensão das linhas em exploração, em construcção e estudadas até ao fim de julho de 1875, bem como a data do começo dos trabalhos.

Caminhos de ferro	Começo dos trabalhos	Numero de kilometros		
		Em exploração	Em construcção	Estudados
Linha de leste—Lisboa a Badajoz......	1853	278	–	–
Linha do norte—Entroncamento ao Porto	1860	229	–	–
Linha de sueste—Barreiro a Beja......	1856	154	–	–
Linha do Algarve—Beja a Casevel.....	1864	47	30	95
Linha de Evora a Extremoz...........	1870	78	–	–
Ramal de Setubal...................		12	–	–
Linha de sueste—Beja á fronteira	1864	20	–	42
Linha do Minho....................	1873	55	34	46
Linha do Douro....................	1873	38	20	40
Linha da Beira Alta.................		–	–	196
Linha da Beira Baixa................		–	–	140

Alem d'estas linhas principaes ha os seguintes caminhos de
ferro destinados á exploração de estabelecimentos industriaes:

Kilometros

Mina de S. Domingos (particular)............ 17
Mina do Braçal 8
Pinhal de Leiria a S. Martinho.............. 37
Mina de Aljustrel......................... 17

Está quasi concluido um caminho de via reduzida entre o
Porto e Povoa de Varzim com 25 kilometros.

Dada uma idéa da rede dos caminhos de ferro portuguezes,
vamos fazer uma rapida historia do estabelecimento de cada
linha, dando em seguida os quadros estatisticos da sua exploração.

Linha de norte e leste.—Em 1852 concedeu-se á companhia central peninsular (concessionario Hardy Hislop) a construcção de um caminho de ferro de Lisboa á fronteira de Hespanha, construcção que só em junho de 1853 foi auctorisada
por uma carta de lei. N'esse mesmo anno começaram os trabalhos, e no anno seguinte inaugurou-se a exploração de uma
parte da linha, na extensão de 20 kilometros. Em 1857 foi este
contrato rescindido, tomando o governo a administração do caminho, que tinha sómente 36 kilometros em exploração.

Ainda n'esse mesmo anno se effeituou o contrato com o concessionario Morton Peto, para a construcção da linha de Lisboa
ao Porto, com o subsidio de 24:750$000 réis, adquirindo a em-
preza o caminho já construido (50 kilometros), pelo preço de
2.475:000$000 réis, e pagando 290:000$000 réis por conta das
obras e acquisição de material effeituadas pelo governo.

Não tendo este contrato sido approvado pelas côrtes, continuou o caminho a cargo do estado, até que em 1859 foi contratada a construcção e exploração das linhas de leste e norte com D. José Salamanca, organisando-se depois uma companhia que se denominou «companhia real dos caminhos de ferros portuguezes». O subsidio para a linha de leste foi de 20:250$000 réis por kilometro, e para a linha do norte de 24:300$000 réis.

Havia já em exploração 68 kilometros, que a companhia adquiriu pelo preço de 2.754:000$000 réis, a 40:500$000 réis por kilometro.

A empreza constructora concluiu, na epocha prefixa pelo contrato, toda a linha de leste e de norte, excepto a ultima secção, que comprehende a passagem do Douro e a estação no Porto, para cuja conclusão tem até hoje obtido successivas prorogações.

A linha de leste custou ao estado 8.384:500$000 réis, a do norte 5.564:700$000 réis.

Linha de sul e sueste. — Foi concedida a uma companhia de capitalistas portuguezes a construcção da linha do Barreiro ás Vendas Novas, com 55 kilometros, e o ramal de Setubal, com 12 kilometros de extensão, linhas que, depois de construidas, foram adquiridas pelo estado pelo preço de réis 939:000$000. Em 1860 contratou-se a construcção do caminho de sueste de Vendas Novas a Beja e ramal de Evora, com o subsidio de 16:000$000 réis por kilometro, abrindo-se á circulação em 1863.

A secção do Barreiro a Vendas Novas continuou a ser administrada pelo estado até 1864, epocha em que se effectuou novo contrato com a companhia do caminho de ferro de sueste, pelo qual a companhia se obrigou a construir o prolongamento de Beja até á fronteira na direcção de Sevilha, a continuação da linha de Beja até ao litoral do Algarve, e um caminho de entroncamento de Evora á estação do Crato na linha de leste, passando por Extremoz. Concedeu-se á companhia o subsidio de 18:000$000 réis por kilometro, e a secção do Barreiro a Vendas Novas pelo preço de 1.008:000$000 réis. Em 1865 novo contrato a obrigou a pagar ao governo a quantia de réis 2.978:688$000 em letras de diversos prasos. Não tendo sido realisado o pagamento d'essas letras, foi o contrato rescindido em 1866, recebendo a companhia 2.900:000$000 réis, saldo da importancia da avaliação da linha e material fixo e circulante, deduzidos os debitos. Até essa epocha construiu a companhia o prolongamento da linha de Beja até Quintos, proximo do Guadiana, o ramal de Evora, e na linha do Algarve ficaram quasi concluidos, 50 kilometros de Beja a Casevel e 16 kilometros de Faro a Boliqueime; no resto da linha apenas havia alguns movimentos de terras.

Desde então até hoje tem sido esta linha administrada por conta do estado, sendo o seu rendimento liquido applicado á conclusão da secção de Beja a Casevel, á linha de Evora a Extremoz e á continuação do prolongamento até á fronteira.

Linhas do Minho e Douro.—A construcção d'estas linhas foi emprehendida por conta do governo em 1873. A linha do Minho ha de ligar o Porto com Vianna e a Galliza, e lança um ramal para Braga. Está já concluida e aberta á exploração a linha até Braga, na extensão de 55 kilometros. A linha do Douro está estudada até á foz do Pinhão, e ha de ligar o Porto com Penafiel e a Regua. Devem brevemente ser entregues á circulação os primeiros 38 kilometros.

ESTATISTICA DO MOVIMENTO E PRODUCTO DOS CAMINHOS DE FERRO

Linha do sul e sueste [1]

Movimento da exploração

| Annos | Passageiros | Mercadorias Toneladas | Gado | | | | Carruagens |
			Cavallos, bois e muares	Jumentos e vitellos	Porcos	Carneiros, cabras e cães	
1869....	–	44:161	222	28	2:131	2:697	27
1870....	104:124	55:777	875	41	17:457	18:596	24
1871....	122:854	94:099	306	15	17:620	18:185	20
1872....	136:977	80:456	273	8	20:958	21:411	14
1873....	150:271	108:218	480	415	27:470	28:755	27

Producto bruto

| Annos | Numero de kilometros explorados | Producto | | | Producto bruto por kilometro | Despeza por kilometro | Rendimento liquido kilometrico | Relação da despeza para a receita |
		De passageiros	Mercadorias gades e carruagens	Total				
1870	212	75:746$000	151:014$000	226:760$000	1:070$000	617$000	453$000	57,6
1871	259	88:279$000	190:511$000	279:790$000	1:080$000	575$000	505$000	53,2
1872	284	99:758$000	217:140$000	316:898$000	1:116$000	573$000	543$000	51,3
1873	312	110:532$000	241:211$000	351:743$000	1:127$000	542$000	585$000	48,1

Em 1873-1874 o rendimento bruto foi de 377:509$000 réis. Para 1875-1876 está orçado em 430:566$000 réis.

[1] N'esta linha os transportes são feitos por grande velocidade.

Linha do norte e leste

Movimento em grande velocidade

Annos	Passageiros de todas as classes	Bagagens — Peso bruto — Toneladas	Cães	Recovagem — Toneladas	Metallico e valores	Gado				Carruagens
						Cavallos	Bois	Vitellos e porcos	Carneiros e cabras	
1868	650:364	4:403	3:364	2:917	1.970:360$000	1:874	9	146	37	7
1869	685:939	4:481	3:267	4:017	1.814:306$000	896	17	193	61	14
1870	667:017	4:446	3:005	6:770	1.727:498$000	1:068	21r	164	88	11
1871	676:329	4:386	2:700	5:584	9.160:415$000	647	8	171	188	12
1872	724:964	3:953	2:943	5:272	11.845:079$000	1:224	28	186	91	41
1873	784:152	3:818	2:994	7:981	5.497:448$000	1:152	59	254	181	12
1874	843:511	4:050	3:198	8:657	2.815:463$000	960	59	268	107	14

Producto bruto da exploração em grande velocidade

Annos	Passageiros	Bagagens	Cães	Recovagens	Metallico e valores	Gado	Carruagens	Total
1868	521:878$000	17:246$000	900$000	17:154$000	4:979$000	2:509$000	89$000	575:497$000
1869	527:173$000	16:831$000	855$000	25:626$000	4:583$000	2:549$000	176$000	583:788$000
1870	519:608$000	17:632$000	851$000	40:622$000	4:387$000	2:557$000	61$000	589:160$000
1871	541:810$000	21:145$000	775$000	42:720$000	9:872$000	1:731$000	169$000	624:025$000
1872	598:847$000	23:169$000	850$000	44:024$000	11:887$000	4:038$000	970$000	689:323$000
1873	656:190$000	23:003$000	830$000	66:317$000	8:087$000	3:086$000	340$000	761:872$000
1874	710:272$000	23:777$000	897$000	76:438$000	7:102$000	2:907$000	177$000	824:924$000

13.

Movimento de mercadorias, gado e carruagens em pequena velocidade

Annos	Mercadorias — Toneladas	Gado				Carruagens
		Cavallos	Bois	Vitellos e porcos	Carneiros e cabras	
1868........	137:209	1:810	18:458	6:238	637	103
1869........	171:382	1:908	18:112	8:227	1:347	126
1870........	183:968	1:791	23:246	13:807	2:210	151
1871........	216:882	1:935	15:565	9:279	2:198	158
1872........	230:264	2:361	14:360	13:947	2:473	187
1873........	290:978	2:795	17:052	14:400	1:665	168
1874........	264:683	3:479	17:822	16:545	2:342	243

Producto bruto da pequena velocidade

Annos	Mercadorias	Gado	Carruagens	Armazenagem	Diversos	Total
1868........	406:618$000	33:813$000	1:059$000	2:105$000	415$000	444:011$000
1869........	491:888$000	39:242$000	1:159$000	3:050$000	339$000	535:678$000
1870........	509:299$000	52:847$000	1:380$000	3:371$000	4:884$000	571:671$000
1871........	558:705$000	30:490$000	1:426$000	3:289$000	809$000	594:719$000
1872........	642:167$000	31:602$000	1:637$000	6:858$000	964$000	683:229$000
1873........	898:882$000	37:820$000	1:511$000	12:295$000	752$000	951:259$000
1874........	789:828$000	40:467$000	2:319$000	9:428$000	812$000	842:854$000

A receita total e o rendimento bruto por kilometro foi, portanto, a que se segue:

Annos	Numero de kilometros explorados	Receita total	Rendimento por kilometro		
			Grande velocidade	Pequena velocidade	Total
1868	508	1.019:508$000	1:133$000	874$000	2:007$000
1869		1.119:466$000	1:149$000	1:055$000	2:204$000
1870		1.160:831$000	1:160$000	1:125$000	2:285$000
1871		1.218:743$000	1:243$000	1:185$000	2:428$000
1872	502	1.372:551$000	1:373$000	1:361$000	2:734$000
1873		1.713:131$000	1:518$000	1:895$000	3:413$000
1874		1.667:778$000	1:643$000	1:679$000	3:322$000

III

TELEGRAPHOS

A substituição dos telegraphos aereos pela telegraphia electrica começou em 1855, sendo decretado em 13 de julho d'esse anno o estabelecimento da primeira linha telegraphica. A direcção dos telegraphos, que até essa epocha estava a cargo do ministerio do reino, passou para o das obras publicas. O pessoal compunha-se de um corpo telegraphico com organisação militar, que em 1864 tinha a força seguinte: 1 commandante, 2 capitães, 2 tenentes e 2 alferes, 23 sargentos, 53 cabos e 200 soldados. A despeza com este pessoal, incluindo o director geral, era de 36:817$000 réis.

Em 1865, por uma reforma geral do ministerio das obras publicas, deu-se ao serviço telegraphico a organisação civil que tem actualmente.

O pessoal da direcção geral dos telegraphos no fim de 1874 era o seguinte:

Pessoal superior.—1 director geral, 2 officiaes chefes com o ordenado de 720$000 réis.

Pessoal da administração central.—3 chefes de repartição, 6 chefes de secção, 20 telegraphistas, 1 conductor desenhador, 1 fiel e 6 serventes.

Corpo telegraphico.—2 officiaes de primeira classe com o ordenado de 540$000 réis, 5 de segunda classe com 420$000 réis, 10 telegraphistas de primeira classe com 360$000 réis, 15 de segunda classe com 300$000 réis, 50 de terceira classe com 240$000 réis, 240 de quarta classe com 200$000 réis, 110 boletineiros com 360 réis diarios, e 180 guarda fios com 300 réis.

A despéza com a direcção dos telegraphos está orçada do modo seguinte:

Administração e corpo telegraphico...	121:419$000
Despezas geraes	18:394$000
Conservação e reparação das linhas ..	9:440$000
Total..........	149:253$000

O pessoal dos pharoes é o seguinte: —1 fiel a 300$000 réis, 8 pharoleiros de primeira classe a 180$000, 12 de segunda classe a 144$000 réis e 20 ajudantes de pharoleiros a 320 réis diarios.

A despeza com o pessoal, incluindo gratificações, é de....................	7:262$000
Despezas geraes	12:496$000
Total..........	19:758$000

Até á mesma epocha, fim de 1874, a rede telegraphica tinha o seguinte desenvolvimento:

	Kilometros
Extensão das linhas..................	2:890
Extensão do fio montado..............	6:563
Extensão dos cabos subfluviaes..........	4:300
Custo medio por kilometro de linha a um fio 40$000	
Numero de estações.................	134
Numero de apparelhos em serviço........	210

O movimento dos despachos telegraphicos, desde 1865 até 1872, foi o seguinte:

Annos	Numero de estações telegraphicas	Transmittidos		Recebidos		De transito		Total geral
		Nacionaes	Internacionaes	Nacionaes	Internacionaes	Nacionaes	Internacionaes	
1865								130:973
1866	104	103:519	19:847		17:641			141:007
1867	116	148:755	22:226	161:856	20:720	136:649	135:647	625:853
1868	118	149:824	22:495	162:440	21:654	140:271	127:537	624:221
1869	118	143:108	27:181	154:540	25:530	114:599	103:789	568:747
1870	118	189:214	28:470	204:332	28:490	126:402	35:230	612:138
1871	118	200:843	30:808	210:711	32:020	144:282	55:793	674:457
1872	120	233:687	34:714	250:072	36:876	184:747	49:308	789:404

No mesmo periodo o rendimento proveniente dos despachos, foi:

Annos	Nacionaes transmittidos	Internacionaes recebidos	Internacionaes de transito	Internacionaes transmittidos	Total geral	Importancia da taxa dos despachos officiaes gratuitos
1865...	-$-	-$-	-$-	-$-	61:798$000	16:006$000
1866...	37:914$000	6:490$000	-$-	40:716$000	85:120$000	28:122$000
1867...	39:812$000	6:002$000	-$-	41:120$000	87:833$000	27:694$000
1868...	42:545$000	7:298$000	-$-	45:114$000	94:957$000	29:466$000
1869...	40:979$000	6:543$000	-$-	46:148$000	93:665$000	29:466$000
1870...	43:582$000	7:319$000	4:467$000	57:850$000	113:219$000	24:188$000
1871...	44:717$000	7:625$000	12:577$000	79:865$000	144:783$000	18:349$000
1872...	51:149$000	6:933$000	9:798$000	70:396$000	131:276$000	22:221$000

¹ O rendimento dos despachos internacionaes de transito começa em 1870, porque os cabos submarinos estabelecidos entre Falmouth e Carcavellos, e entre Villa Real de Santo Antonio e Gibraltar, começaram a funccionar em junho de 1869.

O rendimento arrecadado pelos cofres do estado, nos seguintes annos economicos, foi:

1871-1872.........................59:394$000
1872-1873.........................62:615$000
1873-1874.........................64:770$000

O seguinte quadro apresenta os despachos transmittidos e recebidos, separando os despachos officiaes dos particulares, na mesma serie de annos:

Annos	Despachos transmittidos e recebidos					
	Nacionaes			Internacionaes		
	Officiaes	De serviço	Particulares	Officiaes	De serviço	Particulares
1866...	18:948	–	84:570	2:514	–	34:922
1867...	64:770	59:345	186:496	49:805	53:833	211:604
1868...	74:690	35:404	202:120	56:771	41:403	213:783
1869...	69:796	27:435	200:217	48:128	32:102	190:878
1870...	91:772	57:955	370:221	4:136	7:420	80:634
1871...	80:627	60:472	414:537	3:594	8:090	106:937
1872...	102:616	74:136	491:754	3:051	7:297	110:550

Analysando os tres quadros antecedentes, vê-se que o numero e o rendimento dos despachos nacionaes e internacionaes transmittidos foi sempre em augmento. Ha apenas uma excepção no rendimento dos despachos internacionaes em 1872, proveniente da convenção celebrada entre Portugal e Hespanha, pela qual as taxas ordinarias dos despachos trocados entre as estações dos dois estados, foram diminuidas de um terço, e ficaram pertencendo á administração expedidora que as cobrou.

Nos despachos internacionaes de transito nota-se uma grande diminuição de 1869 para 1870, que é em parte devida a uma mudança de classificação, e tambem ao estabelecimento do cabo submarino de Carcavellos a Gibraltar, e do cabo de Falmouth a Santander, em Hespanha.

Comparando o numero de despachos nacionaes transmittidos nos annos de 1869 e 1870, vê-se o effeito produzido pela reducção da taxa de 300 réis a 200 réis decretada no 1.º de dezembro de 1869. O augmento devido a essa reducção foi de 46:106 despachos, augmentando o rendimento com 2:603$000 réis.

O movimento de telegrammas pelos cabos submarinos foi o seguinte:

Annos	Transmittidos	Recebidos	Total
1870.....................	7:890	6:841	14:731
1871.....................	14:551	13:439	27:990
1872.....................	12:759	12:292	25:051

Em 1874 estabeleceu-se um cabo submarino entre Lisboa e o Rio de Janeiro, tocando na ilha da Madeira e na ilha de S. Vicente do archipelago de Cabo Verde. Projecta-se o estabelecimento de um cabo entre Lisboa e os Açores.

A taxa dos despachos entre quaesquer estações nacionaes é de 200 réis por um despacho de vinte palavras, acrescendo 100 réis por cada dez palavras a mais.

Os despachos trocados entre as estações da circumscripção de Lisboa e Belem pagam 50 réis.

O serviço electro-semaphorico começou em Portugal pouco depois do estabelecimento da telegraphia electrica. Já dissemos (pag. 32) o numero das estações semaphoricas existentes e projectadas.

A taxa dos despachos semaphoricos de vinte palavras, trocados entre uma estação e um navio, é de 400 réis, á qual se junta a taxa correspondente aos despachos telegraphicos, quando o despacho semaphorico é entregue em qualquer estação telegraphica nacional ou estrangeira.

As estações semaphoricas communicam aviso dos paquetes á vista e dos vapores com privilegio de paquetes, mediante as seguintes taxas:

1.ª 100 réis, sendo o pedido de aviso feito na estação principal de Lisboa ou Porto, e para ser entregue em qualquer ponto do recinto d'essas cidades.

2.ª 150 réis, quando o pedido for feito em qualquer estação filial de Lisboa ou Porto.

3.ª 400 réis, quando o pedido for feito em qualquer estação telegraphica do paiz.

A taxa para o aviso dos navios mercantes á vista de qualquer estação semaphorica, é de 400 réis para qualquer ponto do paiz. Quando o pedido é feito verbalmente ou por cartas, o custo do aviso é de 200 réis.

Em 1872 eram dezenove as estações telegraphicas com rendimento superior a 500$000 réis; **a saber**:

Lisboa (principal)	67:920$000
Porto	16:336$000
Correio geral (Lisboa)	9:076$000
Coimbra	1:612$000
Villa Real de Santo Antonio	1:600$000
Setubal	1:363$000
Braga	1:275$000
Faro	1:146$000
Necessidades (Lisboa)	950$000
Vianna do Castello	915$000
Côrtes (Lisboa)	809$000
Villa Nova de Portimão	775$000
Pomarão	746$000
Peso da Régua	716$000
Guimarães	715$000
Figueira da Foz	700$000
Evora	597$000
Alfandega do Porto	551$000
Villa Real	536$000

Eis qual era em 1871 o desenvolvimento da telegraphia electrica nos principaes paizes [1]:

Paizes	Extensão das linhas — Kilometros	Estações	Numero de despachos
Estados Unidos	113:728	5:888	12.404:653
Russia	50:348	595	2.399:410
França	43:811	1:989	4.962:726
Gran-Bretanha	35:463	5:000	2.380:266
Austria	26:135	594	3.919:877
Turquia	25:487	393	825:393
Allemanha	25:123	2:615	8.092:684
India	22:530	566	386:237
Italia	16:930	1:237	1.932:596

[1] Maurice Block, *Statistique de la France.*

Paizes	Extensão das linhas — Kilometros	Estações	Numero de despaços
Hespanha.	11:220	193	751:505
Hungria.	10:156	487	1.356:162
Australia.	7:000	400	830:040
Suecia.	6:838	117	1.340:300
Baviera.	6:506	637	1.010:176
Noruega.	5:898	97	603:586
Suissa.	5:812	623	2.061:454
Belgica.	4:342	445	1.998.412
Hollanda.	3:121	269	2.050:904
Portugal.	2:800	118	674:457
Wurtemberg.	2:154	267	672:907
Baden.	1:824	207	1.225:829

IV

CORREIO

A direcção geral dos correios e postas está a cargo do ministerio dás obras publicas, commercio e industria. O reino está dividido em 8 circulos postaes: Lisboa, Porto, Coimbra, Villa Real, Vizeu, Santarem, Braga e Faro.

O pessoal empregado no serviço dos correios em 1874 era o seguinte:

Direcção geral.—1 director geral com o ordenado de 1:380$000 réis; 2 chefes de repartição a 950$000 réis; 11 officiaes, sendo 3 a 640$000 réis, 5 a 500$000 réis e 3 a 400$000 réis; 1 thesoureiro pagador a 650$000 réis; 10 praticantes a 300$000 réis, e 2 continuos a 250$000 réis: total, 11:550$000 réis.

Administração central do correio de Lisboa.—1 administrador a 1:070$000 réis; 2 chefes de repartição a 720$000 réis; 22 officiaes, sendo 3 a 640$000 réis, 3 a 550$000 réis, 8 a 500$000 réis e 8 a 400$000 réis; 1 fiel das cartas a 800$000 réis; 1 fiel da correspondencia registada e saques a 650$000 réis; 21 praticantes a 300$000 réis; 6 continuos a 250$000 réis; 91 carteiros, sendo 89 em Lisboa a 500 réis diarios, e 2 em Setubal a 320 réis.

Total, incluindo gratificações........ 48:371$000
Despezas de conducção das malas, etc. 20:885$000

Total....... 69:256$000

Porto.—1 administrador a 950$000 réis; 14 officiaes, sendo 2 a 590$000 réis, 2 a 500$000 réis, 4 a 450$000 réis e 6 a 350$000 réis; 1 fiel thesoureiro a 700$000 réis; 1 fiel a 600$000 réis; 14 praticantes a 250$000 réis; 6 empregados menores; 47 carteiros, sendo 30 no Porto a 400 réis diarios, 3 em Vianna a 360 réis, e 14 em outras direcções do correio a 300 réis.

Total, incluindo gratificações........	18:418$000
Conducção de malas, etc.............	18:810$000
Total........	37:228$000

Coimbra. —1 administrador, 800$000 réis; 1 fiel, 550$000 réis; 6 officiaes a 400$000 réis, 350$000 réis e 300$000 réis; 5 praticantes a 200$000 réis; 1 continuo a 150$000 réis; 18 carteiros, sendo 8 a 360 réis em Coimbra, 1 em Leiria a 320 réis, e 4 a 300 réis em Aveiro e Figueira.

Total, incluindo gratificações.........	6:242$000
Conducção de malas, etc.............	7:700$000
Total........	13:942$000

Villa Real. —1 administrador, 600$000 réis; 1 fiel, 500$000 réis; 2 officiaes a 350$000 réis e 300$000 réis; 4 praticantes a 200$000 réis; 1 continuo a 120$000 réis; 6 carteiros, sendo 3 a 360 réis, 1 em Bragança e 2 em Chaves a 300 réis.

Total, incluindo gratificações........	3:569$000
Conducção de malas, etc.............	11:300$000
Total........	14:869$000

Vizeu. —1 administrador, 700$000 réis; 1 fiel, 500$000 réis; 4 officiaes, sendo 1 a 350$000 réis e 3 a 300$000 réis; 5 praticantes a 200$000 réis; 1 continuo, 120$000 réis; 6 carteiros, 3 em Vizeu a 360 réis, e 3 em Lamego a 300 réis.

Total, incluindo gratificações........	4:417$000
Conducção de malas, etc.............	10:550$000
Total........	14:960$000

Santarem. —1 administrador, 700$000 réis; 1 fiel, 500$000 réis; 4 officiaes, sendo 1 a 350$000 réis e 3 a 300$000 réis; 5 praticantes a 200$000 réis; 1 continuo, 120$000 réis; 17 carteiros, sendo 5 em Santarem a 360 réis, 2 em Extremoz a 360 e 300 réis, e 10 a 300 réis em Abrantes, Castello Branco, Portalegre, Elvas e Thomar.

Total, incluindo gratificações........	5:714$000
Conducção de malas, etc.............	12:800$000
Total........	18:514$000

Beja.—1 administrador, 600$000 réis; 1 fiel, 500$000 réis; 2 officiaes a 350$000 e 300$000 réis; 3 praticantes a 200$000 réis; 1 continuo a 120$000 réis; 5 carteiros, 2 em Beja a 360 réis, e 3 em Evora a 300 réis.

Total, incluindo gratificações........	3:356$000
Conducção de malas, etc.............	4:950$000
Total........	8:306$000

Faro.—1 administrador, 600$000 réis; 1 fiel, 500$000 réis; 2 officiaes a 350$000 e 300$000 réis; 3 praticantes a 200$000 réis; 1 continuo a 120$000 réis; 5 carteiros, sendo 3 em Faro a 360 réis, e 2 em Tavira a 300 réis.

Total, incluindo gratificações........	3:183$000
Conducção de malas, etc.	5:400$000
Total........	8:583$000

Percentagens aos directores de correios e distribuidores.................	54:910$000
Fabrico de sellos de franquia........	6:000$000
Conducção de correspondencia estrangeira	80:100$000
Outras despezas	12:100$000

A despeza total orçada para 1875-1876 é de 350:332$000 réis. Em 1864 a despeza era de 282:217$000 réis.

O rendimento dos correios e postas apresenta um constante e rapido augmento a partir de 1853, como se vê pela seguinte nota:

1853–1854	200:331$424
1863–1864	414:442$643
1873–1874	495:732$000

Esse rendimento subdivide-se do seguinte modo:

	1863 – 1864	1873 – 1874
Sêllos de franquia...............	204:064$000	362:864$000
Correspondencia porteada do reino e ilhas......................	3:825$000	2:815$000
De alem dos Pyrenéos............	29:234$000	4:877$000
De Hespanha...................	7$000	508$000
Das provincias ultramarinas........	1:774$000	6:738$000
	238:904$000	377:802$000

	1863-1864	1873-1874
Transporte......	238:904$000	377:802$000
Estrangeira por navios............	6:716$000	3:971$000
De Inglaterra pelos paquetes.......	2:438$000	252$000
Pelos paquetes do Mediterraneo e India............................	2:459$000	1:512$000
Da America do Sul..............	95:965$000	90:867$000
Correspondencia apartada.........	1:812$000	2:052$000
Premios e portes da correspondencia registrada....................	733$000	513$000
Premios de valles do correio.......	7:276$000	9:746$000
Multas......................	237$000	70$000
Rendimentos diversos............	768$000	8:947$000
Malla posta entre o Carregado e o Porto......................	57:133$000	$-
	414:441$000	495:732$000

O rendimento orçado para 1875-1876 é de 540:200$000 réis.

No periodo de 1853-1854 a 1873-1874, cobrou a administração dos correios a quantia de 7.737:760$400 réis, o que dá a media annual de 386:888$020 réis.

Em 1852 foi reformado o serviço do correio, creando-se o sêllo de franquia, que substituiu as antigas taxas do porte das cartas, baseadas na distancia a percorrer, pelo porte em relação ao peso.

Actualmente a tarifa dos correios é a seguinte: cartas, por cada 10 grammas, 25 réis; periodicos e quaesquer impressos, por 40 grammas, 5 réis; manuscriptos, amostras de fazendas, provas de imprensa com correcções manuscriptas, etc., por cada 40 grammas, 20 réis.

Em 1873 fez-se uma convenção postal com a Hespanha, que começou a vigorar em 1 de julho de 1875, em virtude da qual pagam as cartas 25 réis por cada 15 grammas; jornaes, etc., 5 réis por cada 50 grammas; amostras, manuscriptos, etc., 20 réis por cada 50 grammas.

Em outubro de 1874 celebrou-se em Berne um tratado de união geral dos correios, na qual entram quasi todos os paizes da Europa. A correspondencia para estes paizes, pagará: cartas, por cada 15 grammas, 50 réis; jornaes e quaesquer impressos, manuscriptos, provas de imprensa, amostras, etc., 15 réis por cada 50 grammas.

Para a correspondencia com a França, regula até fim de 1875 a convenção postal de 1865.

CAPITULO VI

RECEITAS E DESPEZAS

RECEITAS

Os rendimentos que constituem a receita do estado, em relação ao continente de Portugal, são os seguintes:
1.º Impostos directos;
2.º Imposto do sêllo e contribuição de registro;
3.º Impostos indirectos;
4.º Rendimento dos *bens proprios nacionaes* e outros.

I

IMPOSTOS DIRECTOS

As principaes contribuições directas são:
1.ª Contribuição predial;
2.ª Contribuição industrial;
3.ª Contribuição de rendas de casas;
4.ª Contribuição sumptuaria;
5.ª Contribuição bancaria.

Alem d'estas cobram-se mais as seguintes contribuições, que são equiparadas aos impostos directos: decima de juros; direitos de mercê; imposto sobre minas; emolumentos; alguns impostos addicionaes e multas.

As contribuições predial e industrial são de repartição; as outras são de quotidade.

A contribuição predial ordinaria (creada em 31 de dezembro de 1852) votada para o continente do reino no exercicio de 1875-1876, e relativa aos predios inscriptos até 1868, é de 1.649:211$000 réis, distribuida da fórma seguinte pelos districtos administrativos:

Aveiro	64:621$000
Beja	62:310$700
Braga	107:861$000
Bragança	53:688$000
Castello Branco	49:313$000
Coimbra	79:559$000
Evora	86:038$000
Faro	61:202$000
Guarda	55:485$000
	620:077$700

Transporte......	620:077$700
Leiria........................	49:645$000
Lisboa.......................	407:896$770
Portalegre	75:901$000
Porto	152:330$000
Santarem	119:734$530
Vianna do Castello	67:227$000
Villa Real...................	65:243$000
Vizeu	91:156$000
Total......	1.649:211$000

A esta se junta: a contribuição predial extraordinaria (creada em 1869); a contribuição especial dos predios inscriptos depois de 1868; o rendimento applicado aos escripturarios dos escrivães de fazenda, e o imposto addicional para viação e falhas, produzindo a totalidade de 2.808:214$000 réis.

Rendeu este imposto em:

1871–1872....................	2.088:000$000
1872–1873....................	2.139:000$000
1873–1874....................	2.092:000$000
1874–1875....................	2.088:000$000

A relação d'este imposto para a totalidade dos rendimentos do estado é de 12,1 por cento. A quota para cada habitante é 733 réis.

O seguinte quadro[1] apresenta estes dois termos para as principaes nações da Europa:

Paizes	Relação por cento	Quota por habitante
França........................	8,0	$317
Inglaterra....................	11,5	$317
Hungria.......................	15,3	$863
Austria.......................	11,5	$900
Hespanha......................	15,6	1$253
Italia........................	16,8	1$970
Belgica.......................	10,7	$711
Hollanda......................	11,2	1$074
Suecia........................	10,0	$489
Prussia.......................	9,8	$476
Portugal......................	12,1	$733

A contribuição industrial para o anno de 1875–1876 é de 852:500$000 réis, e com o addicional de 40 por cento para via-

[1] *Statistique de la France*, M. Maurice Block.

ção, perfaz 1.193:500$000 réis no continente. Nos annos economicos anteriores, a partir de 1871, rendeu em numeros redondos:

1871–1872	690:000$000
1872–1873	513:000$000
1873–1874	907:000$000
1874–1875	1.219:000$000

Este imposto foi creado em 1860, e posteriormente reformado no sentido de tornar mais equitativa a sua distribuição.

A sua repartição é feita por gremios de classes.

A relação d'este imposto para a totalidade dos rendimentos é de 5,1 por cento. A quota por habitante é de 309 réis. Comparando esta relação e quota com as dos paizes estrangeiros, teremos:

Paizes	Relação por cento	Quota por habitante
Hollanda	3,6	$349
Portugal	5,1	$309
Hespanha	2,9	$230
Austria	2,6	$190
Belgica	2,5	$166
Prussia	1,4	$141

A contribuição de renda de casas, que veiu substituir, juntamente com a contribuição sumptuaria, a contribuição pessoal, foi creada pela lei de 9 de maio de 1872. D'esta contribuição são isentos os predios exclusivamente destinados a qualquer industria ou profissão.

Para o exercicio de 1875–1876 foi calculado o seu rendimento em 205:500$000 réis, que, com o addicional de 40 por cento para viação, dá o total de 287:700$000.

Esta contribuição rendeu em.

1872–1873	140:000$000
1873–1874	189:000$000
1874–1875	202:000$000

A relação para o total das receitas é de 1,2 por cento. A quota para cada habitante é de 75 réis.

Nos principaes paizes da Europa estas relações são as seguintes [1]:

[1] M. Maurice Block, *Statistique de la France.*

Paizes	Relação por cento	Quota por habitante
Gran-Bretanha *(income tax)*............	7,49	$891
Italia.....................	14,5	$859
Russia................................	21,2	$880
França................................	2,2	$279
Hollanda..............................	9,2	$596
Hespanha..............................	8,9	$537
Austria................................	6,5	$506
Prussia................................	10,5	$506
Belgica................................	6,7	$447
Baviera................................	1,1	$095
Portugal..............................	1,2	$075

A contribuição sumptuaria, igualmente creada em 1872, está orçada para 1875–1876 em 105:000$000 réis com os addicionaes, rendendo em

1872–1873...................... 62:000$000
1873–1874...................... 74:000$000
1874–1875...................... 81:000$000

Damos em seguida o rendimento dos outros impostos directos mais importantes desde 1871, com o orçamento para 1875–1876.

Decima de juros

1871–1872...................... 181:000$000
1872–1873...................... 180:000$000
1873–1874...................... 182:000$000
1874–1875...................... 179:000$000
1875–1876 com addicionaes........ 236:000$000

Direitos de mercê

1871–1872...................... 121:000$000
1872–1873...................... 133:000$000
1873–1874...................... 117:000$000
1874–1875...................... 133:000$000
1875–1876 com addicionaes........ 148:000$000

Imposto sobre minas

1872–1873...................... 15:000$000
1873–1874...................... 47:000$000
1874–1875 auctorisado........... 32:000$000
1875–1876 auctorisado........... 47:000$000

Emolumentos diversos, incluindo os cobrados nas ilhas adjacentes........ 170:000$000

14

O imposto de viação, já em parte incluido nas verbas antecedentes, compõe-se das seguintes taxas:

40 por cento sobre as contribuições predial, industrial, de renda de casas, sumptuaria e contribuição de registro;
30 por cento sobre a decima de juros;
20 por cento sobre os direitos de mercê, matriculas e cartas;
5 por cento sobre o imposto do pescado.

A totalidade dos impostos directos no continente do reino, orçados para o anno economico de 1875–1876, é de réis 5.747:120$000.

A sua relação para o total da receita do estado é de 24,8 por cento.

O quadro seguinte mostra esta relação nos principaes paizes da Europa[1]:

Paizes	Relação por cento
França	15,4
Suecia	15,5
Gran-Bretanha	17,1
Dinamarca	17,4
Portugal	24,8
Baviera	25,4
Russia	29,2
Hollanda	80,0
Austria	30,1
Belgica	81,2
Hungria	32,6
Prussia	33,5
Grecia	44,6
Italia	46,7

N.B. Na Noruega não ha contribuições directas.

II

IMPOSTO DO SÊLLO E REGISTRO

O imposto do sêllo foi creado pela lei de 1 de julho de 1867 e regulado pela de 2 de abril de 1873. Produziu em

1871–1872.................... 648:443$000
1872–1873.................... 654:638$000
1873–1874.................... 773:395$000

[1] M. Maurice Block, *Statistique de France*. Rectificado em relação a Portugal.

1874–1875 avaliado em............... 954:400$000
1875–1876 orçado em................. 973:000$000

A contribuição de registro, creada em 1860 e reformada em 1869 e 1874, produziu no continente:

1871–1872..................... 840:114$000
1872–1873..................... 858:160$000
1873–1874..................... 1.050:755$000
1874–1875 orçada em........... 860:000$000
1875–1876 orçada em........... 1.051:000$000

III

IMPOSTOS INDIRECTOS

Os impostos indirectos consistem em direitos de importação, exportação e reexportação, regulados pela pauta geral das alfandegas de 1871, direitos de consumo em Lisboa, direitos de tonelagem, sanitarios, de quarentena e de lazareto, imposto especial sobre bebidas alcoolicas entradas no Porto e em Villa Nova de Gaia, imposto do real de agua, imposto dos cereaes, imposto do pescado, imposto de transito nos caminhos de ferro, impostos sobre o tabaco, impostos para as obras nas barras e portos, taxa complementar aduaneira, emolumentos geraes das alfandegas de Lisboa e Porto, e direitos de navegação do Douro.

Direitos de importação.—Fôra muito longo examinar as alterações que tem tido este imposto; diremos apenas que as ultimas modificações introduzidas na pauta das alfandegas foram decretadas em 1870 e 1874. O progressivo augmento que se nota na cobrança dos ultimos annos não se deve comtudo attribuir sómente a essas modificações, porque uma boa parte d'esse augmento resulta do incessante desenvolvimento das industrias e riquezas agricolas do paiz.

O seguinte quadro mostra a importancia dos direitos de importação cobrados em diversos annos:

1843......................... 2.965:000$000
1851......................... 3.532:000$000
1854......................... 3.391:000$000
1858–1859.................... 4.781:000$000
1862–1863.................... 4.781:000$000
1866–1867.................... 4.268:000$000
1870–1871.................... 4.024:000$000
1874–1875.................... 5.300:000$000 [1]

1 É a receita orçamental; os direitos cobrados no anno anterior subiram a 5.769:000$000 réis.

14.

O orçamento para 1875–1876 avalia esta receita em réis 5.800:000$000, ou 25 por cento do total dos rendimentos.

Direitos de exportação e reexportação.—Estes impostos, que se dividem em direitos *fixos* e direitos *ad valorem,* produziram nos annos seguintes:

Annos	Exportação	Reexportação
1843......................	335:000$000	13:000$000
1851......................	361:000$000	24:000$000
1854......................	156:000$000	9:000$000
1873–1874..............	142:000$000	38:000$000
1874–1875, orçado em..........	153:000$000	28:000$000
Orçamento para 1875–1876.......	147:000$000	33:000$000

Direitos de consumo em Lisboa.—Este imposto indirecto, que é o imposto de barreira ou *octroi*, pago unicamente pelos consumidores da capital, e que, sendo arrecadado pela extincta alfandega municipal, entra nos cofres do estado, produziu as seguintes receitas, nas quaes estão incluidos os direitos sobre cereaes:

1871–1872.................... 1.204:000$000
1872–1873.................... 1.229:000$000
1873–1874.................... 1.263:000$000

O orçamento para 1875–1876 avalia essa receita em réis 1.264:000$000, ou 5,4 por cento dos rendimentos do estado.

A quota correspondente a cada habitante de Lisboa é de 6$200 réis.

Direitos de tonelagem, sanitarios, de quarentena e de lazareto.—Nos tres ultimos annos economicos produziram o seguinte:

Direitos	1871–1872	1872–1873	1873–1874
De tonelagem......	85:000$000	97:000$000	100:000$000
Sanitarios.........	34:000$000	43:000$000	52:000$000
Orçamento para 1875–1876, 101:000$000 réis.			

Imposto especial sobre vinho, aguardente, etc. entrados no Porto e Villa Nova de Gaia.--Produziu este imposto, pela alfandega do Porto, o seguinte:

1871–1872...................... 219:000$000
1872–1873...................... 247:000$000
1873–1874...................... 253:000$000
Orçamento para 1875–1876......... 253:000$000

A taxa d'este imposto é de 60 réis por cada litro.

Imposto do real de agua.—É um antigo imposto de consumo, cujo producto era applicado ás fortificações do reino, e que, durante o reinado de D. João V, foi destinado para auxiliar as despezas com a construcção do aqueducto das aguas livres, para abastecimento da capital. Este imposto, geral para todo o reino, excepto em Lisboa, Porto e Villa Nova de Gaia, foi, depois de diversas modificações, regulado ultimamente em 1873, sujeitando a esse encargo mais alguns generos, e diminuindo-o em relação a outros.

As taxas do real de agua são as seguintes: vinho 2 réis por cada litro; vinagre 7 réis; bebidas alcoolicas 30 réis; azeite 10 réis; arroz 10 réis.

O producto d'este imposto foi em

1872–1873...................... 641:000$000
1873–1874...................... 693:000$000
Orçamento para 1875–1876......... 750:000$000
Em 1851–1852 rendia.............. 144:000$000

Imposto de cereaes.—Este imposto, lançado sobre os cereaes que se importam do estrangeiro, produziu em todas as alfandegas do continente o seguinte:

1871–1872...................... 62:000$000
1872–1873...................... 72:000$000
1873–1874...................... 41:000$000
Orçamento para 1875–1876......... 58:000$000

Imposto do pescado.—É igualmente cobrado nas alfandegas, e produziu no ultimo triennio:

1871–1872...................... 79:000$000
1872–1873 .... 97:000$000
1873–1874 .... 104:000$000
Orçamento de 1875–1876......... 104:000$000

Imposto de transito nos caminhos de ferro.—Produziu em:

1871–1872...................... 56:000$000
1872–1873...................... 61:000$000
1873–1874...................... 79:000$000

O orçamento para 1875–1876 orça esta receita em 86:000$000 réis, incluindo 8:000$000 réis de imposto nos caminhos de ferro do Minho e Douro, que n'esse anno devem ter 93 kilometros abertos á exploração.

Imposto sobre o tabaco. — Depois da abolição do monopolio do tabaco, cuja fabricação estava a cargo de uma companhia, as leis de 13 de maio de 1864 e 14 de abril de 1871 estabeleceram sobre o tabaco os direitos de importação e $\frac{5}{6}$ do producto dos 3 por cento dos emolumentos.

Estes impostos produziram o seguinte:

1865–1866	1.881:000$000
1866–1867	1.831:000$000
1867–1868	1.987:000$000
1868–1869	2.298:000$000
1869–1870	2.109:000$000
1870–1871	1.878:000$000
1871–1872	1.827:000$000
1872–1873	2.045:000$000
1873–1874	2.222:000$000

O orçamento para 1875–1876 calcula esta receita em réis 2.222:500$000, cuja relação para o total dos rendimentos do estado é de 9,6 por cento, e a quota por habitante 580,7 réis.

Em 1851–1852 a companhia do contrato do tabaco, pagava ao estado 1.321:000$000 réis, quantia que depois se elevou a 2.000:000$000 réis.

Imposto para melhoramento de barras:

Barra do Douro

1871–1872	20:000$000
1872–1873	20:000$000
1873–1874	21:000$000
Orçamento para 1875–1876	21:300$000

Barra da Figueira

1871–1872	6:000$000
1872–1873	7:000$000
1873–1874	8:000$000
Orçamento para 1875–1876	8:400$000

Barra de Portimão

1871–1872	11:000$000
1872–1873	12:000$000
1873–1874	13:000$000
Orçamento para 1875–1876	13:200$000

Barra de Vianna do Castello

1871–1872	6:000$000
1872–1873	7:000$000

1873–1874...................... 7:000$000
Orçamento para 1875–1876......... 7:100$000

Barra de Espozende

1873–1874...................... 321$000
Orçamento para 1875–1876 .... 300$000

Os outros impostos indirectos ou taxas a elles assimilhadas, estão orçados para o anno de 1875–1876 em 373:550$000 réis.

Os impostos indirectos no continente do reino sommam réis 11.295:450$000. A sua relação para a totalidade da receita do estado é de 48,7 e a quota por cada habitante, 2$951,5 réis.

Damos em seguida um quadro com a quota de contribuições indirectas, e a sua relação com a receita total, nos principaes paizes:

Paizes	Relação — Por cento	Quotas
Inglaterra........................	54,0	93$545
França...........................	69,2	48$742
Russia...........................	75,0	34$171
Italia...........................	23,8	18$020
Hespanha.........................	50,8	13$502
Austria..........................	27,8	11$567
Noruega..........................	69,0	8$506
Hollanda.........................	53,8	6$158
Suecia...........................	47,8	4$958
Belgica..........................	20,0	3$467
Portugal.........................	48,7	2$952

Os impostos directos e indirectos apresentam a seguinte progressão desde 1853:

Annos	Directos	Indirectos
1853–1854................	2.849:000$000	6.035:000$000
1860–1861................	3.581:000$000	7.851:000$000
1865–1866................	4.927:000$000	8.867:000$000
1872–1873................	6.778:000$000	10.655:000$000

IV

BENS PROPRIOS NACIONAES E RENDIMENTOS DIVERSOS

O rendimento dos estabelecimentos do estado no continente está orçado para 1875–1876 da maneira seguinte:

Correios	540:200$000
Telegraphos	65:000$000
Caminhos de ferro do sul e sueste.........	427:600$000
Caminhos de ferro do Minho e Douro.......	248:600$000
Caminho de ferro americano de S. Martinho.	8:700$000
Imprensa nacional......................	143:600$000
Pinhaes e matas	45:000$000
Arsenal do exercito e fabrica da polvora ...	47:000$000
Outros estabelecimentos	78:880$000
Venda de bens nacionaes	44:500$000
Rendimentos diversos	960:726$000
Total........	2.609:806$000

Recapitulação dos rendimentos do estado no continente

1.º Impostos directos...................	5.747:000$000
2.º Imposto do sêllo e registro............	2.024:000$000
3.º Impostos indirectos..................	11.295:000$000
4.º Bens proprios nacionaes e rendimentos diversos.........................	2.610:000$000
Total	21.676:000$000

Juntando a receita proveniente das ilhas adjacentes, cujo desenvolvimento daremos no capitulo respectivo, temos para receita geral do estado a *somma* de 23.152:000$000 réis.

DESPEZAS

As despezas do estado dividem-se em *ordinaria* e *extraordinaria*.

A despeza ordinaria compréhende: os encargos da divida publica, os encargos geraes, e o serviço dos ministerios.

I

DIVIDA PUBLICA

A divida portugueza consiste em: divida consolidada interna e externa, divida fluctuante, e divida corrente.

O primeiro emprestimo realisado pelo governo portuguez data de 1796. Antes d'esta epocha já existia, porém, um encargo permanente para o erario, representado pelas rendas dos padrões de juros reaes, que constituiam uma verdadeira divida consolidada, cuja origem remonta ao seculo xv. Estes titulos venciam juros diversos, de 4 a 5 por cento. Em 1837 foi decretada a sua conversão em inscripções de 4 por cento.

Os *padrões* existentes em 1836 representavam um capital de 5.130:000$000 réis, vencendo um juro de 240:000$000 réis. Pela conversão em inscripções este encargo ficou reduzido a 146:000$000 réis annuaes.

Havia outros padrões de juros, emittidos em diversas epochas pela camara municipal de Lisboa, com o juro de 5 por cento, que foram convertidos em inscripções de 4 por cento, por decreto de 1848.

O primeiro emprestimo de 1796, no valor nominal de réis 4.000:000$000, foi ampliado em 1797. Em 1801 foi decretado novo emprestimo de 4.800:000$000 réis, e assim successivamente foi augmentando a divida consolidada, já por effeito de novos emprestimos, já pela capitalisação de juros em divida, elevando-se em 1828 a 20.402:000$000 réis. A divida fluctuante ascendia a 18.698:000$000 réis.

De 1828 a 1834, a divida publica fundada subiu a réis 50.000:000$000, não entrando n'esta somma 3.196:000$000 de divida contrahida pelo governo do infante D. Miguel, considerada nulla e illegal por um decreto de 1830.

Em 1844 a divida consolidada tinha subido a 79.529:000$000 réis, sendo 29.959:000$000 réis da divida interna, réis 41.821:000$000 da externa, e 7.749:000$000 réis de papel moeda, padrões de juros, e diversos titulos.

Em 1840 tinha sido decretada a conversão da divida externa em *bonds* de juro de 5 por cento, differido até 1853 em escala ascendente, partindo do juro de $2^1/_2$ por cento. Em 1845 nova operação converteu a divida externa, fixando um juro uniforme de 4 por cento. D'esse anno até 1851, a divida consolidada foi crescendo com a capitalisação dos juros em divida.

Uma grande medida financeira, decretada em 1852, reduziu o juro da divida consolidada a 3 por cento, e indemnisou com titulos de divida differida até 1863, vencendo o mesmo juro, os possuidores de titulos que tinham soffrido as deducções de 25 por cento.

A divida fundada estava em fins de 1852 elevada a réis 88.211:000$000, sendo:

Divida interna................ 41.298:000$000
Divida externa............... 46.913:000$000

Pela conversão a divida interna ficou em 38.827:000$000 réis.

Os encargos resultantes d'estas dividas, que antes da conversão subiam a 3.491:000$000 réis, ficaram reduzidos a réis 2.574:000$000.

O grande desenvolvimento que se deu ás obras publicas e a outros melhoramentos, depois de 1852, fez progressivamente elevar a divida fundada.

Eis o valor nominal d'essa divida nos seguintes annos, e os juros correspondentes:

Annos	Interna	Externa	Total	Juros
1854........	43.822:000$000	46.008:000$000	89.884:000$000	2.695:000$000
1858........	55.944:000$000	52.800:000$000	108.744:000$000	3.262:000$000
1862........	81.688:000$000	68.166:000$000	149.854:000$000	4.496:000$000
1866........	109.045:000$000	85.604:000$000	194.648:000$000	5.839:000$000
1870........	195.913:000$000	97.200:000$000	293.113:000$000	8.793:000$000
1875........	207.400:000$000	144.100:000$000	351.500:000$000	10.545:000$000

A administração da divida fundada interna esteve até 1834 a cargo da *junta dos juros reaes*.

Esta junta foi dissolvida n'aquelle anno, e entregue a administração da divida a uma commissão interina, até que em 1837 foi creada a *junta do credito publico*. Em 1841 a administração da divida externa passou tambem para a junta, a qual tinha já a seu cargo a administração do papel sellado e a venda dos bens nacionaes.

Pela reforma decretada em 1843 a junta do credito publico ficou sómente com o encargo da administração da divida fundada interna e externa.

Actualmente o pessoal da junta é o seguinte: 1 presidente e 4 vogaes com gratificação de 600$000 réis; 1 contador geral 1:200$000 réis; 2 chefes de repartição a 800$000 réis; 4 primeiros officiaes a 600$000 réis; 6 segundos officiaes a 480$000 réis; 8 amanuenses a 300$000 réis; e 13 a 192$000 réis; 1 thesoureiro pagador com 1:600$000 réis; 1 fiel com 600$000 réis; 1 ajudante do fiel 300$000 réis; 1 porteiro 480$000 réis; e 4 continuos a 280$000 réis. Total da despeza 20:076$000 réis.

A agencia financial de Londres tem 5 empregados, e custa ao thesouro 7:746$000 réis.

As commissões, corretagens, descontos de letras e varias despezas em Londres e Paris custam 16:000$000 réis.

A divida fluctuante, originada pela imperiosa necessidade de cobrir o excedente da despeza sobre a receita, e renascendo sempre depois das repetidas consolidações e amortisações, subia em junho de 1873 a 16.448:558$950 réis. N'esse anno contrahiu o governo um emprestimo nacional de 38.000:000$000 réis nominaes, que produziu 16.236:106$811 réis, quantia que foi applicada á consolidação da divida fluctuante. No fim porém d'esse anno economico, 1873–1874, as despezas extraordinarias tinham feito renascer uma divida fluctuante de 2.017:000$000 réis.

No fim de 1874 subia a divida fluctuante a 3.682:900$000 réis.

Os juros e amortisações da divida fluctuante estão a cargo do thesouro, e figuram mais adiante nos encargos geraes pertencentes ao ministerio da fazenda.

II

ENCARGOS GERAES

Lista civil.—A dotação da familia real é de 591:000$000 réis, distribuidos da seguinte fórma:

Sua Magestade El-Rei...................... 365:000$000
Sua Magestade a Rainha................... 60:000$000
Sua Alteza o Principe Real .... 20:000$000
Sua Alteza o Infante D. Affonso........... 10:000$000
Sua Magestade El-Rei D. Fernando.......... 100:000$000
Sua Alteza o Infante D. Augusto .... 16:000$000
Sua Alteza a Senhora Infanta D. Izabel Maria.. 20:000$000

Camara dos pares.—A despeza com o pessoal da secretaria da camara, tachygraphia, impressos, etc., é de 25:384$000 réis.

Camara dos deputados.—Subsidio e gratificação de jornada aos deputados 27:000$000 réis. Pessoal da secretaria, tachygraphia e despeza de impressos 33:000$000 réis,

Juros e amortisações.—Os encargos da divida fluctuante, calculados para 1875–1876 em 89:500$000 réis, os encargos da emissão de obrigações dos caminhos de ferro, do Minho e Douro, e os do emprestimo para compra de navios e juros das sommas adiantadas pelos bancos, constituem a despeza de réis 644:000$000.

Outros encargos, 573:000$000 réis.

Os encargos geraes que competem ao ministerio da fazenda sommam 1.893:648$000 réis.

Nos seguintes annos economicos estes encargos foram assim representados:

	1868–1869	1874–1875
Lista civil.....................	651:000$000	591:000$000
Camara dos pares	38:000$000	26:000$000
Camara dos deputados	110:000$000	59:000$000
Juros e amortisações...........	945:000$000	128:000$000
Outros encargos...............	470:000$000	569:000$000
	2.214:000$000	1.375:000$000

III

SERVIÇO DOS MINISTERIOS

Despeza ordinaria

Ministerio da fazenda.—Os encargos geraes que acabâmos de analysar entram no orçamento d'este ministerio, cuja despeza total é orçada para o exercicio de 1875–1876 em réis 3.454:652$000.

Nos seguintes annos essa despeza foi:

1865–1866...................... 4.179:000$000
1868–1869...................... 3.718:000$000
1874–1875...................... 2.881:000$000

A despeza orçamental para 1875–1876, com os diversos serviços a cargo d'este ministerio, comparada com a de 1868–1869, é a seguinte:

	1868–1869	1875–1876
Administração superior da fazenda publica......................	118:000$000	141:000$000
Alfandegas......................	724:000$000	643:000$000
Casa da moeda e papel sellado.....	45:000$000	43:000$000
Repartições de fazenda dos districtos e concelhos......................	363:000$000	546:000$000
Empregados addidos e aposentados..	493:000$000	126:000$000
Despezas diversas...............	141:000$000	36:000$000

Ministerio do reino.—O orçamento da despeza d'este ministerio para 1875–1876 é de 1.928:580$000 réis.

Em 1865–1866 .... 1.586:000$000
Em 1868–1869 .... 1.899:000$000
Em 1874–1875 .... 1.911:000$000

Essa despeza subdivide-se do modo seguinte:

	1868–1869	1875–1876
Secretaria d'estado	52:000$000	40:000$000
Conselho d'estado e supremo tribunal administrativo.................	36:000$000	24:000$000
Governos civis...................	112:000$000	101:000$000
Subsidios a municipios...........	211:000$000	[1]280:000$000

[1] Ao municipio de Lisboa 215:000$000 réis, ao do Porto 60:000$000 réis, e ao de Villa Nova de Gaia 5:000$000 réis.

	1868—1869	1875—1876
Segurança publica:		
Guarda municipal de Lisboa...	164:000$000	170:000$000
Guarda municipal do Porto....	74:000$000	81:000$000
Policia civil de Lisboa........	67:000$000	49:000$000
Policia civil do Porto.........	—$—	24:000$000
Policia preventiva e armamento	24:000$000	26:000$000
Hygiene publica.................	39:000$000	38:000$000
Instrucção publica..............	749:000$000	628:000$000
Estabelecimentos scientificos, littera-		
rios e de publicações officiaes	158:000$000	170:000$000
Beneficencia publica.............	162:000$000	207:000$000
Addidos, aposentados e jubilados...	49:000$000	71:000$000

Ministerio da justiça e ecclesiasticos. — Para o anno de 1875-1876 está orçada a despeza em 519:655$990 réis.

1865-1866...................... 591:000$000
1868-1869...................... 643:000$000
1874-1875...................... 536:000$000

Distribue-se essa despeza do seguinte modo pelos diversos serviços do ministerio:

	1868—1869	1875—1876
Secretaria d'estado	33:000$000	29:000$000
Dioceses......................	198:000$000	122:000$000
Supremo tribunal de justiça........	35:000$000	28:000$000
Tribunaes de segunda instancia	106:000$000	62:000$000
Juizes de primeira instancia	87:000$000	66:000$000
Ministerio publico	80:000$000	71:000$000
Sustento de presos e policia das ca-		
deias........................	89:000$000	91:000$000
Aposentados	—$—	39:000$000
Despezas diversas	20:000$000	12:000$000

Ministerio da guerra. — A despeza para 1875-1876 é orçada em 3.422:180$094 réis.

1865-1866...................... 3.293:000$000
1868-1869...................... 3.693:000$000
1874-1875...................... 3.418:000$000

Nas diversas especialidades de serviço a despeza é:

	1868—1869	1875—1876
Secretaria d'estado............	117:000$000	45:000$000
Estado maior do exercito e commandos militares............	125:000$000	95:000$000
Corpos das diversas armas......	2.198:000$000	2.108:000$000
Praças de guerra e pontos fortificados................	31:000$000	19:000$000
Diversos estabelecimentos de justiça militar................	340:000$000	334:000$000
Officiaes em commissões activas..	15:000$000	24:000$000
Officiaes em disponibilidade e inactividade...............	24:000$000	27:000$000
Officiaes sem accesso, reformados e jubilados...............	448:000$000	617:000$000
Companhias de veteranos e invalidos................	148:000$000	13:000$000
Diversas despezas............	183:000$000	136:000$000

Ministerio da marinha.—A despeza no orçamento de 1875-1876 é de 1.224:000$426 réis.

    1865–1866..................... 1.298:000$000
    1868–1869..................... 1.562:000$000
    1874–1875..................... 1.101:000$000

Divide-se essa despeza do modo seguinte:

	1868–1869	1875–1876
Secretaria d'estado e repartições auxiliares................	83:000$000	44:000$000
Armada nacional.............	442:000$000	413:000$000
Tribunaes e diversos estabelecimentos	61:000$000	61:000$000
Arsenal da marinha e suas dependencias..................	605:000$000	513:000$000
Encargos diversos.............	264:000$000	74:000$000
Empregados em serviço no ultramar, etc., aposentados, jubilados e veteranos...................	107:000$000	117:000$000

Ministerio dos negocios estrangeiros.—No orçamento de 1875–1876 a despeza d'este ministerio é de 252:230$254 réis.

    1865–1866..................... 227:000$000
    1868–1869..................... 226:000$000
    1874–1875..................... 252:000$000

Com os differentes serviços do ministerio a despeza é:

	1868-1869	1875-1876
Secretaria d'estado.	25:000$000	19:000$000
Corpo diplomatico.	83:000$000	103:000$000
Corpo consular	13:000$000	59:000$000
Despezas eventuaes.	98:000$000	56:000$000
Addidos e aposentados.	2:000$000	13:000$000

Ministerio das obras publicas, commercio e industria. — A despeza com este ministerio é orçada para 1875–1876 em réis 1.321:514$617.

1865–1866...................... 1.984:000$000
1868–1869...................... 1.114:000$000
1874–1875...................... 1.292:000$000

Subdivide-se a despeza do modo seguinte:

	1868-1869	1875-1876
Secretaria d'estado	55:000$000	44:000$000
Pessoal technico	–$–	85:000$000
Addidos, jubilados, etc	57:000$000	74:000$000
Conservação de estradas	130:000$000	200:000$000
Caminhos de ferro (fiscalisação, etc.)	33:000$000	23:000$000
Telegraphos e pharoes	159:000$000	169:000$000
Diversas obras	45:000$000	184:000$000
Estabelecimentos de instrucção	118:000$000	70:000$000
Matas nacionaes	35:000$000	44:000$000
Correios e postas	375:000$000	350:000$000
Trabalhos geodesicos, hydrographicos e geologicos	55:000$000	62:000$000
Diversas despezas	30:000$000	15:000$000

Despeza extraordinaria

Para o exercicio de 1875–1876 esta despeza está orçada do modo seguinte:

Ministerio da justiça. — Subsidio a religiosas 2:400$000 réis.

Marinha e ultramar. — Concertos extraordinarios 45:000$000 réis.

Obras publicas:

Estudos de estradas .... 15:000$000
Obras hydraulicas............................. 70:000$000
Construcção de linhas telegraphicas e pharoes.. 15:000$000
Construcção e grandes reparações das estradas de 1.ª classe .... 700:000$000

Subsidios para estradas municipaes e districtaes 180:000$000
Alfandega do Pórto........................ 40:000$000
Exploração do caminho de ferro de sul e sueste 218:820$000
Exploração dos caminhos de ferro do Porto a
  Braga.................................. 99:500$000
Exploração do caminho de ferro do Douro..... 50:160$000

Nos annos a que nos temos referido a despeza extraordinaria foi a seguinte:

Ministerios	1865–1866	1868–1869	1874–1875
Fazenda.......	70:000$000	–$–	–$–
Reino.........	7:000$000	–$–	–$–
Justiça.......	4:000$000	5:000$000	2:000$000
Guerra........	85:000$000	–$–	–$–
Marinha.......	604:000$000	302:000$000	90:000$000
Estrangeiros...	–$–	–$–	–$–
Obras publicas..	1.500:000$000	1.920:000$000	1.245:000$000

Em resumo as receitas e despezas do estado para o anno economico de 1875–1876 são as seguintes:

Receita:
Impostos directos....................... 5.645:000$000
Sêllo e registro....................... 2.598:000$000
Impostos indirectos .... 11.831:000$000
Proprios nacionaes..................... 2.634:000$000
Juros dos titulos na posse da fazenda ...... 444:000$000

Total......... 23.152:000$000

Despeza:
Encargos geraes....................... 1.894:000$000
Junta do credito publico................. 10.570:000$000
Serviço proprio dos ministerios............ 10.229:000$000
Despeza extraordinaria................. 1.436:000$000

Total......... 24.129:000$000

Deficit........................... 977:000$000

O seguinte quadro comparativo, das receitas e despezas em uma longa serie de annos, fornece curiosos elementos para avaliar o desenvolvimento material do paiz. Devemos, porém, fazer notar que, o grande augmento da receita n'esse periodo de quarenta annos, realisou-se sem gravame dos povos. Como se vê nos quadros de comparação das contribuições nos diversos estados, Portugal é o paiz que paga menos.

Póde calcular-se em 300:000$000 réis a somma despendida pelos particulares, ficando d'este modo a despeza total do paiz com a instrucção orçada em 1.200:000$000 réis.

II

INSTRUCÇÃO SUPERIOR

O ensino superior é fornecido pelos seguintes estabelecimentos: universidade de Coimbra, escola polytechnica de Lisboa, escola do exercito, academia polytechnica do Porto, escolas medico-cirurgicas de Lisboa, Porto e Funchal, e curso superior de letras.

A universidade de Coimbra foi fundada em Lisboa no anno de 1290 por el-rei D. Diniz, cabendo ao prior de Santa Cruz a gloria de promover a sua creação. Em 1307 foi transferida para Coimbra, voltando para a capital setenta annos depois; mas em 1537 D. João III mudou-a de novo para aquella cidade, onde tem permanecido até hoje.

Até 1772 ensinava-se ali sómente theologia, direito e medicina, mas uma grande reforma effectuada pelo marquez de Pombal creou n'aquelle anno as faculdades de mathematica e philosophia. Posteriormente foram creadas algumas cadeiras na faculdade de philosophia e um curso administrativo.

CAPITULO VII

INSTRUCÇÃO E BENEFICENCIA

INSTRUCÇÃO PUBLICA

I

ORGANISAÇÃO E DESPEZAS

A administração dos negocios relativos á instrucção publica está a cargo de uma direcção geral no ministerio do reino; uma junta consultiva de instrucção publica funcciona junto a este ministerio, dando o seu voto sobre as obras que são submettidas ao seu exame, e consultando sobre as questões de ensino publico. O ensino especial militar está debaixo da direcção do ministerio da guerra, e o ensino naval a cargo do ministerio da marinha.

A instrucção publica divide-se em tres ramos: instrucção superior, secundaria e primaria, havendo alem d'estes a instrucção especial de bellas artes.

15

Subsidios para estradas municipaes e districtaes 180:000$000
Alfandega do Pórto...................... 40:000$000
Exploração do caminho de ferro de sul e sueste 218:820$000
Exploração dos caminhos de ferro do Porto a
Braga................................. 99:500$000
Exploração do caminho de ferro do Douro..... 50:160$000

Nos annos a que nos temos referido a despeza extraordinaria foi a seguinte:

Ministerios	1865–1866	1868–1869	1874–1875
Fazenda.......	70:000$000	–$–	–$–
Reino.........	7:000$000	–$–	–$–
Justiça.......	4:000$000	5:000$000	2:000$000
Guerra........	85:000$000	–$–	–$–
Marinha.......	604:000$000	302:000$000	90:000$000
Estrangeiros...	–$–	–$–	–$–
Obras publicas..	1.500:000$000	1.920:000$000	1.245:000$000

Em resumo as receitas e despezas do estado para o anno economico de 1875–1876 são as seguintes:

Receita:
Impostos directos..................... 5.645:000$000
Gratificações extraordinarias................ ? ???:000$000
Escolas normaes primarias,,,,,,,,,......... 7:637$000
Ensino primario....................... 244:764$000
Outras despezas....,,,,,......,........ 35:400$000
Academia real das sciencias:............. 12:609$000
Archivo da Torre do Tombo.............. 7:080$000
Bibliothecas publicas................... 11:730$000
Imprensas do estado.................... 138:830$000
                                        ─────────────
                                        798:614$000

Juntando-lhe a despeza a cargo de outros ministerios; a saber:

Escola do exercito..................... 31:143$000
Collegio militar....................... 19:056$000
Escola naval.......................... 7:470$000
Ensino agricola elementar .... 3:500$000
Instituto geral de agricultura.......... 17:857$000
Instituto industrial de Lisboa.......... 14:320$000
Instituto industrial do Porto........... 10:770$000
                                        ─────────────
                           Total........ 902:730$000

Póde calcular-se em 300:000$000 réis a somma despendida pelos particulares, ficando d'este modo a despeza total do paiz com a instrucção orçada em 1.200:000$000 réis.

II

INSTRUCÇÃO SUPERIOR

O ensino superior é fornecido pelos seguintes estabelecimentos: universidade de Coimbra, escola polytechnica de Lisboa, escola do exercito, academia polytechnica do Porto, escolas medico-cirurgicas de Lisboa, Porto e Funchal, e curso superior de letras.

A universidade de Coimbra foi fundada em Lisboa no anno de 1290 por el-rei D. Diniz, cabendo ao prior de Santa Cruz a gloria de promover a sua creação. Em 1307 foi transferida para Coimbra, voltando para a capital setenta annos depois; mas em 1537 D. João III mudou-a de novo para aquella cidade, onde tem permanecido até hoje.

Até 1772 ensinava-se alli sómente theologia, direito e medicina, mas uma grande reforma effectuada pelo marquez de Pombal creou n'aquelle anno as faculdades de mathematica e philosophia. Posteriormente foram creadas algumas cadeiras na faculdade de philosophia e um curso administrativo.

O ensino na universidade está hoje dividido do modo seguinte:

Theologia.—1.ª cadeira, historia ecclesiastica; 2.ª, theologia dogmatico-polemica (logares theologicos); 3.ª, theologia symbolica; 4.ª, theologia mystica; 5.ª, theologia moral; 6.ª, theologia liturgica; 7.ª, escriptura sagrada; 8.ª, theologia pastoral.

Direito.—1.ª cadeira, philosophia de direito e historia de direito publico constitucional portuguez; 2.ª, direito romano; 3.ª, direito civil portuguez; 4.ª, direito publico; 5.ª, economia politica e estatistica; 6.ª, direito civil; 7.ª, legislação administrativa; 8.ª, legislação financeira; 9.ª, direito civil; 10.ª, direito ecclesiastico; 11.ª, direito commercial; 12.ª, organisação judicial; 13.ª, direito ecclesiastico; 14.ª, direito penal; 15.ª, processo e pratica judicial.

Curso administrativo.—1.ª cadeira, chimica inorganica; 2.ª, direito natural; 3.ª, economia politica; 4.ª, mineralogia, geologia; 5.ª, direito publico; 6.ª, direito civil; 7.ª, agricultura geral; 8.ª, legislação administrativa; 9.ª, legislação penal.

Medicina.—1.ª cadeira, anatomia humana; 2.ª, histologia e physiologia geral; 3.ª, physiologia especial e hygiene; 4.ª, anatomia, medicina operatoria e pathologia; 5.ª, materia medica e

15.

pharmacia; 6.ª, pathologia externa e clinica cirurgica; 7.ª, anatomia pathologica e toxicologia; 8.ª, pathologia interna, doutrina e historia da medicina; 9.ª, tocologia, molestias de puerperas; 10.ª, clinica de mulheres; 11.ª, clinica de homens; 12.ª, medicina legal.

Mathematica.—1.ª cadeira, algebra superior, geometria analytica, trigonometria espherica; 2.ª, calculo differencial e integral, das differenças, das variações e probabilidades; 3.ª, mechanica racional; 4.ª, geometria descriptiva; 5.ª, astronomia pratica; 6.ª, geodesia; 7.ª, mechanica celeste; 8.ª, physica mathematica.

Philosophia.—1.ª cadeira, chimica inorganica; 2.ª, chimica organica, analyse chimica; 3.ª, physica (1.ª parte); 4.ª, botanica; 5.ª, physica (2.ª parte); 6.ª, zoologia; 7.ª, mineralogia, geologia e minas; 8.ª, agricultura geral, zootechnia, economia rural.

O pessoal do corpo docente consta de 52 lentes cathedraticos e 15 substitutos. O ordenado dos lentes directores de faculdades é 1:200$000 réis, os cathedraticos percebem 800$000 réis, o lente de desenho 500$000 réis, os substitutos 500$000 réis.

A estatistica do movimento de alumnos é a seguinte:

Faculdades	1870-1871					1871-1872					1872-1873				
	Matriculados	Fizeram exame	Approvados	Reprovados	Premiados	Matriculados	Fizeram exame	Approvados	Reprovados	Premiados	Matriculados	Fizeram exame	Approvados	Reprovados	Premiados
Theologia.......	39	38	38	–	3	63	45	45	–	4	83	51	51	–	3
Direito.........	343	338	330	8	16	368	358	346	7	15	398	383	378	5	15
Curso administrativo.........	6	5	5	–	–	1	2	2	–	1	3	3	3	–	–
Medicina.......	56	55	55	–	7	63	63	62	1	11	81	81	81	–	17
Mathematica....	104	76	71	5	15	128	65	60	5	16	129	80	72	8	9
Philosophia	262	237	225	12	20	298	281	265	16	21	265	248	222	26	18
	810	749	724	25	61	921	809	780	20	67	959	846	807	39	62
Desenho........	108	89	89	–	–	114	84	81	3	–	125	101	98	3	–
Total...	918	838	813	25	61	1:035	893	861	23	67	1:084	947	905	42	62

A **escola polytechnica** comprehende o ensino das mathematicas superiores, da historia natural e da economia politica, leccionado em 13 cadeiras, do modo seguinte, segundo o programma de 1872:

1.ª Cadeira: trigonometria espherica, algebra superior e geometria analytica; 2.ª, calculos: differencial, integral, de variações e de probabilidades; cynematica; 3.ª, mechanica racional e machinas; 4.ª, astronomia e geodesia.

Alem d'estas materias, professa-se mais um curso de geometria descriptiva dividido em duas partes.

5.ª Cadeira: physica mathematica e experimental; 6.ª, chimica inorganica: cadeira de analyse chimica e de chimica organica; 7.ª, mineralogia e geologia; 8.ª, anatomia e physiologia comparadas, e zoologia; 9.ª, botanica; 10.ª, economia politica e direito administrativo e commercial.

Desenho, em quatro annos.

Na escola ha 12 lentes proprietarios com 700$000 réis de ordenado, 8 substitutos a 400$000 réis, 1 professor de desenho com 500$000 réis e um ajudante com 300$000 réis.

Este estabelecimento de instrucção superior substituiu o antigo collegio dos nobres, creado pelo marquez de Pombal. Os bens com que o antigo collegio foi dotado, rendem hoje para o estado 6:800$000 réis.

Da excellente estatistica do movimento dos alumnos na escola polytechnica, extrahimos o seguinte quadro:

Annos lectivos	Numero de alumnos	Matriculas	Approvações	Reprovações	Não fizeram exame	Premios
1856–1857.........	213	548	173	87	305	7
1857–1858.........	181	487	154	41	307	3
1858–1859.........	172	489	167	47	280	5
1859–1860.........	161	485	161	44	282	10
1860–1861.........	150	358	186	45	127	8
1861–1862.........	161	387	205	52	130	10
1862–1863.........	170	428	249	41	138	9
1863–1864.........	183	437	257	46	134	8
1864–1865.........	160	394	206	54	134	6
1865–1866.........	115	337	198	25	114	3
1866–1867.........	126	353	190	35	128	7
1867–1868.........	156	449	295	20	134	13
1868–1869.........	167	490	324	31	139	16
1869–1870.........	198	574	356	38	180	16
1870–1871.........	174	531	295	32	204	16
1871–1872.........	174	480	303	40	137	14

A escola do exercito é a unica escola de applicação, onde se habilitam os alumnos para os cursos das diversas armas do exercito e para a engenheria civil. O seu pessoal consta de: 1 commandante, general, o qual vence, alem do soldo da patente, a gratificação de 1:080$000 réis; 1 segundo commandante,

1:260$000 réis; 2 directores de estudos a 1:260$000 réis; 6 lentes proprietarios com a gratificação de 450$000 réis alem do soldo da patente; 1 lente de 2.ª classe, 720$000 réis; 1 lente substituto com a gratificação de 270$000 réis; 4 repetidores, 5 instructores e 1 mestre de inglez com 360$000 réis e 1 professor de desenho.

Pela actual organisação o curso de engenheria militar é de tres annos e todos os outros de dois annos.

A seguinte estatistica da frequencia dos alumnos é a primeira que se organisou na escola do exercito[2], por isso a transcrevemos com mais desenvolvimento:

Annos lectivos	Cursos	Concluiram cursos	Passaram de anno	Não passaram	Total dos matriculados	Premiados	
						Prendas pecuniarias	Premios honorificos
1863-1864	Engenheria militar.......	–	1	1	2	–	[1]
	Artilheria...............	4	8	7	19	1	[1] 2
	Estado maior............	–	2	1	3	–	[1] 1
	Engenheria civil........	1	4	3	8	1	[1] 1
	Cavallaria e infanteria....	25	–	18	43	–	–
	Alumnos livres...........	–	–	–	[2] 4	–	–
					79		
1864-1865	Engenheria militar.......	–	2	–	2	–	–
	Artilheria...............	8	8	2	18	2	2
	Estado maior............	–	3	–	3	1	–
	Engenheria civil........	1	4	–	5	–	–
	Cavallaria e infanteria....	11	8	23	42	–	–
	Alumnos externos........	–	1	1	2	–	–
					72		
1865-1866	Engenheria militar.......	2	–	–	2	–	–
	Artilheria...............	7	11	–	18	–	–
	Estado maior...........	–	1	–	1	1	–
	Engenheria civil........	3	2	–	5	–	–
	Cavallaria e infanteria....	10	15	4	29	2	1
	Alumno livre...........	–	–	–	[3] 1	–	–
					56		

[1] Approvados com louvor.
[2] Approvados.
[3] Reprovado.

[2] Organisada a instancias nossas, foi-nos obsequiosamente fornecida pelo digno secretario o sr. major Joaquim J. da Graça. Sentimos não ter espaço para a transcrever na integra.

Annos lectivos	Cursos	Concluiram cursos	Passaram de anno	Não passaram	Total dos matriculados	Premiados	
						Premios pecuniarios	Premios honorificos
1866–1867	Engenheria militar.......	–	1	–	1	1	–
	Artilheria................	10	8	–	18	1	–
	Estado maior............	1	–	–	1	–	–
	Engenheria civil........	2	4	–	6	1	1
	Cavallaria e infanteria....	16	14	16	46	–	–
	Alumnos livres..........	–	–	–	¹ 4	–	–
					76		
1867–1868	Engenheria militar.......	–	5	–	5	2	1
	Artilheria................	7	7	1	15	2	–
	Estado maior............	–	1	–	1	1	–
	Engenheria civil........	4	2	1	7	2	2
	Cavallaria e infanteria....	16	62	7	85	2	12
	Alumnos livres..........	–	–	–	¹ 4	–	–
					117		
1868–1869	Engenheria militar.......	1	8	–	9	3	2
	Artilheria................	5	9	2	16	1	–
	Engenheria civil........	2	1	2	5	2	–
	Estado maior............	5	2	–	7	2	–
	Cavallaria e infanteria....	48	38	25	111	2	4
	Alumnos externos........	–	2	–	2	–	–
	Alumnos livres..........	–	–	–	¹ 3	–	–
					153		
1869–1870	Engenheria militar.......	4	8	–	12	3	4
	Artilheria................	10	10	2	22	1	–
	Estado maior............	2	–	1	3	–	–
	Engenheria civil........	2	2	–	4	1	–
	Cavallaria e infanteria....	45	26	10	90	2	15
	Curso de administração militar..................	–	–	1	1	–	–
	Alumno externo..........	–	1	–	1	–	–
	Alumno livre............	–	–	–	² 1	–	–
					134		
1870–1871	Engenheria militar........	4	12	–	16	3	4
	Artilheria................	10	14	2	26	–	–
	Estado maior............	–	1	–	1	–	–
	Engenheria civil........	2	1	–	3	2	1
	Cavallaria e infanteria....	27	57	32	116	2	15
	Alumno externo..........	–	–	1	1	–	–
	Alumnos livres..........	–	–	1	² 2	–	–
					165		

¹ Approvado 1 e reprovados os restantes.
² Reprovado.

Annos lectivos	Cursos	Concluiram cursos	Passaram de anno	Não passaram	Total dos matriculados	Premiados Premios pecuniarios	Premiados Premios honorificos
1871–1872	Engenheria militar........	5	13	–	18	3	1
	Artilheria...............	11	7	7	25	1	1
	Estado maior	1	–	–	1		
	Engenheria civil...,......	1	6	–	7	1	–
	Cavallaria e infanteria....	52	48	46	146	2	5
					197		
1872–1873	Engenheria militar........	8	14	1	23	2	7
	Artilheria...............	6	9	7	22	–	
	Estado maior	–	1	–	1	–	–
	Engenheria civil	6	2	–	8	1	2
	Cavallaria e infanteria....	42	62	51	155	1	6
							3
					209		
1873–1874	Engenheria militar	5	23	1	29	3	
	Artilheria.............	10	16	3	29	2	–
	Estado maior........,....	1	1	–	2	2	–
	Engenheria civil.........	2	4	1	7	2	2
	Cavallaria e infanteria....	62	62	69	193	2	4
					260		
1874–1875	Engenheria militar........	–	–	–	32	–	–
	Artilheria	–	–	–	26	–	–
	Estado maior	–	–	–	7	–	–
	Engenheria civil.........	–	–	–	6	–	–
	Cavallaria e infanteria....	–	–	–	198	–	–
	Engenheiros hydrographos	–	–	–	2	–	–
	Alumno livre............	–	–	–	1	–	–
					272		

Este estabelecimento, reformado por decreto de 12 de janeiro de 1837, foi fundado em 1790 com a denominação de academia real de fortificação, artilheria e desenho, em substituição da antiga aula de engenheria; porém, a primeira aula de fortificação, que houve em Portugal, foi creada no anno de 1647[1].

Escola naval. — Foi creada em 1796 uma academia de guardas marinhas, e extincta em 1845, creando-se em maio d'esse anno a escola naval. A companhia dos guardas marinhas tinha, porém, sido creada em 1782.

O pessoal da escola naval consta de: 1 commandante, 4 len-

[1] Vide *Historia dos estabelecimentos scientificos em Portugal*, por José Silvestre Ribeiro.

tes effectivos, 1 professor de hydrographia, 2 professores auxiliares, 1 mestre de esgrima e gymnastica, 1 mestre de apparelho e natação, 1 demonstrador de trabalhos praticos de construcção, e 1 instructor de artilheria e infanteria.

Na academia polytechnica do Porto ensina-se a mathematica, historia natural e economia politica, em 13 cadeiras, mas com menor desenvolvimento do que na escola polytechnica de Lisboa. O seu programma é o seguinte:

1.ª Cadeira: arithmetica, algebra, geometria, etc.; 2.ª, algebra e sua applicação á geometria, calculo, etc.; 3.ª, geometria descriptiva; 4.ª, desenho; 5.ª, trigonometria espherica, principios de astronomia e geodesia; 7.ª, historia natural applicada ás artes e officios; 8.ª, physica e mechanica industriaes; 9.ª, chimica, artes chimicas e lavra de minas; 10.ª, botanica, agricultura e economia rural, veterinaria; 11.ª, commercio e economia industrial; 12.ª, economia politica e direito commercial e administrativo; 13.ª, mechanica.

Tem 12 lentes a 700$000 réis, e 4 substitutos a 400$000 réis.

A estatistica do movimento dos alumnos é a seguinte:

Annos lectivos	Numero de alumnos	Matriculas	Approvações	Reprovações	Não fizeram exame
1870–1871..	90	205	190	–	15
1871–1872..	98	221	196	–	25
1872–1873..	109	226	208	2	16

As escolas medico-cirurgicas de Lisboa e Porto têem cada uma 11 lentes proprietarios a 700$000 réis, e 4 substitutos a 400$000 réis; 1 demonstrador de cirurgia, 1 professor e conservador do museu de anatomia e 1 professor do dispensatorio pharmaceutico, vencendo 300$000 réis cada um.

O movimento dos alumnos foi o seguinte:

Escola medico-cirurgica de Lisboa					
Annos lectivos	Numero de alumnos	Matriculas	Approvações	Reprovações	Não fizeram exame
1870–1871..	57	130	126	2	2
1871–1872..	69	141	130	2	9
1872–1873..	90	199	191	2	6
Escola medico-cirurgica do Porto					
1870–1871..	84	203	188	2	13
1871–1872..	89	219	201	2	16
1872–1873..	98	247	235	1	11

N'essas duas escolas professa-se: anatomia, physiologia e hygiene; historia natural dos medicamentos, pathologia externa, etc., apparelho e operações cirurgicas, partos, pathologia interna, clinica medica, clinica cirurgica, medicina legal e hygiene publica, e anatomia pathologica.

A escola medico-cirurgica do Funchal tem 2 professores a 400$000, 1 de anatomia e physiologia e 1 de pathologia e materia medica, e 1 de pharmacia que recebe a gratificação de 60$000 réis.

A frequencia é a seguinte:

Annos lectivos	Matriculas	Approvações	Reprovações	Não fizeram exame
1870–1871............	18	14	1	3
1871–1872............	11	10	–	1
1872–1873............	4	4	–	–

No curso superior de letras ha 5 cadeiras, nas quaes se professa:

1.ª Cadeira: historia patria universal; 2.ª, litteratura latina e grega; 3.ª, litteratura moderna da Europa e especialmente a portugueza; 4.ª, philosophia; 5.ª, historia universal philosophica.

Tem 5 professores a 600$000 réis.

Fundou este curso el-rei D. Pedro V, dotando-o com um capital de 30:000$000 em inscripções.

A frequencia foi:

Annos lectivos	Numero de alumnos	Matriculas	Approvações	Reprovações	Não fizeram exame
1870–1871..	17	36	18	5	13
1871–1872..	18	38	10	1	27
1872–1873..	14	32	22	4	6

III

INSTRUCÇÃO SECUNDARIA

Para o ensino secundario official ha no reino 18 lyceus, sendo 17 nas capitaes dos districtos administrativos e 1 em Lamego.

Nas ilhas adjacentes ha 4 lyceus nas capitaes dos districtos.

Para se poder comparar a frequencia dos alumnos entre os diversos districtos, tanto do continente como das ilhas, damos o seguinte mappa do movimento dos lyceus nacionaes no anno lectivo de 1873-1874:

| Lyceus | Alumnos dos lyceus | | | | | Estranhos aos lyceus | | | |
| | | | | | | Varões | | Femeas | |
	Numero de alumnos	Matriculas	Approvações	Reprovações	Não fizeram exame	Approvações	Reprovações	Approvações	Reprovações
Aveiro.........	160	232	27	12	193	88	50	3	–
Beja...........	52	179	15	7	157	3	7	–	–
Braga.........	304	560	84	37	439	521	209	–	–
Bragança......	93	275	24	9	242	3	11	–	–
Castello Branco.	54	172	5	12	155	30	11	–	–
Coimbra.......	147	250	50	24	176	716	323	–	–
Evora.........	64	167	18	6	148	27	37	1	–
Faro..........	128	387	10	6	871	22	18	–	–
Guarda........	165	465	35	30	400	57	28	–	–
Leiria.........	51	133	6	13	114	8	11	7	–
Lisboa.........	295	676	60	16	600	678	448	21	–
Portalegre......	54	117	3	6	108	22	22	–	–
Porto.........	257	551	69	48	440	378	299	–	–
Santarem......	148	413	26	12	375	75	57	–	–
Vianna........	112	284	15	13	256	55	42	–	–
Villa Real......	74	197	5	3	189	40	13	–	–
Vizeu.........	258	629	61	41	527	147	97	–	–
Lamego.......	89	231	3	–	228	87	47	–	–
	2:385	5:918	505	295	5:118	2:957	1:737	32	–
Angra.........	48	172	20	–	152	27	12	–	–
Horta.........	46	180	18	–	162	–	–	–	–
Ponta Delgada..	45	153	18	1	134	25	3	–	–
Funchal.......	118	460	60	8	392	22	3	–	–
	257	965	116	9	840	74	18	–	–
Total geral.....	2:642	6:883	621	304	5:958	3:031	1:755	32	–

Os lyceus dividem-se em duas classes:

São de 1.ª classe os lyceus dos districtos de Lisboa, Porto, Coimbra, Braga, Evora, Santarem, Vizeu e Funchal.

O lyceu de Lisboa tem 10 professores com o vencimento de 400$000 réis, e 3 substitutos a 266$000 réis; o do Porto 10 professores a 400$000 réis, e 3 substitutos a 200$000 réis; o de Coimbra 12 professores a 400$000 réis, e 3 substitutos a 200$000 réis; os lyceus de Braga, Evora e Santarem têem cada um 10 professores a 350$000 réis, e 3 substitutos a 175$000 réis; o lyceu do Funchal tem 7 professores a 400$000 réis.

Os lyceus de 2.ª classe têem cada um 5 professores a 350$000 réis.

O numero total dos professores dos lyceus é de 157.

Fóra dos lyceus ha em diversas povoações do reino 57 professores de instrucção secundaria e 5 nas ilhas adjacentes, com o ordenado de 200$000 réis.

As aulas de instrucção secundaria, espalhadas em diversas villas do continente e ilhas adjacentes, e nas quaes se lecciona 1.º e 2.º anno de portuguez, latim, latinidade, francez e inglez, tiveram a seguinte frequencia nos tres ultimos annos:

Annos lectivos	No continente				Nas ilhas adjacentes		
	Numero de aulas	Numero de alumnos	Matriculas	Promptos no fim do anno	Numero de aulas	Numero de alumnos	Matriculas
1871–1872	131	400	1:502	313	13	84	87
1872–1873	125	385	837	253	12	36	85
1873–1874	113	339	719	248	10	29	59

Real collegio militar.—Em 1803 fundou-se na Feitoria, proximo da torre de S. Julião da Barra, um collegio particular para educação dos filhos dos officiaes de regimento de artilheria da côrte, de quartel n'aquella praça de guerra[1]. O governo auxiliou depois este estabelecimento, dando uma prestação de 240 réis diarios a cada alumno. Foi esta a origem do real collegio militar, constituido e organisado em 1814, no edificio do antigo hospital de Santa Thereza, na Luz.

É destinado a dois fins principaes: recompensar os serviços dos officiaes do exercito e armada, fornecendo ensino gratuito aos seus filhos, e habilitar estes com uma educação militar.

Pela sua primitiva organisação, que vigorou até 1850, professava-se no collegio o curso completo de infanteria e cavallaria, e recebiam os alumnos a instrucção pratica de infanteria e artilheria.

[1] Por iniciativa do coronel d'aquelle regimento, Antonio Teixeira Rebello, que foi depois o primeiro director do real collegio militar.

.Pela suppressão das cadeiras de fortificação e topographia, os alumnos completam o curso de infanteria na escola do exercito, sendo então promovidos a alferes.

Actualmente o numero de alumnos, pensionistas e porcionistas é de 196. Para a sua manutenção e despezas do collegio tem no orçamento do ministerio da guerra uma verba de 18:000$000 réis.

O pessoal consta de 1 director, general de brigada, 1 sub-director, 1 ajudante, 1 secretario, 1 quartel mestre, 4 officiaes do estado maior, 1 cirurgião, 1 capellão e 7 professores.

O ensino secundario nos lyceus, collegios e escolas dos principaes paizes da Europa tem o desenvolvimento que mostra o seguinte quadro:

Estados	Officiaes		Particulares ou de corporações	
	Numero de aulas	Numero de alumnos	Numero de aulas	Numero de alumnos
Prussia..................	521	118:500		
França...................	575	102:538	1:081	77:906
Austria..................	181	46:557		
Hungria.................	177	35:320		
Baviera.................	118	11:729		
Hollanda...............	67	(?) 1:781		
Hespanha...............	68	25:288		
Belgica.................	59	11:882		
Portugal................	131	2:924		
Dinamarca..............	23	–		

VI

INSTRUCÇÃO PRIMARIA

Ha em Lisboa duas escolas normaes primarias, uma para o sexo masculino, outra para o feminino, creadas por decreto de 14 de dezembro de 1869, cujo fim é habilitar professores para a instrucção primaria. A primeira tem 2 professores com o vencimento de 400$000 réis, e 1 com 300$000 réis, que rege a escola primaria annexa á normal. A segunda tem 1 regente com 250$000 réis e 3 mestras a 200$000 réis. Cada uma das escolas normaes póde receber 20 alumnos ou alumnas, por cada um dos quaes o estado dá a pensão de 6$000 réis mensaes.

Em 1862 havia no reino 1:336 escolas publicas para o sexo masculino e 127 para o feminino. Em 1874 havia já 1:987 das primeiras e 458 das segundas.

Nas ilhas adjacentes em 1862 havia 93 professores e 26 mestras, e em 1874 127 professores e 47 mestras.

Alem d'estas havia mais 8 escolas municipaes para o sexo masculino e 4 para o feminino.

O numero total de escolas publicas em 1874 é portanto de 2:631.

Havia em 1862, 480 professores e 464 mestras de escolas livres no reino, e 40 professores e 134 mestras nas ilhas adjacentes.

Em 1874 havia no reino 1:987 professores e 458 mestras regias, e 8 professores e 4 mestras municipaes; nas ilhas adjacentes 127 professores e 47 mestras, sendo ao todo 2:212 professores e 509 mestras.

O quadro que se segue apresenta, para diversas epochas, o numero total de escolas, o numero de alumnos dos dois sexos e a relação do numero de habitantes para o numero de alumnos, no reino e ilhas adjacentes.

| Annos | No continente | | | | | | | |
| | Numero de escolas | | Numero de alumnos | | Promptos no fim do anno | | Relação da população para os alumnos | |
	Do sexo masculino	Do sexo feminino	Do sexo masculino	Do sexo feminino	Do sexo masculino	Do sexo feminino	Do sexo masculino	Do sexo feminino
1869–1870.....	1:733	274	88:301	18:108	7:394	1:160	39,6	203,3
1870–1871.....	1:777	286	85:904	16:741	6:569	987	38,3	213,1
1871–1872.....	1:802	292	87:359	17:809	5:708	1:049	50,7	229,7
Nas ilhas adjacentes								
1869–1870.....	107	35	5:842	2:686	322	107	46,7	116,3
1870–1871.....	108	37	5:093	2:328	256	129	59,8	152,6
1871–1872.....	108	37	5:475	2:454	211	139	51,2	132,9

Juntámos no seguinte quadro as estatisticas dos exames de instrucção primaria para a admissão aos lyceus nacionaes, e dos exames de habilitação para o magisterio primario, no quinquennio de 1868-1872, no continente do reino e nas ilhas adjacentes.

Annos	Exames de admissão aos lyceus						De habilitação ao magisterio			
	Examinados		Approvados		Reprovados		Examinados		Habilitados	
	Do sexo masculino	Do sexo feminino	Do sexo masculino	Do sexo feminino	Do sexo masculino	Do sexo feminino	Do sexo masculino	Do sexo feminino	Do sexo masculino	Do sexo feminino
1870...	2:097	113	1:617	102	480	11	324	107	123	64
1871...	1:802	118	1:437	89	365	29	488	120	157	60
1872...	1:815	103	1:486	91	329	12	341	93	129	63

A seguinte estatistica das escolas primarias officiaes mostra, por districtos, o estado da instrucção primaria em 1871-1872:

Districtos	Escolas em exercicio		Alumnos matriculados		Promptos no fim do anno		Relação do numero de fogos para as escolas	Relação da população para os alumnos	
	Do sexo masculino	Do sexo feminino	Do sexo masculino	Do sexo feminino	Do sexo masculino	Do sexo feminino		Do sexo masculino	Do sexo feminino
Aveiro.........	122	18	6:903	1:252	610	85	470	51,4	427,8
Beja..........	53	11	2:918	743	234	63	515	160,8	150,9
Braga.........	106	11	6:904	865	654	26	665	50,3	473,5
Bragança.....	107	15	3:822	940	115	29	319	31,0	127,6
Castello Branco	91	16	3:955	829	131	20	393	60,9	137,9
Coimbra.......	129	19	6:739	767	803	15	465	38,3	390,6
Evora.........	40	9	1:905	645	206	51	513	47,3	166,2
Faro..........	46	4	2:331	307	85	21	825	130,4	903,7
Guarda........	174	26	7:810	1:458	277	30	260	41,8	148,8
Leiria........	77	11	2:932	489	61	27	475	47,6	269,8
Lisboa........	135	46	7:406	3:901	946	862	573	51,6	117,0
Portalegre.....	52	12	996	317	158	95	396	98,8	283,1
Porto.........	131	28	7:536	1:886	751	112	635	44,6	202,7
Santarem......	92	16	3:661	905	178	36	474	86,3	368,2
Vianna........	88	5	5:420	523	436	19	571	31,7	378,6
Villa Real.....	142	21	5:704	1:158	292	39	324	34,9	219,4
Vizeu.........	222	29	10:327	1:694	216	19	606	78,2	476,7
	1:802	297	87:359	17:809	5:708	1:049	483	50,7	229,7
Angra.........	34	6	1:705	379	55	19	424	27,9	191,4
Horta........	29	18	1:617	998	96	85	386	23,6	49,5
Ponta Delgada.	21	9	1:198	655	27	25	926	93,7	159,6
Funchal.......	24	9	955	422	33	10	755	123,7	309,2
	108	37	5:475	2:454	211	139	598	51,2	132,9
Total geral....	1:910	334	92:834	20:263	5:919	1:188	491	50,7	216,0

V

INSTRUCÇÃO ESPECIAL

Comprehende-se sob esta designação o ensino das bellas artes, para o qual ha os seguintes estabelecimentos: academia real de bellas artes de Lisboa, academia portuense de bellas artes, e conservatorio real de Lisboa.

A **academia real de bellas artes de Lisboa** teve origem na aula de desenho creada em 1781; ensina: desenho historico, de ornamento e de architectura civil, pintura historica e de paizagem, esculptura, gravura historica, gravura em madeira e modelo vivo. Tem 6 professores com o ordenado de 500$000 réis.

Em 1873–1874 o movimento foi o seguinte: frequencia 224, sendo 56 nas aulas diurnas, 148 nas nocturnas e 20 em ambas. Houve 54 approvações e 28 reprovações.

A **academia portuense de bellas artes** teve origem em uma aula de debuxo e desenho creada em 1779; tem quatro aulas: desenho historico, pintura historica, architectura civil, esculptura, perspectiva e anatomia, com 4 professores a 500$000 réis.

A frequencia em 1873 a 1874 foi de 33 alumnos, havendo 40 approvações.

O governo subsidia 4 a 5 artistas para estudarem bellas artes nos paizes estrangeiros.

O **conservatorio real** comprehende: uma escola de arte dramatica e uma escola de musica. Na primeira ha 3 professores, 1 da arte de representar com o vencimento de 500$000 réis, 1 de declamação com 300$000 réis, e 1 de grammatica e pronuncia com a gratificação de 100$000 réis. Na segunda ha 10 professores, sendo 9 com 200$000 réis de ordenado e 1, o de harmonia, melodia e contraponto, com réis 350$000.

O seguinte quadro mostra o movimento dos alumnos:

Annos lectivos	Sexo masculino				Sexo feminino			
	Numero de alumnos	Matriculas	Exames	Approvações	Numero de alumnas	Matriculas	Exames	Approvações
1871–1872....	127	167	132	121	149	213	256	206
1872–1873....	107	139	121	114	139	197	232	202
1873–1874....	95	120	111	105	118	157	235	204

Ensino industrial e commercial

Foi creado em 1852 a 1853 um **instituto industrial** em Lisboa, e uma **escola industrial** no Porto. A antiga aula do commercio, creada pelo marquez de Pombal, annexou-se depois ao instituto de Lisboa.

Pela primitiva organisação este estabelecimento limitava-se ao ensino puramente industrial e commercial, mas actualmente comprehende os seguintes cursos: de instrucção geral para operarios; de directores de fabricas, de officinas industriaes, mestres e contramestres; de conductores de obras publicas; de conductores de machinas e fogueiros; de telegraphistas; de mestres de obras; de constructores de instrumentos de precisão; elementar de commercio; completo de commercio.

O seguinte quadro indica o movimento dos alumnos n'este instituto:

Annos	Matriculados	Approvados	Reprovados	Approvados com distincção
1870–1871........	427	107	13	16
1871–1872........	576	109	27	7

Em 1872–1873 frequentaram o instituto 388 alumnos, e houve 705 matriculas.

Os professores são 10 a 700$000 réis de ordenado, e 1 professor de francez e inglez com 500$000 réis.

O pessoal de administração consta de 1 director com a gratificação de 300$000 réis, secretario bibliothecario com 400$000 réis de ordenado, 1 escripturario, 1 conservador e 1 preparador, tendo cada um 300$000 réis.

Faz parte do instituto uma officina de instrumentos de precisão, cujo director tem de ordenado 600$000 réis.

A despeza para 1875–1876 está orçada em 14:320$000 réis.

O numero de alumnos matriculados em 1854 foi de 402.

O instituto industrial do Porto tem a mesma organisação, e conta 9 professores a 700$000 réis e 1 a 500$000 réis.

A despeza é de 10:770$000 réis.

O numero de alumnos matriculados em 1854 foi de 328.

Ensino agricola

O ensino agricola, decretado em 1852, divide-se em elementar e superior. Para o ensino elementar crearam-se em 1852 as quintas regionaes, e em 1869 decretou-se a creação de estações experimentaes nos districtos, e de cursos elementares de agricultura nos lyceus. Para o ensino agricola superior existe o instituto geral de agricultura, que foi creado em 1852, encorporando-se-lhe em 1855 o ensino veterinario, que até áquella epocha estava a cargo de uma escola veterinaria.

16

Ha actualmente para o ensino elementar sómente a quinta regional de Cintra, que tem a despeza de 3:500$000 réis votada no orçamento do estado.

Em alguns districtos crearam-se estações experimentaes, e começaram os cursos de agricultura e zootechnia. Estes cursos não são obrigatorios, nem fornecem nenhuma habilitação; o seu fim é espalhar e divulgar os conhecimentos agricolas.

O instituto geral de agricultura comprehende os cursos de agronomia e veterinaria, e tem 10 lentes a 700$000 réis de ordenado, e 1 professor de desenho com 500$000 réis.

O pessoal administrativo consta: do director com 600$000 réis de gratificação e 5 empregados subalternos. Tem 5 chefes de serviço a 400$000 réis.

VI

ESTABELECIMENTOS SCIENTIFICOS

Academia real das sciencias

Foi fundada em 1779 por iniciativa do duque de Lafões e do abbade José Correia da Serra. Pelos seus primitivos estatutos dividia-se em tres classes: 1.ª, sciencias naturaes; 2.ª, sciencias mathematicas; 3.ª, bellas letras. Cada classe devia ter 8 socios effectivos. Fixou-se depois o numero dos socios supranumerarios em 12, os honorarios em 12 e os correspondentes em 100.

Estabelecimentos astronomicos

Possue Portugal tres estabelecimentos astronomicos: o real observatorio astronomico de Lisboa, o observatorio astronomico da universidade de Coimbra e o da escola polytechnica de Lisboa (em construcção).

Em 1874 foi extincto o antigo observatorio astronomico de marinha, em Lisboa, e annexado á escola naval, para o estudo pratico da astronomia e navegação no curso da mesma escola. Tem a seu cargo a regulação dos chronometros e determinação do erro dos instrumentos destinados aos navios de guerra.

Tinha sido fundado este observatorio em 1798 para a instrucção pratica dos officiaes de marinha, e dotado com alguns instrumentos, que poucos annos depois foram remettidos para o Brazil, quando a côrte se foi estabelecer n'aquella colonia portugueza em consequencia da invasão franceza em 1809.

Tendo passado por diversas vicissitudes, só em 1856 foi tirado do esquecimento, fornecendo-se-lhe successivamente os instrumentos mais necessarios, para poder preencher o fim para que tinha sido creado. Os instrumentos principaes que possuia este observatorio eram: 1 circulo meridiano de Repsold, com $1^m,36$ de distancia focal e objectiva de $0^m,10$ de diametro, 1 instrumento de passagens, 1 refractor parallactico com $2^m,61$ de distancia focal e objectiva de $0^m,165$, e 1 universal de Repsold. Varios outros instrumentos possuia o observatorio, notando-se entre elles 1 zygometro, construido pelo habil artista o sr. José Mauricio Vieira, na officina de instrumentos de precisão do instituto industrial de Lisboa.

O **real observatorio astronomico de Lisboa**, que Portugal deve ao amor pela sciencia e liberalidade do rei D. Pedro V, e á iniciativa do dr. Filippe Folque, está situado na real tapada da Ajuda, entre Lisboa e Belem, em um monte com a altitude de 93 metros. O plano do observatorio é similhante ao de Pulkowa.

Este edificio, singelo, mas magestoso, consta de um corpo central e quatro corpos dispostos em cruz em volta d'aquelle, e orientados nas linhas NS. e EO. Sobre o corpo central, que termina por uma abobada hemispherica, eleva-se a torre destinada ao grande equatorial, que ha de ser montado sobre uma columna de ferro que assenta sobre o fecho da abobada. A cupula, que abriga a sala circular do grande equatorial, é girante e toda de ferro.

A principal entrada é no corpo austral; no corpo opposto, ou boreal, está assente o instrumento de passagens pelo primeiro vertical, do systema Struve, e o zygometro; no occidental está montado o circulo meridiano, e no corpo oriental o instrumento de passagens do systema Oom.

A collecção de instrumentos do observatorio consta: de 1 grande equatorial de 7 metros de distancia focal e $0^m,38$ de abertura da objectiva; 1 instrumento de passagens pelo primeiro vertical, pelo systema de Struve, com $2^m,31$ de distancia focal e $0^m,16$ de abertura; 1 circulo meridiano, com $0^m,15$ de abertura e 2 metros de distancia focal; 1 instrumento de passagens do systema Oom, com $0^m,07$ de abertura e $0^m,78$ de distancia focal; 1 refractor parallactico de $1^m,95$ de distancia focal e $0^m,117$ de abertura; 1 explorador de $0^m,64$ de distancia focal e $0^m,077$ de abertura; uma pendula normal de Krille, reguladora dos apparelhos electrico-chronometricos; diversos chronometros e pendulas; 1 chronographo; apparelhos electricos; 1 zygometro; collimadores; barometros, thermometros e apparelhos telegraphicos.

Para o completo acabamento do observatorio falta sómente assentar o grande equatorial. Pela sua posição geographica este observatorio está destinado a representar um importante papel na astronomia europea, para o que dispõe já dos melhores instrumentos e de pessoal perfeitamente habilitado.

O observatorio de Coimbra, cuja fundação se deve ao marquez de Pombal, está edificado junto ao edificio da universida-

16.

de, e é destinado principalmente ao ensino pratico da astronomia na faculdade de mathematica.

Os principaes instrumentos que possue são: equatorial, circulo meridiano, instrumento de passagens pelo primeiro vertical e pendula sideral de Berthoud.

O pessoal technico consta do director, 2 astronomos e 2 calculadores.

Trabalhos geodesicos

Começaram no fim do seculo passado os trabalhos geodesicos em Portugal. Em 1788 foi encarregado d'esses trabalhos o dr. Francisco Antonio Ciera, lente da academia de marinha, o qual começou as suas operações em 1790, medindo uma base entre Buarcos e Monte Redondo, e outra de verificação entre Montijo e Batel, e escolhendo 32 pontos para a sua triangulação de primeira ordem. Em 1796 foram suspensos estes trabalhos, e só em 1835 se continuaram, repetindo-se a medição da base do Montijo. Foram então incumbidos os trabalhos geodesicos ao general Pedro Folque, que tinha coadjuvado o dr. Ciera nos primeiros trabalhos, e a seu filho o dr. Filippe Folque, o qual, depois do fallecimento de seu pae, foi nomeado para dirigir esses trabalhos, que em 1839 foram novamente interrompidos. Recomeçados em 1843, proseguiram lentamente até 1852, epocha em que, com a creação do ministerio das obras publicas, a geodesia recebeu um poderoso impulso, creando-se n'esse ministerio uma direcção geral dos trabalhos geodesicos, topographicos e hydrographicos, annexando-se-lhe depois os trabalhos geologicos.

Pertence ao dr. Ciera a honra de ter iniciado a geodesia em Portugal; mas ao general Filippe Folque, ha pouco fallecido, cabe certamente a gloria de ter definitivamente estabelecido e organisado os trabalhos geodesicos e topographicos.

Até o fim de 1874 foram executados os seguintes trabalhos: tendo sido medida de novo a antiga base de Montijo e Batel, procedeu-se á triangulação geral do reino, escolhendo-se 129 pontos para vertices dos grandes triangulos de primeira ordem, cujos angulos foram sendo successivamente observados, a fim de se proceder logo á decomposição dos primeiros triangulos para se começar o levantamento da carta geral do reino, e proseguir este trabalho simultaneamente com o da triangulação. D'este modo quando se concluiu a triangulação de primeira ordem, já a triangulação secundaria abrangia toda a Extremadura, e quasi a totalidade das provincias do Alemtejo e Beira Alta, Beira Baixa e Minho, e uma pequena parte do Algarve ao longo do Guadiana e da costa até Tavira.

O levantamento da carta geral do reino começou na escala

de 1 por 10:000; mas a urgente necessidade de cartas que servissem de base aos variados serviços de publica administração, levou o governo a ordenar que se procedesse ao levantamento chorographico na escala de 1 por 100:000.

Alguns annos depois as necessidades do serviço reclamavam, que a commissão geodesica apresentasse, no menor espaço de tempo, uma carta geographica de todo o reino, o que se levou a effeito, executando-se em quatro annos um rapido reconhecimento a todo o paiz, e construindo-se a carta geographica na escala de 1 por 500:000, a qual se acha publicada.

O atlas da carta chorographica de Portugal ha de compor-se de 37 folhas, das quaes 22 estão concluidas, 3 começadas e 14 publicadas. Em escala topographica de 1 por 2:500 e 1 por 5:000 fizeram-se diversos levantamentos, sendo os mais importantes, a planta dos campos do Mondego e a dos arredores de Lisboa.

Os trabalhos hydrographicos tinham começado em 1842 sob a direcção do ministerio da marinha, levantando-se o plano hydrographico da barra de Lisboa e do rio Tejo até á torre de Belem, levando-se a planta das margens até ao meridiano do observatorio do castello de Lisboa. Fez-se tambem n'esta epocha a planta hydrographica das ilhas Berlengas, e a sondagem entre ellas e o cabo Carvoeiro.

Foi porém em 1852 que a hydrographia adquiriu maior desenvolvimento. Até hoje levantaram-se os planos hydrographicos, e fizeram-se os estudos respectivos nos seguintes portos e rios: Figueira da Foz e rio Mondego; barra do Porto e Douro até á ponte pensil; barra e ria de Aveiro; Vianna do Castello e rio Lima; Caminha e rio Minho; finalmente a barra de Faro e Olhão, e ria de Faro, e começaram os trabalhos hydrographicos no rio Guadiana e barra de Villa Real de Santo Antonio. Alem d'estes trabalhos concluiu-se a sondagem do Tejo, desde a torre de Belem até á altura da extremidade E. da capital. D'estes trabalhos estão já publicados os planos das barras de Lisboa e Porto, e o das Berlengas.

Como as observações geodesicas de primeira ordem tinham sido feitas provisoriamente, e só com o rigor necessario para fornecerem os elementos precisos para a decomposição dos triangulos, e para os reconhecimentos geographicos, era forçoso, para a resolução de varios assumptos de alta geodesia, proceder a observações de todo o ponto rigorosas e definitivas. É o que se fez nos ultimos annos e está em andamento, tendo-se empregado um novo systema de observações e de calculo, em harmonia com os progressos da sciencia e os maravilhosos aperfeiçoamentos dos instrumentos. Empregam-se os universaes de Repsold e os altazimuths de Throughton, servindo de mira os heliotropos de Gauss. Nas observações emprega-se o methodo de reiteração.

Estão concluidas as observações da cadeia de triangulos do parallelo de Lisboa, que se liga com a da triangulação hespanhola que passa por Ciudad Real e ilhas Baleares, (o que facilita a medição de um arco de parallelo de 13 graus), e estão muito adiantadas as observações da cadeia do meridiano medio do paiz.

O cuidado e rigor nas observações, e a perfeição dos instrumentos são taes que, o maximo erro provavel das direcções medias, não passa de $\pm 0''$,8 nas direcções horisontaes, e de $\pm 0''$,6 nas distancias zenithaes.

Para a determinação definitiva das altitudes, começou-se por determinar a altitude rigorosa de um ponto de primeira ordem (S. Felix, proximo de villa do Conde), por meio de um nivelamento geometrico de precisão, entre o dito ponto e uma escala de marés estabelecida junto áquella villa.

Partindo d'aquelle ponto, determinaram-se as altitudes rigorosas de varios outros na provincia do Minho.

Os principaes trabalhos geologicos executados pela respectiva secção até fim de 1874, foram: o reconhecimento geologico para a construcção da carta geologica geral do reino na escala de 1:500000, a qual está quasi concluida; a classificação da innumera collecção de rochas e fosseis colhidos no paiz, e a publicação de varias memorias sobre assumptos geologicos.

A gravura de todos os trabalhos que temos mencionado tem sido executada na secção de gravura da mesma direcção, á qual está annexa uma officina lithographica. A gravura é em pedra, e tem attingido uma perfeição notavel.

Creou-se em 1872 uma secção photographica, com o fim de substituir a gravura em pedra pela photolithographia, ou pela photogravura, processos mais expeditos e economicos do que o primeiro. Em Austria, França, Belgica e Allemanha téem estes processos a sancção da pratica de alguns annos. Em Portugal, tendo-se feito em diversas epochas algumas experiencias e teptativas, quer na imprensa nacional, quer no ministerio da guerra, quer na propria commissão geodesica, montou-se definitivamente esse serviço em 1873, introduzindo o chefe da secção modificações tão importantes em alguns dos processos já conhecidos, que chegou a alcançar resultados superiores aos que se tem obtido nos paizes estrangeiros. «No curto espaço de dois annos produziu aquella secção mais de 14:000 photographias, perto de 500 photogravuras e mais de 70 copias photographicas com saes de prata[1]». Á excepção de um gravador chimico,

---

[1] Vide *Noticia abreviada da secção photographica.* Primeira ex posição, em 15 de abril de 1875, pelo chefe da secção o sr. José Júlio Rodrigues.

suisso, contratado em dezembro de 1874, todo o pessoal, composto de 9 empregados, é portuguez.

Alem dos trabalhos acima mencionados tem esta secção executado varias reproducções empregando os processos de phototypia e heliogravura, e prosegue assiduamente no aperfeiçoamento da photolithographia e photogravura applicada á reproducção das cartas geographicas. A respeito do processo photolithographico diz o chefe da secção, que «é essencialmente portuguez, sendo-nos cabida a honra de estabelecermos em bases seguras o emprego de laminas metallicas mui delgadas, que excellentemente funccionam em varios methodos de impressão photochimica».

O pessoal da direcção dos trabalhos geodesicos compõe-se: de 1 director geral, 7 chefes de secção e 29 adjuntos, officiaes de engenheria, do corpo d'estado maior, de artilheria, do corpo de engenheiros hydrographos, de cavallaria e infanteria; 12 gravadores, 2 desenhadores, 1 estampador e 2 aprendizes; 1 escrivão pagador, 2 amanuenses, 1 fiel e 1 continuo; 2 collectores e 3 serventes; 1 sargento, 2 cabos e 27 soldados do batalhão de engenheiros.

No orçamento para 1875–1876 a despeza com esta direcção geral é de 62:466$500 réis.

Estabelecimentos meteorologicos

Ha em Portugal dois observatorios meteorologicos, o de Lisboa e o de Coimbra; 11 postos meteorologicos no continente e 3 nas ilhas adjacentes.

Ao que já dissemos sobre a fundação do observatorio meteorológico do infante D. Luiz, em Lisboa, acrescentaremos que, ao pequeno observatorio concluido em 1854, se substituiu aquelle que hoje funcciona, edificado no centro da fachada N. do edificio da escola polytechnica, e que se acha fornecido dos melhores instrumentos registradores: baropsychrographo, anemographo, electrographo, etc.

O serviço magnetico foi inaugurado em 1857.

Para esse serviço possue o observatorie duas classes de instrumentos: magnetometros e magnetographos; os primeiros estão em uma pequena casa de madeira, afastada de qualquer edificio; os segundos em uma casa de abobada no pavimento inferior do edificio, construida nas condições adequadas. Alem d'estes instrumentos tem o observatorio barometros, thermometros, psychrometros, vaporimetros, etc., para as observações directas. Estas fazem-se todos os dias ás 9 e 12 horas da manhã e 3 e 9 da noite. Duas vezes por mez se determina o valor absoluto da *declinação e inclinação magneticas*; o valor da *componente horisontal* da força magnetica do globo determina-se uma vez por mez. Está igualmente munido este observatorio de um refractor parallactico, com o qual se tem feito importantes observações solares.

Durante alguns annos só o observatorio de Kew e o de Lisboa tiveram um serviço magnetico completo e perfeitamente organisado.

Acha-se tambem organisado o serviço de meteorologia-telegraphica com o observatorio de Paris, e com todos os postos meteorologicos do reino; depois do estabelecimento do cabo submarino do Brazil, que toca na Madeira, está o observatorio de Lisboa em relação diaria com o posto do Funchal.

O calculo do tempo provavel, que desde 1864 se recebia do observatorio de Paris e era publicado com o diario meteorologico, é feito no observatorio desde que se estabeleceu a communicação com o Funchal.

O serviço nautico-meteorologico está tambem a cargo do observatorio, ao qual são remettidos os diarios dos navios portuguezes, que nas suas viagens fizeram observações meteorologicas. Para este fim são distribuidos, aos navios que os requisitem, os instrumentos necessarios depois de aferidos.

O pessoal do observatorio consta de 1 director, com a gratificação de 400$000 réis; 2 observadores, chefes de serviço, a 600$000 réis; 3 ajudantes, a 360$000 réis; 1 artista, 144$000 réis, e 1 guarda 144$000 réis.

Os postos meteorologicos no continente e ilhas têem 10 ajudantes, a 108$000 réis.

O observatorio meteorologico de Coimbra, fundado em 1864, completou em 1867 a sua collecção de instrumentos de observação e apparelhos registradores, meteorologicos e magneticos, iguaes ou similhantes aos do observatorio de Lisboa, com o qual se acha ligado telegraphicamente.

O edificio construiu-se em uma elevação a 1 kilometro a E. da cidade. No terraço estabeleceu-se uma cupula girante que abriga um refractor parallactico, com spectometro para as observações da physica solar.

O pessoal d'este observatorio é de 1 director, 3 ajudantes e um guarda. Despeza 1:800$000 réis.

Museus de historia natural

Ha dois no reino: um em Lisboa e outro em Coimbra.

O de Lisboa está estabelecido no edificio da escola polytechnica, e possue preciosas collecções ornythonologicas, conchyologicas e geologicas, não só do reino e possessões, como do estrangeiro.

O pessoal compõe-se de 1 director da secção zoologica (o lente de zoologia da escola), 1 director da secção mineralogica (o lente de mineralogia), 2 naturalistas ajudantes, a 400$000 réis, 1 conservador, a 300$000 réis, e 2 preparadores, a réis 270$000.

Para acquisição de exemplares e outras despezas tem o museu a dotação de 3:004$000 réis no orçamento de 1875–1876.

O museu da universidade foi creado pelo marquez de Pombal, para cujo fim mandou, em 1773, começar a construcção do magestoso edificio onde hoje se acha. Alem dos gabinetes de historia natural tem um gabinete de physica, no qual, entre muitos instrumentos antigos e modernos, é para notar uma enorme machina de inducção de Ruhmkorff, que tem 100 kilometros de fio induzido, e produz faiscas de 50 centimetros.

No pavimento inferior tem a faculdade de medicina os seus gabinetes de anatomia, de physiologia e chimica medica, e um vasto dispensatorio pharmaceutico.

Museus diversos

Museu de archeologia.—Fundado pela sociedade archeologica nos restos do templo do Carmo em Lisboa, que é de si um precioso monumento archeologico. Possue já perto de 1:600 objectos de arte.

Museu da academia das sciencias.—Onde se admira uma rica collecção numismatica.

Museu colonial.—Estabelecido no arsenal da marinha, e que contém variadas collecções dos productos das possessões ultramarinas.

Museu industrial.—Denominado pelo publico **museu Fradesso da Silveira**, por ter sido creado por esse notavel promotor de melhoramentos industriaes, em 1874.

Bibliothecas

Ha 4 bibliothecas publicas com dotação no orçamento do estado. A principal é a **bibliotheca nacional de Lisboa**; as outras são estabelecidas em Evora, Braga e Villa Real. Alem d'estas possue o estado muitas outras bibliothecas importantes nos diversos estabelecimentos scientificos, e ha numerosas bibliothecas particulares. Alem de varias obras raras possuem algumas bibliothecas collecções de preciosos manuscriptos antigos, taes são as bibliothecas da academia das sciencias, da universidade, de Evora, Mafra, etc.

A bibliotheca nacional de Lisboa possue actualmente mais de 300:000 volumes, a da academia das sciencias 75:000 e a da universidade 58:000.

Estas bibliothecas foram consideravelmente augmentadas com as livrarias dos conventos extinctos.

As principaes bibliothecas e o numero de volumes que continham, em 1825, eram:

Bibliotheca real de Lisboa...............	85:000
Convento de Jesus.....................	32:000
Convento de S. Francisco...............	20:000
S. Vicente de Fóra....................	20:000
Hospicio de Nossa Senhora.............	26:000
Academia das sciencias................	12:000
Palacio da Ajuda	16:000
Universidade de Coimbra..............	42:000
Palacio do bispo do Porto	32:000
Convento de Santa Cruz de Coimbra.....	36:000
Convento de Tibães...................	30:000
Convento de Alcobaça.................	25:000
Convento de Mafra....................	20:000
Palacio do arcebispado de Evora........	20:000
Outros conventos.....................	25:000
Bispados	24:000
Diversas.............................	45:000
Total..........	510:000

BENEFICENCIA

Portugal é um dos paizes onde a beneficencia se exerce em mais larga escala. Desde eras remotas que existem, em grande numero de povoações, instituições de beneficencia sob a designação de misericordias, caridosa instituição genuinamente portugueza, confrarias e irmandades, albergarias, asylos, hospicios e hospitaes, creados e custeados uns, o menor numero, á custa do thesouro, dos districtos e dos municipios, e outros mantidos e ampliados pela caridade publica.

Levar-nos-ia muito longe a analyse estatistica das diversas instituições de beneficencia. Forçados a restringir-nos ao mais essencial, damos os seguintes quadros estatisticos, referidos a 1861, por onde se avalia facilmente a importancia e valor da beneficencia publica.

D'entre as 9:575 irmandades e misericordias existentes no reino e ilhas adjacentes ha algumas que possuem rendimentos avultados, como são as misericordias do Porto, Lisboa, Vizeu, Faro, Evora, etc.; a maior parte porém dispõe de pequenas rendas, que não chegam para os encargos. É a razão por que, no primeiro quadro, os encargos são superiores aos rendimentos em 6 districtos do continente e 1 das ilhas.

Districtos	Numero de irmandades e confrarias	Numero de misericordias e hospitaes	Irmandades sem estatutos	Total	Rendimento total	Encargos pios e profanos	Valor dos predios rusticos e urbanos	Dividas Activas	Dividas Passivas
Aveiro.........	600	6	27	638	18:035$000	20:000$000	31:000$000	86:000$000	155$000
Beja..........	279	39	140	451	30:152$000	22:000$000	—	80:000$000	7:000$000
Braga.........	1:288	6	30	1:272	86:518$000	94:000$000	114:000$000	1:580:000$000	38:000$000
Bragança......	784	17	—	744	13:350$000	9:000$000	44:000$000	90:000$000	435$000
Castello Branco.	299	31	11	332	18:347$000	16:000$000	91:000$000	131:000$000	2:000$000
Coimbra.......	394	36	—	350	30:780$000	24:000$000	113:000$000	70:000$000	42:000$000
Evora.........	145	31	—	176	42:068$000	50:000$000	989:000$000	88:000$000	18:000$000
Faro..........	168	20	4	187	17:989$000	16:000$000	88:000$000	19:000$000	4:000$000
Guarda........	604	21	—	625	20:694$000	20:000$000	74:000$000	28:000$000	2:000$000
Leiria........	196	18	—	214	19:958$000	20:000$000	28:000$000	12:000$000	5:000$000
Lisboa........	587	48	181	796	455:431$000	414:000$000	1:441:000$000	3:549:000$000	170:000$000
Portalegre....	217	21	2	250	35:392$000	30:000$000	166:000$000	37:000$000	27:000$000
Porto.........	948	8	48	998	89:235$000	117:000$000	247:000$000	1:894:000$000	42:000$000
Santarem......	404	50	—	434	35:254$000	53:000$000	50:000$000	237:000$000	2:000$000
Vianna........	875	15	65	955	68:483$000	60:000$000	59:000$000	432:000$000	7:000$000
Villa Real....	204	4	8	214	20:781$000	18:000$000	23:000$000	365:000$000	12:000$000
Vizeu.........	560	12	—	579	40:857$000	33:000$000	98:000$000	588:000$000	12:000$000
	8:843	356	501	9:200	1:047:192$000	996:000$000	3:686:000$000	8:437:000$000	597:000$000
Angra.........	144	5	—	149	9:993$000	3:000$000	143:000$000	7:000$000	1:000$000
Horta.........	95	3	—	98	6:799$000	8:000$000	—	4:000$000	1:000$000
Ponta Delgada.	59	3	—	55	34:313$000	7:000$000	597:000$000	33:000$000	2:000$000
Funchal.......	94	3	—	93	9:357$000	9:000$000	73:000$000	42:000$000	5:000$000
	861	14	—	875	60:362$000	26:000$000	748:000$000	86:000$000	9:000$000
Total geral......	8:704	370	501	9:575	1:107:554$000	1:022:000$000	4:379:000$000	8:523:000$000	406:000$000

Districtos	Hospitaes	Albergarias	Recolhimentos	Merceeiras	Asylos: Infancia desvalida	Orphãos	Mendicidade	Invalidos	Total	Valor das propriedades	Rendimento annual	Despezas	Dividas: Activas	Passivas
Aveiro	4				1				5	56:000$000	4:000$000	4:000$000	4:000$000	4:000$000
Beja	15	3				1			19	265:000$000	18:000$000	16:000$000	26:000$000	24:000$000
Braga	11	3	3	3	1	2	2		19	757:000$000	47:000$000	50:000$000	70:000$000	—
Bragança	4								4	13:000$000	4:000$000	2:000$000	24:000$000	1:000$000
Castello Branco	11								11	177:000$000	9:000$000	10:000$000	54:000$000	5:000$000
Coimbra	6						1		9	345:000$000	18:000$000	22:000$000	16:000$000	9:000$000
Evora	16								19	1.081:000$000	69:000$000	69:000$000	39:000$000	4:000$000
Faro	11								11	109:000$000	18:000$000	17:000$000	70:000$000	1:000$000
Guarda	6								6	135:000$000	7:000$000	8:000$000	4:000$000	6:000$000
Leiria	11	1			11	4	1		12	69:000$000	11:000$000	10:000$000	6:000$000	—
Lisboa	57	9	3	3		1		1	68	3.891:000$000	478:000$000	590:000$000	1.580:000$000	147:000$000
Portalegre	22						2		24	509:000$000	28:000$000	27:000$000	7:000$000	7:000$000
Porto	10	1			1	1	1		18	2.205:000$000	126:000$000	131:000$000	129:000$000	30:000$000
Santarem	16								21	535:000$000	28:000$000	30:000$000	56:000$000	9:000$000
Vianna	9								4	387:000$000	15:000$000	16:000$000	16:000$000	1:000$000
Villa Real	3				1	2	1		10	169:000$000	7:000$000	8:000$000	16:000$000	1:000$000
Vizeu	4				1	1			5	432:000$000	24:000$000	25:000$000	65:000$000	4:000$000
	196	25	9	3	17	10	4	1	265	11.084:000$000	902:000$000	1.046:000$000	2.415:000$000	255:000$000
Angra	6				1	1	1		8	270:000$000	16:000$000	16:000$000	7:000$000	2:000$000
Horta	1								3	98:000$000	8:000$000	8:000$000	1:000$000	—
Ponta Delgada	4				1	1	1		5	773:000$000	45:000$000	48:000$000	27:000$000	3:000$000
Funchal	3						1		5	143:000$000	12:000$000	14:000$000	52:000$000	6:000$000
	14				2	2	3		21	1.284:000$000	81:000$000	85:000$000	86:000$000	11:000$000
Total geral	210	25	9	3	19	12	7	1	286	12.368:000$000	983:000$000	1.189:000$000	2.501:000$000	266:000$000

O numero d'estes institutos de caridade e os seus rendimentos acham-se actualmente muito augmentados. Crearam-se: em Lisboa, o hospital Estephania, o asylo Maria Pia, o asylo D. Luiz, o albergue dos invalidos do trabalho e outros asylos para a infancia desvalida; em Vizeu, um asylo de infancia desvalida; e outro em Faro, por iniciativa e a expensas de um benemerito cidadão.

Se as instituições religiosas presidiram á fundação das misericordias, confrarias e alguns hospitaes, o espirito de caridade só por si instituiu muitos estabelecimentos destinados a prestar auxilio aos pobres e desvalidos. Taes são as albergarias, varios hospitaes e asylos. Ainda existe uma albergaria fundada pela mãe do nosso primeiro rei, a rainha D. Thereza, no principio do seculo XII.

As misericordias, cuja origem remonta ao meiado do seculo XV, são, pela sua primitiva instituição, associações ou irmandades com o duplo fim caritativo de soccorrer os desamparados, os pobres enfermos e os presos, e de recolher as creanças abandonadas, orphãs ou expostas, tutelando-as até uma idade variavel, segundo os estatutos ou compromissos dos estabelecimentos. Todas as cabeças de concelho e muitas outras villas têem misericordias, todas de fundação remota, e cujos rendimentos têem sido augmentados com muitos legados pios e caritativos.

Muitos d'estes antigos institutos de caridade e todas as confrarias e irmandades estão oneradas com encargos pios e profanos, que absorvem a maior parte dos rendimentos, e absorveriam a totalidade, se fossem todos cumpridos. Só no districto de Vianna os encargos pios das confrarias e misericordias excedem a 100:000 missas annualmente, importando uma despeza de perto de 10:000$000 réis. Em 1836 o governo quiz obviar a este inconveniente, promovendo a commutação dos encargos pios em esmolas para os estabelecimentos de caridade, mas apenas se obteve dos prelados a commutação de alguns encargos em pequeno numero de misericordias, e assim têem continuado estas beneficas instituições, sem poderem satisfazer aos fins para que foram fundadas.

Comparando o numero dos estabelecimentos de beneficencia dos dois quadros anteriores com a população, vê-se que ha em Portugal 1 estabelecimento de caridade por 403 habitantes, proporção muito superior á que existe em França, onde os institutos similares eram em 1869 na proporção de 1 : 23760.

Damos em seguida uma resumida estatistica da misericordia de Lisboa, por ser n'este genero o estabelecimento mais importante do paiz.

O seguinte quadro mostra o movimento dos expostos e a proporção da mortalidade no decennio de 1864 a 1874:

Annos	Existentes no principio do anno		Entraram	Saíram					Ficaram existindo	Mortalidade por cento
	Na casa	Fóra da casa		Para os paes	Por completarem 18 annos	Por diversos motivos	Fallecidos	Total		
1864–1865..	211	13:232	2:745	103	446	15	2:124	2:688	13:500	13,12
1865–1866..	237	13:263	2:602	105	454	23	1:819	2:401	13:701	11,30
1866–1867..	236	13:475	2:548	97	377	27	1:962	2:463	13:786	12,07
1867–1868..	207	13:519	2:713	124	351	34	1:645	2:654	13:845	9,97
1868–1869..	156	13:689	2:744	126	596	48	1:468	2:188	14:401	8,97
1869–1870..	153	14:248	2:909	149	468	15	1:505	2:137	15:173	8,69
1870–1871..	118	15:055	2:559	459	456	25	1:637	2:577	15:155	9,23
1871–1872..	203	14:952	724	267	537	24	848	1:726	14:223	5,32
1872–1873..	135	14:088	384	184	452	25	576	1:237	13:370	5,94
1873–1874..	112	13:252	357	102	488	51	444	1:095	12:632	3,33
			20:855	1:716	5:115	287	14:049	21:166		

São bem eloquentes os numeros d'este quadro para demonstrar a efficacia das medidas de repressão postas em pratica desde 1870, a fim de evitar os abusos na exposição de creanças, sendo a suppressão das *rodas* a principal d'essas medidas, e que se generalisou a todas as misericordias.

Com a diminuição das exposições não diminuiu porém a area da acção caritativa da santa casa, porque pôde depois ampliar o serviço das visitadas no proprio domicilio, e auxiliar mais proficuamente a pobreza da capital.

Assim no anno economico de 1873–1874 soccorreu a santa casa, com pensões de 1$600 réis mensaes, 1:330 mães pobres para crearem seus filhos, sendo 597 casadas, 144 solteiras, 20 viuvas e 587 amancebadas. O numero de doentes soccorridos permanentemente fôi, no mesmo anno, 1:026, e os soccorridos provisoriamente 638. Os facultativos da santa casa deram 5:075 consultas gratuitas, e fizeram 2:167 visitas a expostos, 13:064 ás visitadas e 5:585 ás pensionistas.

O seguinte quadro da despeza com o serviço clinico das visitadas, mostra o augmento proveniente da reforma das *rodas*:

Annos	Ordenados	Medicamentos	Total
1869–1870...............	1:414$000	2:176$000	3:584$000
1870–1871...............	1:383$000	2:450$000	3:832$000
1871–1872...............	1:545$000	1:996$000	3:541$000
1872–1873...............	1:532$000	3:160$000	4:692$000
1873–1874...............	1:563$000	5:768$000	7:332$000

A despeza com os expostos foi a seguinte, no periodo de 1867 a 1874:

1867–1868...............................	118:112$257
1868–1869...............................	120:766$705
1869–1870...............................	118:070$085
1870–1871...............................	119:247$722
1871–1872...............................	116:175$432
1872–1873...............................	111:714$098
1873–1874...............................	103:153$279

A receita no anno de 1873–1874 foi..	91:885$302
Supprimento da misericordia	11:267$977
	103:153$279

O orçamento para o anno de 1875–1876 é o seguinte:

Receita.........................	89:246$683
Supprimento da misericordia	7:148$301
	96:394$984

A receita da misericordia no orçamento de 1875–1876 é de 67:574$740 réis.

Os asylos para a infancia desvalida tiveram origem em 1780 com a creação da casa pia no castello de S. Jorge, por iniciativa do intendente geral de policia Diogo Ignacio de Pina Manique.

Em poucos annos a energia d'este homem notavel creou na casa pia varias officinas, aulas de inglez, francez, allemão e latim, de pharmacia, de anatomia e de commercio, juntando estas disciplinas em um collegio denominado de S. Lucas; e com os fundos da casa pia, ou antes da intendencia, creou outros collegios fóra do castello.

Com a invasão franceza foi dissolvido, em 1807, este florescente estabelecimento.

Em 1812 foi reorganisada a casa pia e estabelecida no convento do Desterro, e em 1833 foi transferida para o notavel mosteiro dos Jeronymos, onde hoje se acha.

Pelo decreto de 9 de maio de 1835 fixou-se em 1:000 o numero de orphãos que a casa pia devia receber, sendo 600 do sexo masculino e 400 do feminino. A principio foi excedido este numero, mas cedo se conheceu que nem o edificio comportava uma tal agglomeração de creanças, nem a receita chegava para a despeza. Desde 1835 até 1860 houve sempre um *deficit*, que em 1860 a 1861 subia a mais de 13:000$000 réis.

Uma nova administração fez n'este ultimo anno reformas ra-
dicaes na casa pia, reduzindo o numero de orphãos de 954 a
474, e equilibrando a receita com a despeza, salvando-se assim
este estabelecimento, senão de uma ruina imminente, pelo menos da desorganisação que o desacreditava.

Compõem-se os rendimentos da casa pia das seguintes verbas: quota nos direitos sobre a carne e vinho despachados para
consumo de Lisboa, que no quinquennio de 1855 a 1860 produziram a media de 8:163$000 réis, e que estão orçados para
1875–1876 em 13:917$000 réis; taxas de licenças diversas;
quota dos lucros das loterias da misericordia de Lisboa; rendimento da praça dos touros; rendimentos de predios, juros de
inscripções e dividendos de acções; legados e donativos. No
referido quinquennio a media d'estes rendimentos foi de réis
45:909$607.

Em 1823 creou-se na casa pia um instituto de surdos-mudos
e cegos, que foi supprimido em 1861. Ha actualmente uma escola de surdos-mudos em Braga.

Em 1834 e 1835 organisaram-se em Lisboa 2 sociedades
de beneficencia, que crearam alguns asylos e escolas para a
infancia desvalida, com o unico auxilio da caridade publica.
Em 1835 a receita de uma d'estas sociedades de beneficencia
era de 4:306$000 réis e a despeza 4:839$000 réis.

Os importantes legados feitos ás casas de asylo de Lisboa
constituem um fundo importante, que já actualmente suppre as
despezas.

Entre os hospitaes devemos fazer menção especial do hospital nacional e real de S. José, em Lisboa, como o mais importante de todos.

Ao grande hospital real de *Todos os Santos,* fundado em
1492 por el-rei D. João II, e concluido por D. Manuel, succedeu o actual hospital de S. José, situado no vasto edificio do
antigo collegio dos jesuitas.

Aquelle hospital soffreu muito com o terremoto de 1755, que
causou o desabamento e o incendio de uma grande parte do
edificio, morrendo esmagados e queimados grande numero de
doentes. Os que escaparam foram recolhidos provisoriamente
em umas barracas até á conclusão dos reparos nas enfermarias
que tinham escapado a uma ruina total. Em 1769, depois da
expulsão dos jesuitas, foi doado ao hospital o vasto collegio de
Santo Antão pertencente áquella ordem, mas a transferencia
dos doentes só se effeituou em abril de 1775.

O movimento dos doentes no antigo hospital de Todos os
Santos no anno de 1759 era o seguinte:

	Homens	Mulheres	Total
Entrados..........................	8:713	1:114	9:827
Curados...........................	7:405	916	8:319
Fallecidos	1:310	198	1:508

Os fallecimentos foram proximamente 15 por cento das entradas.

O rendimento d'este estabelecimento está orçado para 1875-1876 em 190:616$050 réis, e a despeza em igual somma, distribuida do seguinte modo:

Administração, 25 empregados	10:504$000
Contencioso administrativo e judicial..........	3:460$000
Culto religioso...........................	2:730$000
Admissão dos enfermos— 8 cirurgiões e 7 empregados...............................	2:755$000
Enfermarias— 8 medicos, 8 cirurgiões, 12 enfermeiros, 8 enfermeiras, 156 empregados diversos.....................................	25:209$000
Botica e laboratorio......................	12:281$000
Despensa, cozinha e cêrca.................	4:184$400
Comedorias	79:600$000
Deposito geral de fazenda.................	13:908$000
Obras nos edificios.......................	6:000$000
Diversos encargos.'......................	12:626$700
	173:258$100

A despeza com os hospitaes annexos é a seguinte:

Desterro—1 medico, 3 cirurgiões, 2 enfermeiros, 2 enfermeiras e 41 empregados............	6:629$600
S. Lazaro—1 medico, 1 enfermeiro, 1 enfermeira, 5 empregados	1:262$400
Rilhafolles—2 medicos, 1 cirurgião, 1 enfermeiro, 1 regente, 1 enfermeira, 61 empregados diversos	9:465$950
	190:616$050

No seguinte quadro damos a estatistica do movimento dos doentes do hospital de S. José em uma serie de annos, comprehendendo os hospitaes annexos: do Desterro, de S. Lazaro e de Rilhafolles.

17

Annos	Entrados			Saíram curados			Falleceram			Numero medio de doentes por dia	Relação dos fallecidos para os entrados
	Homens	Malheres	Total	Homens	Malheres	Total	Homens	Malheres	Total		
1847-1848...	10:787	4:368	15:155	8:940	3:349	12:289	1:785	970	2:755	1:703	18,1
1848-1849...	8:763	3:685	12:448	7:567	3:006	10:573	1:274	741	2:015	1:606	16,2
1849-1850...	8:484	3:335	11:819	7:413	2:670	10:133	1:119	663	1:782	1:558	15,0
1862-1863...	9:144	4:491	13:635	8:003	3:803	11:818	1:159	660	1:799	1:694	13,2
1865-1864...	8:278	4:159	12:437	7:291	3:645	10:876	955	577	1:532	1:620	12,3
1864-1865...	8:256	4:590	12:848	7:266	3:915	11:181	988	626	1:614	1:688	12,5
1871-1872...	6:844	4:581	11:425	6:016	3:976	9:992	845	644	1:489	1:493	13,0
1872-1873...	7:159	4:988	12:146	6:271	4:292	10:565	936	639	1:575	1:485	12,9
1873-1874...	7:077	4:738	11:815	6:327	4:236	10:563	798	579	1:377	1:412	11,7

A diminuição da mortalidade que, de 18 por cento que era em 1847, desceu a menos de 12 por cento, attesta os excellentes resultados que têem produzido as medidas empregadas pela administração d'este notavel estabelecimento de caridade, tendentes a melhorar as condições hygienicas, o serviço clinico e o conforto do hospital.

A desaccumulação dos enfermos foi um dos principaes melhoramentos. Sendo o collegio militar transferido em 1848 de Rilhafolles para Mafra, foi aquelle antigo convento cedido ao hospital de S. José, para ser convertido em hospital de alienados, e para ali se mudaram os que existiam no antigo hospital de S. José agglomerados em enfermarias a que faltavam as primeiras condições hygienicas, o ar e a luz.

Hoje o hospital de Rilhafolles é a todos os respeitos um dos melhores da Europa.

Damos aqui em separado a estatistica d'este hospital nos annos de 1870-1871 a 1873-1874:

Annos	Entrados			Saíram curados			Falleceram			Numero medio por dia	Relação dos fallecimentos para as entradas
	Homens	Malheres	Total	Homens	Malheres	Total	Homens	Malheres	Total		
1870-1871......	171	140	311	104	72	176	76	79	155	523	48,2
1871-1872......	153	103	256	112	58	170	49	61	110	501	42,9
1872-1873......	185	132	317	131	68	199	67	51	118	488	37,2
1873-1874......	158	112	270	104	67	171	63	33	96	487	35,5

O hospital annexo de S. Lazaro é especialmente destinado ao tratamento de molestias cutaneas.

O edificio do Desterro, antigo convento, e depois quartel, foi adaptado ao uso que hoje tem, depois de se ter ali estabelecido um hospital provisorio, quando Lisboa soffreu uma terrivel epidemia de febre amarella, em 1857. Alem de duas enfermarias geraes, destinadas á desaccumulação dos enfermos no hospital de S. José, ha ali duas enfermarias de syphilis, para mulheres.

A existencia media de doentes nas enfermarias geraes d'este hospital foi: em 1870–1871, 106; 1871–1872, 100; 1872–1873, 92; 1873–1874, 92.

Nas enfermarias de syphilis foi, nos mesmos annos: 108, 108, 102, 85.

No hospital de S. Lazaro a existencia media diaria foi: 1870–1871, 37; 1871–1872, 39; 1872–1873, 49; 1873–1874, 34.

ASSOCIAÇÕES DE PREVIDENCIA

Dividem-se em associações de soccorros mutuos, monte pios de sobrevivencia e sociedades de seguros de vida.

As associações de soccorros mutuos são muito antigas em Portugal sob a fórma de compromissos maritimos, cuja existencia foi protegida e assegurada por varios privilegios. Os mais antigos que se conhecem, os compromissos de Faro e Portimão, datam do seculo XV.

Posteriormente, principalmente no reinado de el-rei D. José I, organisaram-se algumas associações de classe; mas foi especialmente depois do estabelecimento do regimen liberal, que as associações de previdencia se desenvolveram em mais larga escala.

Em 1867 foi nomeada uma commissão para estudar a organisação dos monte pios e associações de soccorros mutuos, com o fim de habilitar o governo a regularisar a sua administração e prevenir os abusos.

Essa commissão composta [1] de homens notaveis, concluiu os seus trabalhos relativamente aos districtos de Leiria, Santarem, Lisboa, Portalegre, Evora, Beja e Faro. Por circumstancias que não vem para aqui relatar, ficaram esses importantes trabalhos quasi esquecidos até hoje, que temos a satisfação de poder dar-lhes publicidade, sentindo não termos espaço para os apresentar na integra. É um breve resumo o que podemos aqui apresentar.

[1] A commissão compunha-se dos srs.: conselheiro José Silvestre Ribeiro, presidente; vogaes, Luiz Augusto Rebello da Silva, Daniel Augusto da Silva, Luiz Porfirio da Mota Pegado, Custodio Manuel Gomes, João Manuel Gonçalves, Sousa Telles, Antunes Rebello, Moura Carvalho, Alfredo Dias, Alvares Botelho e Antonio Joaquim de Oliveira; secretario, Viriato Luiz Nogueira.

17.

Associações de soccorros mutuos. — Começando pelas associações maritimas de soccorros mutuos denominadas «compromissos maritimos», havia, em 1866, 9 no districto de Faro: em
Castro Marim, Faro, Fuzeta, Lagôa, Lagos, Olhão, Portimão,
Tavira e Villa Real de Santo Antonio; e 1 em Peniche.

Existem no reino outras associações maritimas, mas d'ellas e
de outras sociedades não teve a commissão conhecimento official.

«Foram instituidas por provisões regias em que lhes eram
concedidos muitos privilegios e isenções, e participam da na-
tureza de confrarias.

«Os beneficios que em geral fazem aos socios consistem em
pagarem um partido a um facultativo e a um sangrador, em
fornecerem sanguesugas, remedios e algumas dietas, prestando
tambem auxilios aos indigentes que, tendo pertencido á corpo-
ração, já não podem trabalhar, ás viuvas dos socios fallecidos e
a diversos pobres.

«Para isto contribuem as tripulações com uma parte igual á
que pertence de cada viagem a um companheiro, ou com uma
quantia fixa, por cada viagem; e as companhas de pesca com
um quinhão igual ao de um socio, concorrendo os calafates, etc.,
com uma quota certa.»

Reconhece-se pela analyse feita no relatorio de que extrahimos os antecedentes periodos[1] que, nos estatutos de alguns compromissos maritimos ha disposições em manifesta contradicção
com a actual legislação, e que faltam completamente os dados
estatisticos que lhes respeitam. Podemos porém fornecer um
pequeno esclarecimento com a seguinte nota, referida a alguns
no anno de 1866–1867:

Compromissos maritimos	Numero de associados	Receita	Despeza
Castro Marim...............	211	422$300	420$600
Faro......................	?	633$900	555$300
Lagoa.....................	83	186$000	183$900
Lagos.....................	385	1:179$000	1:179$000
Olhão.....................	?	1:320$000	1:312$600
Tavira....................	987	2:015$795	2:007$695
Villa Nova de Portimão.....	?	774$000	774$000
Villa Real de Santo Antonio..	647	1:197$600	1:155$600

Do relatorio de outra secção da referida commissão, encarregada de estudar as associações de soccorros mutuos no districto de Lisboa extrahimos o seguinte quadro estatistico das *associações de classe* e *associações livres* no anno de 1865:

[1] Elaborado pelo sr. Sousa Telles.

	Admittidos durante o anno	Sairam durante o anno	Existentes no fim de 1865	Pensionistas	Doentes soccorridos	Numero de dias em que foram soccorridos	Receita	Despeza
Associações de classe								
Caixa de soccorros da imprensa nacional	44	35	336	29	152	5:293	2:525$000	1:946$000
Typographica lisbonense	83	31	303	—	98	4:596	1:488$000	1:485$000
Carpinteiros navaes	9	24	184	—	60	3:179	651$000	797$000
Fraternal dos calafates lisbonenses	12	13	187	5	42	781	873$000	880$000
Carpinteiros, pedreiros e artes correlativas	98	54	546	4	182	5:730	2:155$000	2:117$000
Fraternal lisbonense dos serralheiros	1	9	104	—	34	780	392$000	341$000
Lisbonense de latoeiros de folha branca	6	6	93	—	48	559	257$000	322$000
Sapateiros e officios correlativos	83	84	609	18	182	—	2:234$000	2:114$000
Empregados do estado	70	66	1:300	22	—	—	11:167$000	7:983$000
Monte pio philarmonico	11	6	206	31	38	1:560	4:315$000	3:921$000
	367	327	3,320	159	836	22:478	26:057$000	21:361$000
Associações livres								
Artistas almadenses	8	4	123	—	51	1:254	475$000	467$000
Humanitaria de S. Bento	270	151	361	—	181	—	925$000	884$000
Philantropica e artistica de Belem e Ajuda	30	52	244	—	72	1:409	896$000	415$000
Protectora da infancia pobre	76	12	123	—	96	1:655	550$000	283$000
S. Pedro em Alcantara	69	56	249	—	578	—	990$000	759$000
Monte pio Alliança	72	107	988	—	566	10:860	2:610$000	2:616$000
Beneficencia e Santa Montes	169	171	1:490	—	438	9:024	3:869$000	3:836$000
Fidelidade	114	135	1:097	9	171	4:836	2:899$000	3:043$000
Fraternal das classes unidas de Belem	119	83	439	—	105	4:704	1:465$000	1:523$000
Jesus, Maria, José	32	46	400	—	90	4:667	1:082$000	1:164$000
Nossa Senhora das Dores de Belem	16	8	200	—	66	2:317	565$000	565$000
Nossa Senhora das Dores do arsenal da marinha	18	20	177	10	—	—	499$000	497$000
Nossa Senhora da Rocha	2:979	1:843	4:399	—	4:285	5:877	12:659$000	12:857$000
Nossa Senhora da Ajuda em Belem	45	66	410	—	177	688	1:523$000	1:462$000
Nossa Senhora da Assumpção	5	4	98	—	74	4:435	633$000	610$000
Providencia humana	63	23	460	—	199	—	1:394$000	1:370$000
Santa Engracia	15	38	278	—	125	2:509	577$000	545$000
	4:095	2:822	11:536	19	7:262	53:765	33:833$000	32:833$000

Outras associações de soccorros mutuos são designadas monte pios, e têem por fim «dar aos associados, quer sejam pobres, quer não, quando doentes e na convalescença, soccorros medicos, pharmaceuticos e pecuniarios, auxiliar as familias dos fallecidos com um tanto para funeral». Alguns outros monte pios pagam carceragem aos presos, quando o não sejam por crimes infamantes; dão subsidios aos condemnados a prisão até um anno, ou protegem os socios presos e seus filhos; emprestam dinheiro sobre penhores; dão subsidio para banhos; proporcionam trabalho aos socios desoccupados; dotam as orphãs dos socios; isentam do recrutamento; promovem o aperfeiçoamento moral dos socios e o material das profissões, e varios soccorros que um ou outro monte pio dá aos socios e viuvas.

Emquanto á estatistica d'estas associações das provincias, diz o relatorio que temos resumido: «A falta de relatorios e contas dos monte pios das provincias, obsta a que a secção consigne aqui, quaes as sociedades que têem cumprido as suas promessas, e como, e durante quanto tempo. É porém muito provavel, senão certo, que a maior parte ou a totalidade d'aquelles beneficios tenha ficado letra morta».

Monte pios de sobrevivencia.—Dos mappas que acompanham o interessante relatorio [1] da secção encarregada de estudar estes monte pios extrahimos os seguintes quadros resumidos:

	Socios								
Monte pio geral									
Annos	Inscriptos	Fallecidos	Despedidos	Existentes	Capital de subscripção	Numero de pensionistas	Receita	Pensões e dotes	Fundo permanente
1841...	155	1	4	150	42:572$000	—	8:876$000	—$	3:595$000
1845...	22	4	—	163	47:340$000	22	16:031$000	888$000	19:350$000
1850...	55	4	2	211	56:840$000	54	42:877$000	2:020$000	35:333$000
1855...	91	5	4	470	131:777$000	82	110:554$000	3:487$000	81:859$000
1860...	143	15	18	898	258:215$000	202	203:682$000	7:941$000	170:666$000
1865...	129	29	14	1:390	420:355$000	314	410:953$000	17:787$000	323:002$000
Monte pio das secretarias d'estado									
1840...	188	1	6	181	—$	—	—$	—$	—$
1845...	5	4	1	179	—$	60	12:990$000	5:878$000	41:609$000
1850...	1	2	2	178	—$	93	15:953$000	6:107$000	46:327$000
1855...	—	5	—	155	—$	126	9:586$000	4:970$000	49:786$000
1860...	—	1	1	135	—$	130	8:497$000	5:960$000	53:634$000
1865...	—	7	1	95	—$	—	7:180$000	5:534$000	60:807$000

[1] Elaborado pelos srs. Daniel Augusto da Silva e Mota Pegado.

Monte pio de marinha

Annos	Socios				Capital de subscripção	Numero de pensionistas	Receita	Pensões e dotes	Fundo permanente
	Inscriptos	Fallecidos	Despedidos	Existentes					
1845...	22	7	1	433	—§	87	—§	—§	—§
1850...	4	17	1	417	—§	91	—§	—§	—§
1855...	—	12	3	341	—§	165	—§	—§	—§
1860...	31	14	—	459	—§	242	67:116§000	10:982§000	92:078§000
1865...	13	24	3	453	87:831§000	314	149:068§000	12:753§000	132:211§000

Monte pio das alfandegas

1845...	19	3	1	147	—§	—	24:775§000	1:618§000	17:505§000
1850...	1	1	16	113	—§	—	34:002§000	2:357§000	28:363§000
1855...	11	4	—	127	—§	—	47:251§000	2:262§000	41:395§000
1860...	11	2	5	236	—§	—	55:029§000	5:663§000	47:999§000
1865...	84	5	3	299	—§	—	75:791§000	6:919§000	51:912§000

Monte pio da casa real

1840...	191	—	4	187	—§	—	4:452§000	—§	4:185§000
1845...	2	3	1	158	—§	—	39:883§000	2:079§000	30:799§000
1850...	—	6	1	134	—§	—	10:024§000	2:289§000	49:090§000
1855...	2	7	—	124	—§	—	10:845§000	6:735§000	66:509§000
1860...	2	3	—	113	—§	—	10:155§000	6:868§000	75:642§000
1865...	—	5	—	97	38:361§000	—	11:524§000	6:867§000	80:801§000

Monte pio maritimo e commercial

1862...	358	2	—	356	61:200§000	—	12:084§000	—§	11:774§000
1864...	6	3	7	305	68:300§000	—	5:948§000	—§	21:770§000
1865...	12	6	—	290	69:100§000	14	9:058§000	158§000	22:438§000

Eram 6 os monte pios de sobrevivencia existentes em Lisboa no anno de 1866.

Em 1867 foi creado um monte pio official, de qual podem ser socios todos os empregados civis e militares, cujo vencimento seja superior a 300§000 réis.

O maximo da idade para poder ser admittido é de quarenta annos.

Cada socio paga de quota mensal o equivalente de um dia de soldo. O governo dá ao monte pio o subsidio annual de réis 25:000§000.

Eis a estatistica d'este monte pio;

Annos	Receita	Pensões	Fundo permanente
1867–1868............	101:466$000	859$000	100:093$000
1868–1869............	68:451$000	4:546$000	162:400$000
1869–1870............	65:299$000	7:399$000	218:278$000
1870–1871............	73:924$000	10:285$000	279:081$000
1871–1872............	78:924$000	11:556$000	343:238$000

CAPITULO VIII

EXERCITO — MARINHA

EXERCITO

A força armada permanente data em Portugal do seculo xv, mas foi sómente em 1640, depois da restauração do reino, que se tratou da organisação regular do exercito, sendo a creação do conselho de guerra o primeiro passo dado n'esse caminho.

Este tribunal, por intermedio do qual o rei fazia executar as suas determinações, foi extincto em 1834 e substituido pelo ministerio da guerra.

Pela antiga organisação a força armada compunha-se de tropas de linha, artilheria, cavallaria e infanteria, e de corpos de milicias e companhias de ordenanças que, apesar do seu caracter sedentario, prestaram valiosos serviços nas campanhas da guerra peninsular.

Extinctas as milicias e ordenanças pela organisação de 1834, foram em diversas epochas creadas as guardas nacionaes e os batalhões moveis.

O recrutamento para o exercito, que até 1855 era feito arbitrariamente, foi regulado n'esse anno por uma lei, que disposições ulteriores tem alterado, mas cujos principios geraes estão em vigor.

Por essa lei, e pelas de 1859, 1868 e 1873, todos os portuguezes são obrigados a pegar em armas para sustentar a independencia e a integridade do reino, e defende-lo dos seus inimigos internos e externos. A força do exercito e o contingente de recrutas são fixados annualmente pelas côrtes. O contingente de recrutas divide-se proporcionalmente pelos districtos, segundo o numero de mancebos recenseados.

Todos os mancebos de vinte e um annos, sem distincção de classes, estão sujeitos ao serviço militar, e desde a idade de quatorze até vinte e um annos nenhum mancebo póde sair do reino sem prestar fiança.

O serviço effectivo nas fileiras é por tres annos (lei de 9 de setembro de 1868), e na primeira reserva cinco.

Em relação á exclusão e isenção do serviço militar a lei do recrutamento estatue o seguinte:

São excluidos do serviço militar: 1.º, os estrangeiros; 2.º, os clerigos de ordens sacras; 3.º, os que não tiverem 1ᵐ,56 de altura; 4.º, os inuteis por lesões que incapacitem do serviço militar; 5.º, os condemnados em algumas das penas maiores que produzam a perda dos direitos politicos.

São isentos do serviço: 1.º, aquelle que tiver sido substituido; 2.º, aquelle que provar que, só pelo seu trabalho, sustenta qualquer dos seus ascendentes ou irmãos que não possam trabalhar, e bem assim o exposto, abandonado ou orphão que sustentar, só com o seu trabalho, a mulher pobre ou sexagenaria que o creou gratuitamente e educou desde a infancia; 3.º, quando houver dois gemeos um fica isento; 4.º, os marinheiros que servirem em navios de guerra e os maritimos inscriptos na matricula da armada; 5.º, aquelle que tiver um irmão praça effectiva do exercito, comtanto que este se não haja alistado como substituto.

Para sentar praça como voluntario é preciso ter mais de dezesete annos e menos de trinta. Exceptuam-se os filhos de militares, que podem sentar praça de dezeseis annos; os que se destinam a tambores ou musicos, que podem ser admittidos aos doze annos; os alumnos das escolas superiores e do collegio militar.

O recenseamento e sorteamento para o serviço militar é incumbido ás camaras municipaes, e em Lisboa e Porto a commissões especiaes. Nas capitaes dos districtos ha uma commissão de recrutamento composta do governador civil, de dois membros do conselho de districto e de dois officiaes do exercito, a qual tem a seu cargo a fiscalisação dos recenseamentos, e o exame das causas de isenção.

Das decisões das commissões de recenseamento podem os recenseados ou sorteados recorrer para o conselho de districto, e das d'este para o supremo tribunal administrativo.

Até 1873 eram permittidas as remissões do serviço militar a dinheiro, contratando o governo substitutos, por um preço que se estipulava annualmente pela media das substituições do anno anterior; porém a lei de 17 de abril de 1873 prohibiu as remissões.

Em 1868 o preço da remissão foi de 269$000 réis; em 1869, 123$300 réis; em 1870 desceu a 71$025 réis; e em 1871 a 70$023 réis. Em 1871 remiram-se do serviço militar 576 mancebos, e 2:401 em 1872.

O exercito comprehende as seguintes classes: estado maior general, corpo de estado maior, engenheria, artilheria, cavallaria e infanteria, estados maiores de praças e fortificações, justiça militar, estabelecimentos de instrucção, arsenal, trens e fabrica da polvora, repartição de saude, officiaes em disponibilidade e inactividade temporaria, corpo de veteranos, officiaes reformados e asylo de invalidos.

A força de praças de pret do exercito em pé de guerra é de 70:000 homens, e em pé de paz 30:020, distribuida pelas diversas armas do seguinte modo:

Classes	Homens	Cavallos	Muares
Engenheria.....................	508	2	—
Artilheria.....................	3:012	130	268
Cavallaria.....................	3:184	2:536	—
Caçadores.....................	8:214	24	—
Infanteria.....................	15:102	54	—
Total..................	30:020	2:746	268
Administração militar..............	191	—	—
Total geral........	30:211	2:746	268

Esta força divide-se em: 1 batalhão de engenheria, 3 regimentos e 2 companhias de artilheria, 8 regimentos de cavallaria, 12 batalhões de caçadores e 18 regimentos de infanteria. O numero de bôcas de fogo é de 210.

A primeira reserva contava 10:286 praças no fim de 1873, e da segunda reserva havia promptos a ser chamados ás armas cerca de 80:000 homens.

O quadro effectivo dos officiaes em 1873 era o seguinte:

Classes	Marechal de exercito	Generaes de divisão	Generaes de brigada	Coroneis	Tenentes coroneis	Majores	Quarteis mestres	Cirurgiões Em chefe	Cirurgiões De divisão	Cirurgiões De brigada	Morte	Ajudantes	Pharmaceuticos	Capellães	Veterinarios	Picadores	Almoxarifes	Capitães	Tenentes	Alferes
Estado maior general..	1	8	22	—	—	—	—	—	—	—	—	—	—	—	—	—	—	20	—	—
Corpo de estado maior.	—	—	3	4	4	—	—	—	1	—	—	—	—	—	—	—	—	20	—	—
Engenheria...........	—	—	6	8	7	1	—	—	—	—	—	—	—	—	—	—	—	20	5	—
Artilheria...........	—	—	14	12	14	5	—	—	3	3	—	3	2	1	19	46	85	79		
Cavallaria...........	—	—	6	7	8	8	—	—	3	8	—	—	9	7	—	46	53	88		
Caçadores...........	—	—	5	7	9	12	—	—	12	11	—	11	—	—	—	90	97	121		
Infanteria...........	—	—	16	18	18	18	—	—	18	16	—	18	—	—	—	144	155	195		
	1	8	22	50	56	60	44	—	—	42	36	—	47	11	3	19	366	345	478	
Administração militar.	—	—	—	—	—	—	1	2	5	—	—	5	—	—	—	2	2	1		

Estados maiores de praças. — As praças de guerra de 1.ª classe, Elvas, Peniche, S. Julião da Barra, Valença, forte da Graça e castello de Angra, têem estados maiores compostos de governador, major da praça, ajudante e em algumas cirurgião mór. A despeza é de 14:154$720 réis.

Nas praças de 2.ª classe ha sómente um governador, official reformado. Estas praças são: Abrantes, castello de S. Jorge, torre de Belem, Bugio, Setubal, Almeida, insua de Caminha, Marvão, Campo Maior, Extremoz, Villa Nova de Portimão, Faro, Villa Real de Santo Antonio. A despeza é de 3:162$260 réis.

Justiça militar. — A organisação da justiça e tribunaes militares foi ultimamente regulada pela carta de lei de 9 de abril de 1875.

A justiça militar é exercida: 1.º, por militares encarregados de formar os corpos de delicto; 2.º, por auditores; 3.º, por conselhos de guerra; 4.º, por um tribunal superior de guerra e marinha; 5.º, por commissarios de policia do exercito.

Em cada divisão militar do continente do reino deve haver um conselho de guerra permanente, composto de um coronel ou tenente coronel presidente, de um auditor, um major, dois capitães, um tenente e um alferes.

Quando houver de ser julgado um réu de patente superior á de alferes, o conselho de guerra é modificado de modo que não façam parte do conselho officiaes de graduação inferior á do réu.

O tribunal superior de guerra e marinha é composto de generaes, quatro do exercito e tres da armada, e de dois juizes togados.

É da competencia dos tribunaes militares tomar conhecimento dos crimes ou delictos perpetrados por militares ou quaesquer pessoas pertencentes ao exercito.

As penas applicaveis por crimes militares são: pena de morte, trabalhos publicos, prisão maior, degredo, exautoração militar, demissão, presidio de guerra, deportação militar e prisão militar. A pena de morte não póde ser applicada a menores de dezesete annos.

A despeza com a justiça militar no orçamento para 1875-1876 é de 12:162$000 réis.

Ha tres presidios militares, estabelecidos na praça de Elvas, torre de S. Julião da Barra e no castello de S. Jorge; despeza 1:695$000 réis.

Pela lei de 21 de julho de 1856 foram abolidos os castigos de varadas e de espada de prancha no exercito.

O seguinte resumo da estatistica criminal do exercito nos quatro annos anteriores e nos quatro posteriores ao de 1857, primeiro da execução d'aquella lei, mostra a influencia por ella produzida na disciplina e moralidade da força armada.

Annos	Força effectiva do exercito	Criminalidade					Relação da criminalidade para a força effectiva por cento
		Deserções acompanhadas de outros crimes	Deserções simples	Crimes ou delictos	Incorrigibilidade	Total	
1853....................	25:032	30	374	223	–	627	2,50
1854....................	25:267	57	782	219	–	1:058	4,18
1855....................	25:145	23	461	136	–	620	2,47
1856....................	25:551	35	447	251	–	733	2,87
Termo medio nos quatro annos...............	25:246	36	516	207	–	759	3,00
1857....................	24:086	38	478	171	58	745	3,09
1858....................	23:660	25	378	253	71	727	3,09
1859....................	24:709	20	369	208	92	689	2,79
1860....................	24:231	19	250	165	64	498	2,05
1861....................	21:726	27	178	211	34	450	2,07
Termo medio nos quatro annos...............	23:581	23	294	209	65	591	2,51

A gravidade dos crimes avalia-se pela penalidade imposta, da qual damos um resumo para os dois annos extremos da serie do anterior quadro:

Annos	Numero de militares julgados	Julgamentos						Exautoraôs
		Condemnações					Absolvidos	
		Á morte	A trabalhos publicos	A degredo	A deportação	A prisão		
1853.........	627	2	192	110	–	245	71	12
1861.........	450	1	50	29	186	115	55	4

Em 1853 os principaes crimes foram: insubordinação, 56; furto, 36; desordem, 29; homicidio, 15; fuga de presos, 13; roubo e arrombamento, 10; furto e ferimentos, 9; insubordinação e cabeça de motim, 4.

Em 1861: incorregibilidade, 34; desordem, 32; furto, 20; fuga de presos, 20; insubordinação, 18; cabeça de motim, 13; desobediencia, 12; roubo, 10; homicidio, 9; insubordinação e ameaças, 6.

Os effeitos da lei de 1856 devem, porém, observar-se melhor no ultimo periodo da serie de dezeseis annos, decorridos depois de ter sido posta em execução, por isso damos o seguinte quadro da criminalidade nos annos de 1869 a 1873:

Designações	1869-1870	1870-1871	1871-1872	1872-1873
Força effectiva media...........	23:793	22:178	21:727	¹26:239
Transgressões de disciplina......	6:775	8:302	8:557	10:053
Crimes e delictos:				
Deserção acompanhada de outros crimes ou aggravada.........	31	30	14	39
Deserção simples...............	140	122	91	159
Homicidio...................	1	2	4	5
Roubo e arrombamento..........	1	1	1	4
Tentativa de roubo.............	8	6	2	2
Furto......................	24	12	16	17
Faltar ao serviço..............	23	23	29	32
Insubordinação................	14	28	28	36
Insubordinação acompanhada de outros crimes...............	18	5	12	18
Desordem....................	73	76	70	102
Embriaguez..................	116	104	96	146
Incorrigibilidade...............	24	35	17	16
Outros crimes................	186	254	247	246
Total dos crimes.....	659	698	627	822
Relação das transgressões de disciplina para a força effectiva—por cento.................	28,47	37,43	39,39	38,81
Relação dos crimes e delictos para a força effectiva—por cento...	2,79	3,14	2,90	3,13

¹ Em parte d'este anno entra no quadro da força effectiva a reserva que foi chamada ás armas.

Comparando os anteriores quadros da criminalidade no exercito, vemos que, tendo diminuido a percentagem dos crimes, depois de 1857 até 1861, eleva-se de novo em 1869. Deve, porém, notar-se que tanto no periodo de 1853 a 1857, como no de 1857 a 1861, o crime de embriaguez não figura no quadro criminal, ou entra em mui diminuta proporção, ao passo que nos annos de 1869 a 1873 apparece grande numero de cri-

mes de embriaguez, o que denota antes uma alteração na classificação das transgressões, do que um augmento do vicio e des-
moralisação.

O que é certo é que os crimes de homicidio e roubo são em
muito menor numero no segundo periodo, e as deserções diminuiram tambem consideravelmente, o que denota um progresso
no aperfeiçoamento moral do povo.

As transgressões de disciplina porém seguiram uma progressão crescente a partir de 1869, denotando um pernicioso enfra-
quecimento nos laços da disciplina, e revelam um funesto esquecimento das honrosas tradições da exemplar disciplina, que tão
notavel tornou o exercito portuguez nos principios d'este seculo.

MARINHA

Das origens da marinha de guerra portugueza apenas se en-
trevêem alguns vestigios por entre a obscuridade que envolve
os primeiros tempos da monarchia; encontra-se porém no reinado de D. Sancho II um principio de organisação da força
naval; havia já um certo numero de embarcações de guerra, e
um corpo regular de marinheiros com privilegios e chefes proprios [1].

No reinado de D. João I o desenvolvimento maritimo era tal
que, quando este rei resolveu conquistar Ceuta, no anno de
1415, pôde aprestar uma poderosa armada de mais de 200 embarcações, no numero das quaes se contavam muitas galés.

Foi n'esta epocha que o insigne infante D. Henrique fundou
a notavel academia de Sagres, destinada a aperfeiçoar a arte
da navegação.

Os serviços que desde então a marinha portugueza prestou
á causa da civilisação, não só dilatando os dominios do seu
paiz, mas tambem os dominios da sciencia humana; o quinhão
glorioso que lhe pertence, por ter sido a primeira que iniciou as
grandes descobertas e viagens em todas as regiões do globo,
revela bem os progressos da navegação, e a importancia da
marinha portugueza n'essa epoca e no seculo que se lhe se-
guiu.

A vastidão dos dominios portuguezes e a necessidade de os
sustentar á viva força, e fazer respeitar a bandeira portugueza
n'essas longas paragens, exigia o emprego de uma numerosa
armada.

Em 1844 a marinha de guerra era já muito importante pelo
numero e qualidade dos navios que a compunham. Frequente-
mente se ordenava a saída de uma esquadra de quatro a nove

1 *Historia de Portugal* do sr. Alexandre Herculano.

navios, quasi todos fragatas, para correr a costa e comboiar os navios mercantes.

Mas foi sobretudo desde o meiado do seculo XVII até ao fim do XVIII que a marinha portugueza brilhou no seu maior esplendor.

De 1671 a 1700 regista-se a existencia de 23 naus e fragatas. No reinado de D. João V, de 1707 a 1750, havia 30 naus de 60 a 84 canhões, e guarnecidas com 500 a 700 praças cada uma; 19 fragatas de 40 a 56 peças, com 300 a 350 praças; e 7 charruas de 8 a 20 peças. Nos fins, porém, d'este reinado a marinha havia perdido muitos dos seus navios, começando a decair e a perder o seu antigo brilho.

Todavia nos dois seguintes reinados, o zélo e a energia de dois ministros notaveis, o marquez de Pombal e Martinho de Mello, fizeram reviver a força naval portugueza.

De 1750 a 1777, no reinado de D. José I, apparecem mais 14 naus de 58 a 90 peças, 13 fragatas de 24 a 50 bôcas de fogo e 2 charruas. De 1777 a 1800 construiram-se 4 naus de 74 peças, concertaram-se 6 das antigas naus, e construiram-se mais 16 fragatas de 36 a 50 canhões, 4 corvetas de 24, 17 brigues de 20 a 24 e 8 charruas de 26 [1]. A esta formidavel força naval deve-se acrescentar um não pequeno numero de navios, não incluidos nos acima designados, mas que forçosamente devia haver no reino e nas provincias do ultramar.

Quasi todos esses navios foram construidos na Ribeira das Naus e arsenal da marinha de Lisboa; o desenvolvimento e actividade das construcções chegou a ponto de se lançarem ao mar, em alguns annos, 4 navios de grandes dimensões.

Houve annos em que sairam do Tejo mais de 40 navios de guerra para diversas commissões, aprestando-se rapidamente esquadras de 7 a 13 naus e fragatas, o que revela a existencia de grandes depositos para abastecimentos de toda a especie, e o emprego de uma força de mais de 15:000 homens.

A marinhagem era recrutada na occasião de se aprestar o navio, e a tropa era fornecida pelos terços da marinha. Em 1680 o terço era de 1:000 praças; em 1790 havia 1 regimento de artilheria de marinha e 2 de infanteria, com 1:000 a 1:200 praças cada um. Depois organisou-se a brigada real da marinha, composta de tres divisões: artilheria, infanteria e artifices. Extincta em 1834 foi substituida por um batalhão naval, ao qual succedeu em 1851 o corpo de marinheiros militares.

Hoje a marinha de guerra portugueza consta de: 21 navios de vapor e 11 de véla; estão em construcção 2 corvetas de vapor, 3 canhoneiras e 1 transporte.

1 *Annães do club militar naval*, dezembro de 1878.

No seguinte quadro está indicado o numero de navios da marinha portugueza em 1874:

	Navios de vapor		
Numero	Qualidade	Força em cavallos	Bôcas de fogo
8	Corvetas de helice......................	2:020	105
6	Canhoneiras de helice....................	430	20
1	Transporte de helice.....................	160	1
3	Vapores de helice	180	8
8	Vapores de rodas........................	145	2
		2:935	136
	Navios de véla		
1	Fragata	–	25
1	Transporte...........................	–	2
1	Escuna..............................	–	1
6	Hiates..............................	–	4
1	Cuter...............................	–	1
1	Cahique.............................	–	–
		–	33
	Total...............	2:935	169

O quadro e a despeza da marinha militar é hoje o seguinte:

	Commando geral......................	3:604$000
1	Vice-almirante........................	1:728$000
4	Contra-almirantes, a 1:080$000 réis.......	4:320$000
8	Capitães de mar e guerra, a 780$000 réis..	6:240$000
18	Capitães de fragata, a 696$000 réis.......	12:528$000
24	Capitães tenentes, a 648$000 réis.........	15:552$000
48	Primeiros tenentes, a 360$000 réis........	17:280$000
90	Segundos tenentes, a 336$000 réis........	30:240$000
193		**87:888$000**
8	Capellães da armada, 4 a 360$000 réis e 4 a 336$000 réis.......................	2:786$000
7	Engenheiros constructores navaes...........	3:516$000
		6:302$000

Officiaes de saude naval

1	Inspector.................................	780$000
1	Sub-inspector.............................	696$000
1	Segundo sub-inspector....`.............	648$000
8	Facultativos navaes de 1.ª classe, a 360$000	
	` réis....`...............................	2:952$000
12	Facultativos de 2.ª classe, a 336$000 réis...	4:032$000
4	Aspirantes a facultativos, a 600 réis........	878$000
2	Pharmaceuticos, a 360$000 réis............	720$000
		10:706$000
1	Facultativo addido........................	648$000
30		11:354$000

Officiaes de fazenda da armada

2	Primeiros officiaes, a 648$000 réis..........	1:296$000
8	Segundos officiaes, 1 a 500$000 e 7 a 360$000	
	réis......................................	3:020$000
20	Aspirantes de 1.ª classe, 9 a 360$000 e 11 a	
	336$000 réis............................	6:936$000
6	Aspirantes de 2.ª classe, a 240$000 réis.....	1:440$000
36		12:692$000

Corpo de marinheiros

	Estado maior	2:844$000
	Estado menor...........................	511$680
3	Commandantes de divisão...............	900$000
1:995	Praças...................................	121:296$960
		125:552$640

Corpo de engenheiros machinistas navaes

24	Machinistas de 1.ª, 2.ª e 3.ª classe.........	13:800$000
24	Ajudantes................................	7:872$000
60	Fogueiros.................................	10:494$000
48	Chegadores...............................	5:222$000
	Pessoal excedente ao quadro para completar a	
	guarnição dos navios..................	25:680$000
		63:068$000

Officiaes marinheiros

20	Mestres..................................	5:430$000
20	Contramestres	5:088$000
60	Guardiões................................	13:536$000
100		24:054$000

50 Fieis e escreventes......................	5:473$000
Estado menor das guarnições...............	17:617$745
Vencimentos de embarque..................	59:779$600
Diversas despezas.......................	6:578$560
Despeza total, eliminando algumas verbas que não se realisam no exercicio de 1875-1876......	413:156$545

CAPITULO IX

CLERO E JUSTIÇA

CLERO

Já dissemos que o culto catholico apostolico romano é o unico officialmente permittido; todos os outros cultos são tolerados sem manifestação exterior.

Das 19 dioceses do continente do reino e ilhas adjacentes 7 estão vagas; ha portanto em Portugal 1 patriarcha, 2 arcebispos e 9 bispos.

Em cada uma das 19 dioceses ha 1 vigario geral, excepto nas dioceses de Leiria, Elvas e Beja, nas quaes o vigario é capitular. É esta dignidade ecclesiastica a immediata aos prelados diocesanos, e á qual compete o governo da diocese na falta do prelado. Em cada uma das sés que estão providas ha um cabido, composto de conegos nomeados pelo governo.

Pelo seguinte quadro comparativo das despezas com as dioceses a cargo do ministerio respectivo se póde ver qual foi o effeito do decreto de 1 de outubro de 1869, que regulou os ordenados dos prelados diocesanos, de modo que o estado só tivesse a seu cargo a parte complementar dos ordenados que não era preenchida pelos rendimentos das mitras.

	1868—1869	1875—1876
Provincia metropolitana de Braga....	15:000$000	12:393$000
Provincia metropolitana de Lisboa:		
-- Patriarchado..................	13:000$000	6:350$000
Sé patriarchal..................	30:000$000	22:166$000
Dioceses no continente..........	8:000$000	8:395$000
Diocese dos Açores.............	75:000$000	71:692$000
Diocese do Funchal.............	30:000$000	23:758$000
Provincia metropolitana de Evora....	27:000$000	6:754$000
	198:000$000	151:508$000

Quasi todas as dioceses têem rendimentos proprios que chegam para boa parte das despezas do culto.

Damos em seguida o quadro dos parochos e coadjutores no continente do reino, e as congruas que lhes foram arbitradas, segundo as leis de 1839 e 1841, para o anno de 1855-1856:

Dioceses	Parochos	Coadjutores	Congrua arbitrada aos parochos	Congrua arbitrada aos coadjutores	Total da derrama	Rendimento dos passaes e fóros das parochias
Braga.........	1:270	61	199:976$480	2:546$210	65:344$519	48:896$490
Porto..........	348	22	65:368$950	1:065$110	34:562$500	19:871$550
Bragança......	212	12	35:499$920	515$350	3:836$770	1:645$240
Aveiro........	74	25	14:688$900	1:435$670	6:994$693	2:596$760
Coimbra.......	272	35	44:868$440	2:121$090	32:300$930	3:666$850
Vizeu.........	204	25	28:229$810	897$600	16:477$220	7:057$010
Pinhel........	121	—	14:005$800		9:388$650	1:110$860
Lisboa........	371	37	76:617$120	3:110$500	51:524$970	4:016$150
Lamego........	248	7	34:634$170	249$600	19:434$900	6:769$000
Guarda........	181	1	23:207$930	60$670	17:661$230	2:607$830
Castello Branco	79	9	11:487$290	637$950	8:306$020	1:108$260
Leiria........	48	6	6:707$510	353$270	5:627$530	137$400
Portalegre....	35	4	5:455$190	335$830	4:106$660	643$800
Evora.........	129	8	25:785$160	668$050	19:409$020	821$970
Elvas.........	38	3	3:992$240	161$000	3:189$470	290$690
Beja..........	113	10	20:073$250	997$800	12:641$990	231$360
Algarve.......	66	30	18:880$900	1:431$660	6:736$020	115$000
	3:308	290	629:425$306	18:625$260	223:854$530	101:616$810

A importancia media da congrua arbitrada aos parochos é de 165$506 réis, e aos coadjutores 57$330 réis.

Algumas pequenas alterações tem havido nas diverses dioceses. Pela ultima estatistica de 1864-1865 havia 3:803 parochos e 305 coadjutores; congrua arbitrada aos parochos réis 641:009$700; congrua arbitrada aos coadjutores, 17:750$500 réis; total da derrama, 310:950$700 réis; rendimento dos passaes e fóros 101:391$300 réis.

A congrua realisa-se por meio dos rendimentos dos passaes e fóros, do pé de altar e mais rendimentos parochiaes, e o resto por meio de derrama pelos parochianos.

Nas ilhas os parochos e curas recebem ordenado fixo pago pelo estado. Eis o quadro estatistico do clero das ilhas:

Dioceses	Parochos	Curas	Despeza
Angra......................	86	173	54:879$060
Funchal....................	44	38	14:244$840
	130	211	69:123$900

18.

Com o estabelecimento do systema liberal, em 1833, suppri-
miram-se as corporações religiosas, mandando-se desde logo fechar os conventos de frades. Havia 510 conventos, sendo 380
de frades e 130 de freiras. Alguns tinham sido fundados nas
remotas epochas, em que a religião christã foi introduzida na
peninsula; outros haviam sido erigidos pelos nossos primeiros
reis, com proporções verdadeiramente grandiosas. Estão n'este
caso os mosteiros de Santa Cruz de Coimbra, o de Santa Maria de Alcobaça e o de S. Vicente de Fóra em Lisboa, grandes
edificios de architectura singela, mas solida, edificados no reinado do primeiro rei, D. Affonso Henriques. Posteriormente foi
edificada a igreja e mosteiro da Batalha, admiravel monumento
de architectura gothica levantado por D. João I, em memoria
da celebre batalha de Aljubarrota, na qual foi desbaratado um formidavel exercito castelhano, no anno de 1385; o mosteiro dos
Jeronymos, em Belem, fundado no principio do seculo XVI por
el-rei D. Manuel, para celebrar a memoravel descoberta da India, no proprio local onde embarcou o grande Vasco da Gama;
edificio de primorosa architectura verdadeiramente nacional, e
que ultimamente tem sido restaurado sob o mesmo plano archi-
tectural da construcção primitiva. Finalmente citaremos o vas-
tissimo mosteiro de Mafra, devido á caprichosa ostentação do
rei D. João V, gigantesco edificio de architectura severa e pesada, mas magestoso e imponente.

Os rendimentos das corporações religiosas consistiam em: di-
zimos, direitos senhoriaes, juros, rendas de predios, fóros, cen-
sos, etc. A avaliação d'esses rendimentos, feita em 1833, produziu o seguinte:

Dizimos, direitos, etc..............	345:863$000
Juros, esmolas, etc................	271:861$000
Predios, fóros, censos, etc.........	514:120$000
Capellas, etc....................	30:268$000
	1.162:112$000

D'este rendimento total pertencia aos conventos de frades
763:545$000 réis, e aos conventos de freiras 398:567$000 réis.

Pela extincção dos conventos de frades os seus bens ficaram
pertencendo ao estado, e foram em grande parte vendidos nos
primeiros annos do regimen liberal. Até 1836 produziu a desamortisação de bens nacionaes (pela maior parte bens das extinctas corporações religiosas) a quantia de 5.266:300$000 réis,
que em 1838 estava já em 7.584:000$000 réis, incluindo o pro-
ducto de remissões de fóros. Até hoje a venda d'estes bens tem
produzido cerca de 15.000:000$000 réis; porém, o valor real
das propriedades desamortisadas sobe ao duplo d'aquella quantia.

A administração dos bens das corporações de religiosas continuou a cargo dos conventos; mas em virtude da lei sobre desamortisação dos bens de corporações de mão morta, grande numero d'essas propriedades foram vendidas, e o seu producto empregado em fundos publicos, de cujos rendimentos o governo applica a quantia necessaria para subsidiar os raros conventos onde ainda existem freiras, e o resto para a dotação do clero das ilhas, etc.

De 1869 a 1873 a media annual dos bens vendidos em praça foi de 167:000$000 de réis. Em 1873-1874 subiu a venda a 583:000$000 réis.

Para a instrucção e educação ecclesiastica ha, no continente do reino, 12 seminarios, 5 cursos ecclesiasticos e um collegio de missões ultramarinas; nas ilhas adjacentes 2 seminarios, em Angra e Funchal; e nas provincias ultramarinas 4, em Cabo Verde, S. Thomé, Angola e Goa. A instrucção ecclesiastica superior obtem-se na faculdade de theologia da universidade de Coimbra.

No seguinte quadro damos o numero de alumnos que frequentaram os seminarios nos tres annos de 1871-1872 a 1873-1874:

Bispados	1871-1872				1872-1873				1873-1874			
	Internos		Externos	Total	Internos		Externos	Total	Internos		Externos	Total
	Gratuitos	Pagos			Gratuitos	Pagos			Gratuitos	Pagos		
Algarve ..	17	9	6	32	17	10	6	33	15	17	7	39
Angra....	17	–	6	23	7	14	3	24	10	11	3	24
Aveiro ...	–	–	23	23	–	–	17	17	–	–	20	20
Beja	–	–	7	7	–	–	9	9	–	–	7	7
Braga....	42	33	385	460	46	35	439	520	46	32	524	602
Bragança.	4	8	7	19	9	–	5	14	5	10	1	16
C.º Branco	–	–	13	13	–	–	8	8	–	–	7	7
Coimbra..	–	274	148	423	–	277	218	495	–	264	183	447
Elvas	–	–	44	44	–	–	59	59	–	–	106	106
Evora....	21	12	1	34	17	14	2	33	14	13	2	29
Funchal..	15	2	11	28	14	–	16	30	18	–	15	33
Guarda...	12	9	12	33	12	9	11	32	15	4	11	30
Lamego ..	17	9	101	127	21	8	110	139	23	12	142	177
Leiria....	3	27	3	33	5	27	3	35	5	26	2	33
Lisboa ...	47	38	–	85	56	42	–	98	56	43	–	99
Pinhel....	–	–	4	4	–	–	2	2	–	–	5	5
Portalegre	15	1	6	22	16	1	3	20	17	2	3	22
Porto	35	–	40	75	44	–	39	83	29	17	37	83
Vizeu	14	–	46	60	13	–	43	56	11	–	26	37
	259	422	863	1:544	277	437	993	1:707	264	451	1:101	1:816

Por este quadro se vê que, tendo na totalidade ido em augmento a frequencia de alumnos, tem todavia diminuido muito em algumas dioceses.

A administração d'estes estabelecimentos de educação do clero, dependendo superiormente do ministerio dos negocios ecclesiasticos e de justiça, está a cargo da junta geral da bulla da cruzada, antiga instituição cujo rendimento é applicado ao ensino do clero, ao melhoramento de templos e compra de alfaias, e ao culto nas sés cathedraes e igrejas pobres.

O seguinte quadro, que extrahimos da consulta da junta da bulla da cruzada, apresenta a curiosa estatistica da população por dioceses, numero de bullas consumidas e rendimento nas dioceses do continente e ilhas, no anno de 1873–1874, com a relação das bullas consumidas para a população:

Dioceses	População	Numero de bullas	Total da receita	Numero de bullas por 100 habitantes	Receita por cada habitante	Despeza com os seminarios
Algarve.....	157:695	48:205	2:533$215	30	$016	3:722$895
Angra......	240:480	112:630	4:549$984	46	$018	3:464$708
Aveiro	115:369	34:244	1:879$755	29	$016	1:222$305
Beja........	149:694	14:868	693$320	9	$004	1:088$280
Braga......	856:657	491:042	26:610$065	57	$031	9:232$458
Bragança ...	110:117	66:850	3:550$255	60	$032	2:971$236
Cast.º Branco	98:085	15:448	827$865	15	$008	1:246$000
Coimbra	390:280	65:069	3:531$715	16	$009	[1] –$–
Elvas.......	25:799	3:147	165$110	12	$006	841$615
Evora	117:709	14:366	745$380	42	$006	6:675$697
Funchal.....	99:025	42:735	1:946$921	43	$019	2:249$919
Guarda.....	133:140	56:285	3:084$180	42	$023	2:436$220
Lamego	194:160	78:114	4:162$295	40	$021	6:420$866
Leiria......	73:498	33:645	1:897$450	45	$025	2:923$550
Lisboa	590:716	98:754	5:379$860	16	$009	25:781$358
Pinhel......	68:541	39:080	1:966$970	57	$028	444$000
Portalegre..	39:275	7:526	376$189	19	$009	3:707$014
Porto	422:217	164:706	9:381$545	39	$027	8:539$315
Vizeu......	208:187	42:158	2:489$565	20	$011	4:063$892
Medias.....	–	–	–$–	34	$018	–$–
Total......	4.100:644	1.428:872	75:771$639	–	–$–	87:031$328

[1] Não apresentou a conta a tempo.

Em 1872–1873 o rendimento da *bulla da cruzada*, nas dioceses do continente e ilhas, foi de 71:016$635 réis. A media annual do rendimento no decennio de 1857 a 1867 foi de réis

55:288$000. Este rendimento tende pois a augmentar. As dioceses onde este augmento é mais notavel são Bragança, Braga, Porto e Pinhel.

Em 1867–1868 consumiram-se 1.217:166 bullas; em 1873–1874 consumiram-se 1.428:372.

A despeza paga pelo cofre da bulla desde 1852–1853 até 1873–1874 foi:

Seminarios, despeza ordinaria................	553:568$038
Seminarios, despeza extraordinaria..........	29:165$465
Sés cathedraes e igrejas parochiaes pobres.....	203:520$562
	786:254$065

A media annual dos subsidios nos primeiros dez annos é:

Aos seminarios...........................	19:091$719
Ás igrejas parochiaes	1:060$640
	20:152$359

A media nos ultimos doze annos é:

Aos seminarios...........................	32:651$369
Ás sés e igrejas parochiaes................	16:076$180
	48:727$549

Os seminarios e aulas dos cursos ecclesiasticos foram frequentados, no anno de 1873–1874, pelos seguintes alumnos:

Seminarios e cursos do conti-	Internos............	715
nente e ilhas..........	Externos...........	1:101
		1:816
Seminario de Cabo Verde ...	Internos............	31
	Externos...........	18
		49
Collegio das missões ultrama-	Internos............	76
rinas................	Externos...........	5
		81
Total......	Internos............	822
	Externos...........	1:124
		1:946

Dos 822 alumnos internos 364 eram gratuitos.

Sairam approvados 1:354, reprovados 145, perderam o anno 23, ausentaram-se 44, expulsos 18, falleceram 3, não fizeram exames 194 e foram fazer exames aos lyceus 451.

A media geral da despeza por cada alumno foi de 48$000 réis; por cada alumno interno, 121$927 réis.

O numero de professores foi de 139, com o vencimento total de 21:634$556 réis; o numero de empregados e serventes 169, e a despeza 8:917$168 réis.

JUSTIÇA

Já dissemos que a constituição do estado tornou independente a administração da justiça, e fizemos conhecer qual era a divisão judicial.

Ha diversas jurisdicções: a jurisdicção civel, a criminal, a administrativa, a militar, a commercial e outras jurisdicções especiaes.

Em cada comarca ha um tribunal de 1.ª instancia, presidido por um juiz de direito. A estes tribunaes pertence a jurisdicção civel e criminal, excepto em Lisboa, onde as causas crimes e civeis são julgadas em tribunaes especiaes.

Os juizes de direito são inamoviveis durante o tempo que a lei marca para servirem em cada comarca.

As causas civeis não podem ser intentadas sem que tenham sido precedidas de uma tentativa de conciliação perante o juiz de paz.

As causas crimes são julgadas por um jury, que pronuncia sobre o facto da accusação, e sentenciadas pelos juizes de direito, encarregados de applicar a lei.

D'estas sentenças ha appellação para a 2.ª instancia, e d'esta para o supremo tribunal de justiça, que tem por attribuições: conceder ou negar revista das causas, dar ou não provimento aos aggravos, resolver os conflictos de jurisdicção, etc.

O supremo tribunal de justiça compõe-se: de 1 presidente, com o ordenado de 2:000$000 réis, e 10 juizes conselheiros a 1:600$000 réis. A despeza total, incluindo outros empregados, é de 28:012$000 réis.

Os tribunaes de 2.ª instancia têem o seguinte pessoal e despeza:

Relação de Lisboa.—1 Presidente, 1:200$000 réis; 1 vice-presidente, 1:000$000 réis; 17 juizes a 1:000$000 réis; 1 guarda mór e secretario, 500$000 réis; 1 official da secretaria, réis 400$000 réis; 2 amanuenses a 240$000 réis, e 7 empregados menores. A despeza total é de 26:553$330 réis.

Relação do Porto.—Identico pessoal superior. Despeza réis 25:416$660.

Relação dos Açores.—1 Presidente, 1 vice-presidente e 7 juizes, com ordenados iguaes aos das outras relações. Despeza réis 9:860$000.

Na 1.ª instancia ha 52 juizes no districto da relação de Lisboa, 75 no do Porto, e 10 no dos Açores, vencendo cada um o ordenado de 400$000 réis.

A despeza no districto da relação de Lisboa foi de 21:066$600 réis, no do Porto 30:000$000 réis, e no dos Açores 4:000$000 réis.

Em Lisboa ha 3 juizes de direito criminal, e 2 no Porto, vencendo cada um 600$000 réis de ordenado.

Em Lisboa e Porto ha tribunaes de commercio, cujos juizes vencem igualmente 600$000 réis.

Junto dos diversos tribunaes civeis e criminaes funccionam agentes do ministerio publico, amoviveis, cuja principal attribuição é velar pela fiel execução das leis no que é relativo á ordem e moral publica.

As funcções do ministerio publico são exercidas: 1.º, pela procuradoria geral da corôa e fazenda, que se compõe de 1 procurador geral com o ordenado de 1:800$000 réis, e 6 ajudantes a 1:600$000 réis; 2.º, uma procuradoria regia em cada relação, vencendo cada procurador regio 1:200$000 réis; 3.º, de 1 delegado do procurador regio em cada comarca, com o ordenado de 300$000 réis, excepto nas varas de Lisboa e Porto, onde vencem 500$000 réis. A despeza total com o ministerio publico é de 70:720$000 réis.

ESTATISTICA CRIMINAL

Nos seguintes quadros damos um resumo da estatistica do movimento dos presos, nas cadeias civis de Lisboa e nas cadeias exteriores do districto d'esta relação, bem como a estatistica criminal que se póde extrahir dos mappas publicados de 1866 a 1869:

Cadeias civis de Lisboa

Annos	Sexos	Existiam	Entraram		Total	Analphabetos	Estado			Sairam			
			Maiores	Menores			Solteiros	Casados	Viuvos	Soltos	Afiançados e removidos	Para degredo	Fallecidos
1866..	Masculino.	398	1:254	309	1:961	924	1:193	828	42	1:206	100	257	15
	Feminino..	33	133	21	187	115	108	24	22	102	44	17	—
1867..	Masculino.	383	1:308	328	2:019	1:045	1:221	346	69	1:096	208	292	14
	Feminino..	24	157	14	195	98	117	21	33	136	18	12	—
1868..	Masculino.	409	1:726	469	2:604	1:596	1:792	818	75	1:616	199	302	16
	Feminino..	29	183	12	224	151	148	25	22	175	1	14	2
1869..	Masculino.	461	1:826	406	2:693	1:689	1:764	881	87	1:684	186	404	16
	Feminino..	32	180	24	236	186	164	19	21	169	1	19	—

Condemnações

Annos	Prisão			Trabalhos publicos			Degredo				Pena de morte	Districto do julgamento		
	1 a 10 dias	11 dias a 1 anno	1 a 5 annos	6 a 10 annos	11 a 15 annos	Perpetuos	3 a 5 annos	6 a 10 annos	11 a 15 annos	Perpetuo		Lisboa	Porto	Açores
1866	52	80	5	1	1	1	130	39	31	36	5	142	94	10
1867	45	97	11	–	1	1	166	48	33	47	8	124	150	14
1868	34	131	1	–	–	2	178	38	43	53	–	112	199	1
1869	33	236	6	–	–	–	179	70	31	125	–	179	203	23

As profissões ou occupações que deram maior contingente para o numero de crimes, foram em ordem decrescente, as seguintes: trabalhadores, creados de servir, maritimos, vendilhões, sapateiros, meretrizes, carpinteiros, pedreiros, aguadeiros, caixeiros, serralheiros, cigarreiros, marceneiros, militares, cocheiros, vendedeiras, fabricantes, cauteleiros, proprietarios, pintores, alfaiates, etc.

Em 1867 foi abolida a pena de morte nos crimes civis, já abolida em 1852 para os crimes politicos pelo acto addicional á carta constitucional, sendo substituida pela prisão cellular. Esta pena porém ainda não foi applicada por falta da prisão penitenciaria, que está em construcção na proximidade da capital.

O movimento de presos nas cadeias das comarcas da relação de Lisboa, excepto as da capital, foi o seguinte:

Annos	Existiam	Entraram		Total	Analphabetos	Estado			Sairam		
		Maiores	Menores			Solteiros	Casados	Viuvos	Soltos	Afiançados e removidos	Fallecidos
1866	614	2:884	346	3:814	2:447	1:655	1:006	196	2:195	833	9
1867	588	2:910	438	3:936	2:771	1:966	1:208	170	2:149	827	21
1868	693	3:102	549	4:344	3:726	2:624	1:460	260	2:708	1:436	24
1869	832	2:798	308	3:938	1:826	2:236	1:437	265	2:744	1:255	14

O seguinte quadro indica o numero de condemnados a diversas penas pelos tribunaes das mesmas comarcas da relação de Lisboa:

Annos	Prisão			Trabalhos publicos				Pena de morte
	1 a 10 dias	11 dias a 1 anno	1 a 3 annos	3 a 5 annos	6 a 10 annos	11 a 15 annos	Perpetuos	
1866.................	490	508	56	11	5	11	16	7
1867.................	519	552	37	9	8	3	5	3
1868.................	604	506	67	6	4	4	13	–
1869.................	542	634	61	2	4	2	5	–

Nos precedentes quadros estão envolvidos com os crimes os simples delictos e transgressões, e não temos meio de os separar; mas pelo seguinte quadro se póde apreciar o numero e a proporção dos diversos crimes, dos presos que entraram nas cadeias de Lisboa:

	1866	1867	1868	1869
Crimes contra pessoas :				
Homicidio.........................	52	85	92	144
Infanticidio......................	3	1	4	1
Offensa corporal..................	322	305	367	409
Estupro...........................	5	23	24	22
Attentado ao pudor................	10	5	2	2
Ultrage ao pudor..................	68	64	108	113
Rapto.............................	3	–	1	–
Injuria...........................	114	90	142	156
Desobediencia e desordem..........	194	170	355	259
Falsidade.........................	13	14	23	28
Crimes contra a propriedade:				
Furto.............................	422	475	602	552
Roubo.............................	77	78	103	129
Moeda falsa.......................	2	9	4	15
Incendio..........................	4	2	12	13
Arrombamento......................	12	1	11	16
Abuso de confiança................	14	21	15	9
Contrabando.......................	7	4	2	3
Vadiagem..........................	139	111	109	107
Transgressão......................	24	76	40	35
Depositarios......................	13	12	9	17
Suspeitos.........................	40	118	90	181

O seguinte quadro mostra o numero de condemnados a degredo que saíram do reino, nos annos já mencionados:

Annos	Numero de degradados	Destino					Crimes												
		Cabo Verde	S. Thomé	Angola	Moçambique	India	Homicidio	Envenenamento	Ferimento	Estupro	Attentado ao pudor	Furto	Roubo	Associação de malfeitores	Insubordinação e deserção	Infanticidio	Moeda falsa	Falsidade	Incendio	Abuso de confiança
1866	280	–	–	249	27	4	47	3	25	3	6	90	82	4	18	–	–	2	–	–
1867	308	1	12	262	32	1	40	–	68	5	6	71	101	–	6	1	1	5	2	–
1868	317	2	20	267	28	–	60	1	36	10	3	120	81	–	1	–	1	3	1	–
1869	423	17	109	197	100	–	122	6	56	7	3	81	127	–	5	1	3	6	4	2

Do augmento que se observa dos crimes mais graves, nos dois annos que seguiram a abolição da pena de morte, não se deve tirar conclusão alguma desfavoravel contra essa medida, e em todo o caso são prematuras quaesquer considerações que se fundem em tão limitados elementos estatisticos.

Abstemo-nos portanto de as fazer, mas devemos acrescentar que, segundo informações de distinctos jurisconsultos, n'estes ultimos annos tem diminuido o numero de crimes graves, o que se deve antes attribuir á influencia da instrucção, que incontestavelmente se tem disseminado pelo povo, do que á da abolição da pena capital, que em Portugal estava abolida de facto desde 1846, por terem sempre, desde esta epocha até 1867, sido commutadas todas as sentenças de pena de morte.

ILHAS ADJACENTES

I

ARCHIPELAGO DOS AÇORES

CAPITULO I

GEOGRAPHIA PHYSICA

SITUAÇÃO GEOGRAPHICA — DIMENSÕES — OROGRAPHIA
E HYDROGRAPHIA

Este archipelago está situado no oceano Atlantico, ao O. das costas de Portugal, entre as latitudes 36° 57′ N. e 39° 41′ N., e entre as longitudes 15° 50′ e 22° 10′ O. de Lisboa.

São 9 as ilhas que o compõem, dispostas em tres grupos, orientados no rumo de ONO.

O grupo *oriental* consta das ilhas de *S. Miguel, Santa Maria* e um pequeno grupo de ilhotas denominado as *Formigas*.

O grupo *central* consta das ilhas *Terceira, Graciosa, S. Jorge, Pico* e *Faial*.

O grupo *occidental* compõe-se das ilhas *Flores* e *Corvo*.

O comprimento total do archipelago, desde a ponta do Castello na ilha de Santa Maria até á ponta do Baixio na ilha das Flores, é de 112 leguas[1].

A sua maior largura é de 16 leguas, entre a ponta de S. João na ilha do Pico, e a ponta do Barro Vermelho na ilha Graciosa.

O primeiro grupo é separado do segundo pela distancia de 25 leguas, contadas da ponta da Ferraria na ilha de S. Miguel, á ponta das Contendas na ilha Terceira.

O segundo é separado do terceiro grupo pela distancia de 39 leguas, da ponta do Comprido na ilha do Faial, á ponta de Santa Cruz na ilha das Flores.

O extremo oriental do archipelago dista 250 leguas do cabo da Rocca.

A superficie das 9 ilhas é approximadamente de 2:597 kilometros quadrados.

ILHA DE SANTA MARIA

Está situada na latitude de 36° 58′ N. e na longitude O. de Lisboa de 16° 3′ (Villa do Porto). Tem 18 kilometros de comprimento, 10 de largura e a superficie de 117 kilometros quadrados.

---

[1] Leguas maritimas de 20 ao grau.

A parte oriental da ilha é mais montanhosa que a occidental; a montanha mais notavel é o Pico Alto.

A costa é toda de rocha alcantilada, bastante profunda e limpa de recifes.

A 2 milhas ao N. da ponta do Castello fica a ponta dos Cedros, e a 4 milhas a NO. d'esta demora a ponta dos Matos, entre as quaes fica a bahia de S. Lourenço, desabrigada do quadrante NO. A 1 milha a O. fica a ponta das Lagoinhas, que é a mais septentrional da ilha, e a 4,7 milhas é a ponta do ilhote dos Frades. No extremo O. da ilha, a 2 milhas da ponta antecedente, projectam-se as pontas do Cabrestante e de Ponderados a 1 milha ao S.; e a 3,5 milhas ao SSE. fica a ponta de Malmerenda. A costa volta então ao nascente, formando a pequena bahia de Santa Maria, onde está edificada a villa do mesmo nome. Segue-se a 2 milhas a ponta de Marvam, e a 5 milhas a de Malbusca, a qual fica 3 milhas a O. da ponta do Castello. O porto de Santa Maria está muito exposto aos ventos do quadrante S.

O desenvolvimento total das costas d'esta ilha é de 28 milhas.

ILHA DE S. MIGUEL

Está na latitude de 37° 44' e longitude de 16ª 37' O. de Lisboa (Ponta Delgada), a 14 leguas ao NNO. da ilha de Santa Maria. Tem 61 kilometros de comprimento e 14 de largura media, com uma superficie de 747 kilometros quadrados. A ponta de NE., chamada da Ribeira, dista 248 leguas do cabo da Rocca.

Uma cordilheira de montanhas vulcanicas accidenta consideravelmente esta ilha em todo o seu comprimento, formando, todavia, dois maciços distinctos nos extremos da ilha, separados por uma depressão ou portella, entre Ponta Delgada e Ribeira Grande. O pico mais elevado da ilha é o Pico da Vara, no maciço oriental, com a altitude de 1:700 metros.

Segue-se para o poente d'este pico um largo plan'alto, denominado dos Graminhaes, e a Achada das Furnas, á qual succede a serra de Agua de Pau, tambem bastante elevada, depois da qual a cumeada deprime-se, para mais adiante começar a erguer-se até ás Cumieiras da Bretanha, denominação que em geral tem o maciço occidental. N'este maciço ha uma grande cratera de vulcão extincto, denominada a Lagôa das sete cidades, cujo fundo está occupado por 4 lagôas: a *Lagoa Grande*, com 2 kilometros de diametro; *Lagôa Azul, Caldeira Grande* e *Caldeira Pequena*.

O fundo da cratera está a 264 metros acima do nivel do mar, e o Pico da Cruz, na circumferencia da cratera, está a 847 metros.

A cratera tem 5 kilometros de diametro.

No maciço oriental tambem ha crateras extinctas, substituidas por lagôas; taes são: a *Lagôa do Congro*, a *Lagôa das Furnas* e a *Caldeira*, a qual dá origem á ribeira da Agua Quente, cuja agua conserva uma temperatura elevada.

D'estas elevadas serras descem muitas ribeiras de pequena extensão, mas que se convertem em torrentes impetuosas na epocha das chuvas. As principaes são: a Ribeira Grande na costa do N., e a ribeira de Agua de Pau na costa do S.

A costa é sinuosa e, em geral, alta e alcantilada, principalmente na parte que corresponde ás serras que descrevemos. A costa de NE. é a mais escarpada, entre a ponta de nordeste e a da Ajuda a 7 milhas, e é alinhada de E. a O. D'esta ponta descáe para OSO. até ao Porto Formoso a 8 milhas, pequena enseada na qual se vê a povoação d'aquelle nome.

A 2 milhas a NO. fica a ponta do Cidrão, e a pouco menos de 2 milhas para SO. d'esta ponta está assente a villa da Ribeira Grande, na foz da ribeira do mesmo nome, tendo a O. uma grande praia. O porto da Ribeira Grande é aberto aos ventos de ONO. a ENE. pelo N.

Da Ribeira Grande segue a costa a O. pelo espaço da 9 milhas, voltando para ONO. até á enseada de Capellas, a 5 milhas, sobresaíndo a meia distancia a ponta da Senhora da Luz.

D'esta enseada volta a costa para o N. até á ponta Furada, a 1,5 milha, e depois para ONO. até á ponta da Bretanha a 5 milhas. Inclina depois ao SO. até á ponta da Ferraria a 4 milhas, ficando entre estas a ponta de Mosteiros e a pequena enseada do mesmo nome.

Esta parte da costa é tambem alta e escarpada, e apenas accessivel em calma.

Da ponta da Ferraria volta a costa para SE. até á ponta Delgada, a 13 milhas, sempre bastante alcantilada, fazendo-se salientes as pontas da Candelaria e da Feiteira. A costa segue para ENE., ficando proximo d'aquella ponta a cidade de Ponta Delgada, defronte da qual se está concluindo a construcção de um porto artificial.

Da povoação denominada a Lagôa, a 5 milhas da ponta Delgada, a costa toma outra vez o rumo do SE. até á ponta de Agua de Pau a 3 milhas, formando depois a bahia do mesmo nome, terminada pela ponta da Galera. Toma depois a costa a direcção geral de ENE. até a villa da Povoação, a 12 milhas, ficando á meia distancia a ponta da Garça, e, entre esta e a da Galera, o porto de Villa Franca, abrigado por um ilhote. Da Povoação até á ponta Faial, a 2 milhas, corre a costa ao SE., para voltar logo a ENE. até á ponta Retorta, a 1,5 milha, inclinando para N. até á ponta de Nordeste, que fica a 9 milhas.

As costas d'esta ilha têem, portanto, o desenvolvimento de 83 milhas.

O pico da Vara póde avistar-se a 75 milhas.

As *Formigas* ficam a 11 leguas ao S. 34º E. da ponta Retorta, e a 7 leguas ao N. 19º E. da ponta do Castello na ilha de Santa Maria. São rochedos altos, sempre descobertos, e alinhados no rumo de N. 7º E.

O estabelecimento de porto n'esta ilha é ás 11 horas, e a maxima amplitude $2^m,4$.

ILHA TERCEIRA

Está situada na latitude de 38º 40′ (Angra) e na longitude O. de Lisboa de 18º 7′ a 25 leguas ao NO. da ilha de S. Miguel.

O seu comprimento de E. a O. é de 31 kilometros, e a largura de 16.

A sua superficie mede 500 kilometros quadrados.

Esta ilha é, como a anterior, mais montanhosa nos extremos do que no centro, sendo todavia em geral bastante accidentada. As maiores elevações acham-se porém para O., na freguezia da Serreta.

Em differentes pontos da ilha se erguem picos elevados de fórmas pittorescas, taes são: o Monte Brazil, o pico de Santa Barbara, o pico das Contendas, que são crateras de vulcões extinctos. O ponto culminante dos bordos da cratera do monte Brazil tem 210 metros de altitude, e o fundo da cratera 42 metros acima do nivel do mar.

Á excepção da bahia na costa do S., a O. do Monte Brazil, na qual está edificada a cidade de Angra do Heroismo, e da grande bahia com praia e fundo de areia na costa de E., onde se vê a villa da Praia da Victoria, o resto da costa é inabordavel, em consequencia da aspera escarpa que apresenta em todo o seu perimetro. Os cabos ou pontas mais notaveis são: a ponta das Contendas ao SE., a de Malmerenda ao N. da bahia da Praia, a dos Carneiros ao NE., a ponta Negrito a NO. e a ponta Gorda a SO.

A costa tem 54 milhas de extensão.

O estabelecimento é ás 11 horas; amplitude da maré $2^m,3$.

ILHA GRACIOSA

A 10 leguas ao N. 60º O. da ponta do Negrito da ilha Terceira, fica a Graciosa, na latitude 39º 6′ (Santa Cruz) e na longitude O. de Lisboa 18º 56′.

Tem 13 kilometros de comprimento, de SE. a NO., 71 de largura media, e a superficie de 98 kilometros quadrados.

É menos montanhosa que as ilhas antecedentes, porém ainda bastante accidentada na parte meridional, onde se levantam duas serras isoladas. A 3 kilometros ao S. da villa da Praia, ha uma cratera de vulcão extincto denominada a Caldeira, no fundo da qual ha uma grande furna, chamada do *enxofre,* notavel resto da communicação com o interior da terra.

Outros picos ou montes crateriformes se encontram n'esta ilha, sendo para notar o monte da Ajuda, sobranceiro á villa de Santa Cruz.

A parte accessivel da ilha é a costa do N., onde ha a pequena bahia da Praia e a bahia de Santa Cruz, e entre estas uma pequena enseada com bom fundo. O resto da costa é alta e escarpada, principalmente a costa do S.

A ponta de SE. da ilha é denominada ponta de Carapacho, ao SE. da qual ha um ilhéu. A ponta de NO. é chamada do Pico Negro; e ao SO. fica a ponta do Gomes.

A costa d'esta ilha tem 36 milhas de desenvolvimento.

ILHA DE S. JORGE

Ao S. 7 leguas da Graciosa fica a ilha de S. Jorge, na latitude 38° 40' e á longitude de 19° 7' O. de Lisboa (Vélas).

Tem 46 kilometros de comprimento, no rumo de ONO., e 4 de largura media.

A sua superficie é de 220 kilometros quadrados.

A ponta do Topo, que é a mais oriental, dista 7,5 leguas da ponta Gorda da ilha Terceira ao NE.

Em toda a extensão da ilha se levanta uma cadeia de montes de mediana elevação.

A costa do S. é mais alcantilada do que a do N., e em toda ella ha apenas algumas enseadas accessiveis ás embarcações. A costa do N. lança ao mar as pontas do Norte Grande e do Norte Pequeno. A ponta de NO. é denominada, de Rosaes.

Na costa do S. ha a ponta do Morro Grande, proximo da villa das Vélas, a ponta Camaida e a ponta da Calheta.

Esta ilha tem 97 milhas de costas.

Os seus portos são os das villas de Vélas, Calheta e Topo. A 1 milha da ponta do Topo ha um pequeno ilhote.

ILHA DO PICO

Um canal de 3 leguas de largura separa esta ilha da de S. Jorge, ficando a SO. d'ella, na latitude de 38° 23' (Lages) e na longitude de 19° 11' O. de Lisboa.

Tem de comprimento, na direcção de ONO. 45 kilometros, e de largura media 13 kilometros.

19

A sua superficie é de 496 kilometros quadrados.

A ponta da Ilha, assim denominada a ponta oriental, está a pouco mais de 15 milhas ao S. 50° O. da ponta do Topo.

É a ilha mais montanhosa do archipelago, e notavel pelo seu elevado pico, cuja altitude tem sido avaliada em 2:600 metros. É um vulcão ainda em actividade, que actualmente só se manifesta pelo fumo que lança.

O seu cume coberto de neve póde avistar-se a mais de 100 milhas.

Nas outras montanhas da ilha vêem-se tambem algumas crateras de vulcões extinctos.

A costa do N., desde a ponta da Ilha até á dos Baixios, corre na direcção geral de ONO. tendo algumas pequenas enseadas. Da ponta dos Baixios segue a costa para o SO. até á ponta do Pé do Monte, ao N. da qual fica o pequeno porto da Magdalena, fronteiro ao porto da cidade da Horta na ilha do Faial. D'aquella ponta volta a costa para SSE. até á ponta Espartel, e depois a SE. até á ponta Catharina, inclinando para ESE. até á ponta de S. João. D'esta até á ponta da Ilha segue no rumo de E., projectando antes a ponta do Arife, a NO. da qual fica o porto das Lages.

As costas d'esta ilha tem 62 milhas de extensão.

ILHA DO FAIAL

Esta ilha está a ONO. da ilha do Pico, da qual é separada por um canal de uma legua de largura, na latitude (Horta) de 38° 33' e na longitude de 19° 31',5 a O. de Lisboa. Tem 19 kilometros de comprimento e 11 de largura media, com a superficie de 178 kilometros quadrados.

É tambem bastante montanhosa; tem uma cratera de vulcão extincto, a *Caldeira*, com perto de 5 kilometros de circumferencia, e cujo fundo está occupado por uma grande lagoa, a qual está 300 metros abaixo do nivel do bordo superior da cratera.

O porto da cidade da Horta é considerado como o melhor do archipelago, e é abrigado dos ventos de N. a NE. e SSE. a SO. Ao N. limita a bahia a ponta da Esplamaca, e ao S. a da Senhora da Guia, a qual é o extremo S. de uma pequena peninsula, que abriga a enseada de Porto Pim que lhe fica a O. A costa, em geral escarpada, tem o desenvolvimento de 30,5 milhas. As principaes pontas são: a de João Dias 2 milhas a N. da de Esplamaca, a ponta dos Cedros a 6,5 milhas a NO., a de Figueiras a OSO. da antecedente, entre as quaes a costa forma uma larga bahia, abrigada dos ventos de SO. a ENE. pelo S. Ao S. e a 1 milha da ponta de Figueiras, fica a ponta do Comprido, onde a costa volta para SE.; segue-se a 6 milhas a ponta de Castello Branco, que fica a 6,5 milhas a O. da ponta da Guia.

O estabelecimento do porto é ás 12ʰ 30′. A maior amplitude da maré é 2ᵐ,3.

ILHA DAS FLORES

A 39 leguas a O. 30° N. do Faial está a ilha das Flores, na latitude (Santa Cruz) de 39° 28′ e á longitude de 22° 3′ a O. de Lisboa.

Tem de comprimento de N. a S. 18 kilometros, e 11 de largura media. A sua superficie é de 160 kilometros quadrados.

É muito montanhosa, especialmente na parte SE. da ilha.

O principal porto é a bahia de Santa Cruz, abrigado dos ventos de N. a SSO. por O.

Na costa de O. fica a grande enseada da Ribeira Grande, abrigada dos ventos de N. a SSE. por E., mais ao N. as pequenas enseadas de S. Pedro e de Cantario, e na ponta de SO. a enseada de Agua Quente.

A costa é alta e escarpada, e apresenta as seguintes pontas mais notaveis: ao N. a ponta Delgada, e a NO. a ponta dos Pharoes, a O. da qual fica a 1 milha o ilhote Monchique.

A enseada da Ribeira Grande é limitada ao N. pela ponta de Bredos, e ao S. pela ponta das Cantarinas. A SO. fica a ponta e os ilhéus de Agua Quente, e ao SE. as pontas das Lages e do Capitão.

Na costa de E. a ponta mais notavel é a de Santa Cruz, a qual com a de Cabreira ao S. formam a bahia de Santa Cruz. Finalmente entre as pontas de Santa Cruz e Delgada, projecta-se a ponta Ruiva.

As costas d'esta ilha têem 30 milhas.

ILHA DO CORVO

Esta ilha está 3 leguas a NNE. da ilha das Flores, na latitude de 39° 42′ (Rosario) e á longitude de 21° 54′ O. de Lisboa. Tem 5,5 kilometros de comprimento, 3 de largura media, e a superficie de 13 kilometros quadrados.

Uma montanha bastante elevada, que se ergue no centro da ilha, a accidenta com os seus contrafortes. É igualmente resto de antigo vulcão, como bem o indica a cratera que se observa no cume do monte. A costa é toda de escarpa alta, excepto na enseada do Rosario. As pontas mais notaveis são a Tursaes ao N., e a do Pesqueiro-Alto ao S.

Tem 8 milhas de costas.

No mar dos Açores as aguas correm para SE. com a velocidade de 1 milha por hora, inclinando depois a corrente para o S. Em consequencia d'esta corrente e das grandes profundidades do oceano n'estas paragens, o mar dos Açores é dos mais procellosos, durante os temporaes de SE. e SO.

A vaga da maré chega ao archipelago 12^h depois da passagem da lua pelo meridiano.

METEOROLOGIA — GEOLOGIA

Ha dois postos meteorologicos no archipelago, que nos fornecem excellentes indicações para avaliar o clima das regiões baixas ou litoraes dos Açores, estabelecidos em Ponta Delgada, na ilha de S. Miguel, e em Angra, na Terceira.

Eis o resumo das observações ali feitas desde 1865.

PONTA DELGADA

1865-1872 — Altitude 20 metros

Mezes	Pressão media	Temperatura			Chuva em millimetros media	Evaporação em millimetros — media	Humidade relativa — media	Tensão do vapor atmospherico em millimetros — media	Numero de dias de chuva
		Media	Maxima absoluta	Minima absoluta					
Dezembro.....	763,51	15,02	21,7	7,2	123,6	45,4	78,8	10,68	21,6
Janeiro........	764,21	14,10	18,8	6,2	102,0	48,6	78,8	10,10	21,4
Fevereiro......	763,83	14,27	20,2	4,8	100,6	59,3	77,8	9,98	17,0
Março........	762,50	13,75	20,0	4,2	97,2	70,2	73,6	9,38	18,0
Abril........	763,27	15,24	23,0	5,4	64,8	69,0	74,3	10,49	13,7
Maio.........	763,38	16,57	24,3	8,5	60,0	70,4	73,2	11,32	15,7
Junho........	766,85	18,88	26,8	9,3	35,6	79,8	73,4	13,23	10,0
Julho........	767,09	21,34	28,4	11,8	21,2	88,5	72,1	15,09	9,7
Agosto........	766,54	21,87	29,5	13,0	34,0	93,7	72,2	15,60	11,3
Setembro......	765,06	20,80	28,4	11,4	54,0	77,5	72,5	14,60	14,5
Outubro......	765,45	18,55	26,1	9,4	58,7	61,0	73,1	12,79	15,0
Novembro.....	762,25	17,37	23,5	9,7	103,7	48,7	79,2	12,39	19,0
Medias annuaes	764,49	17,31	29,5	4,2	855,4	812,1	74,9	12,14	186,9

Ventos dominantes: inverno SO., NE., NNE., ONO., SSO., O. S.; primavera NNE., NE., O., ONO., S., N., SO., NO.; estio NNE., NE., SO., O., ONO., N., SE.; outono NNE., NE., SO., N., S., O., ONO., SSE.

A velocidade media do vento é: no inverno 16^k,5; primavera 13^k,8; estio 8^k,4; outono 11^k,8. Media annual 12^k,6.

A velocidade maxima foi de 92 kilometros.

As restantes indicações resumimo-las no seguinte quadro:

Estações	Ozone	Numero de dias de			
		Saraiva	Nevoeiro	Trovões	Neve ou geada
Inverno.........	7,8	2,3	14,6	2,4	0
Primavera......	7,3	2,2	9,9	1,0	0
Estio...........	5,9	0,3	6,5	0,7	0
Outono	6,7	0,1	7,1	1,5	0
Anno..........	6,9	4,9	38,1	5,6	0

ANGRA DO HEROISMO

1865-1872 — Altitude 54 metros

Mezes	Pressão media	Temperatura			Chuva em millimetros — media	Evaporação em millimetros — media	Humidade relativa — Media	Tensão de vapor atmospherico em millimetros — media	Numero de dias de chuva
		Media	Maxima absoluta	Minima absoluta					
Dezembro .:...	759,73	14,38	19,4	7,0	132,6	–	84,6	10,85	19,7
Janeiro........	760,31	73,57	18,9	6,5	130,8	–	84,4	10,31	18,5
Fevereiro......	760,16	13,50	18,7	6,2	121,8	–	84,1	10,23	17,1
Março.........	759,86	13,73	18,8	6,2	84,5	–	81,3	10,07	15,7
Abril	759,95	15,17	20,6	6,5	74,0	98,7	80,2	10,89	15,0
Maio...........	760,15	16,47	22,5	9,3	80,1	–	79,5	11,71	13,4
Junho.........	763,27	19,14	25,0	12,7	56,7	136,6	80,9	14,01	7,6
Julho.........	763,86	21,73	27,3	14,1	27,5	172,7	79,4	16,06	5,6
Agosto........	762,97	22,01	27,3	15,5	26,9	175,4	77,6	16,19	6,1
Setembro......	761,58	20,81	27,0	11,0	69,9	157,5	77.4	15,06	11,4
Outubro......	761,58	18,40	23,7	12,1	106,8	–	80,5	13,44	15,0
Novembro.....	758,35	16,58	21,9	8,2	133,9	–	84,0	12,35	18,0
Medias annuaes	760,98	17,12	27,3	6,2	988,5	–	81,2	12,60	163,1

Ventos dominantes: inverno O., ONO., SO., OSO., NO., ENE., SSO.; primavera O., ONO., SO., OSO., NO., NNO., SSO., SE.; estio O., SO., SE., NE., OSO., ONO., E.; outono O., ONO., SO., NO., OSO., ENE., SSO., E.

Estações	Ozone	Numero de dias de			
		Saraiva	Nevoeiro	Trovões	Neve ou geada
Invérno........	8;8	0,5	0,7	1,3	0
Primavera......	8,8	0,8	1,6	0,4	0
Estio..........	6,4	0,0	1,0	0,3	0
Outomno.......	7,9	0,4	1,0	0,2	0
Anno..........	8,0	1,7	4,3	2,2	0

Reduzindo a pressão ao nivel do mar, vê-se que é mais forte nos Açores do que no continente. A differença entre as temperaturas extremas, que em Lagos é de 38º C., não passa de 25º C. em Ponta Delgada e de 21º C. em Angra.

Sendo maior em Ponta Delgada o numero de dias de chuva do que em Angra, a quantidade de agua que ali cáe é mais abundante n'este ultimo posto. Ha porém em Ponta Delgada mais dias de nevoeiro do que em Angra.

Chove menos nos Açores do que no litoral e no norte do continente do reino, mas cáe ali muito mais agua do que no litoral do Algarve e no Alemtejo.

Tem um caracter geral o clima dos Açores, é ser excessivamente humidó, dando-se porém a circumstancia curiosa de haver muito mais humidade nas ilhas Terceira e Graciosa, do que em S. Miguel e Santa Maria.

Gosam as ilhas dos Açores de um clima suave, sem os excessivos calores nem os frios rigorosos que, no mesmo parallelo, se sentem em Lisboa, havendo, porém, grandes differenças de temperatura peculiares ás diversas altitudes, de modo que.em uma mesma ilha se encontram diversos climas, desde o clima temperado do litoral até ao clima frio das grandes alturas. O notavel vulcão denominado o *Pico,* por exemplo, tem ó cume coberto de neve.

Todas as ilhas do archipelago são de origem vulcanica; origem não só demonstrada pelo actual vulcão da ilha do Pico e pelos phenomenos vulcanicos de que algumas ilhas têem sido victimas, como pelas rochas que as constituem.

Á excepção de alguns calcareos, que dizem encontrar-se na ilha de Santa Maria, todas as rochas d'estas ilhas são, ou basalticas, ou trachyticas ou lavicas. Na ilha de S. Miguel encontra-se o basalto prismatico na escarpa maritima denominada os Fanaes da Ajuda.

Em quasi todas as ilhas se vêem vestigios de vulcões extinctos, já nas largas cratéras de sublevação, como a das Sete

Cidades, na ilha de S. Miguel e a Caldeira no Faial, já nas emanações sulphurosas, como se vêem nas Furnas do Enxofre da ilha Terceira, já nas fontes de agua quente que ha em S. Miguel, Terceira, Flores, etc.

Fortissimos tremores de terra têem abalado por vezes o archipelago, á excepção do grupo occidental, de Flores e Corvo, tendo-se feito sentir principalmente nas ilhas de S. Miguel, Terceira, S. Jorge e Pico.

Estes abalos subterraneos são muito mais frequentes na Terceira, onde ha epochas em que parece que o solo está continuamente a tremer. Tem sido tambem esta ilha a que mais tem soffrido. Os terremotos de 1614, 1761 e 1841 destruiram a villa da Praia e outras povoações d'aquella ilha. Em 1528 um formidavel terremoto destruiu na ilha de S. Miguel a povoação mais importante, Villa Franca.

A pequena distancia a O. da ilha de S. Miguel parece haver um foco vulcanico submarino, que de tempos a tempos exerce a sua actividade, havendo noticia do apparecimento d'este vulcão submarino nos annos de 1658, 1691, 1720 e 1812. N'este ultimo anno surgiu do fundo do mar uma ilha, que desappareceu no fim de algumas semanas.

Tinha sido denominada Sabrina pelo capitão de um navio inglez d'aquelle nome, e que d'ella se tinha apossado em nome do rei de Inglaterra. Em 1867 houve nova erupção, mas o cone vulcanico não chegou á superficie do mar. Em 1867 houve uma violenta erupção submarina, 3 milhas a O. da ilha Terceira. O cone do vulcão parece não ter chegado á superficie, limitando-se o phenomeno á erupção de gazes e á projecção de grandes pedras.

Este phenomeno foi observado de perto pelo director das obras publicas do districto, e por elle descripto. A actividade d'este vulcão submarino, durou sómente de 1 de junho até 8 do mesmo mez; e sondando-se depois no local da erupção, a sonda não alcançou o fundo.

Na ilha de S. Jorge têem-se manifestado por vezes fortes erupções vulcanicas, que têem causado grandes estragos. Na parte central da ilha conhecem-se ainda os signaes da devastação produzida pelas erupções de 1580, 1757 e 1808.

A ilha do Pico tem igualmente sido theatro de varias erupções. As mais antigas de que ha noticia são as de 1572 e a de 1718. Apesar de ser, na apparencia pelo menos, o centro do grande foco vulcanico dos Açores, não tem havido ali tantas commoções subterraneas como na Terceira e S. Miguel.

Sómente a ilha das Flores e a de S. Miguel têem abundancia de agua potavel; em todas as outras ilhas do archipelago ha escassez de agua para abastecimento das povoações.

Quasi todas as ilhas possuem nascentes de aguas mais ou menos mineralisadas, thermaes ou frias, sendo mais conhecidas as aguas mineraes das Furnas na ilha de S. Miguel e as da Terceira, Graciosa e Flores.

As aguas mineraes do curiosissimo valle das Furnas rebentam de innumeras nascentes e fendas, a meio da concavidade da antiga cratera. São, porém, tres as caldeiras principaes, verdadeiras fontes repuxantes ou *geyser's,* que lançam columnas de vapores aquosos e enormes jactos de agua a ferver, que em uma das caldeiras repuxam a um metro de altura.

De uma descripção d'estas aguas mineraes, feita por um dos homens mais notaveis que produziu este seculo, Luiz da Silva Mousinho de Albuquerque, extractâmos o seguinte trecho: «Existem na bacia das Furnas tres sulphataras, acompanhadas de nascentes de aguas mineraes. A maior é situada no Valle das Furnas; a segunda existe junto da lagoa, na raiz do pico de Ferro; a terceira na fralda de E. do pico de Duarte Pacheco, junto da ribeira.

«.... as aguas reduzem-se a duas unicas especies, que são: *aguas salinas quentes,* cujo principal nascente é chamado no paiz agua da caldeira grande, e aguas *acidulas frias,* cuja principal bica é conhecida pelo nome de *agua azeda.*»

A agua da *caldeira grande* tem a seguinte composição: temperatura 95° C.; cheiro sulphuroso mui fugaz, que desapparece pouco depois de recolhida.

Em 1:000 partes contém:

Silica e alumina...................... 0,243
Sulphato de soda...................... 0,187
Subcarbonato de soda.................. 0,072
Hydrochlorato de soda................. 0,937

Agua azeda

Incolor, cheiro levemente acido e picante, temperatura 17° C., sendo 21°,3 a media do ar; evolve gaz espontaneamente.

Acido carbonico livre—um volume igual ao da agua:

Carbonato de ferro.................... 0,007
Carbonato de cal...................... 0,038
Carbonato de soda..................... 0,140
Sulphato de soda...................... 0,016
Hydrochlorato de soda................. 0,048

Agua do Sanguinhal

Limpida, sem côr nem cheiro; sabor acidulo; temperatura 24° C.

Acido carbonico livre—0,815 do volume de agua.

Carbonato de ferro......................	0,005
Carbonato de cal......................	0,070
Carbonato de soda.....................	0,130
Sulphato de soda......................	0,006
Hydrochlorato de soda...................	0,028

CAPITULO II

ESTATISTICA

DESCOBRIMENTO DOS AÇORES

Da escola de astronomia e navegação, instituida na peninsula de Sagres pelo sabio infante D. Henrique, durante o reinado de João I, sairam os primeiros galeões destinados por aquelle principe ao descobrimento das regiões desconhecidas, que os antigos suppunham existir no Atlantico, sendo provavel que a descoberta da supposta ilha Atlantida, mencionada por Plinio e Ptolomeu, fosse o principal objectivo da viagem emprehendida por Gonçalo Velho Cabral, por ordem do infante, no anno de 1431, da qual apenas resultou o descobrimento do grupo de ilhéus que denominou *as Formigas*.

Foi esta a terceira viagem de exploração dirigida para o occidente, viagens em que aquelles arrojados nautas, apenas munidos de grosseiros instrumentos para se guiarem na então tenebrosa amplidão do oceano, se engolphavam sem hesitar nas solidões incognitas; e este foi o terceiro descobrimento portuguez, porquanto já nas duas primeiras emprezas se tinham descoberto as ilhas de Porto Santo e Madeira.

Foi no anno seguinte, em agosto de 1432, que o mesmo navegante descobriu a ilha mais oriental dos Açores, a que deu o nome de Santa Maria, por ter sido descoberta no dia 15 d'aquelle mez. É provavel que a ilha de S. Miguel fosse avistada n'esta viagem, o que é certo, é que a sua colonisação data de 1444, sendo o logar denominado Povoação o primeiro habitado na ilha.

As outras ilhas do archipelago foram successivamente povoadas; a Terceira em 1450, tendo o infante D. Henrique feito doação d'ella a Jacome de Bruges.

DIVISÕES TERRITORIAES

Divisão administrativa

O archipelago dos Açores está dividido em tres districtos administrativos subdivididos em 19 concelhos e 120 freguezias.

1.º *Districto de Ponta Delgada.*— Comprehende as ilhas de Santa Maria, com 1 concelho, e S. Miguel, com 6 concelhos.

Capital: cidade de Ponta Delgada (S. Miguel); 16:000 habitantes.

Povoações principaes: Ribeira Grande, 8:000 habitantes; Villa Franca do Campo, 4:000; Povoação, 4:000.

2.º *Districto de Angra.*— Abrange as ilhas Terceira com 2 concelhos, Graciosa com 1 concelho, e S. Jorge com 2 concelhos.

Capital: cidade de Angra do Heroismo (Terceira); 12:000 habitantes.

Povoações principaes: villas da Praia da Victoria (Terceira), 3:000 habitantes; de Santa Cruz (Graciosa), 2:000 habitantes; de Vélas (S. Jorge), 2:000 habitantes.

3.º *Districto da Horta.*— Comprehende as ilhas do Faial, com 1 concelho, Pico com 3 concelhos, e Flores com 2 concelhos, a um dos quaes, o das Lages, pertence a ilha do Corvo.

Capital: cidade da Horta (Faial), 8:000 habitantes.

Povoações principaes: villas, das Lages (Pico), 3:000 habitantes; e de Santa Cruz (Flores), 2:000 habitantes.

Divisão judicial

Os tres districtos administrativos dos Açores constituem um districto judicial, ou relação dos Açores, subdivido em 18 comarcas da maneira seguinte:

Districtos	Comarcas			Julgados	Districtos de juizes de paz
	1.ª Classe	2.ª Classe	3.ª Classe		
Angra..........	1	–	2	7	14
Horta..........	1	–	2	7	18
Ponta Delgada...	1	1	2	7	14
	3	1	6	21	46

Divisão maritima

Cada districto administrativo forma uma capitania de porto, cuja despeza é: capitania de Angra, 426$400 réis; Horta, réis 373$000; Ponta Delgada, 680$400 réis.

Divisão ecclesiastica

O archipelago dos Açores forma uma diocese, denominada bispado de Angra, pertencente á provincia lisbonense; subdivide-se do modo seguinte:

Districtos	Ilhas	Concelhos	Parochias	Ouras
Angra........	Terceira......	Angra........................	14	5
		Praia da Victoria.....	9	4
	S. Jorge......	Vélas................	7	4
		Calheta	4	4
	Graciosa	Santa Cruz	4	2
Horta.........	Faial.........	Horta	13	–
		Lages................	5	–
	Pico.........	Magdalena..........	5	–
		S. Roque...........	5	1
	Flores e Corvo	Santa Cruz..........	4	–
		Lages...............	7	–
Ponta Delgada.	S. Miguel !....	Ponta Delgada.......	18	5
		Ribeira Grande	9	5
		Nordeste	8	–
		Lagoa..............	5	–
		Villa Franca do Campo	5	–
		Povoação............	6	–
	Santa Maria...	Villa do Pórto.......	4	1
			132	31

' N'esta ilha ha 6 priorados.

POPULAÇÃO

A estatistica official dá a seguinte população no archipelago dos Açores, nos annos abaixo menclonados:

Districtos	Annos	Fogos	População		
			Masculino	Feminino	Total
Angra........	1862.....	17:205	–	–	72:563
	1864.....	16:924	32:421	40:920	73:341
	1869–1870	18:808	31:541	40:325	71:866
	1870–1871	18:405	32:468	40:965	73:433
	1871–1872	18:641	32:063	40:767	72:830
Horta........	1862.....	15:508	–	–	65:266
	1864.....	15:795	29:088	37:357	66:445
	1869–1870	16:436	26:802	36:295	63:097
	1870–1871	16:388	26:880	35:813	62:693
	1871–1872	16:236	27:496	35:283	62:779
Ponta Delgada	1862.....	25:247	–	–	106:635
	1864.....	25:283	52:485	59:623	112:108
	1869–1870	28:805	57:062	65:336	122:398
	1870–1871	29:317	57:988	64:819	122:807
	1871–1872	29:639	58:087	66:376	124:463

A população especifica no anno de 1871–1872 era: Angra, 89 por kilometro quadrado; Horta, 77; Ponta Delgada, 124.

Movimento da população

Da estatistica de 1862 extrahimos o seguinte quadro estatistico do movimento da população nos Açores:

Districtos	Baptismos			Casamentos				
	Sexo masculino	Sexo feminino	Total	Solteiros	Viuvos	Solteiras	Viuvas	Total
Angra.......	1:099	982	2:081	295	34	318	11	329
Horta.......	902	832	1:734	285	28	300	13	313
Ponta Delgada	2:248	2:108	4:356	541	109	615	35	650
	4:249	3:922	8:171	1:121	171	1:233	59	1:292

Districtos	Nascimentos	Relação dos nascimentos para a população	Obitos	Relação dos obitos para população	Augmento da população	Augmento da população por cento
Angra.......	1:869	2,58	1:232	1,69	637	0,88
Horta.......	1:653	2,53	1:109	1,70	544	0,83
Ponta Delgada	4:067	3,81	2:501	2,34	1:556	1,46
	7:589	3,10	4:842	1,98	2:747	1,12

AGRICULTURA

Todas as ilhas do archipelago são cultivadas, até onde o permitte a aspereza das suas serras e picos vulcanicos. Onde a cultura de cereaes e leguminosas não é possivel, estão os alcantilados declives vestidos de vinha ou de arvoredo de varias especies.

A *ilha de S. Miguel*, de todas a mais cultivada, produz muita laranja, trigo, milho, legumes, batata e inhame. Produz pouco vinho depois que a molestia das vinhas destruiu quasi todos os vinhedos; em 1853 a producção attingiu 100:000 hectolitros. A exportação de laranja, que actualmente é o principal commercio da ilha, começou no meiado do século passado. Em 1802 já a exportação attingia a 40:000 caixas; em 1844, 123:000; em 1851, 261:000; em 1861, 198:350; em 1862,

161:867; em 1863, 225:559; em 1865, 207:104; em 1866, 217:167; em 1867, 154:409; em 1868, 222:342; em 1870, 279:407.

A cultura da canna do assucar foi introduzida no archipelago pelos primeiros povoadores; foi porém substituida pela cultura do *pastel,* que pelo meiado do seculo XVII chegou a ter grande desenvolvimento, começando a decair depois de se introduzir na Europa outra materia corante, o indigo.

Em 1869 o rendimento collectavel nos Açores era o seguinte:

Angra.......................   743:058$604
Horta ....   347:267$261
Ponta Delgada.................   1.154:802$567

                           2.245:128$432

Pelos seguintes quadros se vê quaes são as principaes producções das diversas ilhas, e a quantidade produzida em 1873, anno a que se refere a estatistica official d'onde os extrahimos.

Não podemos sujeitar esta estatistica ao systema de correcções que fizemos á estatistica da producção no continente, porque nos faltam para isso varios elementos.

Cereaes

| Districtos | Ilhas | Hectolitros | | | |
		Trigo	Milho	Centeio	Cevada
Angra.........	Terceira.......	86:764	97:188	243	704
	Graciosa	3:500	5:000	12	7:600
	S. Jorge.......	3:833	16:705	105	107
Horta.........	Faial	12:005	48:851	124	303
	Pico..........	2:210	28:739	42	3
	Flores........	1:835	5:903	34	31
	Corvo........	330	1:340	75	–
Ponta Delgada.	S. Miguel......	57:764	363:431	262	190
	Santa Maria ...	9:000	7:200	250	345
		177:241	574:357	1:147	9:283

Em 1870 a provincia dos Açores exportou para o continente do reino 27:460 hectolitros de trigo e 54:620 hectolitros de milho.

Deduz-se do antecedente quadro que a ilha que produz mais trigo é a Terceira, e depois S. Miguel e Faial; mas S. Miguel produz muito mais milho, seguindo-se-lhe a Terceira, Faial, Graciosa e S. Jorge.

O archipelago produz cereaes sufficientes para o seu consumo e ainda exporta, quasi todos os annos, notaveis quantidades de milho e trigo.

Legumes

Districtos	Ilhas	Hectolitros			Kilogrammas	
		Feijão	Fava	Tremoços, ervilhas, etc.	Batata	Inhame
Angra.....	Terceira..	297	2:650	11:720	941:500	65:300
	Graciosa.	150	80	1:052	96:000	800
	S. Jorge..	39	435	1:375	153:285	279:515
	Faial....	172	368	17:692	2.847:797	132:124
Horta.....	Pico.....	65	2:413	5:249	8.082:110	4.929:708
	Flores....	37	153	1:824	487:777	303:677
	Corvo....	26	–	170	60:000	–
Ponta Del-gada.....	S. Miguel	1:817	32:022	108:883	5.747:470	812:950
	S.ta Maria	52	90	347	34:500	23:100
		2:655	38:211	147:792	18.450:239	6.547:174

A producção de legumes é uma das mais importantes do archipelago, principalmente da ilha de S. Miguel, bem como a da batata, de ambas as quaes se exporta grandes quantidades.

Fructas

Districtos	Ilhas	Milheiros		Decalitros	
		Laranja	Limão	Castanha	Nozes
Angra	Terceira.......	43:261	32	5:418	1:067
	Graciosa......	50	2	163	27
	S. Jorge.......	6:360	1	300	50
	Faial	7:400	1	20	2
Horta.........	Pico..........	445	6	674	34
	Flores........	78	9	26	–
	Corvo.........	5	–	–	–
Ponta Delgada.	S. Miguel......	164:586	57	12:621	323
	Santa Maria...	520	4	–	–
		222:705	112	19:222	1:503

Apesar de ser superior á de todos os districtos do continente, a producção da laranja dada por esta estatistica não se póde considerar exagerada em vista da exportação de mais de 200:000 caixas, só pela ilha de S. Miguel. Mais de metade da exportação total d'esta fructa, no continente e ilhas adjacentes, que subiu em 1873 a 367:800 milheiros, pertence seguramente aos Açores.

Depois da ilha de S. Miguel é a Terceira que produz e exporta mais laranja. O Faial e S. Jorge têem tambem uma producção notavel.

Vinho

Districtos	Ilhas	Hectolitros		
		Vinho	Aguardente	Vinagre
Angra........	Terceira............	182	791	13
	Graciosa............	9:600	19	96
	S. Jorge............	9:440	101	31
Horta........	Faial...............	160	–	–
	Pico................	1:315	230	150
	Flores..............	–	–	–
	Corvo..............	–	–	–
Ponta Delgada	S. Miguel...........	667	2:169	941
	Santa Maria	65	1	12
		21:429	3:311	1:243

Antes do *oidium* ter destruido a maior parte das vinhas, as ilhas mais productoras de vinho eram S. Miguel e Pico, chegando a produzir a primeira 100:000 hectolitros e a segunda mais de 70:000.

Hoje parece, pela estatistica official, pertencer a primazia á Graciosa e S. Jorge.

Productos diversos

Produz-se nos Açores muito linho; só podemos saber porém a producção do districto de Angra, porque a dos outros districtos não figura nos mappas officiaes que consultámos.

Na ilha Terceira a producção de linho foi em 1873 de 25:310 kilogrammas, na Graciosa 5:000, e em S. Jorge 8:700.

A producção de mel e cêra é insignificante; foi a seguinte em 1873:

	Mel Kilogr.	Cêra Kilogr.
Angra...............................	55	91
Horta...............................	56	7
Ponta Delgada.......................	789	242

Como já dissemos, ha muito arvoredo florestal n'estas ilhas, o qual fornece ao commercio boas madeiras de vinhatico, faia, castanho e pinho.

PECUARIA

O recenseamento de 1870 não abrangeu as ilhas adjacentes, mas os relatorios annuaes dos governos civis contêem a estatistica dos gados. Em 1852 um dos primeiros actos da nova repartição de agricultura foi a estatistica pecuaria no continente e ilhas. São estas estatisticas que vamos transcrever, sem podermos todavia dizer qual o grau de approximação de cada uma d'ellas.

Gados em 1852							
Districtos	Caval-lar	Muar	Asi-nino	Bovino	Ovino	Caprino	Suino
Angra.......	727	162	830	22:377	14:458	3:903	19:682
Horta........	137	13	181	14:179	33:049	2:873	12:298
Ponta Delgada	597	1:243	7:814	26:341	20:320	14:927	25:333
	1:461	1:418	8:825	60:897	67:827	21:703	57:313
Gados em 1873							
Angra.......	734	306	983	19:999	21:263	3:998	17:232
Horta[1].......	?	?	?	15:135	28:015	2:210	8:965
Ponta Delgada	797	1:897	8:889	16:507	21:328	11:832	31:202
	?	?	?	51:641	70:606	18:040	57:399

[1] Falta no mappa official a que nos referimos o gado cavallar, muar e asinino.

As ilhas d'este archipelago são diversamente abundantes de gado; no seguinte quadro mostrâmos qual é em cada ilha a densidade de cada especie pecuaria, exceptuando os solipedes, e a sua proporção por 1:000 habitantes.

Comparando as medias do seguinte quadro com as correspondentes do continente no reino, veremos que a densidade media do gado bovino nos Açores é muito superior á media do continente, que é 5,80; a media do gado lanar e caprino inferiores ás medias no continente, que são 30,20 e 10,45; e a densidade media do gado suino é muito maior nas ilhas; a do continente é 8,66.

Comparando entre si as diversas ilhas do archipelago vê-se, que, em relação ao gado bovino, estão acima da media geral as ilhas do Faial, Corvo, Terceira e S. Jorge; estão superiores á media da densidade do gado ovino as ilhas do Corvo, Faial, Santa Maria e S. Jorge; em relação ao gado caprino estão acima da media S. Miguel e Faial; e quanto ao gado suino estão acima da media Corvo, Graciosa, S. Miguel e Terceira.

Gado especifico

Ilhas	Bovino		Ovino		Caprino		Suino	
	Por kilometro quadrado	Por 1:000 habitantes	Por kilometro quadrado	Por 1:000 habitantes	Por kilometro quadrado	Por 1:000 habitantes	Por kilometro quadrado	Por 1:000 habitantes
Terceira.....	25,39	290,8	23,30	266,9	5,05	57,8	22,70	260,2
Graciosa	12,24	137,3	23.55	263,2	0,12	1,4	26,12	292,9
S. Jorge.....	22,50	291,3	27,96	362,0	5,54	71,7	10,94	141,7
Faial........	44,27	289,7	72,92	477,2	9,00	58,8	13,98	91,6
Pico........	8,94	159,2	19,87	353,9	0,86	15.3	8,47	151,2
Flores.......	13,25	228,0	22,27	383,2	0,96	16,5	9,70	166,9
Corvo.......	32,39	476,8	88,46	1.302,3	0,69	10,2	39,08	575,3
S. Miguel....	19,08	134,2	24,00	168,7	15,83	107,8	40,79	286,1
Santa Maria.	19,24	383,0	29,06	578,2	3,25	64,6	6,92	137,7
Media geral..	19,88	205,0	27,19	280,3	6,94	71,7	22,10	227,9

Em todas as ilhas se fabrica manteiga e queijo, que exportam para o continente do reino. Não temos dados alguns para avaliar esta producção, na qual se tornam notaveis as ilhas Terceira, Faial e S. Jorge.

INDUSTRIAS

Não ha no archipelago outras industrias alem da manufactura de pannos de linho e tecidos grosseiros de lã, do dominio da industria domestica, algumas olarias de louça de barro e algumas fabricas de aguardente.

Tem adquirido importancia o fabrico de caixas para exportar laranja, que occupa muitos braços, e cuja producção se eleva a mais de 40:000$000 réis.

COMMERCIO

As riquezas naturaes d'esta provincia e as que a industria agricola extrahe do seu feracissimo solo, alimentam um activo commercio, que tem progredido e augmentado consideravelmente, como se deprehende do seguinte quadro do movimento das embarcações.

Embarcações de véla

Districtos	Ilhas	1856 Entradas		1856 Saídas		1873 Entradas		1873 Saídas	
		Numero	Tonelagem	Numero	Tonelagem	Numero	Tonelagem	Numero	Tonelagem
Angra	Terceira....	116	12:910	116	13:627	74	15:947	73	13:514
	Graciosa....					8	610	8	510
	S. Jorge....					11	1:521	41	1:310
Horta	Faial......	327	39:592	337	57:587	274	52:979	205	50:665
	Pico.......					147	1:082	153	1:155
	Flores.....					53	16:573	58	12:983
Ponta Delgada	S. Miguel...	421	40:805	396	38:124	344	50:339	362	57:787
	Santa Maria					78	4:629	78	4:743
		864	93:307	849	109:338	994	143:680	978	142:667

Embarcações de vapor

Districtos	Ilhas	1856 Entradas		1856 Saídas		1873 Entradas		1873 Saídas	
		Numero	Tonelagem	Numero	Tonelagem	Numero	Tonelagem	Numero	Tonelagem
Angra	Terceira....	—	—	—	—	36	26:656	37	27:254
	Graciosa....					23	16:433	23	17:232
	S. Jorge....					35	26:021	35	26:021
Horta	Faial......	5	4:581	5	2:432	35	27:949	34	27:470
Ponta Delgada	S. Miguel...	2	999	2	999	68	48:570	70	49:921
		7	5:580	5	3:431	197	145:631	199	147:928

Para distinguir o commercio externo do interno, e a importação da exportação, decomporemos a totalidade das entradas e saídas do modo seguinte:

Commercio de cabotagem

Embarcações de véla

Designação	1856 Entradas		1856 Saídas		1872 Entradas		1872 Saídas	
	Numero	Tonelagem	Numero	Tonelagem	Numero	Tonelagem	Numero	Tonelagem
Com carga......	291	17:330	262	17:220	399	25:920	337	29:535
Em lastro.......	38	4:177	63	4:412	155	6:389	187	8:559
	329	21:507	325	21:632	554	32:309	524	38:094

Embarcações de vapor

Designação	1856 Entradas		1856 Saídas		1872 Entradas		1872 Saídas	
Com carga......	—	—	—	—	143	105:335	141	104:681
Em lastro.......	—	—	—	—	4	3:196	7	5:269
	—	—	—	—	147	108:531	148	109:950

Embarcações de véla							
	1856				**1873**		
Designação	**Entradas**		**Saídas**		**Entradas**		**Saídas**	
	Numero	Tonelagem	Numero	Tonelagem	Numero	Tonelagem	Numero	Tonelagem
Com carga......	161	16:371	298	33:944	143	35:499	247	42:554
Em lastro.......	374	55:523	226	53:762	297	75:872	207	62:019
	535	71:894	524	87:706	440	111:371	454	104:573
Embarcações de vapor								
Com carga......	1	830	1	299	8	6:831	33	21:942
Em lastro.......	6	4:700	4	3:132	42	30:264	18	16:030
	7	5:530	5	3:431	50	37:095	51	37:972

Os navios empregados no commercio externo, eram, nas entradas: 138 americanos, 221 inglezes, 59 portuguezes, 7 francezes e o resto de outras nacionalidades. O commercio effeitua-se quasi todo com a Inglaterra.

MOEDAS

Em consequencia da falta de communicações que antigamente havia com a metropole, introduziu-se nas ilhas a moeda estrangeira, a que a falta de moeda nacional fez dar um valor superior ao seu valor real. Chegaram a circular como moeda uns pedaços irregulares de metal sem cunho, fabricados nas mesmas ilhas. O curso da moeda estrangeira legalisou-se depois, dando-se tambem á moeda nacional um valor legal nos Açores, cuja relação com o valor no continente é como 5 para 4.

As moedas estrangeiras que teem curso legal nos Açores, são as seguintes:

Patacas hespanholas e moedas brazileiras de tres
    patacas............................ 960
Meias patacas............................ 480
Sarrilhas columnarias..................... 200

Serrilhas não columnarias 192
Meias serrilhas 96
Quartos de serrilha 48

RECEITAS E DESPEZAS

Incluimos aqui a receita e despeza da ilha da Madeira, porque nos orçamentos do estado não se encontram separadas das dos Açores.

Nas ilhas adjacentes estes impostos produziram a seguinte receita nos annos abaixo designados:

Contribuição predial.—Rendeu em:

1871–1872 . . . . 127:208$890
1872–1873 . . . . 146:318$464
1873–1874 . . . . 167:659$475
Orçamento para 1874–1875 . . . . 159:000$000
Orçamento para 1875–1876 . . . . 158:850$000

A quota por habitante insulano é de 420 réis; inferior em 313 réis á quota para cada habitante do continente do reino.

Contribuição industrial.—Produziu em:

1871–1872 . . . . 31:781$690
1872–1873 . . . . 21:242$268
1873–1874 . . . . 32:354$528
Orçamento para 1874–1875 . . . . 39:000$000
Orçamento para 1875–1876 . . . . 41:800$000

A quota que pertence a cada habitante pela contribuição industrial é de 110 réis, menos 200 réis da quota que pertence a cada habitante do continente do reino.

Contribuição de renda de casas e sumptuaria.—Rendeu em:

1871–1872 . . . . 13:332$520
1872–1873 . . . . 8:230$628
1873–1874 . . . . 16:979$691
Orçamento para 1874–1875 . . . . 17:150$000
Orçamento para 1875–1876 . . . . 16:800$000

D'esta somma a quarta parte é da contribuição sumptuaria. As quotas pertencentes a cada habitante são: 33 réis para a contribuição de renda de casas, e 12 réis para a sumptuaria, igualmente inferiores ás do continente.

As outras contribuições directas produzem a seguinte receita:

Direitos de mercê . . . . 7:400$000
Para falhas . . . . 4:300$000

Emolumentos...................... 1:650$000
Imposto de viação................. 117:400$000
Multas, matriculas, etc............. 6:580$000

Nos Açores não se pagam impostos addicionaes, nem imposto sobre minas.

Os impostos directos nas ilhas sommam 354:780$000 réis, na relação de 34,3 por cento da receita total nas mesmas ilhas. A quota por cada habitante insulano é de 937 réis.

Imposto do sello e registo

Contribuição de registo.—Produziu em:

1871-1872........................ 76:861$950
1872-1873........................ 74:965$630
1873-1874........................ 79:462$016
Orçamento para 1875-1876......... 77:000$000

Imposto do sello.—Produziu em:

1871-1872........................ 35:110$156
1872-1873........................ 35:473$762
1873-1874........................ 46:109$247
Orçamento para 1875-1876......... 46:000$000

Impostos indirectos

Direitos de importação.—Produziram nas ilhas o seguinte:

Alfandegas	1871—1872	1872—1873	1873—1874
Angra............	53:642$525	46:288$509	57:560$108
Horta............	62:538$756	64:921$795	64:402$429
Ponta Delgada.....	135:422$837	128:877$557	133:094$626
Funchal..........	98:425$884	115:312$724	134:980$585
	350:030$002	355:400$585	390:037$748

Está orçado para 1875-1876 este imposto em 390:000$000 réis.

Direitos de exportação e reexportação.—Produziram a seguinte receita:

Annos	Exportação	Reexportação
1872-1873........................	16:663$000	1:479$860
1873-1874........................		470$790
1874-1875........................	12:000$000	1:500$000
1875-1876........................	16:700$000	900$000

Direitos de tonelagem, sanitarios e imposto de quarentena e lazareto.—Produziram a seguinte receita:

Direitos	1871-1872	1872-1873	1873-1874
Tonelagem........	11:411$884	10:448$164	10:622$215
Sanitarios, etc........	4:191$514	3:503$900	3:490$660

O orçamento para 1875-1876 é:

Tonelagem...................... 10:800$000
Sanitarios, etc................... 3:400$000

Imposto do real d'agua.—A cobrança foi:

1871-1872....................... 14:752$107
1872-1873....................... 16:838$053
Orçamento para 1875-1876.......... 18:200$000

Imposto de cereaes.—Produziu em:

1871-1872................,...... 422$190
1872-1873...................... 308$160
1873-1874...................... 300$470
Orçamento para 1875-1876.........., 300$000

Imposto do pescado.—Produziu em:

1871-1872....................... 5:613$080
1872-1873....................... 5:508$730
1873-1874....................... 5:590$900
Orçamento para 1875-1876.......... 5:600$000

Imposto do tabaco.—Produziu:

1865-1866....................... 22:453$000
1866-1867....................... 19:752$000
1867-1868....................... 19:952$000
1868-1869....................... 17:025$000
1869-1870....................... 12:725$000
1870-1871....................... 13:938$000
1871-1872....................... 10:843$000
1872-1873....................... 5:133$000
1873-1874....................... 7:055$000
Orçamento para 1875-1876.........: 7:000$000

Impostos para melhoramentos de portos.—Produziram:

Para o porto artificial de Ponta Delgada:

1871–1872...................... 58:603$000
1872–1873...................... 49:356$000
1873–1874...................... 55:733$000
Orçamento para 1875–1876......... 54:500$000

Para as obras da doca na bahia da cidade da Horta:

1871–1872...................... 6:884$000
1872–1873...................... 5:961$000
1873–1874...................... 6:491$000
Orçamento para 1875–1876........... 6:400$000

O producto da taxa complementar aduaneira, tomadias, fazendas abandonadas, etc., está avaliado para 1875–1876 em 16:600$000 réis.

Os impostos indirectos nas ilhas adjacentes sommam portanto a quantia de 530:400$000 réis.

A quota por cada habitante é de 1$400 réis, que é menos de metade da que corresponde a cada habitante do continente do reino.

A relação para a totalidade da receita das ilhas é de 51,3 por cento.

Bens proprios

O rendimento dos bens proprios nacionaes é orçado para o exercicio de 1875–1876 em 24:780$000 réis.

Em resumo os rendimentos do estado nas ilhas adjacentes são, para 1875–1876:

1.º Impostos directos............... 354:780$000
2.º Imposto do sêllo e registo...... 123:000$000
3.ª Impostos indirectos .... 530:400$000
4.º Bens proprios................. 24:780$000

Total.......... 1.032:960$000

DESPEZAS

A despeza a cargo do thesouro, com a administração geral das ilhas adjacentes, está orçada do modo seguinte, para o exercicio de 1875–1876:

Pelo ministerio da fazenda:

Repartições de fazenda.............. 20:210$000

Alfandegas, serviço interno e fiscalisação das quatro alfandegas de 1.ª ordem:

Funchal .... 14:990$000
Angra.............................. 13:010$000
Ponta Delgada...................... 15:637$800
Horta.............................. 12:974$400
                                   ─────────────
                                    56:612$200

Pelo ministerio do reino:

Governos civis..................... 16:898$000
Hygiene publica .... ·6:308$000
Instrucção superior (Funchal)........ 1:027$280
Instrucção secundaria, lyceus........ 10:500$000
Instrucção secundaria fóra dos lyceus.. 1:060$000
Instrucção primaria................. 16:672$000
                                   ─────────────
                                    52:465$280

Pelo ministerio da justiça:

Dioceses........................... 101:448$000
Relação dos Açores................. 9:860$000
Juizes de 1.ª instancia............. 4:000$000
Ministerio publico................. 4:400$000
Cadeias .... 3:400$800
                                   ─────────────
                                    123:108$800

Pelo ministerio da guerra:

Commandos das sub-divisões.......... 2:677$380
Castello de Angra.................. 2:099$200
                                   ─────────────
                                    4:776$580

Pelo ministerio da marinha:

Capitanias dos portos .... 1:729$800

Pelo ministerio das obras publicas:

Porto artificial da bahia da Horta..... 12:320$000
Levada do Juncal na Madeira........ 159$000
Intendencias pecuarias .... ·1:400$000
                                   ─────────────
                                    13:879$000

O total da despeza do estado nas ilhas adjacentes é de réis 272:781$660.

A estatistica da instrucção, beneficencia e clero nas ilhas já está incluida na estatistica geral do reino.

II

ARCHIPELAGO DA MADEIRA

CAPITULO 1

GEOGRAPHIA PHYSICA

SITUAÇÃO--DIMENSÕES--OROGRAPHIA E HYDROGRAPHIA

Está situado no Atlantico africano, entre as latitudes boreaes de 32° 25' e 33° 7', e as longitudes de 7° 30' e 8° 7' O. de Lisboa.

Compõe-se das ilhas de Porto Santo, Madeira e Desertas. O extremo NO. do archipelago dista 190 leguas do cabo da Rocca.

PORTO SANTO

Foi o primeiro descobrimento dos portuguezes em 1418, feito por João Gonçalves Zarco e Tristão Vaz Teixeira.

Está situada esta ilha na latitude de 33° 6' N. e longitude de 7° 85' O. de Lisboa (villa).

Tem 13 kilometros de comprimento, de NE. a SO., e 5 de largura media, com a superficie de 50 kilometros quadrados, pouco mais ou menos.

É irregularmente accidentada por alguns montes, com altitudes de 300 a 500 metros. O mais elevado é o pico do Facho, com 554 metros de altura na parte NE. da ilha.

O porto é na costa de E. abrigado dos ventos de SE. a NE. pelo O.

A costa do N. e NO. é de rochedo escarpado, e lança ao mar: a ponta Branca no extremo NE. da ilha, e a ponta de Santa Cruz no extremo N. Do lado de SE. a costa é baixa e quasi toda de praia de areia. No extremo SO. da ilha ha os ilhotes do Ferro e Baixio; a E., em frente da ponta dos Frades, fica o ilhéu de Cima, e ao N. da ponta Branca ha 3 pequenos ilhéus.

MADEIRA

Á descoberta da ilha de Porto Santo seguiu-se, em 1419, a da Madeira.

Está situada esta ilha na latitude de 32° 39' N. e na longitude de 7° 50' O. de Lisboa (Funchal).

Tem 13 leguas de comprimento, de E. a O., e 4 na maior largura, com a superficie de 500 kilometros quadrados[1].

É muito montanhosa e pittorescamente accidentada por grande numero de picos. O pico Ruivo é o ponto mais elevado da ilha, e, segundo algumas medidas barometricas, eleva-se a 2:020 metros acima do nivel do mar. A crista da serrania, que se estende de um a outro extremo da ilha, tem a altitude media de 1:800 metros; na parte occidental alguns picos se elevam a 1:700 metros.

Alguns plan'altos occupam largas superficies no cimo d'este grande macisso, sendo de todos o mais notavel o denominado Paul da Serra, cuja altitude media regula por 1:000 metros. Fica esta grande chã nas origens da ribeira da Janella, que desagua na costa do N., depois de engrossar com parte das copiosas nascentes do Rabaçal, na encosta do pico d'este nome. Grande parte das aguas d'este rico manancial é empregada na irrigação de cerca de 7:500 hectares de terras, de oito freguezias dos concelhos de Calheta e Porto Moniz, tendo-se aberto para esse fim extensas levadas que derivam essas aguas para as encostas meridionaes da ilha, atravessando a serra com um tunnel de 430 metros.

Estas nascentes brotam de varios pontos de uma escarpa vertical de mais de 130 metros de altura, de fórma semicircular com mais de 60 metros de diametro[2]. As aguas são apanhadas por dois encanamentos; as do encanamento superior produzem a media de 210:000 litros, as do encanamento inferior fornecem 800:000 litros.

Foram os habitantes da freguezia de Fajã que emprehenderam estes trabalhos á sua custa; mas em 1836 começaram a ser dirigidos e custeados pelo governo. Até 1851 tinham importado as obras em 48:441$000 réis, e orçava-se o resto da despeza em 22:685$000 réis.

A despeza annual com a administração e custeamento das levadas é de 150$000 réis.

As costas da ilha da Madeira são muito alcantiladas, e não offerecem abrigo seguro ás embarcações que demandam os seus portos. Na ponta de E., denominada de S. Lourenço, ha um pharol, edificado em 1870 no *Ilhéu de Fóra*, lenticular, de luz branca, de rotação e com clarões de 30 em 30 segundos. No porto do Funchal ha um pharolim.

As pontas mais salientes da costa do norte são: a ponta de S. Jorge, a ponta Delgada e a ponta Tristão, que é o extremo

---

[1] Dimensões tomadas sobre uma carta levantada pelo capitão Vidal, da marinha ingleza.

[2] Relatorio do engenheiro o sr. **Tiberio Blanc.**

NO. da ilha, e antes da qual fica o porto Meniz desabrigado dos ventos do quadrante NO.

No extremo O. da ilha projecta-se a ponta do Pargo.

Na costa do sul fica a ponta do Sol, com um pequeno porto a O. desabrigado dos ventos do quadrante SO.

Para E. ha o pequeno porto de Camara de Lobos, a ESE, do qual e a 2 milhas, fica a ponta mais meridional da ilha, alem da qual se abre a larga bahia do Funchal, completamente aberta aos ventos de OSO, à ESE. pelo S.

Segue-se, para E. da ponta do Garajau, o porto Novo e o de Santa Cruz, e mais para E, o porto de Machico, que dista 5,8 milhas da ponta de S. Lourenço.

METEOROLOGIA

É conhecido o clima da Madeira como um dos mais benignos e temperados do globo, e por isso recommendado aos que soffrem molestias das vias respiratorias.

Ha dez annos que ali está estabelecido um posto meteorologico, cuja importancia, já muito grande pelas preciosas indicações que fornece para o estudo do clima da ilha, subiu consideravelmente depois do estabelecimento do cabo submarino que toca no Funchal, pelas notorias vantagens que resultam para a sciencia, para a navegação e commercio, dos avisos que aquella sentinella avançada da meteorologia europêa diariamente remette ao observatorio de Lisboa, o qual póde predizer com grande probabilidade o estado do tempo para o dia seguinte em Lisboa.

Os seguintes quadros apresentam as medias mensaes d'este posto, resumo das observações meteorologicas de oito annos:

Estações	Ozone Media	Numero de dias de			
		Saraiva	Nevoeiro	Neve ou geada	Trovões
Inverno........	6,6	3,1	6,5	2,6	3,6
Primavera......	6,1	2,2	3,8	2,1	1,2
Estio..........	5,0	0,0	0,8	0,0	0,0
Outono........	5,7	0,1	2,9	0,2	1,7
Anno..........	5,8	5,4	14,0	4,9	6,5

Os ventos dominantes, são, em ordem descrevente: inverno SO., OSO., O., SE., E., NE., N.; primavera SO., OSO., O., SE., SSE., SSO.; estio SO., OSO., SSO., SSE., O., N.; outono SO., OSO., O., SE., N. SSO., NE.

1865 a 1872 — Altitude 25 metros

Mezes	Pressão media	Temperatura			Chuva em millimetros — media	Evaporação em millimetros — media	Humidade relativa — media	Tensão do vapor atmospherico em millimetros — media	Numero de dias de chuva
		Media	Maxima absoluta	Minima absoluta					
Dezembro.....	763,36	16,54	22,8	9,6	128,3	123,9	71,0	10,72	11,7
Janeiro........	764,89	15,86	21,8	7,9	96,8	120,3	71,5	10,23	10,9
Fevereiro......	763,84	15,89	24,9	9,0	94,5	139,9	68,6	9,88	8,3
Março........	761,46	15,87	24,4	9,0	87,3	153,7	66,8	9,54	10,3
Abril	762,09	17,10	26,6	11,2	51,2	175,0	67,3	10,30	6,9
Maio.........	762,28	18,10	26,0	12,7	26,7	176,8	68,4	11,19	6,4
Junho	763,75	20,11	29,4	13,7	13,3	181,4	69,8	12,83	2,4
Julho........	763,82	21,88	32,4	16,8	0,9	201,8	70,9	14,78	1,0
Agosto........	762,70	22,70	30,0	17,8	1,9	204,2	69,4	15,02	1,0
Setembro......	762,78	22,38	28,3	15,6	27,5	192,7	68,0	14,62	3,6
Outubro.......	762,71	20,70	28,8	13,1	41,4	172,6	66,9	13,04	6,9
Novembro.....	762,32	18,42	24,2	13,2	143,3	133,7	71,4	12,01	11,1
Medias annuaes	763,00	18,80	32,4	7,9	713,1	1.976,0	69,2	12,01	80,5

Comparando os quadros meteorologicos dos Açores com o precedente, observa-se que no Funchal a pressão é um pouco menor do que nos Açores; a temperatura media excede em 1°,5 a do posto de Ponta Delgada; o numero de dias de chuva no Funchal é menos de metade do que nos Açores; a quantidade de chuva, porém, que em absoluto é menor no Funchal, é, relativamente ao numero de dias de chuva, maior n'este ultimo posto; finalmente, a humidade é muito menor na Madeira, mas a evaporação muito maior.

As rochas que constituem este archipelago são de origem vulcanica, trachytes e basaltos. Em Porto Santo, e cremos que tambem na Madeira, ha rochas calcareas, mas não sabemos a que formação pertencem. Na freguezia do Campanario ha uma mina de ferro.

CAPITULO II

ESTATISTICA

DIVISÕES TERRITORIAES

Na divisão administrativa do reino este archipelago forma um districto administrativo, dividido em 9 concelhos na ilha da Madeira e 1 em Porto Santo. Na primeira ilha os concelhos subdividem-se em 51 freguezias, na ultima o concelho é formado por uma só freguezia.

No judicial pertence este districto á relação de Lisboa, e divide-se em 2 comarcas, oriental e occidental, tendo ambas a séde na capital do districto. As comarcas comprehendem 9 julgados e districtos de juiz de paz.

POPULAÇÃO

Quando Zarco descobriu estas ilhas achou-as desertas. Tendo D. João I feito a este illustre navegante donatario da ilha da Madeira começou elle a sua colonisação, que deve ter progredido rapidamente, a avaliar a população da ilha, oitenta annos depois, pela grande quantidade de assucar que já produzia.

Em 1851 tinha o districto do Funchal 24:645 fogos e 108:439 habitantes; em 1864 apresenta já 25:035 fogos, 111:764 habitantes; em 1871–1872 esses numeros sobem a 28:705 fogos e 118:609 habitantes. Houve portanto um augmento, nos ultimos sete annos, de 6:845 habitantes, o que dá um augmento annual de 978 individuos, ou 0,87 por cento.

A população feminina é superior á masculina, na relação media de 47 por cento a masculina e 53 a feminina.

O seguinte quadro mostra, por sexos, a população nos tres annos de 1869 a 1872:

Annos	Masculino	Feminino	Total
1869–1870.....................	55:186	61:277	116:463
1870–1871.....................	55:490	62:880	118:370
1871–1872.....................	55:588	63:071	118:609

O movimento da população foi o seguinte nos tres annos abaixo mencionados:

| Annos | Nasci-mentos | Obitos | Casa-mentos | Relação para a população | | | Relação dos obitos para os nasci-mentos |
				Nasci-mentos — 1 para	Obitos — 1 para	Casa-mentos	Por cento
1851	3:773	2:471	667	29	43	162	65
1862	3:706	1:617	806	25	64	116	40
1872	4:561	2:890	982	26	41	121	64

O excesso medio dos nascimentos sobre os obitos, no periodo de vinte annos do antecedente quadro, é de 1:687 individuos, ou 1,4 por cento da população media. A emigração, que n'estes ultimos annos tem diminuido na Madeira, dá uma media de 15 emigrantes por anno. O augmento da população deve ser portanto de 1:670 habitantes, ou 1,4 por cento.

AGRICULTURA

As densas florestas que revestiam a ilha da Madeira na epocha do seu descobrimento, desappareceram presa dos incendios que os primeiros colonos atearam para abrirem campo á cultura da canna saccharina, da vinha e dos cereaes. A cultura da canna de assucar, ali introduzida pelo sabio infante D. Henrique, prosperou e desenvolveu-se a ponto de chegar a produzir cerca de 400:000 arrobas de assucar, para cujo fabrico havia mais de 100 engenhos. D'ali se transplantou a canna para o Brazil, sendo abandonada esta cultura na Madeira, entregando-se os habitantes quasi exclusivamente ao amanho das vinhas, cuja producção constituiu, até 1853, a principal e quasi unica riqueza agricola da provincia, attingindo a producção em alguns annos o numero de 15:000 pipas de um dos vinhos mais preciosos do mundo.

Começou em 1846 a molestia das vinhas, propagando-se de modo que em 1853 estavam destruidos quasi todos os vinhedos da ilha, escapando sómente os do concelho de Porto Moniz. Começaram então os proprietarios a utilisar a grande quantidade de peros e peras que a ilha produzia na fabricação de um vinho, que depois de adubado com uma pequena porção de vinho genuino, se confunde com o bom vinho da Madeira. É antigo n'esta ilha o processo de aquecimento dos vinhos, que, ha alguns annos, appareceu como inventado em França. O vinho, logo depois de fabricado, sujeita-se ao aquecimento em estufa, por um espaço de tempo de dois a tres mezes, processo que não só contribue para a sua conservação, como tambem o melhora e faz realçar as qualidades naturaes que o distinguem.

A destruição da maior parte das vinhas obrigou a população d'esta bella ilha a dedicar-se á cultura cerealifera, produzindo hoje os cereaes necessarios para o consumo da ilha, e introduziu-se de novo a cultura da canna do assucar.

Em resumo, as principaes producções do archipelago, são: trigo, milho, centeio, cevada, feijão, batata, inhame, vinho, laranja, castanha, bananas e canna de assucar. Tem abundancia de gado bovino, e produz muita manteiga e queijos. A producção de lã e linho tem tambem alguma importancia.

Nos seguintes quadros resumimos a estatistica official da producção no districto do Funchal nos annos de 1851 e 1873:

Annos	Cereaes Hectolitros				Legumes Hectolitros		Batatas Kilogrammas	Inhames Kilogrammas
	Trigo	Milho	Centeio	Cevada e aveia	Feijão	Outros legumes		
1851....	152:419	668:908	1:778	17:174	3:091	125:361		
1873....	1.824:676	88:558	137:515	237:729	106:542	262:039	5.763:910	24.156:494

Annos	Laranjas Milheiros	Limões Milheiros	Castanhas Hectolitros	Nozes Hectolitros	Mel Litros	Cera Kilogr.
1851...	2:755	977	117	317	900	285
1873...	1:711	169	2:513	382	1:901	589

A producção do vinho foi em:

	Pipas
1849	50:669
1850	58:266
1851	61:895
1873	28:950

A riqueza pecuaria d'este districto, nos mesmos annos, era a seguinte:

Annos	Cavallar	Muar	Asinino	Bovino	Ovino	Caprino	Suino	Total
1851.....	890	95	254	20:917	90:409	86:686	19:667	218:409
1873.....	259	82	201	21:720	16:150	18:210	23:510	80:132

Em 1851 a producção de lã foi de 122:025 kilogrammas; em 1861, de 46:725; e em 1873, sómente de 23:331.

INDUSTRIA

Já em outro logar dissemos que as unicas estatisticas industriaes que se têem feito em Portugal, são as que a repartição dos pesos e medidas organisou em 1862. Para o districto do Funchal temos uma das melhores, da qual vamos extrahir alguns dados estatisticos.

1 A pipa na Madeira tem 420 litros.

Classificou essa estatistica 22:136 individuos, sendo 19:855 homens e 2:308 mulheres, exercendo 58 profissões diversas. Nas principaes profissões decompõem-se aquelles numeros do seguinte modo: lavradores 6:236, trabalhadores 10:264, pescadores 790, barqueiros 427, sapateiros 346, moleiros 298, pedreiros 238, carpinteiros 196, marceneiros 100, cabouqueiros 134, ferreiros 98, serradores 84, alfaiates 35, ourives 21, tanoeiros 52, curtidores 52, serralheiros 37, etc. Bordadeiras 1:029, tecedeiras 359, costureiras 325, gramadeiras 225, parteiras 126, tecedeiras de palha 155, etc.

Havia no districto 1:407 estabelecimentos industriaes; a saber: fabricas de assucar e aguardente 15, ditas de aguardente 22, de cerveja 3, de sabão 2, de vélas de sebo 5, de cortumes 61, de massas 1, officinas de distillação 15, de fundição 2, de refinação de assucar 4, de fogo de artificio 2, de chapéus de palha 3, lagares de vinho 185, de azeite 47, de moer peros 18, moinhos de espremer canna doce 35, de moer cereaes 369, de moer peros 5, fornos de cal 8, de telha 2, olarias 5, teares de linho e lã 559, estufas de melhorar vinhos 39.

Em 18 dos moinhos de espremer canna a força motriz é hydraulica, em 15 a força é animal e em 2 o vapor.

A producção do assucar é, proximamente, de 274:000 kilogrammas, dos quaes se exportam 109:000.

Segundo a referida estatistica a materia prima empregada no fabrico do assucar e aguardente subia, annualmente, a 18.713:791 kilogrammas com o valor de 187:000$000 réis. Producção: 149:494 kilogrammas de assucar de 1.ª qualidade com o valor de 29:151$330 réis, e 126:308 kilogrammas de 2.ª qualidade com o valor de 20:840$820 réis; 14:082 hectolitros de aguardente com o valor de 208:413$600 réis.

A maior parte da aguardente é empregada no fabrico do vinho de peros e na lotação do vinho de uvas. O primeiro vende-se a 80$000 réis a pipa, termo medio, o segundo a 150$000 réis, chegando algum a 200$000 réis a pipa.

As materias primas empregadas no fabrico de vinho de peros são: para 30 pipas de sumo, 6 pipas de aguardente, 240 kilogrammas de assucar e 2 hectolitros de passas de alicante. Depois de tratado vende-se este vinho no Funchal por 150$000 réis a pipa. O fabrico do vinho de peros faz-se nos concelhos de Machico, Ponta do Sol e Camara de Lobos.

O azeite que se extrahe nos 47 lagares que mencionámos é de baga de louro, e emprega-se na illuminação.

As 61 fabricas de cortumes produzem annualmente 1:500 a 1:600 couros e 770 a 800 pelles curtidas; os primeiros vendem-se pelo preço medio de 5$500 réis, e as segundas de 1$500 réis, sendo o valor total d'esta producção de 9:700$000 réis.

As 3 fabricas de cerveja produziam annualmente 966 hecto-litros de cerveja no valor de 11:732$000 réis, e 128 hectoli-tros de *ginger-beer* com o valor de 731$400 réis.

A producção do sabão nas 2 fabricas do Funchal era de 28:920 kilogrammas com o valor de 3:760$000 réis.

A industria dos bordados emprega, só na capital, 844 borda-deiras, no concelho de Camara de Lobos 152, e as restantes 33 distribuem-se pelos outros concelhos, excepto Machico, Sant'An-na e Porto Santo. A importancia das producções d'esta indus-tria avalia-se em 100:000$000 réis.

As 3 officinas de chapéus de palha são situadas na freguezia do Estreito, do concelho de Camara de Lobos; produzem mais de 3:000 chapéus de palha de centeio, que imitam perfeita-mente os chapéus de palha·de Italia, e que são vendidos, sem forros, por 300 a 700 réis cada um.

Fabricam-se tambem n'este concelho obras de verga, vime e giesteira muito perfeitas, taes como cadeiras, canapés, cestos, etc.

Todos os teares são manuaes e do dominio da industria do-mestica. Tecem pannos de linho, lã e mixtos.

A industria da pesca não tem o desenvolvimento que devia ter, em vista da fecundidade dos mares da Madeira, onde abun-da o atum, corvina, pescada, cavalla, chicharro e tartaruga.

Os concelhos mais dedicados a esta industria são os de Fun-chal e Camara de Lobos. Em 1861 o imposto do pescado es-tava arrematado por 1:626$000 réis, o que representa (a 11 por cento) um capital de 14:788$000 réis.

COMMERCIO

Damos no seguinte quadro o resumo do movimento das em-barcações de véla e de vapor na ilha da Madeira nos annos de 1856 e 1872:

Embarcações entradas								
	De véla				De vapor			
	1856		1872		1856		1872	
Designação	Numeros	Tonelagem	Numeros	Tonelagem	Numeros	Tonelagem	Numeros	Tonelagem
Cabotagem { carga	41	6:132	42	7:105	–	–	18	12:566
{ lastro	1	93	2	338	–	–	6	6:825
Commercio { carga	85	18:119	167	32:811	6	5:340	7	6:618
externo.. { lastro	9	3:047	26	11:978	45	40:694	281	284:915
	136	27:391	237	52:232	51	46:034	312	310:924

Embarcações saídas								
	De véla				De vapor			
Designação	1856		1872		1856		1872	
	Numero	Tonelagem	Numero	Tonelagem	Numero	Tonelagem	Numero	Tonelagem
Cabotagem { carga	18	3:827	13	2:457	–	–	16	11:196
{ lastro	8	1:109	33	6:072	–	–	6	6:167
Commercio { carga	46	9:097	21	3:902	51	27:779	120	121:170
externo.. { lastro	63	12:243	165	37:354	10	6:998	174	172:814
	135	26:276	232	49:785	61	34:777	316	311:317

Das 209 embarcações de véla entradas com carga, em 1872, eram: portuguezas 72, inglezas 127, hespanholas 4, americanas 4, allemã 1 e franceza 1. Das 34 embarcações de véla saídas com carga, eram: portuguezas 20, inglezas 11, americanas 2 e franceza 1.

Das embarcações de vapor entradas, eram: portuguezas 18, inglezas 7. As saídas, eram: portuguezas 24, inglezas 112.

CONTRIBUIÇÕES

A contribuição predial em 1872 no districto do Funchal foi de 59:322$530 réis, a industrial 13:576$845 réis.

O rendimento collectavel era em 1866 de 483:023$612 réis, e havia 180:069 predios inscriptos nas matrizes.

PROVINCIAS ULTRAMARINAS

ADMINISTRAÇÃO GERAL

A administração das colonias tem passado por modificações profundas desde 1834. Aos antigos capitães móres, á centralisação de todo o poder civil e militar nos governadores geraes, á administração presidial, em summa, substituiu-se a organisação politica e administrativa que lhe foi dada por diversas leis, principalmente pela serie de medidas promulgadas em 1869; organisação verdadeiramente liberal, em harmonia com o estado de progresso de cada provincia, e que transformou completamente a vida politica das possessões portuguezas.

Hoje as colonias gosam dos mesmos direitos politicos que a constituição deu á metropole. Cada provincia elege um deputado ás côrtes geraes, e póde administrar-se a si mesma, dentro de certos limites, por meio das juntas geraes, dos conselhos de provincia, e das camaras municipaes.

Á testa da administração estão os governadores geraes, junto aos quaes funccionam corpos consultivos denominados: conselho de governo, conselho inspector de instrucção publica, e conselho technico de obras publicas. As finanças são geridas por juntas geraes de fazenda, ás quaes compete a arrecadação dos dinheiros publicos.

As provincias são divididas em concelhos administrados por um *administrador de concelho* e uma camara municipal; nas regiões do interior e em alguns pontos do litoral, onde a civilisação ainda não penetrou, não podendo por isso applicar-selhe a fecunda instituição municipal, nem o mesmo principio descentralisador, não ha ainda concelhos, mas sim districtos governados por auctoridades militares, e em vez da camara municipal têem commissões municipaes.

Em todas as provincias ultramarinas ha ainda regiões n'este caso, e, em geral, a falta de pessoal habilitado ou que queira bem servir n'esses logares gratuitos, tem difficultado muito a execução das leis de 1869.

O trafico da escravatura foi abolido nas possessões portuguezas em 1836, e em 1869 foi abolido o estado de escravidão, passando os escravos á classe transitoria de libertos, e devendo adquirir a liberdade depois de vinte annos, isto é, em 1878. Ultimamente foi abolido o estado de servidão em todo o territorio da monarchia.

Dada uma idéa da administração geral das provincias ultramarinas, passaremos a descrever cada uma em separado.

I

CABO VERDE

CAPITULO I

GEOGRAPHIA PHYSICA

Compõe-se esta provincia do archipelago de Cabo Verde e da Guiné portugueza, na costa occidental de Africa.

ARCHIPELAGO DE CABO VERDE

Está situado no oceano Atlantico, a 327 milhas ao O. de Cabo Verde, na costa de Africa, entre as latitudes de 14º 45′ e 17º 14′ N. e as longitudes de 16º 32′ e 19º 12′ O. de Lisboa, occupando uma area de 53:380 kilometros quadrados.

Foi descoberto em 1446 por uma expedição enviada pelo infante D. Henrique, na qual ia o celebre Cadamosto; todavia attribue-se a Antonio de Nolle, genovez ao serviço de Portugal, a descoberta das ilhas do Sal e Boa Vista pelo anno de 1460.

Consta este archipelago de 10 ilhas e 2 ilhotas, formando dois grupos distinctos, denominados: de *Barlavento* ou do N., e de *Sotavento* ou do S.

O grupo de barlavento tem 6 ilhas: Santo Antão, S. Vicente, Santa Luzia, S. Nicolau, Sal e Boa Vista, e as pequenas ilhotas Branca e Raza. Estão alinhadas no rumo de ONO., em uma extensão de 162 milhas.

O grupo de sotavento tem 4 ilhas: Brava, Fogo, S. Thiago e Maio, orientadas no rumo de OSO., na extensão de 93 milhas.

A maior distancia entre os dois grupos, entre a Brava e Santo Antão, é de 120 milhas; a menor distancia, entre Maio e Boa Vista, é de 40 milhas.

Cada um d'estes grupos divide-se ainda em outros dois, um a O. e outro a E. No grupo de Barlavento, formam o grupo de O. as ilhas de Santo Antão, S. Vicente, Santa Luzia e S. Nicolau; e compõem o grupo de E. as ilhas do Sal e Boa Vista.

No grupo de Sotavento, as ilhas de Fogo e Brava formam o grupo de O., e as de S. Thiago e Maio o grupo de E.

A maior d'estas ilhas é a de S. Thiago, que tem approximadamente 56 kilometros de comprimento, 18 de largura e 718 kilometros quadrados de superficie; seguem-se: Santo Antão com 43 kilometros de comprimento, 22 na maior largura, e 546 de superficie; S. Nicolau, 41 de comprimento, 15 de largura,

483 de superficie; Boa Vista, 31 de comprimento, 26 de largura, 468 de superficie; Fogo, 25 de comprimento, 15 de largura, 218 de superficie; Sal, 33 de comprimento, 12 de largura, 203 de superficie; Maio, 21 de comprimento, 8 de largura, 108 de superficie; S. Vicente, 19 de comprimento, 12 de largura, 91 de superficie; Brava, 12 de comprimento, 5 de largura, 54 de superficie,; e Santa Luzia, 9 de comprimento, 5 de largura, 40 de superficie.

A superficie total das ilhas de Cabo Verde é de 2:929 kilometros quadrados.

Exceptuando as ilhas do Sal, Boa Vista e Maio, todas as outras são muito montanhosas, especialmente as de Fogo, Santo Antão, S. Thiago e Brava.

A ilha de Fogo distingue-se pelo elevado pico, com uma altitude approximada de 3:000 metros, no qual ha um vulcão, cuja ultima erupção foi em 1817. O pico mais alto de Santo Antão tem 2:250 metros. O pico de Santo Antonio na ilha de S. Thiago, tem, segundo Pussich, 1:490 metros; outras medições dão-lhe a altura de 2:250. O ponto mais elevado da ilha de S. Nicolau tem 1:350 metros.

Sómente as ilhas maiores e montanhosas possuem pequenas ribeiras, que na epocha das chuvas se mudam em torrentes violentas. Em S. Thiago, Santo Antão e Brava ha abundancia de boa agua potavel; nas outras ilhas ha muita escassez de agua, e a que ha é mais ou menos salobra.

Ha entre algumas d'estas ilhas outros ilhéus e baixios perigosos; os principaes são: o ilhéu dos Passaros, proximo da ilha de S. Vicente, o rochedo Letona (?) entre a Boa Vista e Maio, e um baixio entre a Brava e Fogo. Os canaes que separam as outras ilhas são limpos e profundos. As costas são, em geral, escarpadas e muito altas, com raras praias de areia; só nas ilhas de S. Nicolau, Boa Vista e Maio são as costas quasi todas arenosas e baixas, excepto nas pontas. São muito sinuosas, recortando-se em largas enseadas e bahias que offerecem bons e seguros fundeadouros, e formam os seguintes portos:

Santo Antão.—Porto dos Carvoeiros, Paul, Tarrafal e Ponta do Sol, que é o principal. É uma pequena mas segura abra, aberta sómente aos ventos de NO., mas com pessimo desembarque. A bahia do Tarrafal fica no extremo SO. da ilha, e o dos Carvoeiros fica fronteiro á ilha de S. Vicente.

S. Vicente.—Possue o melhor porto do archipelago, o Porto Grande, abrigado de todos os ventos, com uma entrada de 3,5 milhas de largura, e a extensão de mais de 4 milhas. A 1 milha para O. fica o ilhéu dos Passaros com 83 metros de altura.

N'este magnifico porto estabeleceram as companhias de navegação a vapor no Atlantico consideraveis depositos de carvão e diversas officinas, o que tem feito desenvolver e prosperar a villa do Mindello.

S. Nicolau. — Não tem porto propriamente dito; os navios fundeiam na costa com segurança, excepto na quadra dos ventos do S. A bahia da Preguiça é o seu principal fundeadouro.

Sal. — O porto de Santa Maria é um dos mais frequentados do archipelago.

Boa Vista. — Tem tres portos, mas o principal é a bahia de Sal-Rei, aberta ao O.

Maio. — Porto Inglez, muito frequentado para a exportação do sal.

S. Thiago. — Tem oito portos, mas só dois merecem menção, a bahia da Praia e o porto do Tarrafal. A primeira é aberta ao SE., e portanto abrigada de todos os ventos, excepto dos d'aquelle rumo, e forma o porto da cidade da Praia. Dentro da bahia fica o ilhéu de Santa Maria. O segundo é na parte NO. da ilha, e é abrigado por um recife.

Fogo. — Tem um unico porto, o da Senhora da Luz.

Brava. — Dos dois pequenos portos que tem, o da Furna é o unico frequentado, por ser n'elle que está a alfandega, e por estar ligado com a principal povoação da ilha por uma excellente estrada.

O estabelecimento do porto no grupo de Barlavento é ás 7 horas e 45 minutos; no grupo de Sotavento ás 6 horas. A amplitude das marés é de $1^m,3$ a 2 metros.

As correntes vão para o SO. ao N. de S. Nicolau, e para ESE. ao sul de S. Vicente, com a velocidade de 0,5 a 0,8 de milha por hora. No grupo de NE., e no grupo de Sotavento as aguas correm para o S. com a velocidade de 1 milha nos canaes do grupo de Sotavento.

As distancias da capital da provincia aos principaes portos das diversas ilhas são as seguintes: ao porto da ilha de Maio 21 milhas, da ilha do Fogo 61, da Brava 70, da Boa Vista 86, do Sal 112, de S. Nicolau 108, de S. Vicente 165 e de Santo Antão 189.

O clima é quente e insalubre nas regiões baixas do litoral e na proximidade das ribeiras; no interior, porém, das ilhas montanhosas o clima é ameno e saudavel.

Não ha actualmente posto meteorologico no archipelago; em 1865 estabeleceu-se um na capital da provincia, que pouco mais de um anno durou.

Os seguintes quadros meteorologicos, cujos principaes elementos extractámos das observações feitas por alguns distinctos facultativos ali residentes, podem dar uma idéa do clima d'esta região, apesar de se referirem a um limitado numero de observações.

ILHA DE S. THIAGO
Cidade da Praia
1865 — Altitude 34m,9

Mezes	Pressão	Temperatura á sombra			Chuva em millimetros	Humidade relativa Media	Tensão do vapor em millimetros Media	Dias de chuva
		Media	Maxima absoluta	Minima absoluta				
Dezembro 1864...	758,05	25,38	33,0	17,8	0,0	58,1	15,69	0
Janeiro 1865.....	758,47	24,86	34,8	19,0	0,0	53,0	14,23	0
Fevereiro........	758,11	24,69	34,4	16,0	0,0	48,5	13,07	0
Março...........	758,31	24,62	31,6	18,6	0,0	50,8	13,34	0
Abril...........	758,80	24,27	30,8	18,6	0,0	51,2	13,38	0
Maio...........	759,11	25,60	34,8	19,6	0,0	47,8	13,30	0
Junho..........	759,59	25,51	33,0	20,4	0,0	55,0	15,06	0
Julho..........	759,03	26,42	32,5	21,1	3,6	59,6	17,16	2
Agosto.........	757,73	27,02	33,5	22,0	160,4	70,1	20,28	9
Setembro.......	758,21	27,97	34,2	20,5	54,1	65,8	20,47	7
Outubro........	758,80	27,92	34,4	22,0	0,0	55,0	17,63	0
Novembro.......	758,70	26,97	36,2	20,0	0,0	55,7	16,64	0
	758,57	25,93	36,2	16,0	218,1	55,8	15,85	18

ILHA DE SANTO ANTÃO
Villa da Ribeira Grande
1872 — Altitude 27 metros

Mezes	Pressão	Temperatura á sombra			Chuva em millimetros	Humidade relativa Media	Tensão do vapor em millimetros Media	Dias de chuva ou chuviscos
		Media	Maxima absoluta	Minima absoluta				
Dezembro 1871	763,60	20,53	25,6	16,5	10,15	69,74	13,66	21
Janeiro 1872..	763,66	19,14	23,5	15,0	—	71,57	13,16	8
Fevereiro.....	763,84	19,38	23,5	15,0	1,50	69,87	13,11	9
Março........	762,71	20,20	24,0	16,0	0,30	70,00	13,96	4
Abril........	762,12	21,18	26,0	17,2	—	65,70	13,88	5
Maio........	763,00	22,01	25,5	18,8	—	68,92	15,10	17
Junho........	762,95	22,87	27,0	19,0	7,20	72,50	16,66	12
Julho........	762,04	23,51	27,9	20,0	11,20	69,40	16,68	20
Agosto........	760,52	24,70	28,8	22,0	38,50	75,10	19,21	20
Setembro.....	761,17	25,02	29,5	20,5	77,00	76,90	20,61	18
Outubro......	761,61	23,54	28,0	19,0	269,80	76,15	17,37	22
Novembro....	760,75	22,55	27,0	18,4	10,90	70,33	16,41	11
	762,28	22,07	29,5	15,0	426,55	71,34	15,81	167

[1] As temperaturas são observadas «em uma sala não sempre aberta nem bem ventilada». Relatorio do dr. Hopffer.

Os ventos dominantes na ilha de S. Thiago, em 1865, foram: em dezembro, janeiro e fevereiro NNE., N., NE., NNO. (raro); março, abril, maio NNE., N.; junho, julho, agosto NNE., N., NE., SE., ESE., O. (raro); setembro, outubro, novembro NNE., NE., N., SE., NO.

A media do ozone, foi: dezembro, janeiro, fevereiro 3,7; março, abril, maio 5,4; junho, julho, agosto 2,7; setembro, outubro, novembro 2,8.

Houve em agosto 2 dias de trovoada.

A predominancia dos ventos na ilha de Santo Antão, em 1872, foi a seguinte: dezembro, janeiro, fevereiro NNE., ESE., ENE., E.; março, abril, maio NE., ENE.; junho, julho, agosto NE., ENE., ESE., SE., NNE., E.; setembro, outubro, novembro NE., ESE., ENE., E., NNE., OSO., SO.

Durante o anno houve: 163 dias claros, 203 mais ou menos encobertos, 48 de chuva, 119 de chuviscos, 61 de nevoeiros.

A media do ozone foi: dezembro, janeiro, fevereiro 5,26; março, abril, maio 5,04; junho, julho, agosto 4,78; setembro, outubro, novembro 4,81.

No anno de 1871, para o qual ha uma identica serie de observações na ilha de Santo Antão, caíu muito maior quantidade de chuva do que no de 1872. Essa quantidade foi de 805 millimetros; mais 379 millimetros do que em 1872.

A temperatura maxima em 1871 foi de 30° C., tambem no mez de setembro, e a minima foi de 18° C. em novembro. A differença entre as temperaturas extremas foi pois de 12° em 1871 e de 14°,5 em 1872.

Limitando-se as observações dos dois quadros anteriores a um só anno em cada uma das ilhas, e, demais, separadas por um largo periodo de tempo, não são comparaveis, nem d'ellas se podem tirar conclusões que não sejam referidas ao anno em que as observações foram feitas, sobretudo se se attender a que n'este archipelago as estações são muito incertas. Confirmam porém essas observações o que a respeito do clima d'aquellas duas ilhas se lê em varias descripções, isto é, que o clima de S. Thiago é mais quente e secco do que o clima de Santo Antão.

São tão ligeiras as differenças nas temperaturas medias dos diversos mezes, que parece não haver em Cabo Verde mais que as duas estações dos climas tropicaes, a estação *secca* e a das *chuvas*. Todavia, a este respeito escreve o delegado de saude da ilha de Santo Antão, o sr. dr. Francisco F. Hopffer, no seu relatorio de 1872, o seguinte: «Distante 17° da linha equatorial, e 6° 15' 3" do tropico de Cancer, esta ilha, comquanto esteja situada na facha intertropical, que tem só duas estações, a secca e a das chuvas, não me parece pela sua meteorologia comportar tão simples dichotomia, já impugnada em referencia a outros paizes situados na zona torrida».

Pelas mencionadas observações meteorologicas, os ventos do quadrante NE. são os dominantes no archipelago, o que à *priori* se podia conhecer, sabendo-se que as ilhas de Cabo Verde estão na região dos *geraes* de NE.

A zona das *calmas,* que, no equinoccio de primavera, occupa as proximidades do equador, desloca-se até chegar ao parallelo de 14° a 15° no equinoccio de outono; e, sendo acompanhada por uma outra zona de ventos variaveis, segue-se que nos mezes de agosto, setembro e outubro deve no archipelago fazer-se sentir essa variação, e nos mezes de fevereiro, março e abril deve o geral NE. dominar em toda a sua força. E o que confirmam plenamente as observações anemometricas, feitas nas duas ilhas acima mencionadas.

Da ilha de Maio apenas temos as indicações das temperaturas, dos ventos e do ozone referidas ao anno de 1872. A maxima temperatura observada foi de 30°,5 no mez de setembro, a minima de 19°,4 em dezembro, e a media annual d'esse anno foi de 24°,9. A maxima temperatura ao sol foi de 49°,5 em setembro e outubro, e a minima de 37°,5 em março.

A predominancia dos ventos foi: em janeiro e fevereiro NE., N., E., NO.; de março a maio NO., N., NE.; de junho a agosto NO., N., SE.; de setembro a novembro N., NO., NE., E.

É este archipelago sujeito a fortes temporaes, acompanhados de chuvas torrenciaes, que arrasam e devastam tudo, sendo esta uma das mais terriveis vicissitudes a que está ali exposta a agricultura, quando não é a escassez ou a falta absoluta de chuvas que aniquila de todo as esperanças dos agricultores, como succedeu em 1863 e 1864.

Nos annos normaes são estas ilhas dotadas de uma fertilidade admiravel. Todas as producções do sul da Europa e da Africa septentrional se adaptam perfeitamente ao clima de Cabo Verde, que ao mesmo tempo é singularmente proprio para a acclimação das especies do centro da Africa e da Australia.

As principaes producções do archipelago são: canna saccharina, café, algodão, purgueira, tabaco, milho, feijão, mandioca, batata dóce, aboboras, laranja, uvas, etc.

As ilhas onde a agricultura está mais desenvolvida são as de S. Thiago, Santo Antão, S. Nicolau, Fogo e Brava; a ilha da Boa Vista tem pouca cultura, e as de S. Vicente, Sal e Maio são estereis. As duas ultimas só produzem sal.

A ilha de Santa Luzia não é povoada nem cultivada, mas produz muita urzella.

Estão pouco arborisadas estas ilhas, e até mesmo algumas d'ellas completamente nuas e escalvadas, chegando a haver grande falta de combustivel, onde existiam antigamente densas florestas, que foram destruidas, umas pelas prolongadas seccas, outras pelas erupções vulcanicas, mas a maioria pela mão igualmente devastadora do povo ignorante. As principaes especies de arvoredo que se encontra nas diversas ilhas são: espinheiro, tarrafe, coqueiro, laranjeira, marmelleiro, alfarrobeira, pinheiro, palmeira, etc.

N'estes ultimos annos tem o governo da provincia ensaiado a acclimação de varias especies de arvores da Guiné, da Madeira, de S. Thomé, da Australia e da America, tendo especialmente tratado da acclimação da arvore da quina, ou *chinchona*, até hoje com felizes resultados.

Todas estas ilhas são de formação vulcanica. Abundam n'ellas os basaltos, trachytes e lavas; mas em todas se encontram tambem camadas calcareas mais ou menos metamorphicas, especialmente em Maio, Brava, S. Vicente e Boa Vista.

GUINÉ

O senhorio portuguez na região impropriamente denominada Guiné, isto é, na Senegambia, estendia-se, ainda nos fins do seculo XVI, desde o Cabo Verde até á Serra Leôa.

Descoberto o rio Casamansa em 1445 por Diniz Dias, e a costa entre o cabo Roxo, ao sul d'este rio, e o cabo de Sagres, ao norte da Serra Leôa, no anno de 1446 por Nuno Tristão e Alvaro Fernandes, foram estas regiões a principio avidamente exploradas. Mas a descoberta da denominada Costa do Oiro, a verdadeira Guiné, e, mais tarde, os descobrimentos da India e do Brazil, fizeram esquecer esta parte dos vastos dominios portuguezes, deixando-se que outras nações ali se estabelecessem e se apoderassem dos principaes ramos de commercio d'aquellas feracissimas regiões.

Hoje o dominio portuguez na Senegambia está reduzido a uma extensão de costa de cerca de 240 milhas, desde a latitude de 13° 10', 2 milhas ao N. do rio de S. Pedro, até ao cabo da Verga em 10° 20' de latitude, comprehendendo o archipelago de Bijagoz. Para o interior estende-se o dominio até ao presidio de Geba a 60 leguas, estando comprehendido entre as latitudes de 7° 38' 17" e 3° 0' O. de Lisboa. No archipelago de Bijagoz possue Portugal as ilhas de Bolama, Gallinhas e Orango.

A superficie approximada da denominada Guiné portugueza é de 8:400 kilometros quadrados.

É esta região banhada por 6 grandes rios, que communicam uns com os outros por meio de varios esteiros, cujas ramificações no interior são pouco conhecidas.

O mais septentrional é o Casamansa, que communica com o rio Gambia ao N. pelo rio de S. João, e com o de S. Domingos ao S. por varios esteiros. Na margem esquerda d'este rio, a 40 milhas da foz, está o presidio de Zeguichor, e a igual distancia a montante, e na margem direita, fica a feitoria franceza de Segdhiou ou Selho; a navegação d'este rio passa alem de Selho. O rio conserva a largura media de 1 milha, desde a foz até Zeguichor.

O estabelecimento do porto na foz é ás 8^h,35'. A maior amplitude das marés é de 2^m,3.

O rio de S. Domingos, em cuja margem esquerda está a praça de Cacheu a 15 milhas da foz, e o estabelecimento de Farim a 90 milhas, é navegavel até este ultimo ponto. Communica com o rio de Geba e o de Jatta por meio de canaes e esteiros, navegaveis só para lanchas.

O rio de Geba é o mais largo, mas offerece mais obstaculos á navegação. Desagua no oceano pelo canal grande que deixa ao S. o archipelago de Bijagoz, e encosta-se do lado do N. ás ilhas de Bissau, Bucis e Jatta. Na entrada do rio, e na margem direita, fica a praça de Bissau, na ilha do mesmo nome. A 200 kilometros de Bissau, na margem esquerda do rio, está a pequena povoação de Chine, e mais acima, na margem direita, o forte de S. Belchior; a 300 kilometros fica o presidio de Geba na margem direita.

O rio grande de Bolola e o rio grande de Guinala ou de Nalú são tambem muito consideraveis, sendo o primeiro navegavel pelo espaço de 150 milhas. Desaguam no oceano pelo canal grande de Guinala, entre o archipelago de Bijagoz e a terra firme. Na foz do rio grande de Bolola fica a ilha de Bolama, separada da ilha de Gallinhas, que fica ao SO., por um canal de 2 milhas de largura. Mais ao S. ha ainda o rio de Nuno, tambem navegavel, em cuja margem direita está estabelecida a feitoria americana de Victoria, a 20 milhas da foz.

O archipelago de Bijagoz consta de 15 ilhas. Pertencem a Portugal: a de Orango, desde 1864, que é a maior e a mais meridional, e a de Gallinhas, em frente das fozes dos rios de Bolola e Guinala.

As margens d'estes rios são muito ferteis, e em alguns sitios do interior são considerados como saudaveis. São orladas de densas florestas de mangues, pau carvão e arvore da borracha, que fornecem optimas madeiras para construcções navaes; produzem muito arroz, milho e ginguba (ou mancarra).

O clima do litoral é muito insalubre, principalmente na ilha de Bissau, em Cacheu, Bolor e outros pontos, onde as povoações estão situadas nas proximidades de terrenos alagadiços e de arrozaes.

Na Guiné a epocha mais insalubre é a das chuvas, do meiado de maio até outubro. Os mezes menos insalubres são os de dezembro a março.

A respeito da meteorologia d'esta região, diz o delegado de saude na ilha de Bolama, no seu relatorio de 1872, que: «Na estação das aguas, que começa, precedida de fortes descargas electricas, no mez de maio e termina em outubro, predomina o vento do quadrante S. A temperatura é muito elevada e tem amiudadas variações diurnas, de que resultam affecções das vias respiratorias, que pela maior parte se limitam aos bronchios. Desde maio até 12 de novembro houve 49 dias de chuva abundante e 45 de chuviscos. Durante todo este tempo sentiam-se fortes descargas electricas, principalmente nos mezes de junho e julho... Nos mezes de novembro a janeiro predomina o vento do quadrante E., que é frio, e excepcionalmente o NE. Segue-se depois o NE., que dura até abril ou maio, em que começam os do quadrante S.».

Na capital da colonia franceza do Senegal, em S. Luiz, a temperatura maxima é de 34°,7 e a minima 14°; a media é de 24°,7. A estação das chuvas dura quatro mezes, de junho a outubro; a estação sêcca dura oito mezes, de outubro a junho. O clima é muito secco [1].

CAPITULO II

ESTATISTICA

DIVISÕES TERRITORIAES

Divide-se a provincia em 14 concelhos; 11 no archipelago e 3 na Guiné. Os concelhos dividem-se em 29 freguezias no archipelago e 5 na Guiné.

Judicialmente divide-se a provincia em 2 comarcas: a de sotavento e a de barlavento, pertencentes ao districto ou relação de Lisboa. Fazem parte da primeira comarca os concelhos da Guiné. As duas comarcas subdividem-se em 14 julgados.

No ecclesiastico constitue esta provincia um bispado suffraganeo da provincia metropolitana de Lisboa.

POPULAÇÃO

Uma estatistica de 1853 dá para a provincia de Cabo Verde uma população de 86:488 habitantes, sendo 81:358 livres e 5:130 escravos. D'esta população 1:095 era do districto da Guiné, e 85:393 do archipelago.

[1] M. Block, *Statistique de la France.*

Em 1871 começou-se a fazer uma estatistica mais cuidadosa, obtendo-se no archipelago os seguintes numeros para os annos abaixo designados:

Annos	Homens	Mulheres	Total
1871......................	34:612	41:391	76:003
1872......................	35:827	42:788	78:615
1873......................	36:496	46:368	82:864

A differença para menos que se observa nos recenseamentos d'este quadro, comparados com o de 1853, deve attribuir-se antes á imperfeição da estatistica d'este ultimo anno, do que a uma diminuição na população, que, como se vê do anterior quadro, tende a augmentar, attestando essa tendencia que a insalubridade do archipelago não é tal que seja obstaculo ao desenvolvimento da população. Classificada por idades, divide-se a população da provincia do seguinte modo:

Designação	Até 5 annos	De 5 a 15	De 15 a 25	De 25 a 35	De 35 a 50	De 50 a 70	De 70 para cima
Cabo Verde....	12:889	15:676	15:252	16:164	13:848	8:455	1:580
Guiné.........	517	1:039	1:825	1:722	862	152	37
	13:406	16:715	17:077	17:886	14:710	8:607	1:617

O movimento da população no archipelago foi o seguinte:

Annos	Baptisados			Obitos			Casamentos
	Sexo masculino	Sexo feminino	Total	Sexo masculino	Sexo feminino	Total	
1871........	2:081	2:008	4:089	771	771	1:542	406
1872........	1:979	2:091	4:070	764	694	1:458	425

A relação dos baptisados para a população foi de 5,38 por cento em 1871, e de 5,18 por cento em 1872.

Os obitos foram 2,03 por cento da população em 1871, e 1,85 em 1872.

Em 1871 o excedente dos baptisados sobre os obitos, segundo a estatistica official, foi de 2:547; em 1872 foi de 2:612.

No seguinte quadro damos a estatistica da população da provincia por concelhos, referida ao anno de 1873, fielmente extractado do relatorio do governador geral:

Concelhos	Fogos	População				Estado			Naturalidades								Libertos	
		Sexo masculino	Sexo feminino	Total	População específica	Casados	Viuvos	Solteiros	Indigenas		Do reino e ilhas adjacentes		Possessões portuguezas		Estrangeiros		Sexo masculino	Sexo feminino
									Sexo masculino	Sexo feminino	Sexo masculino	Sexo feminino	Sexo masculino	Sexo feminino	Sexo masculino	Sexo feminino		
Sotavento:																		
Ilha de S. Thiago { Praia	4:843	7:688	11:971	19:659	49,5	1:818	742	13:893	12:544	30:461	143	58	28	40	43	15	43	304
Santa Catharina	8:661	7:843	8:538	16:381		6:364	869	9:748	7:616	8:913	26	8	6	3	6	1	20	31
Ilha de Maio	268	511	621	1:132	10,5	160	71	901	496	610	10	—	17	11	54	5	112	145
Ilha do Fogo	1:750	4:665	5:617	10:300	47,2	1:303	494	8:504	4:452	5:591	29	6	2	18	52	2	112	145
Ilha Brava	1:643	2:495	4:058	6:433	120,0	1:646	457	4:880	2:892	4:048	27	9	16	1	16	1	16	33
	19:055	29:544	30:905	53:449	48,6	14:880	2:633	37:496	22:544	30:461	286	81	28	40	43	15	263	304
Barlavento:																		
Ilha de S.to Antão { Ribeira Grande	2:369	5:638	6:862	11:750	31,1	3:066	554	8:130	5:489	6:399	31	13	28	43	4	4		
Paul	1:610	2:957	3:188	5:256	14,9	1:946	299	4:636	2:921	3:315	6	5	1	3	5	5	4	4
Ilha de S. Nicolau	1:894	3:321	3:999	7:210	83,4	1:744	334	5:132	3:180	4:030	10	1	18	4	22	17	7	6
Ilha de S. Vicente	584	862	1:002	1:864	20,4	385	49	1:430	789	966	45	22	17	12	30	12	17	6
Ilha da Boa Vista	635	1:033	1:451	2:484	5,4	780	128	1:576	1:075	1:454	17	3	—	1	7	1	43	57
Ilha do Sal	168	361	441	802	4,0	110	27	665	542	498	3	3	—	—	2	—	—	—
	7:166	13:952	15:463	29:415	16,4	7:451	1:331	21:609	13:676	16:642	184	63	19	7	65	24	76	79
Total do archipelago	19:255	36:496	46:368	82:864	28,6	17:721	3:964	59:095	36:220	46:903	369	134	47	47	107	99	309	383
Guiné:																		
Bissau	68	297	335	642	—	27	7	508	116	201	5	2	19	118	28	28	—	—
Cacheu	106	902	979	1:881	—	20	11	1:850	822	966	19	6	62	19	5	5	15	91
Bolama	1:213	2:398	1:333	3:731	—	13	6	3:722	2:066	1:945	19	1	285	86	28	7	6	8
	1:388	3:597	2:647	6:164	—	60	24	6:070	3:004	3:412	37	3	419	217	56	24	21	99
Total da provincia	20:641	40:093	49:015	89:018	—	17:781	3:988	65:105	39:224	49:315	406	137	466	264	163	45	330	489

Havia em 1873 no archipelago 234 servidores do estado civis, 62 ecclesiasticos, 15 militares e 135 judiciaes. Na Guiné 37 civis, 138 militares, 2 ecclesiasticos e 7 judiciaes.

Suppondo que o movimento de entrada e saída da população fluctuante se equilibra, o que não vae longe da verdade, e tomando a media dos dois numeros antecedentes, teremos que o augmento annual da população é de 3,2 por cento, devendo n'este caso o periodo de duplicação ser de trinta e dois annos.

Pelo quadro da população em 1871 é 1873 o acrescimo annual é de 3:430 habitantes, ou 4,3 por cento, devendo a população duplicar-se em vinte e quatro annos.

Este resultado é sufficiente para considerarmos eivada de fortes erros, a estatistica da mortalidade e dos baptisados. Bastava comparar a percentagem da mortalidade no archipelago com a dos paizes mais salubres da Europa para se reconhecer essa inexactidão. Na Dinamarca, por exemplo, a proporção dos obitos é de 2,02 por cento, na Inglaterra 2,27, na Italia 3,06.

Não é crivel que a mortalidade no archipelago de Cabo Verde seja inferior áquella que as estatisticas dão para a Europa; apesar de haver ilhas no archipelago que são consideradas muito salubres, como a Brava e Santo Antão, lá estão as outras ilhas com a sua reconhecida insalubridade para fazer elevar a percentagem da mortalidade.

Os europeus concorrem para elevar muito a percentagem da mortalidade. Na cidade da Praia, ponto mais insalubre do archipelago, a mortalidade da guarnição é de 3 por cento. Na Guiné sobe a 8.

AGRICULTURA—INDUSTRIA—COMMERCIO.

Já dissemos que o solo de Cabo Verde é de uma fertilidade admiravel, e que ás producções tropicaes juntava a facilidade de produzir os fructos e plantas do meio dia da Europa.

A agricultura, porém, está em grande atrazo. Muitos dos principaes proprietarios trataram de desenvolver as plantações da canna do assucar, da purgueira, do café e algodão; mas uma grande parte dos agricultores indigenas cultiva sómente o milho, feijão, mandioca, a batata doce e purgueira.

A propriedade está muito dividida na ilha Brava; nas outras ilhas, porém, não succede o mesmo.

As unicas industrias d'estas ilhas são: a industria do sal, a da fabricação de aguardente, a de tecidos de palha, o fabrico de cal e outras de menor importancia.

O commercio do archipelago tende a progredir, postoque lentamente. O numero de navios mercantes de longo curso que entraram e sairam dos portos das ilhas, foi o que mostra o seguinte quadro, no anno de 1871-1872:

Ilhas	Nacionaes				Estrangeiros			
	De vapor		De véla		De vapor		De véla	
	Numero	Tonela-gem	Numero	Tonela-gem	Numero	Tonela-gem	Numero	Tonela-gem
S. Thiago....	24	25:782	22	4:436	5	6:224	46	10:144
S. Vicente....	24	25:782	12	2:400	193	231:855	73	28:153
Sal.........	–	–	17	4:808	–	–	34	8:109
Maio........	–	–	4	800	–	–	37	9:309
S. Nicolau....	–	–	4	359	–	–	1	70
Santo Antão..	–	–	6	909	–	–	2	523
Fogo........	–	–	9	1:479	–	–	–	–
Boa Vista.....	–	–	12	2:832	–	–	–	–
Brava........	–	–	2	379	–	–	–	–
	48	51:564	88	18:402	198	238:079	193	56:308

Em 1873 entraram na ilha de S. Vicente 218 vapores com 223:526 toneladas, e 238 navios de véla com 43:034 toneladas. No porto da Praia, na ilha de S. Thiago, entraram no mesmo anno 47 navios de véla com 13:188 toneladas, e 47 de vapor com 49:304 toneladas. Na ilha do Sal entraram 150 navios de véla com 21:573 toneladas. No anno de 1842–1843 o numero de navios entrados foi de 217 e os saídos 239.

As importações e exportações foram as seguintes, para os annos abaixo mencionados, em toda a provincia:

Annos	Importação	Exportação	Direitos
1864...............	368:233$000	353:740$000	63:148$000
1865...............	463:471$000	355:374$000	62:438$000
1866...............	521:505$000	523:252$000	82:603$000
1867...............	–$–	–$–	71:695$000
1868...............	–$–	376:064$000	78:524$000
1869...............	515:218$000	423:632$000	94:724$000
1870...............	435:310$000	405:711$000	83:332$000
1871...............	553:735$000	376:421$000	97:136$000
1872...............	497:949$000	654:350$000	113:790$000
1873...............	535:582$000	590:964$000	99:314$000

Os principaes artigos importados são os seguintes: farinha de trigo, bolacha, azeite de oliveira, vinho, arroz, massas, petroleo, madeiras, tijolos e telha, tecidos, calçado, chapéus, tabaco, etc. A exportação consiste em: assucar, café, purgueira, urzella, coral, couros, aguardente, milho, sal, etc.

O seguinte quadro mostra o valor e a quantidade dos tres primeiros generos exportados pelas ilhas mais productoras:

Ilh	Generos	Unidades	1869–1870		1870–1871		1871–1872		1872–1873	
			Quantidade	Valores	Quantidade	Valor	Quantidade	Valor	Quantidade	Valor
S. Thiago	Assucar..	Kilogr.....	117:211	11:743$000	277:619	25:906$000	233:166	22:278$000	337:269	32:468$000
	Café.....	»	31:512	6:604$000	37:971	8:266$000	23:976	5:536$000	28:266	10:075$000
	Purgueira	Hectolitro	—	145:028$000	26:779	80:892$000	46:947	159:867$000	48:259	131:327$000
S. Vicente ¹	Assucar..	Kilogr...	2:089	210$000	71	7$500	3:415	345$000	579	60$000
	Café.....	»	8:498	1:785$000	40:370	8:478$000	10:221	2:146$000	—	–$–
Fogo.........	Assucar..	»	80:736	8:100$000	886	89$000	240	26$000	408	41$000
	Café.....	»	29:583	5:917$000	10:312	2:166$000	12:581	2:542$000	17:600	3:804$000
	Purgueira	Hectolitro	58:697	2:862$000	23:955	2:691$000	3:653	171$000	2:471	7:663$000
Santo Antão	Assucar..	Kilogr...	66:355	6:700$000	55:512	5:600$000	150:496	15:100$000	—	–$–
	Café.....	»	72:799	15:288$000	97:511	20:477$000	73:609	15:458$000	—	–$–
S. Nicolau..	Purgueira	Hectolitro	446	1:346$000	130	391$000	761	2:300$000	80	243$000

¹ Os generos exportados pela ilha de S. Vicente são produzidos na de Santo Antão.

A purgueira é o genero que avultá mais na exportação; em 1869–1870 subiu ao valor de 149:236$000 réis; em 1870–1871, 83:974$000 réis; em 1871–1872, 162:338$000 réis; e em 1872–1873, 139:233$000 réis.

As ilhas de Boa Vista e Brava exportam outros generos; todavia actualmente já ali se cultiva e exporta purgueira.

As ilhas do Sal e Maio apenas exportam sal; no seguinte quadro se vê a quantidade exportada pelas duas ilhas:

Annos	Ilha do Sal — Hectolitros	Ilha de Maio — Hectolitros
1869–1870.............................	42:217	68:145
1870–1871.............................	52:075	27:279
1871=1872.............................	47:004	39:722
1872–1873.............................	102:068	–

Na Guiné a exportação é mais importante do que no archipelago, principalmente depois que Portugal entrou na posse definitiva da ilha de Bolama, porque ao passo que o commercio de Bissau e Cacheu tem diminuido, a exportação do rio Grande e de Bolama augmentou. Em 1873 o movimento commercial foi o seguinte:

	Importação	Exportação	Direitos
Bissau..............	73:250$000	45:637$000	12:810$000
Cacheu............	17:249$000	12:717$000	2:238$000
Bolama............	95:891$000	234:181$000	11:672$000

O seguinte quadro mostra o valor do movimento commercial da Guiné desde 1869:

Annos	Importação	Exportação
1869–1870.....................	171:404$000	99:563$000
1870–1871.....................	172:417$000	358:380$000
1871=1872.....................	227:501$000	383:099$000
1872–1873.....................	179:919$000	301:791$000
1873–1874.....................	177:157$000	329:498$000

As communicações terrestres são difficeis em todas as ilhas; á excepção de alguns kilometros de estradas construidas, não ha mais que veredas quasi impraticaveis que atravessam as elevadas e alcantiladas montanhas, sendo sobre todas muito difficultosas as veredas que communicam com o litoral.

Até 1874 tinham sido construidos 90 kilometros de estradas na ilha de S. Thiago, despendendo-se 23:307$000 réis; 21 na ilha do Fogo, 6:642$000 réis, e 2 kilometros na Brava, que custaram 17:945$000 réis.

Desde julho de 1870 a junho de 1874 despendeu-se em obras publicas na provincia 168:254$000 réis, entrando n'esta verba a despeza com o desseecamento do pantano da Varzea da Companhia, proximo da cidade da Praia, o encanamento das aguas do Montagarro para abastecimento da mesma cidade, a construcção de um mercado, arranjo de ruas, e varias edificações nas outras ilhas.

RECEITA E DESPEZA

Nos seguintes quadros damos a receita e a despeza da provincia em varios annos:

Receita cobrada

Annos	Impostos		Proprios e diversos rendimentos	Total
	Directos	Indirectos		
1868–1869...	37:064$200	92:780$000	6:137$400	135:991$600
1869–1870...	38:194$400	102:823$000	5:012$300	146:029$700
1870–1871...	50:335$400	90:260$000	14:863$700	155:459$100
1871–1872...	58:180$800	125:758$000	5:105$200	184:099$000
1872–1873...	62:953$900	125:344$900	5:842$600	194:141$400

A receita orçada para o anno de 1875–1876 eleva-se a réis 220:377$000.

Despeza effeituada

Annos	Despeza	Saldo
1870–1871......................	149:274$600	6:184$500
1871–1872......................	181:348$900	2:690$100
1872–1873......................	187:103$000	7:038$400

A despeza para o exercicio de 1875–1876 está orçada em 218:876$600 réis, ficando portanto um saldo de 1:500$400 réis.

A receita para 1875–1876 é formada pelas seguintes parcellas:

22.

Impostos directos................... 55:260$000
Impostos indirectos................ 119:000$000
Bens proprios e rendimentos diversos.. 8:117$000
Rendimentos com applicação especial.. 38:000$000
                                      _____
                                      220:377$000

A despeza decompõe-se do modo seguinte:

Administração geral................ 76:198$300
Administração de fazenda........... 22:128$600
Administração de justiça........... 9:229$600
Administração ecclesiastica........ 13:930$000
Administração militar.............. 42:594$700
Administração de marinha........... 27:811$800
Encargos geraes .... 13:463$600
Diversas despezas.................. 13:520$000
                                   _____
                                   218:876$600

Pelos precedentes quadros se vê que a provincia de Cabo Verde vae em crescente desenvolvimento, apesar da sua agricultura estar ainda muito atrazada. Ainda não ha muitos annos que, em vez de saldo, havia *deficit* no orçamento da provincia. Em 1864-1865 a receita era de 105:162$500 réis e a despeza 147:123$200 réis, com um *deficit* de 41:960$700 réis.

INSTRUCÇÃO PUBLICA

O seguinte quadro mostra qual é o estado absoluto e relativo da instrucção primaria na provincia de Cabo Verde:

Annos	Sexo masculino			Sexo feminino		
	Numero de escolas	Numero de alumnos	Relação dos alumnos para a população por cento	Numero de escolas	Numero de alumnas	Relação das alumnas para a população por cento
1870.........	28	1:425	4,1	7	153	0,3
1871.........	30	1:548	4,4	7	158	0,4
1872.........	31	1:718	4,9	9	181	0,4

Em 1874 havia 36 escolas do sexo masculino nas ilhas e 6 na Guiné, e 9 escolas para o sexo feminino, todas nas ilhas. Das primeiras estavam 8 vagas.

Em 1868 havia 46 escolas de instrucção primaria, sendo 1 principal, destinada a fornecer um ensino mais desenvolvido, 1 de 1.ª classe, 10 de 2.ª, 25 de 3.ª, e 9 para o sexo feminino.

Em 1860 tentou o governador da provincia a creação de um lyceu na capital da provincia; e em 1866 foi creado um seminario diocesano na ilha de S. Nicolau.

FORÇA MILITAR

A guarnição da provincia é feita pelo corpo de caçadores n.º 1 do exercito do ultramar, cuja força completa deve ser de 526 praças, mas que tinha em 1871 a força effectiva de 415 praças, e 456 em 1874.

O quartel do batalhão é a cidade da Praia. A insalubridade d'este ponto torna-o improprio para este fim. Em 1871, sendo de 112 soldados a media da força effectiva na cidade, houve 687 baixas ao hospital.

HOSPITAES

Ha dois hospitaes, um em S. Thiago e outro em Bissau. Na ilha Brava ha um hospital-ambulancia, para onde são mandados os convalescentes das febres endemicas.

No anno de 1873 o movimento do hospital civil e militar da cidade da Praia foi o seguinte:

Civis

Existiam		2
Entraram		153
		155
Sairam { Curados		92
Melhorados		35
No mesmo estado		6
		133
Falleceram		11

A proporção das molestias endemicas foi de 23,22 por cento. A mortalidade foi 6,25 por cento.

Militares

Existiam		23
Entraram		771
		794
Sairam { Curados		660
Melhorados		75
No mesmo estado		29
		764
Falleceram		9

A proporção das molestias endemicas para o total dos doentes é de 53,77 por cento.

A mortalidade nos doentes militares atacados de molestias endemicas foi de 1,18 por cento.

A proporção total da mortalidade foi de 1,16 por cento.

Mulheres

Existiam....................... 8
Entraram 166 174

Saíram ....{Curadas.............. 106
             Melhoradas 41
             No mesmo estado 7 154

Falleceram 8

N'estas a proporção das molestias endemicas foi de 19,54 por cento, não tendo havido caso nenhum fatal. A mortalidade total foi de 4,93 por cento.

O hospital civil e militar de Bissau teve em 1871-1872 o seguinte movimento:

Doentes	Militares	Civis	Degradados	Total
Tratados.................	125	12	41	178
Fallecidos................	11	5	7	23
Mortalidade por cento............	8,8	41,7	17,0	13,0

II

S. THOMÉ E PRINCIPE

CAPITULO 1

GEOGRAPHIA PHYSICA

Compõe-se esta provincia das duas ilhas de S. Thomé e Principe e do estabelecimento de S. João Baptista de Ajudá, na costa da Mina.

Estas ilhas estão situadas no golpho dos Mafras (Biafra das cartas inglezas) no mar de Guiné, e fazem parte de um archipelago descoberto pelos navegantes portuguezes João de Santarem e Pedro de Escobar pelos annos de 1470 a 1471. Consta este archipelago das ilhas de Fernão do Pó, que é a mais septemtrional, Principe, S. Thomé e Anno Bom, alinhadas no rumo de NE., sendo separadas as duas ilhas extremas por uma distancia de cêrca de 300 milhas.

Todas estas ilhas, e muitos estabelecimentos na costa da Guiné, pertenceram a Portugal, mas as mesmas causas que produziram a perda dos territorios da Senegambia, originaram o abandono ou perda dos fortes e feitorias d'esta parte da costa de Africa, e por ultimo a cedencia das ilhas de Fernão do Pó e Anno Bom á Hespanha no anno de 1778, limitou o dominio portuguez na Guiné ao territorio que actualmente compõe esta provincia.

A ilha de S. Thomé está separada da ilha do Principe por uma distancia de 25 leguas, ou 75 milhas, e dista 105 milhas da costa do Gabão, que lhe fica fronteira. A ilha do Principe está separada da terra firme por um espaço de 85 milhas.

O intervallo entre S. Thomé e Anno Bom é de 111 milhas, e entre a mesma ilha e a de Fernão do Pó medeiam 171 milhas. Dista 220 leguas de Loanda, 670 de Cabo Verde e 1:300 de Lisboa.

A ilha de S. Thomé, situada na latitude de 0° 28' N. e na longitude de 15° 58' E. de Lisboa (cidade), tem 10 leguas de comprimento e 6 de largura, e a superficie approximada de 900 kilometros quadrados.

A ilha do Principe está situada na latitude de 1° 38' e longitude de 16° 38' E. de Lisboa (cidade), tem 3,5 leguas de comprimento e 2 na maior largura, com a superficie de 125 kilometros quadrados.

Ambas as ilhas são muito montanhosas e pittorescamente accidentadas por grande numero de picos. No centro dá de S. Thomé eleva-se um pico de mais de 3:000 metros de altitude [1], que, unindo-se a outros, forma uma cordilheira de NE. a SO., a qual com os seus contrafortes accidenta toda a superficie da ilha. Alem d'aquelle pico principal, denominado de *S. Thomé*, ha os picos de Anna Chaves, Mocondom, Maria Fernandes na parte central a O. e E. do primeiro; para o sul da ilha elevam-se os picos de Macurú, Cão Grande e Cão Pequeno, Ponta Preta, etc. Ao norte ergue-se o Monte Café e os picos de Guadalupe.

Na ilha do Principe levanta-se na parte meridional o pico do Papagaio, bastante elevado, sem comtudo attingir a altitude do pico de S. Thomé.

D'estas elevadas serras descem muitas ribeiras, que, sendo abundantes de boa agua em todo o anno, tornam-se torrenciaes

---

[1] Alguns escriptores asseveram ter este pico 3:200 metros de altura.

na epocha das chuvas, e alagam as varzeas, que orlam quasi todas estas ribeiras na proximidade do litoral, transformando-as em paúes infectos.

As principaes ribeiras na ilha de S. Thomé são: Agua Grande, que atravessa a cidade de S. Thomé, e Agua Izé na costa de leste, Rio do Oiro na costa do norte, e Santa Catharina na costa de oeste.

As principaes pontas que se notam n'esta ilha são: a ponta Figo ao norte e a ponta da Baleia ao sul. A bahia de Anna Chaves, que é o porto da cidade de S. Thomé, é o mais frequentado; mas a angra de S. João é o melhor porto da ilha. Abrem ambos ao SE., e por isso são abrigados de todos os ventos, excepto os d'aquelle quadrante.

Em torno da ilha ha alguns ilhéus: ao N. o ilhéu das Cabras, ao S. o das Rolas, cujo extremo sul está sob a linha equinoccial, a E. o ilhéu de Sant'Anna, e a O. o de S. Miguel.

Segundo Lopes de Lima, ha nas costas da ilha muitas calhetas de facil accesso.

A ilha do Principe tem tambem muitas pequenas ribeiras abundantes de agua. Tem tres grandes e magnificos portos, formados por outras tantas bahias. O principal porto é o da bahia de Santo Antonio, onde está edificada a cidade; o segundo é o da bahia da Praia Grande, ou das Agulhas, muito espaçoso e muito frequentado por navios de guerra; o terceiro é a bahia da Praia Salgada. Os principaes promontorios são: ao N. a ponta da Cascalheira, ao S. a ponta do Pico Negro, a E. a do Abbade e a O. a das Agulhas. Varios ilhéus cercam a ilha; os mais notaveis são: ao NE. o ilhéu dos Mosteiros e a S. o ilhéu Caroço.

A 12 milhas ao SO. da ponta do S. d'esta ilha ficam uns recifes denominados as Pedras Tinhosas.

CLIMA

Situada pouco ao N. do equador, o clima da ilha de S. Thomé é um dos mais quentes.

Tem duas estações: a das chuvas, que dura oito mezes, de outubro a maio; e a secca, de junho a setembro, que são os mezes mais salubres. Os mezes mais insalubres são os de novembro e dezembro.

Não ha para esta ilha observações meteorologicas que abranjam um anno completo. Apenas se publicaram dois grupos de observações de alguns mezes, cujo resumo vamos transcrever:

Mezes	Pressão media	Temperatura			Chuva em millimetros Total	Humidade relativa Media	Evaporação em millimetros Total	Tensão do vapor atmospherico em millimetros — Media	Numero de dias de chuva
		Media	Maxima absoluta	Minima absoluta					
Junho.......	760,79	25,03	32,3	18,6	30,0	75,5	125,0	19,54	3
Julho........	761,74	23,74	27,8	17,2	0,0	75,2	154,7	18,69	0
Agosto.......	760,53	24,40	29,3	20,1	4,6	83,4	137,1	20,72	5
Setembro.....	760,76	25,13	29,6	19,9	15,5	71,4	127,3	18,78	5
Outubro......	759,65	25,11	29,0	21,4	197,5	81,4	115,1	20,76	15
Novembro....	758,69	25,38	29,8	20,9	246,2	81,0	111,4	20,81	9

Mezes	Ozone — Media	Numero de dias de trovoada	Velocidade do vento em kilometros Media	Ventos dominantes
Junho.....................	5,3	–	5,3	S.
Julho.....................	4,5	–	5,8	S.
Agosto....................	4,2	–	6,8	S.
Setembro..................	–	–	3,8	S.
Outubro...................	3,7	7	4,8	S.–O.–SE.–N.
Novembro.................	3,9	5	5,8	S.–O.–SE.–E.

Pelas observações feitas pelo facultativo o sr. dr. Lucio Augusto da Silva, de abril de 1858 a janeiro de 1859, os ventos dominantes foram em ordem decrescente: S., SSO., SSE., SE., SO., NNE., E. e N.

Como é sabido, domina ao S. do equador, na costa occidental de Africa, o *geral* SE.; mas no mar da Guiné transforma-se na chamada *monção* SO., a respeito da qual o sr. Brito Capello, actual director do observatorio meteorologico de Lisboa, escreveu em 1864[1]: «O vento SO. no golpho, n'esta epocha (fevereiro e março), é ordinariamente fraco e irregular... e sopra tanto mais do O., quanto mais proximo da costa occidental de Africa».

Com tão deficientes observações não é possivel caracterisar o clima de S. Thomé. Vê-se porém que, apesar de estar na zona torrida, as maximas temperaturas são inferiores ás que se ob-

[2] *Annaes do observatorio do Infante D. Luiz.* Meteorologia maritima. Força dos geraes do Atlantico.

servam no estio em Lisboa, Coimbra, Porto, etc., sendo muito menores do que as observadas em Campo Maior. As temperaturas medias mensaes são, porém, todas superiores ás medias mensaes de Portugal; mas em Cabo Verde as medias são mais elevadas do que em S. Thomé.

A tensão do vapor atmospherico é e dobro da observada em Portugal, o que deve influir poderosamente na economia animal.

CAPITULO II

ESTATISTICA

A provincia divide-se em dois concelhos, o de S. Thomé e o da ilha do Principe; o estabelecimento de Ajudá tem um commandante militar.

A capital da provincia, que em 1753 havia sido mudada para a ilha do Principe, tornou em 1852 a ser transferida para a ilha de S. Thomé. Ha n'estas ilhas 7 freguezias, alem de 2 em que se divide a cidade. A ilha do Principe tem uma unica povoação, que é a cidade de Santo Antonio.

No judicial forma a provincia uma só comarca, pertencente ao districto judicial de Loanda.

POPULAÇÃO

A população tem augmentado na ilha de S. Thomé e diminuido na ilha do Principe depois que d'ali saíu a séde do governo. O seguinte quadro indica o desenvolvimento da população nas duas ilhas desde 1843:

		S. Thomé			Principe				
			Africanos				Africanos		
Annos	Europeus	Livres	Escravos	Libertos	Europeus	Livres	Escravos	Libertos	Total
1843.....	47	5:932	2:190	–	138	1:122	3:324	–	12:753
1851.....	316	6:917	2:763	–	–	–	–	–	–
1872.....	574	10:533	–	7:740	40	1:720	–	700	21:307

Em 1873–1874 a população em S. Thomé era de 21:234 habitantes, e na ilha do Principe 2:438, sommando 23:672 habitantes. D'este numero eram: europeus 815, africanos livres 13:289, libertos 9:568.

Na falta de estatistica do movimento da população damos as seguintes indicações sobre a mortalidade na ilha de S. Thomé[1].

Em 1868 a mortalidade nos europeus foi de 1 por 16,14, ou 6 por cento; na totalidade dos habitantes foi de 1 por 33,48, ou 3 por cento. Estas proporções demonstram bem a grande insalubridade da ilha de S. Thomé, e especialmente da cidade.

A estatistica do hospital de S. Thomé no anno de 1772 fornece os seguintes elementos:

O numero de entradas no hospital foi de 1:541, sendo 1:070 europeus e 471 africanos; na proporção de 2,2 europeus para 1 africano; falleceram 62 europeus e 44 africanos.

O numero de individuos tratados no hospital foi de 864; o numero de fallecidos está pois na relação de 1 para 8,15.

PRODUCÇÕES

A prodigiosa vegetação dos tropicos veste esta ilha desde o litoral até ao cume dos seus elevados picos, com uma espessura tão densa de arvoredo, que alem das roças cultivadas e das varzeas das ribeiras, ainda não foi possivel a nenhum explorador penetrar essas matas virgens, onde abundam madeiras preciosas, de que alguns curiosos exemplares se vêem no museu colonial de Lisboa.

Os mangues orlam as margens dos rios; os coqueiros e palmeiras, a mangueira, o cajueiro, a bananeira e a laranjeira produzem-se n'estas ilhas. Cultiva-se café de optima qualidade, cacau, canna saccharina, milho, mandioca, feijão, etc., e produz grande numero de outras fructas e hortaliças.

A cultura da canna do assucar attingiu ali grandes proporções no seculo XVI, subindo a exportação do assucar a mais de 150:000 arrobas. Mas com o desenvolvimento d'esta cultura no Brazil começou ella a decair n'estas ilhas, até que se extinguiu de todo.

COMMERCIO

Segundo Lopes de Lima o movimento commercial d'estas ilhas no anno de 1842 era o seguinte:

	Principe	S. Thomé	Total
Importação........	10:000$000	16:000$000	26:000$000
Exportação	2:700$000	29:550$000	32:250$000
	12:700$000	45:550$000	58:250$000

[1] Extrahidas do excellente relatorio do facultativo de 1.ª classe da provincia de S. Thomé, sr. Manuel Ferreira Ribeiro.

A decadencia que este quadro indica, e que no principio d'este seculo ainda era maior, querem alguns attribui-la ao empobrecimento do solo pela intensa cultura da canna saccharina, sem se lembrarem que esta cultura foi abandonada muitos annos antes, e que n'aquelle clima as forças productivas do solo bem depressa se regeneram. Ao odioso trafico da escravatura se deve antes attribuir o abandono da agricultura, unica fonte que póde alimentar o commercio d'estas ilhas. Tanto assim, que depois da prohibição do trafico vemos esta possessão entrar em uma era de prosperidade, bem accentuada desde 1870, como mostra a estatistica do movimento commercial do ultimo quinquennio, cujo resumo damos no seguinte quadro:

Annos	Importação		Exportação e reexportação	
	Valores	Direitos	Valores	Direitos
1870....	205:532$000	27:520$000	300:075$000	31:171$000
1871....	208:069$000	30:005$000	326:842$000	38:930$000
1872....	335:428$000	38:182$000	269:315$000	31:839$000
1873....	310:432$000	41:464$000	409:285$000	37:956$000
1874....	394:081$000	52:148$000	416:096$000	39:125$000

RECEITA E DESPEZA

Os rendimentos d'esta provincia têem augmentado a ponto de deixarem um saldo para o estado, em vez do *deficit*, que, não ha muitos annos, a metropole suppria com avultados subsidios annuaes.

Eis qual tem sido a marcha progressiva do augmento dos rendimentos:

1838.............................. 8:525$000
1840.............................. 10:991$000
1842.............................. 9:851$000
1864–1865...................... 42:771$000
1868–1869...................... 51:441$000

A receita orçada para 1875–1876 é a seguinte:

Impostos directos.................. 11:820$000
Impostos indirectos .... 70:600$000
Bens proprios e rendimentos diversos.. 10:190$000
Rendimentos com applicação especial.. 17:000$000

Total........ 109:610$000

A despeza do orçamento de 1875-1876 é de 105:552$000 réis, ficando um saldo positivo de 4:058$000 réis.

No seguinte quadro damos o desenvolvimento da despeza, comparada com a do anno de 1864-1865:

	1864—1865	1875—1876
Administração geral	20:898$200	35:727$500
Administração da fazenda	7:058$900	9:191$600
Administração da justiça	3:486$000	5:176$000
Administração ecclesiastica........	2:735$000	4:368$300
Administração militar.............	16:909$000	32:928$700
Administração da marinha.........	312$000	8:662$000
Encargos geraes.................	4:474$700	3:098$000
Diversas despezas	7:725$000	6:400$000
	63.598$800	106:552$100

INSTRUCÇÃO

Ha na cidade de S. Thomé uma escola principal elementar para o sexo masculino, que em 1874 foi frequentada por 116 alumnos, e uma para o sexo feminino, frequentada por 11 alumnas. A escola da villa de Sant'Anna teve 72 alumnos, e a da villa de Santo Amaro 27.

FORÇA MILITAR

A guarnição da provincia é feita pelo batalhão de caçadores n.º 2 do exercito de Africa occidental, cuja força deve ser de 397 praças, mas que em 1874 tinha 254 praças effectivas.

A despeza com esta força, material de guerra, deposito penal disciplinar, etc., é de 25:327$500 réis.

O numero de entradas de doentes militares no hospital de S. Thomé, em 1872, foi de 1:222, dos quaes falleceram 62. Vê-se, pois, que a diminuta força militar de 254 praças contribue com quatro quintas partes para o numero total de entradas n'aquelle hospital, que vimos ser de 1:541 no mesmo anno. Em relação á força militar effectiva, o numero de entradas é proximamente de 500 por cento, e a mortalidade 24,4 por cento.

Esta enormissima mortalidade demonstra a grande insalubridade da capital da provincia, mas não se deve por ella avaliar do clima da ilha, porque é sabido que a cidade, edificada no sitio mais insalubre, está cercada de emanações palustres. Ha porém em qualquer das duas ilhas sitios elevados muito saudaveis, ainda mesmo junto ao litoral, onde os quarteis e hospitaes deviam ser estabelecidos, quando se não levasse a effeito a edificação, ha muito reclamada, de uma nova cidade, em local aconselhado pelas regras hygienicas.

O deposito penal disciplinar é formado pelos degradados. De 1870 a 1874 tem recebido a provincia 463 degradados, que são empregados em obras publicas, ou distribuidos pelos agricultores.

Collocados pela força das circumstancias em localidades muito insalubres, tem sido horrorosa a mortalidade d'estes desgraçados. Em S. Thomé eleva-se a 17 por cento, e não é esta a provincia onde esta sinistra percentagem é mais elevada.

III
ANGOLA
CAPITULO I
GEOGRAPHIA PHYSICA
SITUAÇÃO — LIMITES — DIMENSÕES

Está situada esta rica provincia na costa occidental de Africa, estendendo-se desde 5° 12′ até 18° de latitude S., entre as longitudes de 21° 7′ e 27° 40′ E. de Lisboa.

É limitada ao N. pelo rio Gacongo e ao S. pelo cabo Frio. A E. confina com os territorios de Hoholo, Quiboke e Lobal, ao S. com as terras dos Ovampos e a O. é banhada pelo oceano Atlantico. Occupa uma extensão de costa de cêrca de 270 leguas, e tem 100 leguas de largura, entre Loanda e Cassange. A sua superficie é superior a 20:000 leguas quadradas.

OROGRAPHIA

N'este vasto territorio distinguem-se tres regiões, ás quaes os varios relevos e altitudes imprimem caracteres muito differentes, e que importa muito attender no estudo relativo á sua colonisação, ao aproveitamento das suas consideraveis riquezas naturaes, e ao desenvolvimento da agricultura.

São essas regiões: a região litoral, a região media ou montanhosa, e a região interior ou dos elevados plan'altos, que se prolonga para o centro do continente.

A região litoral estende-se ao longo da costa, com uma largura que varia de 6 a 15 leguas; é orlada de extensos areiaes, tem grandes planicies, e é fracamente accidentada pelos contrafortes que n'ella prolonga a região montanhosa. É cortada por muitos rios de margens fertilissimas, mas muito insalubres, insalubridade que em geral se estende a toda esta região, na qual abundam os pantanos e as lagôas que impestam os ares.

A região media é accidentada por dois grupos de serranias, comprehendidos, o mais septentrional, entre o Zaire e o Quanza, e o meridional, entre este rio e o Cunene, e tendo uma largura variavel de 4 a 20 leguas.

Por algumas, postoque raras, observações barometricas deprehende-se que a altitude media d'esta região, deve ser de 700 ou 800 metros, subindo em varios pontos a mais de 1:000 metros. As serras mais notaveis são as de Canganza, nos Dembos, e as de Chella e Huilla.

Dão origem estas serras a muitos rios de importancia secundaria, mas abundantes de agua, taes como: o Loge, o Dande, o Bengo, o Longo, o Catumbella, etc.

Em geral esta região é muito fertil e sadia.

A região dos plan'altos, de que a precedente região montanhosa é como que a escarpa, tem a altitude media de 1:000 metros. N'ella têem as suas origens os grandes rios Quango, Quanza, Cunene e outros que pertencem já á vertente oriental da Africa. É das tres regiões a mais saudavel, e igualmente fertil.

HYDROGRAPHIA

Toda esta provincia faz parte da vertente occidental de Africa. As suas principaes bacias hydrographicas são as dos rios Zaire, Ambriche, Loge, Dande, Bengo, Quanza, Longo, Cuvo, Catumbella, Copororo, Cobol, Bembaroga e Cunene.

Zaire. — Só uma pequena parte da grande bacia inferior d'este rio pertence aos dominios portuguezes. O seu curso é pouco conhecido, e da sua origem nada certo se sabe. Por vagas informações de alguns viajantes portuguezes parece que o curso é de 2:000 a 2:500 kilometros, e que a origem é pela mesma latitude das origens do Nilo. A sua direcção geral é de NE. a SO.

Affluentes. — O unico conhecido é, na margem esquerda, o grande rio Casai ou Cassaby, de cuja origem apenas se sabe que é entre os parallelos de 12° a 13° de latitude, e pela longitude de 28° a 29° E. de Lisboa, no territorio de Lobal. Corre para N., atravessando os vastos plan'altos do territorio do Matiamvo (grande potentado do interior), depois volta a NO., confluindo no Zaire abaixo de Canga, tendo de curso proximamente 1:400 kilometros.

Recebe o rio Quango, que nasce proximo de 12° de latitude, corre na direcção do N., passa a E. de Cassange, e tem o curso de 600 kilometros.

O Zaire é navegavel para navios em uma grande extensão do seu curso; é muito largo e profundo, e tem uma corrente tão impetuosa, que é ainda sensivel a 2 leguas ao mar da barra, formando em pleno oceano um rio de agua doce, onde os navios frequentes vezes podem fazer aguada.

Loge.—Toda a bacia d'este rio está em territorio portuguez. As suas nascentes são na parte septentrional da serrania de Canganza; passa perto de Encoge, e vae formar o porto de Ambriz, de facil entrada. O seu curso é de 350 kilometros, pouco mais ou menos, na direcção geral de OSO.

Ambriche.—Atravessa o reino do Congo e as terras de Bamba, começando ao sul de S. Salvador, e forma o pequeno porto de Ambrizete. Curso 280 kilometros.

Dande.—Começa nas alturas de Canganza, e dirigindo-se para O. entra no mar em uma pequena bahia. É navegavel para pequenos barcos, mas a barra é accessivel a navios de pequeno lote. Curso 260 kilometros.

Bengo.—Nasce na serrania de Canganza, corre para O. e desagua na bahia do Bengo, 4 leguas a N. de Loanda. É navegavel para lanchas. Curso 300 kilometros.

Quanza.—A bacia hydrographica d'este rio tem proximamente 120:000 kilometros quadrados de superficie.

Não está ainda bem determinada a sua origem; parece todavia poder situar-se por 13° 40′ de latitude e 27° de longitude. Corre primeiro ao NNO., para voltar depois a ONO.

Mais de metade do seu curso está explorada, até algumas leguas a montante da confluencia do rio Lombo. N'este ponto começa a ser navegavel para pequenos barcos até Cambambe, onde a navegação é interrompida por uma notavel cataracta, havendo igualmente entre aquelles dois pontos algumas quédas de agua ou cachoeiras.

De Cambambe até á sua foz é navegavel com alguma difficuldade por causa dos bancos que obstruem o leito do rio. Passa pelas povoações portuguezas de Dondo, Massangano, Muxima e Columbo, havendo actualmente navegação a vapor até ao Dondo, na extensão de 40 leguas. Na epoca das cheias as viagens de Loanda ao Dondo duram 35 horas e na volta 20. O seu curso tem approximadamente 720 kilometros.

Affluentes.—Na margem direita são conhecidos o Quige, Lombo e o Lucalla, de todos o mais consideravel, e que começa nos montes de Canganza, passa a E. do presidio do Duque de Bragança, corre pelo concelho de Cazengo e conflue no Quanza logo abaixo de Massangano, com 330 kilometros de curso. É navegavel até Oeiras no concelho de Cazengo.

Na margem esquerda são conhecidos de nome os rios Cutato e Gango no territorio de Libollo.

Longa.—Nasce na serra Zambata, no territorio de Libollo, e correndo para poente desagua na bahia de Longo. Curso 200 kilometros.

Cuvo.—Começa a NO. de Bihé, dirige-se a NO., passa ao S. de Bailundo, atravessa as terras de Mani, Quicombo e Sembis e entra no mar já muito caudaloso ao N. do presidio de Novo Redondo. Curso 350 kilometros.

Catumbella.—Tem o seu principio entre Caconda e Bihé, atravessa o territorio do Nano, o sertão de Benguella e termina ao N. da cidade de S. Filippe de Benguella, com a direcção geral de NO. Curso 260 kilometros.

Copororo.—Nasce a S. de Caconda Velha, e seguindo para NO. desagua na bahia de Loacho. Curso 220 kilometros.

Cunene.—É este o rio mais meridional da provincia de Angola. Ainda ha vinte annos era quasi desconhecido o seu curso, e até mesmo a sua foz; deve-se ao mallogrado e distincto official portuguez Fernando da Costa Leal quasi tudo quanto se sabe d'este rio.

Começa a NE. de Galangue a NE. de Caconda Nova, e seguindo para SE., divide os territorios dos regulos Molendo Camba e Humbe das terras de Canhama na margem esquerda; volta para O., depois de passar pelo presidio de Humbe, estabelecido pelo governador Leal nos territorios de Mucimbas e Muinbas, na margem direita, que o rio separa dos Ovapamgares e Ovayares na margem esquerda. Termina no oceano em 17° 15′ de latitude.

Durante a maior parte do anno a sua foz está obstruida com altas dunas de areia, que na epocha das cheias o rio varre, abrindo livre communicação com o mar, tornando-se então navegavel. No interior é navegavel para lanchas, pois conserva em todo o anno grande abundancia de agua, e em alguns pontos rapida corrente. Na parte media do seu curso, no territorio de Humbe, tem 1 kilometro de largura. Curso 850 kilometros.

Quasi toda a costa de Angola é de difficil abordagem em consequencia da grande *calêma,* que na maior parte do anno produz grande arrebentação nas praias, e é sujeita a fortes cerrações na epocha do cacimbo.

CLIMA—PRODUCÇÕES

O clima de Angola diversifica conforme as regiões que já descrevemos, e segundo as latitudes, como é natural em um territorio que abrange 13 graus de latitude.

Na região do litoral, o clima, que em geral é quente, apresenta consideraveis differenças quando se compara a zona que vae de Benguella para o norte com a que lhe fica ao sul. Excessivamente quente e insalubre nas proximidades dos rios e ribeiras, que ficam ao N. d'aquella cidade, e onde reinam em toda a sua intensidade as febres endemicas, é ao contrario muito salubre e ameno na zona do S., principalmente em Mossamedes. Ha, entretanto, na primeira zona localidades relativamente saudaveis, por estarem afastadas dos focos de emanações paludosas; tal é a cidade de Loanda.

Na região media o clima é salubre e benigno para os europeus, excepto nas proximidades de alguns pantanos ou nas varzeas paludosas das ribeiras. A colonia agricola de Capangombe, situada nas abas da serra de Chella, no districto de Mossamedes, gosa de um clima muito similhante ao de Portugal.

Na região interior, cujo clima é, como já dissemos, de todos o mais saudavel, chega a haver tanto frio como na Europa meridional.

Na região litoral as planicies estão vestidas de espesso e alto *capim*, e as margens dos rios e os pantanos por densas florestas de *mangues*. Segundo o dr. Welwitsch os bosques d'esta região são, em geral, formados por euphorbiaceas, *imbondeiros* ou adansonias e outras arvores.

Produz-se n'esta região a canna saccharina, mandioca, algodão, tabaco, purgueira, batata doce e commum, milho, feijão e muitas especies de hortaliças, e produz-se no litoral grande quantidade de urzella.

A região media abunda em matas virgens, que fornecem preciosas madeiras de construcção e de marceneria. Têem singular belleza estas florestas pela variedade de especies florestaes, differentes das da região litoral, e pela colossal corpulencia da maior parte do arvoredo. Muitas variedades de acacias, o mangue do monte, o monstruoso imbondeiro, as mafumeiras gigantescas, as musalveiras e dendos, e muitas outras especies curiosas e uteis povoam as matas. O ananaz e o cafézeiro desenvolvem-se espontaneamente nos matagaes, e o capim cobre vastas superficies tornando-as impenetraveis e elevando-se a grande altura.

Cultiva-se n'esta região a canna do assucar, o sorgo, o café, o algodão, o tabaco, a ginguba, a mandioca, o arroz, o milho e a batata.

As producções da região do interior têem differente caracter, e as matas virgens têem já um outro aspecto, em harmonia com a frescura e abundancia de aguas de grande parte do paiz. O trigo cultiva-se e produz bem, e do mesmo modo se produz o milho e a batata. A ginguba, o tabaco e o café são tambem produzidos em grande quantidade n'esta elevada região.

Os trabalhos de exploração scientifica, executados com tanta perseverança pelo distincto naturalista portuguez, o sr. Anchietta, na provincia de Angola, e os do dr. Welwitsch, tôem adiantado muito o conhecimento da fauna de Angola, da qual até ha poucos annos sómente se conheciam as especies de maior vulto. O museu de Lisboa possue hoje uma rica collecção zoologica d'aquelle paiz, que o sr. Anchietta está annualmente augmentando com curiosos e raros exemplares, muitos dos quaes são completamente novos.

CAPITULO II

ESTATISTICA

DESCOBRIMENTO E CONQUISTA DE ANGOLA

Nos annos de 1484 e 1485 o navegante portuguez Diogo Cam descobriu o rio Zaire, a costa do reino do Congo, de Angola e Benguella até ao parallelo de 22° S., e erigiu padrões em varios pontos da costa.

N'essa epocha constituia Angola a parte meridional do reino do Congo, com o nome de Dongo, a qual foi conquistada em 1549 pelo rei de Matamba, Gola-Zinga ou Ginga. Em 1559, seu filho An-Gola-Bandi levou a conquista até á costa, apoderando-se de toda a provincia de Dongo, que o rei do Congo readquiriu em 1570.

Cinco annos depois entrava Paulo Dias de Novaes no porto de Loanda, e conquistava uma porção de territorio, onde lançou os fundamentos da cidade de S. Paulo de Loanda. Data, porém, de 1491 a fundação da primeira igreja portugueza no Congo.

Novaes, nomeado governador d'esses novos dominios, proseguiu a conquista, e firmou o senhorio portuguez n'essa parte da Africa edificando varias fortalezas. Successivamente se foram dilatando estas possessões, por conquista, doação ou vassallagem, destruindo-se os reinos de Dongo e Matamba, avassallando-se outros, e edificando-se alguns presidios no interior do sertão para proteger o commercio.

Assim, em 1599 funda-se o presidio de Muxima, em 1617 apodera-se Manuel Cerveira Pereira do reino de Benguella, e de 1620 a 1670 é conquistado o resto do reino do Dongo, depois dos portuguezes entrarem a quasi inexpugnavel posição de Pungo-Andongo. Em 1682 funda-se no interior o presidio de Caconda, o de Encoge em 1759, e em 1838 o do Duque de Bragança. As colonias do Ambriz e Mossamedes só em 1840 foram começadas.

D'este modo, possuindo tão vastas regiões, umas quasi desertas, outras habitadas por gentio selvagem e indomito, difficil fôra a Portugal conserva-las sujeitas ao seu dominio sem tenaz resistencia. Com effeito, se a natural indolencia ou o medo incutido pelas nossas armas tem feito que a maior parte d'esta possessão respeite e acate o senhorio portuguez, a fereza e valentia de alguns povos do interior são causa de que em alguns pontos o nosso dominio seja apenas nominal, e de que em outros tenha custado muitas vidas a sua conservação.

Actualmente compõe-se esta provincia dos territorios do Congo, Angola e Benguella. Pela convenção de 1817 reconheceu a Inglaterra que a costa da provincia de Angola é comprehendida entre 8° e 18° de latitude S., e admitte a reserva dos direitos de Portugal aos territorios de Molembo e Cabinda, entre 5° 12′ e 8° de latitude.

DIVISÃO TERRITORIAL

A provincia divide-se em 3 districtos: Loanda, Benguella e Mossamedes, com mais de 30 concelhos e presidios. No territorio avassallado ha mais de 500 *sobas,* ou regulos indigenas, que reconhecem o dominio portuguez e outros que se consideram simplesmente alliados, com obrigação de fornecerem tropas em caso de guerra.

Judicialmente forma esta provincia com a de S. Thomé e Principe um districto judicial, ou relação de Loanda, que contém 3 comarcas.

POPULAÇÃO

Nos ensaios estatisticos de Lopes de Lima a população de Angola, no anno de 1845, vem calculada em 386:525 habitantes; sendo: 1:832 brancos, 5:770 mulatos e 378:923 pretos. N'este calculo não se inclue a população do concelho do Duque de Bragança, a qual se suppõe ser de 20:000 habitantes, o que eleva o numero total a 400:000. Dos 1:832 brancos 1:601 pertenciam á capital da provincia, alem dos quaes contava mais 491 mulatos e 3:513 pretos, sommando todos 5:605 habitantes.

Havia na mesma epoca 28 escravos mulatos, 40:143 escravos pretos e 46:560 escravas pretas.

Em 1869 a população era a seguinte[2]:

	Habitantes
Districto de Loanda	323:064
Districto de Benguella.................	87:980
Districto de Mossamedes..............	22:353
Total..........	433:397

[1] Extrahido do relatorio do ministro da marinha, o sr. João de Andrade Corvo.

O numero de naturaès de Portugal, das ilhas dos Açores e Madeira e das outras colonias era de 2:863, não entrando n'este numero os servidores do estado.

Em 1854 registaram-se 30:965 escravos do sexo masculino e 29:725 do feminino; total 60:690.

Em 1873 existiam 58:061 escravos e 31:768 libertos.

Tem sido esta rica provincia a unica onde a colonisação tem dado melhores resultados, posto que não tenha tido o desenvolvimento que podia e devia ter.

As colonias que se estabeleceram no districto de Mossamedes tinham, em 1854, 256 brancos, 29 mulatos, 135 libertos e 481 escravos. Doze annos depois, em 1865, esses numeros elevavam-se a 756 brancos, 48 mulatos e 2:345 escravos e libertos. A população indigena era calculada em 120:990 individuos.

A colonia de Capangombe, a 64 kilometros a NO. de Mossamedes, está em um estado florescente.

Os pontos da costa d'esta provincia que estão occupados por estabelecimentos, feitorias, fortalezas ou povoações, são os seguintes: começando pelo N., temos no rio Zaire algumas feitorias (no porto da Lenha), na foz do Loge o presidio de Ambriz, os presidios da barra do Dande e da barra do Bengo, a cidade de Loanda, que é considerada a melhor povoação de toda a costa occidental de Africa, o presidio de Calumbo na foz do Quanza, a villa de Novo Redondo, o presidio de Egito ou Logito, Catumbella, e logo ao S. a cidade de S. Filippe de Benguella, os estabelecimentos da bahia Farta e do Luacho, depois a villa de Mossamedes e a colonia de Pinda.

Em Cabinda houve uma fortificação, levantada em 1783, mas um anno depois foi demolida pelos francezes.

AGRICULTURA—COMMERCIO

Á prohibição do trafico da escravatura deve a provincia o grande desenvolvimento que a agricultura tem tido.

Antes de 1840, alem das culturas de mandioca, feijão e milho feitas pelos indigenas, quasi nenhuma outra cultura havia em Angola.

No relatorio do governador de Angola[1] lê-se que em 1838 o café necessario para o consumo era importado dos portos do Brazil.

O seguinte quadro bem demonstra o prodigioso desenvolvimento da agricultura e do commercio nos ultimos annos.

[1] Relatorio de 1873 do sr. José Baptista de Andrade.

Exportação dos principaes generos coloniaes

Annos	Algo-dão — Kilogr.	Azeite de palma — Kilogr.	Borra-cha — Kilogr.	Café — Kilogr.	Cera — Kilogr.	Ginguba — Kilogr.	Gomma copal — Kilogr.	Marfim — Kilogr.
1857...	9:878	604:800	—	76:675	—	12:980	—	—
1867...	273:669	1.409:520	—	913:325	—	1.880:733	—	—
1870...	588:031	1.636:598	759	891:289	1.055:931	3.390:848	106:712	55:975
1871...	812:516	2.076:912	116:145	1.326:133	1.004:096	4.006:868	340:254	45:940
1872...	817:631	1.299:282	363:265	2.418:874	688:865	3.425:480	295:260	51₁:87

As culturas que mais se têem desenvolvido são: a do café, da canna do assucar e do algodão. A do café progride consideravelmente nos concelhos do interior, em Cazengo, que produz o de melhor qualidade, Golungo, Ambaca, etc.

O algodão e a canna saccharina cultivam-se em larga escala no districto de Mossamedes.

O movimento commercial dos ultimos annos comparado com o de 1847 prova ao mesmo tempo o augmento do commercio e e o desenvolvimento agricola:

Annos	Importação	Exportação	Total
1847-1848......	1.141:877$000	608:684$000	1.750:561$000
1867-1868......	1.071:383$000	1.199:116$000	2.270:499$000
1868-1869......	1.606:124$000	1.215:681$000	2.821:805$000
1869-1870......	2.175:415$000	1.743:254$000	3.918:669$000
1870-1871......	1.979:086$000	1.545:854$000	3.524:940$000
1871-1872......	2.263:802$000	2.026:512$000	4.290:314$000
1872-1873......	2.523:081$000	2.153:720$000	4.676:801$000
1873-1874......	2.413:088$000	2.671:379$000	5.084:467$000

Para se conhecer a importancia relativa dos 3 districtos da provincia basta apresentar o movimento commercial de um anno dividido pelas 3 alfandegas:

Alfandegas	Importação	Exportação	Total
Loanda..........	1.250:756$000	940:438$000	2.191:194$000
Benguella........	643:975$000	523:448$000	1.167:423$000
Mossamedes.......	84:355$000	81:968$000	166:323$000

RECEITA E DESPEZA

Os rendimentos da provincia têem acompanhado o desenvolvimento do commercio e da riqueza geral, cobrindo actualmente toda a despeza, e deixando já um importante saldo.

Q seguinte quadro mostra a progressão do augmento da receita publica:

Annos	Impostos indirectos	Impostos directos e outros	Total
1863–1864..........	133:054$000	85:538$000	218:592$000
1864–1865..........	128:806$000	69:814$000	198:620$000
1865–1866..........	150:911$000	78:979$000	229:890$000
1866–1867..........	153:333$000	133:036$000	286:369$000
1867–1868..........	160:115$000	147:120$000	307:235$000
1868–1869..........	239:847$000	168:365$000	408:212$000
1869–1870..........	313:545$000	294:303$000	607:848$000

Os impostos indirectos ou rendimento das alfandegas em 1869-1870 eram 51,7 por cento do total da receita.

O orçamento da receita e despeza para 1875–1876 é o seguinte:

Receita:
Impostos indirectos.............. 419:800$000
Impostos directos................. 31:190$000
Rendimentos proprios e diversos...... 27:984$000
Rendimentos com applicação especial.. 87:000$000

Total.......... 565:974$000

Despeza:
Administração geral .... 137:101$530
Administração da fazenda.......... 55:253$502
Administração da justiça .... 19:283$600
Administração ecclesiastica......... 20:304$664
Administração militar............. 205:423$638
Administração de marinha.......... 76:153$440
Encargos geraes .... 20:210$156
Diversas despezas................ 22:380$000

Total.......... 556:110$530

Saldo........................ 9:863$470

VIAS DE COMMUNICAÇÃO

São por emquanto difficeis e demoradas as communicações dos portos do litoral com as ricas regiões do interior. Têem sido abertas algumas estradas nos tres districtos da provincia, mas a poderosa vegetação propria d'aquelle clima tropical invade bem depressa os caminhos, reduzindo-os a estreitas veredas.

As vias fluviaes são as que offerecem meio de communicação mais facil e economico, e a provincia possue, como vimos, muitos rios navegaveis para pequenas embarcações.

O grande desenvolvimento produzido pela navegação de barcos de vapor no Quanza mostra bem quaes são os recursos naturaes da provincia, e o que se póde esperar do estabelecimento da projectada linha ferrea de Loanda ao Quanza e concelhos de Cazengo e Ambaca.

A grande povoação de Dondo, no concelho de Cambambe, que é actualmente o grande emporio do commercio do Quanza, e onde affluem as povoações das regiões afastadas do interior, para effeituar a permutação dos productos naturaes pelos tecidos, missangas, polvoras, armas, aguardente, etc., importados de Portugal, não existia antes do começo da navegação a vapor.

Isto demonstra que estas fertilissimas regiões só esperam a abertura de vias de communicação rapida e facil, para se desenvolverem e prosperarem em proporção com as riquezas naturaes que encerram.

INSTRUCÇÃO PUBLICA

Ha na capital da provincia uma escola principal para a instrucção secundaria, com dois professores, e em toda a provincia 25 escolas de instrucção primaria, sendo 21 para o sexo masculino e 4 para o feminino.

A escola principal foi frequentada em 1873 por 15 alumnos; as escolas primarias por 456 alumnos e 33 alumnas.

Havia em Loanda um seminario que foi fechado por não corresponder ao fim para que tinha sido creado.

Como se vê está ainda em muito atrazo a instrucção publica n'esta provincia, atrazo causado principalmente pela falta de professores idoneos e competentemente habilitados.

Nota-se, comtudo, certo augmento, posto que muito tenue, desde 1850 até 1873. Havia n'aquelle anno 9 escolas primarias em toda a provincia, frequentadas por 283 alumnos, dos quaes 9 eram europeus e 274 indigenas.

Uma aula de latim que n'aquella epocha existia em Loanda, era frequentada por 8 alumnos.

FORÇA MILITAR

Compõe-se a guarnição de Angola do terceiro, quarto e quinto batalhões do exercito de Africa occidental, e de uma bateria de artilheria. Esta força deve ser de 2:703 praças, mas em 1874 tinha o effectivo de 1:840 praças. A despeza com esta força era de 180:728$000 réis.

IV

`MOÇAMBIQUE

CAPITULO I

GEOGRAPHIA PHYSICA

SITUAÇÃO—LIMITES—DIMENSÕES

A provincia de Moçambique está situada na costa oriental de Africa, entre 10°41' e 26°30' de latitude sul.

Occupa uma extensão de costa de perto de 400 leguas, e na sua maxima largura, entre as bôcas do Zambeze.e a cascata Nucabele acima de Zumbo, tem mais de 160 leguas.

A sua superficie é, approximadamente, de 42:800 leguas quadradas, ou 1.284:000 kilometros quadrados [1].

Não conhecemos descripção alguma da orographia d'esta vasta provincia; apenas achâmos designadas algumas serras isoladas, como a da Lupata, junto ao Zambeze, a de Caroeira, nas abas da·qual está assente a villa de Tete, a serra Fura, ao S. de Zumbo, e os montes de Lebombo, a O. de Lourenço Marques.

É porém mais conhecido o seu systema hydrographico, principalmente na parte central da provincia.

HYDROGRAPHIA

Toda esta provincia está na vertente oriental do continente africano. A sua principal bacia hydrographica é a do Zambeze. Os outros rios mais importantes são o Save, o Limpopo, o do Espirito Santo, etc.

Zambeze.—A bacia d'este rio, um dos mais consideraveis da Africa, tem uma superficie approximada de 91:750 leguas quadradas, e abrange as immensas planicies do interior do continente, habitadas por numerosas tribus sujeitas a alguns potentados, dos quaes o principal é o Matiamvo.

Esta bacia confina ao N. com a do Nilo, a NO. com a do Zaire, a O. com a do Quanza e a do Cunene, ao S. com a do Limpopo e a do Save, e a E. com as innumeras bacias do litoral.

Não é ainda conhecida a origem d'este rio, posto que alguns viajantes portuguezes lhe assignam a nascente em uma grande

[1] Avaliada pela carta do Zambeze do sr. marquez de Sá da Bandeira, e outras.

lagoa, no interior da Africa oriental, a lagoa Tanganienka, que, segundo alguns, parece ser tambem a origem de outros grandes rios.

Desde as suas origens até Sesheke, é pouco conhecido o curso do Zambeze; porém desde este ponto até á sua foz foi explorado pelos viajantes portuguezes e pelo dr. Livingstone.

De Sesheke dirige-se a SE. até á cataracta Mosioatunia, volta de todo a E., e depois a NE. até á confluencia com o Cafue, separando o reino de Abutúa do territorio de Makololo.

D'ali entra nos dominios portuguezes, correndo para E., passa pelo presidio de Zumbo e Chicova, e inclinando-se para o SE. vae passar por Tete e Senna. A 25 leguas do mar divide-se em dois braços, formando o delta do Zambeze.

O do N., denominado por Vasco da Gama rio dos Bons Signaes, e agora rio de Cuama, vae banhar a villa de Quelimane, e o do S. vae formar a barra de Luabo, principal bôca do Zambeze, a que os inglezes chamam *East-Luabo*, e que é tambem conhecida pelos nomes de Lombaze, Timbe e Catharina[1].

O delta do Zambeze abrange uma superficie de mais de 200 leguas quadradas, e é cortado por outras ramificações dos dois ramos principaes.

As principaes bôcas do Zambeze são, começando pelo O.: *Molambe* ou *Milambe, Inhamissengo, Luabo, Muzello, Inhamiara, Mahindo, Linde* e *Quelimane.*

A foz do Luabo tem quasi duas milhas de largura, mas é pouco funda e só tem uma passagem segura para pequenas embarcações proximo da ponta de E.

O Inhamissengo sáe da margem direita do Luabo por dois ramos, o *Messere* e o *Congune,* que se juntam a cerca de 20 milhas da foz.

O Congune é estreito, mas fundo. Tem a profundidade de 3 metros, termo medio.

O Inhamissengo conserva a largura de 300 a 400 metros durante 15 milhas do seu curso, na direcção N.S., mas alarga mais na proximidade da barra, e inclina para o SE.

Em 1869 era esta a melhor entrada do Zambeze, segundo as observações do segundo tenente Castilho. Tem a largura de 1:100 metros entre as pontas da barra. A ponta de O. é de praia de areia e alta; a de E. é muito baixa e coberta de arvoredo, em parte secco.

Entre as duas pontas ha um baixo com 1 metro de agua; e logo a montante começa outro com 1:340 metros de extensão no sentido NNO., com 500 metros na maior largura; descobre no

[1] Estas e as seguintes indicações são extrahidas do relatorio ácerca das bôcas do Zambeze, pelo segundo tenente Augusto de Castilho—1869.

baixamar, e no preamar ha sempre sobre elle grande ressaca. O porto tem 1:400 metros de largura.

O surgidouro é entre a margem direita e o baixo, em 7 a 10 metros de fundo.

Das duas pontas sáem duas restingas de areia, que descobrem em parte.

O banco da barra fica a 2:500 metros das pontas, e tem a profundidade de 1ᵐ,83 em baixamar.

Estabelecimento do porto.................. 4ʰ 35ᵐ
Amplitude............................, 4ᵐ 1

As margens do Inhamissengo são muito arborisadas de mangue, cujas raizes banham no preamar, e são em geral baixas e lodosas.

O Molambe fica a pouco mais de uma legua a O. do Inhamissengo, e a 3 leguas d'este fica a bôca do *Luassé,* que não pertence ao Zambeze, e a que os inglezes chamam West-Luabo.

A 15 milhas da foz do Zambeze, ou Luabo, fica o Muzello, e a 10 milhas a NE. d'este entra no mar o Inhamiara, que é formado por duas ramificações do Zambeze.

O ramo de Quelimane, ou rio de Cuama, é bastante largo, mas está muito obstruido. Antigamente era por elle que se fazia a navegação para o Zambeze, mas actualmente só com elle communica na epocha das cheias. Até Quelimane, que fica a 5 leguas da barra, é navegavel em todo o anno para navios de pequeno lote.

Segundo Livingstone o Zambeze tem em alguns sitios a largura de 1:000 metros, a montante de Sesheké; para jusante de Tete tem em alguns pontos uma legua de largura. O seu leito, porém, está muito obstruido, e a impetuosidade da corrente na epocha das chuvas tende continuamente a obstrui-lo, e corroendo as margens, vae abrindo novos canaes e esteiros, o que obsta a que a força da corrente seja utilisada na desobstrucção dos bancos.

Em 1866 uma grande inundação abriu um novo canal mais fundo do que o rio, a jusante da villa de Senna, pondo em communicação o Zambeze com a lagoa Manze e o Chire. Foi por este canal de 10 leguas de extensão, que os vapores *Senna* e *Tete* poderam subir o rio até Senna em 1873.

As inundações do Zambeze são periodicas como as do Nilo, mas em epocha differente das d'este rio, polsque succedem de novembro a maio, tendo logar as maiores cheias nos mezes de março e abril, e, do mesmo modo que no Nilo, as inundações sobrevêem sem que tenha chovido na região inferior da sua bacia.

Quando enche, innunda as vastas planicies marginaes, na largura media de uma a duas leguas, havendo localidades onde chega a cobrir planuras de 5 a 7 leguas de largura, segundo relatou o dr. Livingstone.

Seria navegavel por mais de 300 leguas se a regularidade da sua corrente não fosse interrompida em varios pontos por cachoeiras e cataractas. A 20 leguas acima de Tete encontra-se a primeira cachoeira, a Cabrabassa, e d'ahi por outras 20 leguas a corrente é tumultuosa.

Em Chicova torna o rio a ser navegavel até ao Zumbo e ainda alem d'este presidio até á foz do Cafue. D'aqui até Sesheké, cerca de 180 leguas, não póde ser navegavel em toda a extensão, por causa das grandes cachoeiras de Nucabele e Cansala e da notavel cataracta Mosioatunya, descripta por Livingstone.

O seu curso deve ter proximamente 3:800 kilometros, sendo cerca de 1:000 em territorio do dominio portuguez.

Affluentes.—Só por vagas informações se conhecem alguns dos mais notaveis affluentes da bacia superior do Zambeze. Segundo a relação da viagem do dr. Lacerda no interior da Africa, perto da capital do Cazembe corre um grande rio chamado *Loapula,* o mais consideravel affluente do Zambeze, senão o proprio Zambeze, e que, diziam os indigenas, nasce na grande lagoa Tanganienka. O outro affluente notavel é o *Liambye* que Livingstone considerava como o proprio Zambeze, mas que segundo outros viajantes é um seu affluente.

Liba, ao qual se junta o Lotembua, que nasce no lago Dilolo, e se une ao Liambye no territorio de Barotse.

Cubango.—Grande rio que nasce na serra de Ganguella, proximo das origens do Quanza, e com o nome de *Chobe* passa em Linyanti, e junta-se ao Zambeze abaixo de Sesheké, na margem direita.

Longue, Sepugne e *Luize* são affluentes que atravessam o reino de Abutúa.

Cafue, no territorio de Makololo, entra na margem esquerda do Zambeze 60 leguas a montante de Zumbo.

Aruangua do norte, julga-se ter origem na lagoa Tanganienka, banha os territorios dos Muizas e Chevas, servindo de limite ás possessões portuguezas em parte do seu curso, e conflue no Zambeze, acima de Tete, na margem esquerda.

Chire.—Sáe do lago *Niassa* (conhecido tambem pelos nomes de *Nhanja* e *Marave),* que, segundo Candido da Costa Cardoso, que o visitou, não é mais que uma expansão do rio Nhanja que vem do norte; d'esse lago sáe não só o rio Chire, mas outro rio que desagua no mar na costa do Zanzibar, denominado tambem Nhanja.

Para atravessar o lago Niássa, gastam-se dois a tres dias, pernoitando nas ilhas que n'elle se encontram. Segundo o citado viajante, o lago terá 60 a 70 milhas de largura.

O Chire atravessa largas planicies apaúladas, mas muito povoadas de gentio selvagem e feroz. Corre de N. a S., e entra na margem esquerda do Zambeze, 12 leguas a poente de Sena.

Arvenha, na margem direita, desce das alturas de Manica, e entra no Zambeze, 6 leguas abaixo de Tete, proximo de Massangano.

Muitos outros affluentes de menor curso entram no Zambeze, dentro dos dominios portuguezes, taes são o *Iole,* o *Paniame* que nasce na serra Fura, o *Naque* e o *Zungua,* todos na margem direita; e *Revue* na margem esquerda defronte de Tete.

Bembe ou Limpopo. — Nasce no territorio da republica de Transvaal-Boers, recebe varios affluentes, e dirigindo-se para SE. desagua no mar á 75 milhas a NE. de Lourenço Marques.

É navegavel em grande extensão do seu curso, até ao interior da republica de Transvaal.

Save. — Nasce na serra de Chitavatanga, nas terras de Quissanga, atravessa o territorio de Madanda no districto de Sofalla, e desagua no canal de Moçambique, ao sul do cabo de Santa Maria. Corre primeiro ao SE., voltando depois a E.

Curso 90 leguas.

Alem d'estes rios mais conhecidos ha outros talvez muito importantes, mas de que apenas se conhecem as fozes e limitadissima parte do seu curso, taes são os rios: *Caracamona,* em frente do Ibo; *Quintangonha,* na costa fronteira a Moçambique; *Angoche* e *Cavóne,* junto a Sofala.

Os rios *Manhiça, Espirito Santo* e *Maputo,* que desaguam na vasta bahia de Lourenço Marques, foram explorados em 1871 pela canhoneira de guerra portugueza *Maria Anna.* São navegaveis pelo espaço de 60 milhas. O rio do Espirito Santo é o estuario de tres rios: o *Matóla,* o *Lourenço Marques* e o *Tembe.*

COSTAS E ILHAS

Os pontos mais notaveis das costas são: *Cabo Delgado,* no extremo norte dos dominios portuguezes; bahia de *Pemba* com um bom ancoradouro e que offerece abrigo seguro; bahia de *Conducia;* bahia de *Fernão Velloso;* peninsula e bahia de *Mossuril,* fronteira á ilha de Moçambique; bahias de *Sangage* e *Mifusse,* enseada de Angoche, onde desagua o rio d'este nome; porto de *Sofalla,* bahia de *Inhambane,* e bahia de *Lourenço Marques* ou da *Lagoa,* na qual desaguam os rios de Mampiça ao norte, Espirito Santo no centro, e ao sul o Maputo, e cabo de *S. Sebastião,* limite dos districtos de Sofala e Inhambane.

O rio do Espirito Santo é o estuario onde desembocam tres outros rios, o Matóla, o Tembe e o Dundas ou Lourenço Marques.

Varias ilhas se encontram a pequena distancia d'esta costa, a saber:

1.º Ao norte, o archipelago de *Quirimba* ou ilhas de Cabo Delgado, occupam uma extensão de perto de 100 milhas, em uma linha parallela á costa.

Compõe-se de 28 ilhas, das quaes as maiores são Ibo, Quirimba, Fumbo e Matemo.

2.º Ilha de *Moçambique*, separada do continente por um canal de uma legua de largura, que forma o melhor porto da provincia. É n'esta ilha que está edificada a cidade de Moçambique, capital da provincia.

3.º Archipelago de Angoche, composto da ilha d'esse nome e das pequenas ilhas denominadas Primeiras.

4.º Ilha *Chiloane*, fronteira a Sofalla.

5.º Archipelago de *Bazaruto*, que se compõe das ilhas de Santa Carolina, Bazaruto, Benguerua, Xigene e da ilhota Bango.

6.º Ilhas de *Unhaca* ou *Inhaca*, *Elephantes*, *Benguelene*, situadas na bahia de Lourenço Marques, *Cheffina grande* e *Cheffina pequena*.

CLIMA – PRODUCÇÕES

Não temos conhecimento de observações meteorologicas feitas em qualquer ponto da provincia, e por isso nos limitâmos ao que em geral se sabe do seu clima.

É muito quente, e extremamente insalubre para os europeus nas proximidades dos rios e de aguas estagnadas.

Ha porém sitios relativamente saudaveis, e que poderão tornar-se completamente salubres, quando se destruam as causas de insalubridade, taes são: Tete e Lourenço Marques.

Tem duas estações, a das chuvas e a secca. A epocha das chuvas, é de dezembro até março; é a mais doentia, principalmente depois das chuvas; os mezes menos insalubres são: setembro, outubro e novembro.

As producções naturaes mais importantes são:

Nas ilhas de *Cabo Delgado* cauril, gergelim, anil, algodão, café, pimenta, milho, feijão, mandioca e abundam em madeira de mangue.

Moçambique e terra firme que lhe fica fronteira, as mesmas antecedentes, e borracha, arroz, ginguba, gomma copal e grande abundancia de fructas e hortaliças; cajú, côco, cera e abundam em palmares.

Zambezia, produz esta fertilissima região todas as producções anteriores, tabaco e canna do assucar, que nasce espontaneamente, e possúe extensas florestas de magnificas madeiras de construcção e marceneria, tornando-se notaveis as preciosas madeiras de ebano, cedro e pau ferro. Em Tete produz muito trigo, alem do algodão, tabaco, milho, mandioca, etc.

Sofalla, produz tambem bastante trigo, e colhe-se ali muita urzella.

Inhambane, produz arroz, milho, algodão, café, ginguba, e colhe-se grande quantidade de cera, gomma copal, anil, gomma elastica, salsa parrilha e sebo vegetal, a que ali chamam *mafurra.*

A esta grande variedade de producções naturaes e outras provenientes da agricultura, podemos desde já acrescentar, para se poder fazer melhor idéa da riqueza natural d'esta provincia, a grande quantidade de marfim, de superior qualidade, que produz a caça aos elephantes que em numerosos bandos se encontram nas proximidades dos rios e ribeiros, a abada e os dentes de cavallo marinho, o ambar que se apanha em Sofalla, bem como as perolas aljofares, cuja pesca porém é em muito pequena escala, e o bicho do mar que se apanha em grande quantidade, e que constitue um importante ramo de commercio com a China.

O territorio de Sofalla e as vastas regiões do interior da provincia, têem extensas alluviões auriferas a cuja exploração tem obstado a falta de communicações e de segurança, mas que a insciente exploração dos indigenas tem mostrado que não é sem fundamento que se attribue essa riqueza aos territorios de Quiteve, Quissanga, Manica e outros. A descoberta das minas de oiro e diamantes no territorio de Transvaal, que confina com as nossas possessões, é mais uma rasão para julgar verdadeiro o que se tem escripto a esse respeito.

Nos districtos de Tete e Senna ha minas de cobre e ferro, e em Chicova diz-se haver abundantes minas de prata.

Nas margens do Zambeze e em Lourenço Marques verificou-se a existencia de depositos de carvão de pedra, que já foi analysado em Lisboa, e classificado de boa qualidade.

CAPITULO II

ESTATISTICA

DESCOBRIMENTO E CONQUISTA

Na gloriosa viagem de Vasco da Gama, cujo termo foi a descoberta da India, foi avistada e percorrida quasi toda a costa d'esta provincia, em 1497, descobrindo-se Sofalla, o rio dos

Bons Signaes e Moçambique. A primeira posse de territorio data porém de 1505, anno em que foi fundada por Pedro de Anhaia a fortaleza de Sofalla, que era uma das povoações mais importantes da costa oriental de Africa, habitada por mouros na epocha do seu descobrimento.

A fortaleza de Moçambique foi fundada em 1509 por Duarte de Mello, e em 1544 foi estabelecida a feitoria da bahia de Lourenço Marques pelo portuguez d'esse nome. N'esta epocha começou tambem a exploração do Zambeze, estabelecendo-se a feitoria que deu origem á villa de Quelimane, e successivamente se foram occupando, á custa de renhidas pelejas, outros pontos da costa, e se edificaram as villas de Sena e Tete.

No seculo XVII e XVIII estendeu-se mais o dominio portuguez pela conquista do reino de Monomotapa, Quiteve, etc., e pelas doações que varios regulos fizeram a Portugal dos seus territorios.

DIVISÃO TERRITORIAL E POPULAÇÃO

Divide-se a provincia de Moçambique em nove districtos: Cabo Delgado, Moçambique, Angoche, Quelimane, Sena, Tete, Sofalla, Inhambane e Lourenço Marques.

1.º **Cabo Delgado.**—Compõe-se este districto do archipelago de Quirimba, e das possessões da terra firme, denominadas Mucimba, Pangane, Lumbo, Quissanga, Montepes, Arimba e colonia de Pemba.

No archipelago ha sómente quatro ilhas habitadas, mas ainda em 1853 havia população em onze das vinte e oito ilhas de que elle se compõe.

Ibo, tem 2 leguas de comprimento e 1 de largura; é a capital do governo do districto.

Possue uma boa fortaleza, e tem 2:500 habitantes.

Quirimba, fica ao sul de Ibo, e tem uma legua de comprimento por meia de largura. É a mais fertil do archipelago, e foi antigamente capital do districto, sendo então muito povoada. Hoje tem 250 habitantes.

Fumbo, a 4 milhas ao sul da antecedente, tem mais de 4 kilometros de comprimento, e 3 de largura. É habitada por menos de 100 individuos.

Matemo, fica a 8 kilometros ao norte de Ibo, tem cerca de 9 kilometros de comprimento e 4 de largura. Conta 110 moradores.

As aldeias da terra firme têem 3:700 habitantes.

A população total do districto é de 1:440 individuos livres e 5:150 escravos.

2.º **Moçambique.**—Este districto comprehende a ilha de Moçambique, e uma parte do continente que lhe fica fronteiro, com as aldeias de Mossuril, Cabaceira Grande e Cabaceira Pequena, e os territorios de Sancul e Quitangonha.

A cidade de Moçambique tem alguns edificios dignos de menção. Os principaes são: o palacio do governo, o hospital no antigo convento de S. João de Deus, a igreja matriz e a da misericordia, o convento de S. Domingos e os edificios da junta de fazenda, da camara e alfandega. Tem um arsenal de marinha, que ha pouco tempo foi dotado com machinas de vapor, tornos mechanicos, serras circulares, forjas, etc., e um plano inclinado.

A população da cidade é avaliada em 7:000 habitantes, composta de limitado numero de europeus, mouros nativos, baneanes de Damão, Guzarato, Cambaia, etc., arabes de Mascate, Zanzibar, Quiloa, Mombaça, Madagascar, etc., e negros de Africa.

A população do districto é approximadamente de 30:000 habitantes, não contando a população dos sertões, onde o dominio é puramente nominal.

3.º **Angoche.**—Estende-se este districto desde o rio Sangage até ao Quizumbo, e compõe-se da pequena povoação de Angoche, e das ilhas de Angoche e Primeira.

Projecta-se edificar uma nova povoação no Parapato, e mudar para ali a séde do districto.

4.º **Quelimane.**—É limitado este districto pelo rio Quizumbo ao N., pelo Zambeze e barra de Luabo ao S., e pelo rio Chire a O.

A villa de Quelimane, capital do districto, está edificada na margem norte do delta do Zambeze, á beira do braço ou rio de Cuama, a distancia de 5 leguas da foz. É muito insalubre, mas os terrenos que a cercam são de admiravel fertilidade.

Tem um estaleiro de construcções navaes, d'onde têem saído alguns bons navios mercantes.

A população d'este districto é superior a 10:000 habitantes.

5.º **Sena.**—Este districto faz parte do districto militar de Quelimane, e é limitado ao N. pelo rio Chire e parte do Zambeze, a O. pelo Aroenha, ao S. pelo pequeno rio Mussunguri e alturas de Barue.

A villa de Sena, assente na margem direita do Zambeze, foi antigamente séde da capitania dos Rios de Sena, e então muito rica e populosa, mas hoje está em decadencia.

A sua população é de 3:200 habitantes.

6.º **Tete.**—Este extenso districto é limitado ao norte pelo rio Aruangua, a O. por parte do Zambeze e o rio Siniati, ao S. pela serra Fura e alturas de Manica, e a E. confina com o districto de Sena.

Forma um commando militar, com a séde na villa de Tete, edificada em terreno alto e fragoso na margem direita do Zambeze, nas abas da serra Caroeira. O presidio de Zumbo e a feira de Manica pertencem a este districto. A feira de Manica está actualmente abandonada.

O Zumbo é um ponto muito importante para o commercio com as ferteis regiões do interior do continente. Esteve abandonado durante muitos annos, sendo de novo occupado em 1862.

A população de Tete e Zumbo é de 6:000 habitantes.

7.º **Sofalla.**—Estende-se ao longo da costa desde o rio Mussunguri até ao Cabo de S. Sebastião, e abrange os reinos de Quiteve, Quissanga, Madanda e as terras de Uhola, que foram doadas á corôa portugueza em 1722. Comprehendo a ilha Chiloane e o archipelago de Bazaruto.

Sofalla tem mais de 2:000 habitantes; as ilhas de Santa Carolina, Bazaruto e Benguerua, cuja occupação data de 1855, têem 600 habitantes.

8.º **Inhambane.**—Confina a O. com a republica de Transvaal Boers.

Alem das terras da corôa ha n'este districto 33 regulos sujeitos ao dominio portuguez, e grande numero de cabos.

A villa de Inhambane tem 6:480 habitantes, e calcula-se a população do districto em 106:000 habitantes.

9.º **Lourenço Marques.**—Limita ao S. a provincia de Moçambique, confinando a O. com o Transvaal, cujos limites são: ao S. o parallelo de 26º,30' até aos montes de Lebombo, d'ahi para o N. o cume d'esses montes até ao rio Incomati, depois para NNE. uma linha até ao monte Pokioeniescop, ao N. do rio dos Elephantes, voltando para NNO. até junto á serra do Chicundo, onde corre o rio Umbovo, e d'esse ponto até á juncção do rio Pafori com o Limpopo.

Tendo em 1823 o capitão Owen da marinha ingleza feito um contrato de cedencia de territorio com os chefes indigenas de Maputo e Tembe, originou-se um litigio sobre a posse d'esses territorios, entre Portugal e Inglaterra, que foi submettido á decisão arbitral do presidente da republica franceza, o qual por sentença arbitral de 24 de julho ultimo (1875) julgou provados e estabelecidos os direitos de Portugal aos territorios em litigio e á bahia de Lourenço Marques com as ilhas de Unhaca e dos Elephantes.

A villa de Lourenço Marques em 1865 tinha 1:100 habitantes, e em 1872 a população subia a 2:670 habitantes.

As relações commerciaes com o Transvaal têem ultimamente feito desenvolver consideravelmente o movimento commercial d'esta villa, que pela sua importante posição geographica está destinada, em um futuro não muito distante, a ser um emporio do commercio das duas republicas do interior.

Está já aberta uma estrada que liga Lourenço Marques com Pretoria, capital da republica de Transvaal, e foi contratada a construcção de uma via ferrea.

Uma estatistica de 1849 dá a seguinte população para a provincia de Moçambique:

Districtos	População		
	Livres	Escravos	Total
Cabo Delgado...............	1:408	4:238	5:636
Moçambique	1:110	9:760	10:870
Quelimane....................	21:308	13:034	34:337
Tete			
Sofalla......................	1:685	695	2:380
Inhambane..................	674	2:593	3:267
Lourenço Marques...........	40	11:881	11:921
	26:215	42:196	68:411

No numero de habitantes livres estão incluidos 2:000 brancos, dos quaes poucos eram europeus, e o resto mouros e baneanes.

É impossivel calcularmos o numero de habitantes que povoam todo o territorio do dominio portuguez, nem mesmo approximadamente, por falta absoluta de base para o calculo.

COMMERCIO

O commercio da provincia de Moçambique, relativamente á sua extensão e abundancia de riquezas naturaes, é ainda muito limitado. A falta de communicações com a metropole, e da capital da provincia com os districtos de que ella se compõe, tem sido a principal causa do seu pequeno desenvolvimento commercial, para o que tambem muito contribue o estado de guerra quasi permanente em que vivem muitas tribus do interior, e a falta geral de segurança.

O commercio externo é feito quasi todo por duas casas francezas e uma hollandeza; o commercio interno está nas mãos dos baneanes.

É quasi exclusivamente com o porto de Marselha e com Goa que a provincia effeitua as suas transacções commerciaes.

O commercio com a metropole é quasi nullo, como se vê do seguinte quadro do numero de navios (todos de véla), pelos quaes Moçambique exportou os seus productos para Lisboa:

24.

Annos	Numero de navios	Tonelagem
1869..	3	702
1870..	3	919
1871..	5	961
1872..	1	279
1873..	3	870

A abertura do isthmo de Suez, o estabelecimento de carreiras de vapores entre Lisboa e Moçambique e o desenvolvimento de vias de communicação na provincia devem em breve fazer prosperar o seu commercio.

Os portos abertos ao commercio, e onde ha alfandegas, são: Ibo, Moçambique, Inhambane e Lourenço Marques, e desde 1874 os de Angoche e Sofalla.

O seguinte quadro mostra o rendimento das alfandegas nos annos de 1870 a 1874:

Annos	Alfandegas					Total
	Moçambique	Ibo	Quelimane	Inhambane	Lourenço Marques	
1870–1871..	109:684$800	27:374$800	14:557$100	11:221$700	6:191$700	169:030$100
1871–1872..	90:568$200	13:845$600	24:226$300	21:705$800	6:301$800	156:647$700
1872–1873..	93:137$200	16:855$700	19:456$700	10:791$600	8:289$600	148:530$800
1873–1874..	98:826$400	5:908$200	25:571$400	22:028$600	30:216$300	182:550$900

Eis o movimento commercial na alfandega de Moçambique:

Annos	Importação	Exportação	Total
1870–1871........	364:377$500	627:963$700	992:341$200
1871–1872........	509:326$700	348:211$300	857:038$000
1872–1873........	520:259$050	398:525$800	918:784$850
1873–1874........	550:129$400	357:886$400	908:015$800

O commercio com Marselha é o mais importante da provincia; em 1870 entraram n'aquelle porto 12 navios procedentes de Moçambique com 4:326 toneladas. O valor dos generos importados foi n'esse anno de 395:460$000 réis, segundo o relatorio do respectivo consul.

Em 1872 esse valor subiu a 818:595$000 réis.

O numero de navios da praça de Moçambique em 1874 era de 16, com a lotação de 1:139 toneladas, sendo 1 de vapor com 122 toneladas, 3 brigues com 331, 2 patachos com 191 e 10 hiates com 495.

As embarcações de cabotagem registadas no porto de Moçambique eram: 17 pangaios com 417 toneladas, 19 bateis com 175, 54 lanchas com 533, e 2 chalupas com 16; total 92 embarcações com 1:141 toneladas.

RECEITA E DESPEZA

Tem augmentado a receita da provincia, mas mais lentamente do que nas outras provincias ultramarinas, sendo a unica que no seu orçamento ainda apresenta um *deficit*.

O seguinte quadro comparativo do orçamento da receita e despeza dispensa quaesquer considerações:

Annos	Receita	Despeza	Deficit
1864–1865.......	100:429$000	178:266$300	77:837$300
1874–1875.......	247:713$000	249:953$800	2:240$800

Os rendimentos cobrados na provincia foram:

Rendimentos	1871–1872	1872–1873	1873–1874
Impostos directos.......	15:230$600	15:631$500	16:958$400
Impostos indirectos.....	156:647$600	148:530$700	176:504$300
Proprios e diversos.....	9:324$400	9:365$500	9:814$100
Impostos para obras publicas..............	33:027$700	32:388$300	39:258$600
	214:230$300	205:916$000	242:535$400

A despeza divide-se pelos diversos serviços, do modo seguinte no orçamento para 1875–1876:

Administração geral............... 68:110$200
Administração da fazenda.......... 26:008$000
Administração da justiça.......... 7:400$000
Administração ecclesiastica........ 6:444$000
Administração militar............. 93:749$600
Administração da marinha......... 13:472$200
Encargos geraes.................. 15:540$800
Diversas........................ 19:269$000

Total........ 249:953$800

INSTRUCÇÃO

Está em consideravel atrazo a instrucção publica na provincia de Moçambique, e, o que é para notar, principalmente na capital.

Eis o numero de escolas e a sua frequencia:

		Alumnos
Moçambique...	{1 Escola principal...........	15
	{1 Escola primaria de meninas..	4
Quelimane, 1 escola primaria..............		60
Tete, 1 escola primaria..................		32
Inhambane, 1 escola primaria..............		35
Sofalla, 1 escola primaria		13
Cabo Delgado, 1 escola primaria		25
Lourenço Marques, 1 escola primaria........		42
	Total.............	226

FORÇA MILITAR

A guarnição da provincia compõe-se de 3 batalhões de caçadores, cuja força devia ser de 57 officiaes, 54 officiaes inferiores e 1:233 praças. O seu estado effectivo é, porém, de 1:057.

V

GOA

ou

ESTADOS DA INDIA

CAPITULO I

GEOGRAPHIA PHYSICA

SITUAÇÃO — LIMITES — DIMENSÕES

Está situada na costa occidental do Indostão, e consta dos territorios de Goa denominados *Velhas* e *Novas conquistas*, entre os 14° 44' e 15° 43' de latitude N., da cidade de Damão com o territorio que lhe pertence, situado na latitude de 20° 24' N., e da ilha de Diu com pequena parte da fronteira costa de Guzarate, na latitude de 20° 42' N., situadas, Damão e Diu, de um e outro lado da entrada do golpho de Cambaya.

O territorio de Goa comprehende a costa entre a fortaleza de Tiracol ao N. e o cabo de Rama ao S., na extensão de pouco mais de 24 leguas. É limitado: a norte pelo rio Arondem e uns contrafortes dos Gattes, que o separam do paiz denominado o Concão, hoje sob o dominio inglez, a leste pela cordilheira dos Gattes, por onde confina com as possessões britannicas, a sul por um contraforte dos Gattes, confinando com o Canará.

A sua maior largura é de 13 leguas, o comprimento de 23. A sua superficie é de 5:400 kilometros quadradas.

OROGRAPHIA

Alem da grande cordilheira dos Gattes, que separa a colonia das possessões inglezas, e cujos contrafortes accidentam consideravelmente a maior parte das Novas Conquistas, grande numero de montanhas se encontram tanto n'estas como nas Velhas Conquistas, sendo as mais notaveis a de Vagueli na provincia de Sattary, e a de Chandernate na provincia de Chandrovaddy.

As provincias mais montanhosas são: Sattary, Embarbacem e Canaconá.

HYDROGRAPHIA

Os principaes rios da provincia de Goa são: *Arondem,* que separa a provincia de Pernem das possessões inglezas; *Colvale,* entre Pernem e Bardez; *Mandovi,* que desce dos Gattes, atravessa a provincia de Satary, e separa as ilhas de Goa da provincia de Bardez; *Zuarim* ou *Mormugão,* que separa as pequenas provincias de Embarbacem, Pondá e ilhas de Goa das de Astargar, Chandrovaddy e Salsete; *Sal,* que passa por Margão, e o pequeno rio de *Talpona.* Todos estes rios são navegaveis para pequenas embarcações na maior parte do seu curso.

O rio Mandovi divide-se em varios braços: o *Naroá,* o rio de Goa e outro que communica com o rio Zuarim, e dava antigamente accesso a navios de alto bordo.

Os principaes portos são: o de *Tiracol* na foz do Arondem, o de *Chaporá* na foz do Colvale, o bello porto de *Aguada* na embocadura do Mandovi, e o vasto porto de *Mormugão* na do Zuarim.

As entradas d'estes portos são defendidas por fortalezas, sendo as dos dois ultimos boas praças de guerra.

Ha mais os quatro portos seguintes: *Betul* na foz do rio do Sal, *Agonda* na bôca da pequena ribeira do mesmo nome, *Talpona* na foz d'este rio, e *Galizbaga* na entrada do pequeno rio d'este nome.

Ao S. da praça de Mormugão ha uma pequena ilha denominada de S. Jorge. Mais ao S., e fronteiro ao cabo de Rama, ha o archipelago de Anchediva, do qual só uma ilha é habitada.

CLIMA—PRODUCÇÕES

Antes de quaesquer considerações, daremos um resumo das medias mensaes das observações feitas no observatorio meteorologico da escola medico-cirurgica de Nova Goa, nos quatro annos de 1870 a 1873.

Mezes	Pressão media	Temperatura			Chuva em millimetros Media	Humidade relativa Media	Tensão do vapor atmospherico	Numero de dias de chuva ou chuviscos
		Media	Maxima absoluta	Minima absoluta				
Dezembro.....	753,69	28,59	36,0	21,7	1,8	59,77	18,00	1,8
Janeiro........	753,54	27,64	35,6	20,7	16,8	59,19	16,70	1,0
Fevereiro......	753,27	27,79	34,7	21,5	0	60,82	18,88	2,0
Março.........	752,68	28,39	34,8	23,5	0	66,24	20,16	0,3
Abril	751,24	29,62	33,7	24,1	0	67,18	21,46	2,0
Maio.........	750,69	29,69	34,6	23,7	28,6	68,09	22,13	9,8
Junho........	749,13	27,58	35,3	21,4	798,6	79,96	22,66	25,5
Julho........:...	749,62	26,38	29,5	21,4	886,2	84,56	22,15	31,0
Agosto........	750,51	26,79	33,2	22,8	310,9	81,66	21,96	26,7
Setembro......	751,09	26,74	30,5	21,7	172,8	81,21	21,84	21,2
Outubro......	751,49	27,46	32,0	23,0	156,1	77,92	21,19	14,0
Novembro.....	753,09	28,62	35,5	21,6	26,7	65,35	18,52	4,8
Medias annuaes	751,66	27,85	36,0	20,7	2398,5	71,00	20,47	140,1

Como se vê pelo precedente quadro, ha duas estações: a secca de dezembro a maio, e a das chuvas de junho a novembro, que se succedem quasi sempre com extrema regularidade.

Os ventos dominantes são: nos mezes de novembro, dezembro e janeiro, ESE., e ventos varios de O., ONO. e NO.; nos mezes de fevereiro, março e abril, O., ONO., e raras vezes E. e SO.; nos mezes de maio a setembro, ONO., OSO. e O., e no mez de outubro ventos variaveis, predominando os de O., E., ONO., OSO. e ESE.

As monções do oceano indico são desviadas da sua primitiva direcção, de modo que em Goa a monção NE. toma a direcção de E., ESE. e SE., desvio provavelmente occasionado pela cordilheira dos Gattes; e a monção SO. sopra de ONO. e O., e raras vezes do OSO. e SO.

Os dias de trovoada são frequentes nos mezes de abril, maio, junho e outubro.

Nos mezes de junho e julho as chuvas são torrenciaes. Em 1861 a quantidade de agua no mez de maio foi de 1:244,8 millimetros, e em 1872 subiu a 1:259 millimetros no mez de junho, muito mais do dobro da que cáe annualmente no súl do Alemtejo e no Algarve.

Todavia é muito inferior a quantidade de agua que cáe annualmente em Goa á que cáe na região montanhosa dos Gattes, no valle do Bramahpoutra e em outras partes do Indostão.

Em Mahalabulechvar, a 1:360 metros de altura, a quantidade de chuva é de 7:670 millimetros; em Cherra-Poujee, á mesma altura, nos montes Garrows, a chuva é de 14:800 millimetros [1].

As temperaturas medias mensaes são em Goa mais elevadas do que na ilha de S. Thomé, apesar d'esta ilha estar situada no equador, e as temperaturas maximas apresentam tambem grande differença para mais. A variação media da temperatura não passa de 5°; o calor é portanto quasi constante em todo o anno.

O clima de Goa é pois excessivamente quente, mas é considerado como mais salubre do que as provincias de Africa. A insalubridade, porém, é manifesta nas povoações assentes nas proximidades de emanações paludosas, como succede em Nova Goa e em outras muitas localidades. Na estatistica medica dos hospitaes do estado da India no anno de 1872, lê-se que: «a habitação em Pangim é perigosa; o individuo aqui residente corre mais risco de adoecer que o habitante das provincias».

É grande a fertilidade d'esta região, e muito variadas as suas producções naturaes. Produz cereaes, muito arroz, fructas, linho, canhamo, pimenta, canella, etc. As provincias montanhosas do interior têem abundancia de florestas, e nas do litoral ha abundancia de coqueiros, palmeiras, areca e teca.

O solo d'esta provincia é constituido pelas rochas graniticas, schistos, calcareòs e grés secundarios.

Nas faldas dos Gattes ha minas de ferro. As principaes são: as de Serdorem, Carcoremansotembo, Sigáun, Collem e Calem na provincia de Embarbacem; Netornim, Batim, Curdim, Badem, Tursay, Rivana e Colombo na provincia de Astargar e Malcornem na de Chandrovaddy.

DAMÃO

A praça de Damão está situada na margem esquerda do rio do mesmo nome, no golfo de Cambaya.

O territorio de que se compõe o governo de Damão consta das tres pequenas provincias ou *praganás* de Nayer, a S.;

[1] Elisée Reclus, *La Terre*.

Calounu Pacary, a N.; e Nagar-Avely, a E., encravadas em territorio do dominio inglez, e entre os rios de Calem e Coileque.

A superficie d'este territorio é proximamente de 80 kilometros quadrados.

Junto á praça fica a aldeia de Damão Grande, e fronteira a esta, na margem direita do rio, está a aldeia de Damão Pequeno.

O porto de Damão é o melhor de todas as possessões portuguezas na Asia. Tem um arsenal onde se têem construido alguns navios de guerra e mercantes.

Tem magnificas florestas, onde abunda a teca, que fornece excellentes madeiras para construcções navaes.

DIU

Consta este governo da ilha de Diu, fronteira á costa de Guzarate, e de uma pequena extensão de territorio no continente, denominada a praia de Gogolá.

Na ilha está edificada a cidade de Diu, fechada pelas antigas e formidaveis fortificações, cuja defeza contra os ataques dos exercitos do rei de Cambaya tanto illustrou os nomes de D. João Mascarenhas e D. João de Castro.

A ilha tem de comprimento 13 kilometros no sentido EO. desde a ponta da cidadella até á ponta de Brancavará, e de largura maxima perto de 5 kilometros, com mais de 30 kilometros quadrados de superficie.

Tem um porto excellente no canal entre a ilha e a costa.

CAPITULO II

ESTATISTICA

HISTORIA DA FORMAÇÃO DA PROVINCIA

Depois da descoberta da India pelo famoso Vasco da Gama, em 1498, o primeiro ponto onde os portuguezes se estabeleceram foi Cochim, cidade importante na costa do Malabar, onde até 1530 foi a séde do governo d'aquelles estados, cujo primeiro vice-rei, D. Francisco de Almeida, occupou varios pontos da costa, levantando fortalezas. Em 1510 e 1511, o grande Affonso de Albuquerque conquistou Goa, Malaca, e a rica Ormuz, e assombrando por seus espantosos feitos todo o Oriente, fundou o imperio portuguez nas terras que foram o berço da civilisação, e estabeleceu relações commerciaes com a Persia, China, Sião, Pegú, e varios outros estados.

Na mesma epocha entraram os portuguezes no archipelago das Moluccas, e no mar Vermelho. Fundaram em 1518 a fortaleza de Columbo na ilha de Ceylão, e em 1522 a de Ternate nas Moluccas.

Em 1534 fundou-se a praça de Diu, e o rei de Cambaya cedeu á corôa portugueza a cidade de Baçaim e todo o seu territorio.

Em 1543 foram conquistadas as provincias de Bardez e Salsete, e em 1559 apoderaram-se os portuguezes da cidade de Damão. Tinha então chegado ao apogeu o nosso então florescente dominio no oriente.

O estado de decadencia a que a pessima administração dos Filippes reduziu a metropole fez sentir a sua mão pesada n'aquellas remotas paragens, sendo abandonada uma boa parte das fortalezas cimentadas com sangue de heroes.

Os hollandezes apossaram-se de quasi todas as nossas possessões ultramarinas, e só recuperámos algumas depois da restauração de 1640, ficando em poder dos inglezes outras que tinham tomado aos hollandezes.

Assim os vastos dominios portuguezes na Asia ficaram reduzidos, depois da doação da ilha de Bombaim á Inglaterra, ao pequeno territorio em volta de Goa, a Damão e Diu.

Em 1746 renasce o desejo de alargar os dominios, e edifica-se a fortaleza de Tiracol. Em 1763 conquistam-se as cinco provincias do Zambaulim, e no anno seguinte é incorporada ao estado a provincia de Canaconá. Em 1782 effectua-se a conquista das ricas provincias de Bicholim e Sattary; e, finalmente, a provincia de Pernem é conquistada em 1788.

Os estados da India na epocha do esplendor de Portugal compunham-se das seguintes cidades e fortalezas, situadas na Asia e Oceania: no mar Vermelho, a ilha de Camaram, a ilha de Socotorá, Mascate, Ormuz na entrada do golpho persico; Diu, Surrate, Damão, Baçaim, Bombaim (cedida em 1661 aos inglezes); Chaul e Dabul, ilhas de Goa com as Velhas Conquistas, ilhas d'Anchediva, Onor, Batecalá, Barcelor, Bacalor, Mangalor, Cananor, Pandarane, Coulete, Challé, a celebre Calecut, Tanor, Panane, Meliapor, Cranganor, a notavel Cochim, Porcá, Cale Coulão, Coulão, Travancor, situadas na costa do Malabar; Columbo, na ilha de Ceylão; a rica Malacca, Ternate, nas Moluccas, e a ilha de Geilôlo. Alem d'estes pontos fortificados havia feitorias no Pegú e na China.

DIVISÃO TERRITORIAL

A provincia de Goa é formada das pequenas provincias ou districtos seguintes: *Ilhas de Goa,* composto da ilha de Goa e das ilhas da Piedade, Chorão e de Santo Estevão; *Bardez* e *Salsete,* as quaes com a ilha de Angediva constituem as Velhas Conquistas; *Pernem, Bicholim, Sattary, Pondá, Embarbacem, Chandrovaddy, Astargar, Bally* e *Canaconá.*

Estas pequenas provincias formam 3 concelhos e 4 administrações fiscaes, que comprehendem 98 parochias.

A provincia é dividida em 3 comarcas judiciaes e 5 commandos militares. As praças de Damão e Diu formam 2 governos militares.

POPULAÇÃO

A população dos estados da India compõe-se de europeus, asiaticos, africanos e descendentes d'estas tres raças.

Considerados emquanto á religião que professam dividem-se os asiaticos em christãos, mouros, gentios, baneanes e brames. Os dois ultimos são habitantes de Damão e Diu.

N'estas religiões ha uma grande diversidade de castas e seitas; as principaes são: entre os baneanes, ladd, porvar, modd, nagar, gujor, simali, etc.; entre os brames, odich, toloquia, mevará; *entre os mouros,* mouros propriamente ditos, marinheiros, tecelões, ganchins, barbeiros, carniceiros, tintureiros; *entre os gentios;* ha os parses, indiarús, parabús, gates, ourives-decanis, mainatos, batelás, ourives-guzerates, bandarins, dorias, varlis e muitas outras.

Só temos conhecimento de duas estatisticas da população da provincia de Goa, feitas em 1839 e 1852 e de uma nota da população christã em 1868.

A de 1839[1] dá para a provincia, excepto Damão e Diu, 313:262 habitantes; a de 1852, 363:788 habitantes.

Se estas estatisticas se approximam da verdade, o que só um ulterior recenseamento póde fazer conhecer, o augmento annual medio é de 1,1 por cento.

Fôra preciso, porém, para calcular esse angmento com algum rigor, conhecer os factores da emigração e da immigração, se a ha, e d'isso nada sabemos. Mas apesar da inexactidão provavel d'estas estatisticas, póde-se asseverar que a população tem augmentado.

No seguinte quadro damos a estatistica de 1852, acrescentando-lhe a superficie e a população especifica.

[1] Faz parte de um curioso mappa das ilhas de Goa e provincias adjacentes, organisado por Cypriano Silverio Rodrigues Nunes, que foi muitos annos secretario geral dos estados da India.

Provincias e districtos	Povoações	Parochias	Superficie—Kilometros quadrados	População	Raças						População especifica
					Europeus e descendentes		Asiaticos		Africanos		
					Masculino	Feminino	Masculino	Feminino	Masculino	Feminino	
Velhas Conquistas											
Ilhas de Goa........	32	29	163	45:577	568	450	21:777	22:477	145	160	279
Bardez	40	26	245	99:875	116	95	47:465	52:022	84	93	408
Salsete............	67	29	347	102:394	134	153	49:106	52:840	64	97	295
.Angediva..........	1	1	3	371	2	—	162	206	—	1	124
Novas Conquistas											
1.ª Divisão:											
Pernem............	26	2	248	22:263	4	4	11:680	10:573	2	—	90
Tiracol............	1	—	3	286	1	1	148	136	—	—	95
2.ª Divisão:											
Bicholim...........	29	1	228	11:543	131	77	6:030	5:304	1	—	51
Sattary............	88	1	490	9:946	2	—	5:262	4:651	13	18	20
3.ª Divisão:											
Pondá	28	3	269	28:563	59	44	14:560	13:883	9	8	106
Embarbacem........	38	1	632	6:415	—	—	3:438	2:977	—	—	10
4.ª Divisão:											
Astargar............	18	1	252	5:253	—	—	2:760	2:493	—	—	20
Bally..............	27	—	194	4:699	—	—	2:649	2:050	—	—	24
Chandrovaddy......	19	1	126	7:628	3	6	3:947	3:672	—	—	60
Cacorá.............	2	—	17	2:102	—	—	1:036	1:066	—	—	123
Canaconá..........	7	2	354	15:181	1	—	8:006	7:174	—	—	48
Cabo de Rama......	1	1	31	1:692	—	—	875	817	—	—	54
	424	98	3:612	363:788	1:021	830	178:901	182:341	318	377	101
Damão¹............	107	3	—	33:950	15	13	17:028	16:696	73	125	—
Diu¹..............	4	2	—	10:858	20	8	5:232	5:236	169	193	—
Total da provincia...	535	103	3:612	408:596	1:056	851	201:161	204:273	560	695	—

¹ Estatistica de 1851.

Nas Velhas Conquistas a população é muita densa; nas Novas Conquistas a população é mais densa nas provincias de Ca-
corá, Pondá e Pernem; é pouca densa nas provincias muito
montanhosas de Embarbacem, Sattary e Astargar.

Classificando a população segundo as diversas religiões, vê-se
que nas Velhas Conquistas ha 215:842 christãos, 31:822 gentios e 553 mouros; nas Novas Conquistas 17:043 christãos,
97:002 gentios e 1:526 mouros; em Damão 1:081 christãos,
29:172 gentios, 3:459 mouros e 232 parses; em Diu 427 christãos, 8:454 gentios, 762 mouros, 1:071 baneanes e 138 parses.

Em 1851 houve nas Velhas Conquistas 6:294 nascimentos,
4:894 obitos e 3:851 casamentos; nas Novas Conquistas 2:380

nascimentos, 1:192 obitos e 1:257 casamentos; em Damão 852 nascimentos, 569 obitos e 284 casamentos; em Diu 438 nasci-mentos, 290 obitos e 252 casamentos.

Em 1870 havia no arcebispado de Goa 1:151 padres: nas ilhas de Goa, 132; em Salsete 449; em Bardez 289; nas Novas Conquistas 14; em Damão 5; em Diu 3; nos quatro dis-trictos da missão do Canará 22; no vicariato geral dos Gates 64; no vicariato geral do arcebispado *ad honorem* de Cranganor 92; no bispado de Cochim 32; na missão de Ceylão 6; no bispado de Malaca 6; na missão de Bengala 11; no bispado de S. Thomé de Mediapor 26.

Todos os annos emigra grande numero de habitantes para Bombaim.

O territorio das Velhas Conquistas está quasi todo cultivado; mas nas Novas Conquistas ha extensas regiões incultas, que em geral são aptas sómente para a cultura florestal.

A agricultura, porém, tem muito pouco desenvolvimento re-lativamente ao que devia ter em um solo tão fertil. Oppõe-se a qualquer progresso n'este ramo o caracter indolente da popu-lação.

COMMERCIO

Tem decaído muito o commercio d'estas possessões. A sua industria unica era e é a tecelagem de pannos de algodão e a tinturaria, industria que floresceu muito, principalmente em Diu.

O estabelecimento, nas possessões inglezas, de fabricas mo-vidas pelo vapor, arruinou quasi totalmente a industria e o com-mercio de tecidos das nossas possessões. É talvez por esta ra-são que os rendimentos das alfandegas no estado da India apre-sentam uma constante diminuição, como se vê pelo seguinte qua-dro dos direitos de importação e exportação:

Annos	Importação	Exportação	Total dos direitos
1864–1865.........	–$–	–$–	68:156$160
1868..............	59:210$080	17:324$480	76:534$560
1870–1871.........	56:014$880	17:469$760	73:484$640
1871–1872.........	55:170$240	17:805$280	72:975$520
1872–1873.........	48:610$240	21:881$280	70:491$520
1873–1874.........	45:942$560	18:596$640	64:539$200

O principal commercio da provincia effectua-se com Bom-baim, Moçambique e Portugal.

Os principaes generos de importação consistem em: tecidos de algodão, lã, seda e linho, tabaco, trigo, arroz, grão, vinho, bebidas alcoolicas, chá, assucar, gado vaccum, cavallos, jagra, oleo de gergelim e côco, cairo, cobre, papel, vidros, louça, calçado, fato, medicamentos, etc. Exporta: sal, trigo, feijão, copra, castanha de cajú, areca, oleo de côco, peixe, lenha, fructas, aves, etc.

RECEITA E DESPEZA

O rendimento do estado da India, nos seguintes annos, foi:

1864–1865	389:071$430
1871–1872	650:652$320
1872–1873	543:047$840
1873–1874	480:734$880

Eis a receita e despeza do orçamento de 1875–1876 comparada com a de 1864–1865.

Receita		
Designação	1864–1865	1875–1876
Impostos directos	128:253$340	184:994$400
Impostos indirectos	84:805$100	92:833$300
Proprios e diversos	176:012$990	223:043$900
Rendimentos com applicação especial	–	27:777$780
	389:071$430	528:648$780
Despeza		
Administração geral	66:933$220	79:914$950
Administração da fazenda	28:418$480	51:567$000
Administração da justiça	12:573$810	29:240$000
Administração ecclesiastica	19:863$500	29:841$000
Administração militar	198:528$930	173:943$890
Administração da marinha	4:623$380	39:425$730
Encargos geraes	41:181$860	59:458$310
Diversos	11:825$930	13:527$430
	383:949$110	476:968$310
Saldo	5:122$320	51:680$470

Os bens proprios do estado têem o valor approximado de 560:000$000 réis.

INSTRUCÇÃO

É a provincia ultramarina onde a instrucção publica está mais desenvolvida; possue dois estabelecimentos de instrucção superior; um lyceu, um seminario, diversas aulas para a instrucção secundaria, e escolas de instrucção primaria.

Para a *instrucção superior* havia em 1870 uma escola mathematica e militar, e uma medico-cirurgica; em 1871 a escola mathematica foi substituida pelo *instituto profissional* de Nova Goa.

O ensino da escola medica consta de: 1.ª cadeira, anatomia; 2.ª, physiologia e hygiene; 3.ª, materia medica e pharmacia; 4.ª, pathologia geral e externa; 5.ª, pathologia interna; 6.ª, clinica cirurgica; 7.ª, clinica medica; 8.ª, medicina preparatoria e arte obstetricia; e uma aula de physica e chimica.

Eis o quadro do movimento da escola nos annos seguintes:

Annos	Matriculas	Naturalidades			Approvações	Reprovações	Não fizeram exame
		Indios	Macaenses	Africanos			
1871–1872.........	68	63	3	2	51	–	17
1872–1873.........	79	72	2	5	64	2	13
1873–1874.........	60	53	1	6	49	2	9

No instituto profissional de Nova Goa, professam-se as seguintes disciplinas: 1.ª cadeira, mathematica elementar; 2.ª, mechanica; 3.ª, physica; 4.ª, chimica; 5.ª, economia politica; 6.ª, construcção; 7.ª, agricultura; 8.ª, desenho; 9.ª, commercio; 10.ª, pilotagem.

Nos dois annos seguintes o movimento dos alumnos foi:

Annos	Matriculas	Approvações	Reprovações	Não fizeram exame	Premiados
1872–1873...................	171	51	18	102	5
1873–1874...................	219	45	19	155	2

O movimento do lyceu nacional de Nova Goa foi:

Annos	Matriculas	Approvações	Reprovações	Não fizeram exame	Premiados
1871–1872.......	620	145	54	421	14
1872–1873.......	545	103	35	407	10
1873–1874.......	612	109	21	482	11

No lyceu professa-se: 1.ª cadeira, grammatica portugueza, latina e latinidade; 2.ª, arte oratoria e litteratura; 3.ª, historia, geographia e chronologia; 4.ª, francez; 5.ª, inglez; 6.ª, lingua maratha; 7.ª, curso de portuguez.

Ha ainda para a instrucção secundaria 8 escolas publicas; a saber: 3 em Margão, 3 em Mapuçá, 1 em Saligão e 1 em Chinchinim. O movimento dos alumnos foi:

Annos	Matricu-las	Approva-ções	Reprova-ções	Não fizeram exame	Premiados
1871–1872.......	–	104	24	–	3
1872–1873.......	574	119	36	427	8
1873–1874.......	663	100	55	508	4

Alem d'estas ha varias aulas particulares nas Velhas e Novas Conquistas; eis o resultado dos exames:

Annos	Examinados	Approvados	Reprovados
1871–1872...............	183	116	67
1872–1873...............	119	66	53
1873–1874...............	262	154	108

Para a instrucção primaria não achámos nos documentos officiaes estatistica completa para toda a provincia.

No seguinte quadro resumimos as estatisticas de tres annos:

Comarcas e districtos	1862				1871–1872				1873–1874			
	Numero de escolas	Numero de alumnos	Examinados Approvados	Examinados Reprovados	Numero de escolas	Numero de alumnos	Examinados Approvados	Examinados Reprovados	Numero de escolas	Numero de alumnos	Examinados Approvados	Examinados Reprovados
Ilhas de Goa	10	337	269	–	10	413	130	–	10	351	64	–
Bardez.....	13	578	395	–	14	500	219	–	14	630	247	–
Salsete.....	15	602	435	8	–	–	–	–	–	–	–	–
Novas Conquistas...	12	145	108	–	12	163	95	–	12	142	62	–
Damão.....	2	117	81	–	3	75	–	–	–	–	–	–
	52	1:779	1:288	8	40	1:151	444	–	36	1:123	373	–

N'esta estatistica não está comprehendida a 4.ª divisão fiscal, e não entra Diu, onde há uma escola primaria do 1.º gráu.

Alem d'estas escolas ha no concelho de Bardez 25 escolas das communidades, que em 1871–1872 foram frequentadas por 1:206 alumnos, e 25 escolas particulares frequentadas no mesmo anno por 560 alumnos. No concelho das ilhas de Goa, ha em todas as igrejas, escolas denominadas de canto, custeadas pelas confrarias; cada uma d'ellas é frequentada por 10 a 15 alumnos. Em Pangim ha 2 escolas particulares de ensino primario, frequentadas no mencionado anno por 17 alumnos.

FORÇA MILITAR

Em 1864 a força effectiva do exercito da India era de 3:870 praças, distribuidas pelos seis seguintes corpos, segundo a organisação de 1845: estado maior, 1 corpo de engenheria, 1 regimento de artilheria, 2 batalhões de caçadores, 2 batalhões de infanteria, 1 corpo da guarda municipal, 4 companhias de caçadores da guarnição de Damão e Diu, e 3 companhias de veteranos.

A despeza com esta força era de 127:693$280 réis.

Em dezembro de 1869 foi alterada a organisação do exercito da India, reduzindo o quadro da força no estado completo a 2:831 praças; passando 1 batalhão de infanteria á ser de caçadores, e diminuindo 2 companhias em cada corpo.

Em consequencia de se ter revoltado a maior parte do exercito, foram dissolvidos em 1871 os batalhões revoltados, e reorganisado do modo seguinte: 1 bateria de artilheria, 1 batalhão expedicionario de Portugal, 1 corpo de policia, 2 companhias de policia de Damão, e 1 companhia de policia em Diu.

A força da guarnição da India deve ser no estado completo de 1:791 praças; a força effectiva é de 1:675.

A despeza com esta força e com officiaes em commissão, disponibilidade, reformados, material de guerra, etc., é de réis 246:935$060.

VI

MACAU E TIMOR

Comprehende esta provincia a peninsula de Macau e suas dependencias, e o governo subalterno de Timor.

MACAU

CAPITULO I

GEOGRAPHIA PHYSICA

SITUAÇÃO – DIMENSÕES

Situada no extremo sul-oriental do vasto imperio da China, a provincia de Macau faz parte da ilha de Hiang-Chan, pertencente á provincia de Cantão, na entrada do grande rio d'este nome. Tem 4^k,5 de comprimento, no sentido NS., desde o forte de S. Thiago da Barra até á muralha que corta o isthmo, separando o territorio portuguez do imperio chinez; na maxima largura, na parte media da peninsula, tem 1:800 metros; para o S. diminue muito de largura, a qual não passa de 600 metros em um espaço de 1:500 metros.

A superficie da peninsula é de 375 hectares.

A O. de Macau fica a montanhosa ilha da Lapa, da qual é separada por um braço do rio de Cantão, com 600 a 800 metros de largura. Entre as ilhas que ficam ao S. da peninsula notaremos a pequena ilha da Taipa, onde ha um forte portuguez, e as ilhas de Macarira e Kai-Kong, alinhadas no rumo de OSO.

A distancia de Macau a Timor é de 1:980 milhas; a Goa 3:540; a Lisboa pelo isthmo de Suez 9:050, e pelo cabo da Boa Esperança 12:250.

OROGRAPHIA

A peninsula é accidentada por alguns montes graniticos que se levantam sobre a costa de E. O mais elevado é o da Guia, a NE. da cidade; tem 106 metros de altitude e no cimo está edificada a fortaleza e pharol da Guia. A ilha da Taipa tem uma montanha de 102 metros de altura, e a ilha de Kai-Kong eleva-se a 170 metros.

HYDROGRAPHIA

A E. da peninsula fica a bahia de Macau, a que ali chamam *rada* de Macau, desabrigada dos ventos de N. a ESE., onde fundeam os navios de maior lotação em fundo de 6 a 7 metros, á distancia de 2,5 milhas da cidade. Do lado de O. fica o porto interior, formado pelo canal que communica com o rio de Cantão, e que apresenta profundidades de 4 a 7 metros. A entrada para o porto não tem mais de 3 a 3ᵐ,5 de fundo.

O estabelecimento do porto é ás 10 horas. A maxima amplitude da maré é de 6ᵐ,5. Em marés vivas a velocidade da corrente de maré chega a 6 milhas por hora [1].

É considerado como muito saudavel o clima de Macau. A estatistica medica mostra, porém, pela predominancia das febres intermittentes e remittentes, que é grande a influencia das emanações paludosas dos extensos lodaçaes que as marés deixam a descoberto nas margens do rio. As doenças que ordinariamente produzem maior numero de obitos são: as febres remittentes biliosas, as perniciosas, a tisica, a diarrhéa, as bronchites, etc.

A peninsula pouco produz; quasi todos os generos que se consomem na cidade são importados do territorio chinez, que é muito fertil.

CAPITULO II

ESTATISTICA

HISTORIA E FORMAÇÃO

Parece ter sido Perestrello o primeiro portuguez que visitou a China, depois da conquista de Malaca em 1511. Em 1542 já os portuguezes tinham conseguido estabelecer uma grande feitoria em Ning-Po, que o commercio com o Japão, tambem descoberto pelos portuguezes, tinha feito florescer. Tendo sido destruida a feitoria pelos chins, passaram os portuguezes para Ting-Tcheu no anno de 1549, e finalmente em 1557 obtiveram do imperador da China a concessão da peninsula de Macau, em reconhecimento de haverem os portuguezes destruido os piratas que infestavam as costas do imperio.

A cidade, edificada na parte meridional da peninsula, tem actualmente mais de 3 kilometros de extensão, contando com os arrabaldes chins de Patane e da Barra. Os edificios mais notaveis são a sé e o palacio do governador.

Tem 3 freguezias, Sé, S. Lourenço e Santo Antonio, e 3 hospitaes. É defendida pelas fortalezas do Monte e da Guia, e pelos fortes de S. Francisco e Nossa Senhora do Bom Parto. Na ponta de Cacilhas ha o pequeno forte de D. Maria II, e no extremo S. da peninsula o forte de S. Thiago da Barra.

[1] Segundo o plano hydrographico de Macau, de W. Read, 1865.

POPULAÇÃO

A população de Macau compõe-se de europeus, descendentes ou macaistas, mouros, parses e chins.

A população tanto da cidade, como das aldeias chins, tem augmentado muito desde 1849, como se vê pelo seguinte quadro da população da peninsula:

Designação	1849				1871			
	Fogos	Sexos		Total	Fogos	Sexos		Total
		Masculino	Feminino			Masculino	Feminino	
Christãos.............	863	1:713	2:204	3:917	1:136	2:757	2:713	5:470
Mouros, parses, etc.....		150	520	670	—	1:967	588	2:555
Chins .... de terra.....	—	—	—	25:000	7:443	35:964	17:785	53:749
marítimòs...					1:863	6:639	3:421	10:060
	863	1:863	2:724	29:587	10:442	47:327	24:507	71:834

COMMERCIO

Por muitos annos foi Portugal a unica nação que podia commerciar com a China, sendo Macau o unico porto aberto aos estrangeiros, adquirindo por essa rasão grande importancia commercial. Mais tarde estabeleceram-se os inglezes em Hong-Kong, e foi forçada a China a abrir ao commercio estrangeiro os portos de Shangai, Ning-Po, Fuchan e Emuy, perdendo assim os portuguezes o privilegio de que não tinham sabido tirar o partido possivel, e o commercio de Macau ficou quasi aniquilado, não lhe valendo o tardio decreto de 1845 que franqueou o porto de Macau ao commercio geral.

O commercio restabeleceu-se depois, senão nas mesmas proporções que attingíra antigamente, pelo menos em uma escala relativamente florescente, apresentando esta colonia um movimento commercial superior ao das outras possessões portuguezas.

O movimento commercial foi o seguinte nos annos abaixo mencionados:

1864........................ 11.177:000$000
1865........................ 11.587:000$000
1866........................ 11.806:000$000

Vê-se, pois, que alem da elevada cifra a que ascendia o valor da importação e exportação, havia uma pronunciada tendencia para augmentar o commercio de Macau, quando em 1868 começou de novo a declinar, em consequencia do estabelecimento de postos fiscaes chinezes em frente do nosso porto.

A decadencia durou pouco; em 1871 o movimento commercial era de 9.509:000$000 réis, e em 1872 subia já a réis 13.006:000$000.

Estas duas cifras decompõem-se do modo seguinte:

	1871	1872
Importação.	4.699:000$000	7.992:992$000
Exportação	4.810:000$000	5.014:000$000

Os generos principaes da importação e exportação são: o chá no valor de 2.000:000$000 réis, o opio no de 2.500:000$000 réis, o arroz, algodão fiado, seda, charões, moeda, etc.

O opio importado da India é depurado na cidade, sendo depois exportado principalmente para a California. O chá é importado da China, e depois de beneficiado é exportado para a Europa. O commercio de Macau é actualmente exercido pelos negociantes chins e por algumas casas estrangeiras.

Em 1856 começou a adquirir importancia a emigração chineza que se fazia por este porto, e que as leis do imperio prohibiam expressamente pelos seus portos. Em 1866 chegou a emigração ao maximo de 24:401 colonos, e depois de ter decrescido muito, tinha em 1871 subido já a 16:518. Em 1873 foi prohibida pelo governo portuguez a emigração chineza pelo porto de Macau, em consequencia dos abusos praticados pelos engajadores chins.

Esta especulação tinha substituido o antigo commercio de Macau, e contribuia para a receita do estado com uma das verbas mais avultadas.

Felizmente á custa da emigração augmentou e enriqueceu uma parte da população chineza, e tendo sido creadas novas relações commerciaes, pôde pôr-se em vigor a citada prohibição, sem que a crise por ella determinada abalasse o estado financeiro de Macau.

A seguinte nota dos rendimentos em diversos annos mostra que, longe de diminuir, augmentou a receita publica, passado o primeiro anno da prohibição:

1864-1865 . . . . 156:239$000
1866-1867 . . . . 227:498$000

1870–1871...................... 335:018$000
1871–1872...................... 347:634$000
1872–1873...................... 334:736$000
1874–1875...................... 374:236$000

RECEITA E DESPEZA

O seguinte quadro mostra a receita e despeza da provincia de Macau e Timor para 1875–1876:

Receita:

Impostos directos.................. 293:106$800
Impostos indirectos............... 26:991$000
Proprios e diversos................ 36:734$000
                                     ―――――――――
                                     356:831$300

Despeza:

Administração geral................... 94:941$300
Administração da fazenda............... 8:093$100
Administração da justiça.............. 12:454$400
Administração ecclesiastica............ 9:733$200
Administração militar.................. 74:136$400
Administração da marinha............... 32:920$800
Encargos geraes........................ 54:512$000
Diversas............................... 35:911$300
                                        ―――――――――
                                        322:702$500

Saldo................. 34:128$800

INSTRUCÇÃO

Ha em Macau 1 seminario, 1 aula de pilotagem, 3 escolas primarias para o sexo masculino e 1 para o feminino.

A frequencia no seminario foi em 1873–1874 de 160 alumnos, a da escola de pilotagem de 9, e a de instrucção primaria de 127 alumnos e alumnas.

FORÇA MILITAR

A guarnição de Macau consta de um batalhão de infanteria formado de praças europeas, cujo estado completo deve ser de 584 praças, mas tinha em 1874 o effectivo de 377. Alem d'este batalhão ha um corpo de policia com 200 praças e uma companhia de artilheria.

TIMOR

CAPITULO I

GEOGRAPHIA PHYSICA

SITUAÇÃO — DIMENSÕES

Consta esta possessão de parte da ilha de Timor e da pequena ilha de Pulo-Cambing, situadas no extremo oriental do archipelago de Sonda, entre o oceano Indico e o mar das Molucas, e a 90 leguas ao norte da Australia.

A ilha de Timor está situada entre as latitudes de 8° 20' e 10° 22' S. e entre as longitudes de 132° 37' e 136° 20' E. de Lisboa. A distancia de Lisboa a Timor pelo cabo da Boa Esperança é de 12:300 milhas, e pelo isthmo de Suez é de 8:850.

O maior comprimento da ilha, de NE. a SO., é de 460 kilometros, a maior largura é de 100 kilometros, a qual vae gradualmente diminuindo para os extremos, onde não tem mais de 20 kilometros.

Mais de metade da ilha pertence a Portugal, o resto é do dominio hollandez. A superficie da parte portugueza da ilha é approximadamente de 17:000 kilometros quadrados, e a da possessão hollandeza é de 10:600 kilometros quadrados.

OROGRAPHIA

Uma elevada cordilheira de montanhas atravessa a ilha em todo o seu comprimento, accidentando-a consideravelmente com os seus contrafortes. O ponto culminante tem mais de 1:800 metros de elevação[1].

No centro da cordilheira ha um vulcão em actividade.

HYDROGRAPHIA

Alguns pequenos rios sulcam a ilha, e alagam, na epocha das chuvas, as terras baixas do litoral tornando-as pantanosas.

A cidade de Dilly é atravessada por dois d'esses rios, o Ahai e o Cebo, e a O. desagua o rio Karqueto.

O melhor porto da ilha é a bahia de Kupang, no extremo SO., pertencente aos hollandezes.

Na possessão portugueza o porto de Dilly é o principal; é formado por uma enseada abrigada por dois recifes de coral,

---

[1] Descripção de Timor, pelo sr. Affonso de Castro.

que só descobrém em marés vivas, e que deixam duas entradas para o porto, uma ao N. da fortaleza do Rosario, e outra
a NE. junto á ponta do Karqueto, ou de Motael, na qual está
estabelecido um pharolim de luz fixa com o alcance de 3 milhas. Qualquer das entradas tem profundidades de 21 metros;
dentro da enseada chegam a 27 metros[1].

GEOLOGIA — CLIMA — PRODUCÇÕES

A ilha é formada de rochas vulcanicas, que ergueram os calcareos e schistos em montes de fórmas irregulares. O litoral é
quasi todo madreporico.

Situado na zona tropical tem um clima muito quente e bastante nocivo aos europeus no litoral; na região montanhosa o
clima é saudavel.

Aqui as monções sopram de E. e de O., e a ellas correspondem as duas estações; a sêcca de outubro a março, e a das
chuvas de abril a setembro. N'esta epocha, em que as chuvas
são torrenciaes, é grande a insalubridade. A temperatura pouco
varia, regulando entre 28° e 36° C.

A flora e fauna de Timor são muito notaveis, pelo grande
numero de especies que lhe são proprias.

Diz-se que n'esta ilha se encontraram restos de um masto-
donte fossil, indicando-se assim talvez o caminho por onde este
enorme quadrupede penetrou na Australia (Ch. Darwin). N'ella
se cria grande numero de bufalos, porcos, cavallos e alguns vea-
dos, mas não tem animaes ferozes.

As montanhas são pouco arborisadas; a principal arvore que
as veste é o sandalo. As principaes producções são milho, algum trigo, batata, inhame e feijão de varias qualidades, algodão, café, canna de assucar, tabaco, canella e cacau.

A ilha de Pulo Cambing é situada a 13 milhas ao N. de
Dilly, e tem 24 kilometros de comprimento e 10 de largura.

CAPITULO II

ESTATISTICA

HISTORIA E FORMAÇÃO

O primeiro estabelecimento dos portuguezes no archipelago
de Sonda foi em Solor, ilha descoberta em 1511 a 1512.

Foram os missionarios franciscanos que edificaram n'aquella

---

[1] Segundo uma carta hydrographica do porto de Dilly levantada em
1870 pelos officiaes da marinha portugueza T. Andréa e T. Machado.

ilha a primeira igreja e fundaram a primeira fortaleza. D'ali começaram o seu commercio com as outras ilhas, catechisando ao mesmo tempo os povos. Estabeleceram-se depois na ilha de Flores e em Timor, onde fundaram, em 1660, a praça de Lifau. Em 1701 foi tirada a administração d'estas colonias aos missionarios, em consequencia das delapidações por elles praticadas, sendo então nomeado o primeiro governador de Timor e Solor.

Desde 1640 que os hollandezes, aproveitando-se do abandono a que o governo dos Filippes deixou chegar a defeza das colonias, se tinham apoderado de Malaca e de parte das ilhas de Flores e Timor. Em 1869 mudou-se a séde do governo de Timor para Dilly, por estar já encravada a antiga capital Lifau nos dominios hollandezes.

Em 1856 cedeu Portugal á Hollanda o que lhe restava das ilhas de Flores, Adenara e Solor, e desistiu das suas pretensões sobre as ilhas de Lomblen, Pantar e Ombay, ficando reduzidos os vastos dominios que possuia n'aquelle rico archipelago a pouco mais de metade da ilha de Timor e á pequena ilha de Pulo Cambing.

DIVISÃO TERRITORIAL

A ilha de Timor era dividida em duas grandes provincias ou regiões, a dos Bellos e a de Servião. A primeira é a que constitue os dominios portuguezes, a segunda pertence á Hollanda.

O territorio dos Bellos acha-se partilhado entre muitos chefes ou reis, formando outros tantos pequenos reinos, em alguns dos quaes o dominio portuguez é apenas nominal.

Modernamente foi dividida em 11 districtos; a saber: na costa do N., 1.º, *Ocussy*, encravado nas possessões hollandezas; 2.º, *Batugadé*; 3.º, *Maubara*; 4.º, *Dilly*; 5.º, *Manatuto*; 6.º, *Vemasse*; 7.º, *Lautem*, que abrange o extremo NE. da ilha e parte das costas do S.; n'esta costa segue-se: 8.º, *Viqueque*; 9.º, *Bibissusso*; 10.º, *Allas*, no qual está encravado o pequeno estado hollandez de *Maubara*; 11.º, *Caillaco*, no centro da ilha.

Dilly é a capital, elevada á categoria de cidade em 1863. Tem proximamente 7:000 habitantes.

POPULAÇÃO

Os indigenas de Timor pertencem á raça malaia, ou amarella. Ha muita divergencia na avaliação do numero de habitantes da ilha, chegando alguns escriptores a elevar a população da possessão portugueza a 1.000:000; outros, porém, calculam essa' população em 180:000 a 200:000 habitantes. Em Dilly ha uma colonia china.

AGRICULTURA

Cultiva-se o milho e o arroz, que constituem o principal alimento dos indigenas, algum trigo, batatas, café, tabaco, etc., e colhe-se algum mel e cera. As colheitas são sempre abundantes, apesar da terra não ser lavrada, resumindo-se os instrumentos de lavoura, para a sementeira, a um pau aguçado; tal é a fertilidade do solo.

COMMERCIO

As industrias dos indigenas reduzem-se ao fabrico de pannos de algodão, e tecidos mixtos de algodão e seda.

A exportação de Dilly consiste em cera, café, milho, bufalos, cavallos e bicho do mar. A importação consta ordinariamente de artigos para consumo dos europeus.

A producção do café, que antigamente era muito diminuta, adquiriu algum desenvolvimento até 1866, mas depois parece ter estacionado.

O seguinte quadro mostra o grande augmento da exportação de 1858 a 1862:

	Kilogrammas
1858–1859............................	19:461
1859–1860............................	24:461
1860–1861............................	46:058
1861–1862 (só 3 trimestres).............	91:976

O café de Timor é muito apreciado, e obtem nos mercados hollandezes melhor preço que o de Java. A moeda em Timor é a rupia, que vale 320 réis.

RECEITA E DESPEZA

A receita de Timor augmentou muito, se se considerarem duas epochas afastadas; mas nos ultimos annos tem diminuido consideravelmente.

Eis o quadro da receita:

Receita	1864–1865	1868–1869	1869–1870	1870–1871	1872–1873
Impostos directos....	1:397$440	829$200	542$590	741$610	?
Impostos indiretos...	6:112$320	9:786$400	11:001$530	11:397$470	10:801$780
Rendimentos diversos	3:480$640	22:320$970	16:180$580	22:899$350	?
	10:990$400	32:936$570	27:724$700	35:038$430	16:800$000

A despeza orçada em 1864–1865 foi de 50:255$740 réis e em 1872–1873 57:100$000 réis. O *deficit* no primeiro anno foi 39:265$340 réis, no segundo 30:300$000 réis.

FORÇA MILITAR

A força publica de Timor deve ser de 200 praças, mas a força effectiva em 1874 era de 128 praças.

Ha em Dilly apenas 1 escola de instrucção primaria.

COORDENADAS GEOGRAPHICAS

Os pontos que fazem parte da triangulação fundamental do reino vão marcados com o signal △. Os outros logares designados n'este catalogo são pela maior parte vertices da triangulação secundaria, e as suas coordenadas geographicas foram por nós calculadas pela formula da conversão das coordenadas orthogonaes em geographicas. Para muitos outros pontos calculámos primeiro as coordenadas orthogonaes, utilisando as observações para o reconhecimento geographico.

As longitudes são referidas ao observatorio do castello de Lisboa.

Longitude do observatorio do castello de Lisboa, referida............
- A Greenwich........ 9° 5′,7 O
- A Paris............ 11° 25′,9 O
- A S. Fernando (Cadix) 2° 53′,4 O

PORTUGAL

CIDADES E VILLAS PRINCIPAES

Nomes	Pontos de referencia	Latitude	Longitude	Altitude — Terreno
		° ′	° ′	Metros
Abrantes (V).............	Castello......	39 27,7	0 56,3 E	213
Agueda (V).............	Torre da igreja	40 34,3	0 41,2 E	31
Alandroal (V) △	Castello......	38 42,0	1 43,7 E	343
Albergaria Velha (V)	Torre da igreja	40 51,5	0 39,2 E	126
Alcacer do Sal (V)	»	38 22,4	0 37,2 E	58
Alcaçovas (V).............	»	38 24,2	0 58,7 E	202
Alcobaça (V).............	»	39 32,8	0 9,2 E	42
Alijó (V).............	»	41 16,4	1 39,5 E	601
Aljustrel (V) △	Pyramide ...	37 53,3	0 57,9 E	247
Almodovar (V).............	Torre da igreja	37 31,2	1 4,3 E	310
Alter do Chão (V)........	»	39 11,9	1 28,5 E	286
Alter Pedroso (V) △........	Castello......	39 11,2	1 30,6 E	410
Arcos de Valle de Vez (V)...	Torre da igreja	41 50,7	0 43,0 E	–
Arouca (V).............	»	40 55,6	0 53,3 E	330
Arrayollos (V) △	»	38 43,4	1 8,7 E	397
Arronches (V).............	»	39 7,2	1 50,9 E	301
Aveiro (C).............	Torre da cadeia	40 38,3	0 28,8 E	10
Aviz (V).............	Torre da igreja	39 3,3	1 14,5 E	201
Barcellos (V).............	»	41 31,8	0 30,8 E	39
Barquinha (V).............	»	39 27,3	0 42,7 E	38
Beja (C) △.............	Torre no castello	38 1,8	1 16,1 E	282
Benavente (V).............	Torre da igreja	38 58,8	0 19,4 E	18
Bom Jesus de Braga........	»	41 33,2	0 45,4 E	–
Braga (C).............	T. de S. Vicente	41 33,0	0 42,5 E	208
Bragança (C).............	T. de menagem	41 48,1	2 23,2 E	684
Caminha (V).............	Torre do relogio	41 52,4	0 17,7 E	11
Campo Maior (V)............	Torre da igreja	39 0,6	2 3,8 E	300
Cantanhede (V).............	»	40 20,7	0 32,4 E	74
Carregal do Sal (V)........	»	40 26,0	1 6,6 E	306
Cascaes (V).............	Cidadel., mastro	38 41,5	0 17,1 O	20
Castello Branco (C)........	Castello......	39 49,4	1 38,2 E	472
Castro Marim (V)..........	»	37 14,4	1 41,5 E	41
Castro Verde (V).............	Torre da igreja	37 42,4	1 3,0 E	235
Cezimbra (V) △.............	Castello......	38 27,1	0 1,6 E	330
Chamusca (V).............	Torre da igreja	39 21,3	0 39,2 E	35

Nomes	Pontos de referencia	Latitude	Longitude	Altitude — Terreno
		° '	° '	Metros
Chaves (V).............	Torre da igreja	41 44,2	1 39,8 E	365
Cintra (V) (Castello da Pena)	Torre.........	38 47,2	0 15,4 O	529
Coimbra (C) { obs. astron △..	Cupula.......	40 12,3	0 42,1 E	99
Coimbra (C) { obs meteor...	Torreão......	40 12,4	0 42,5 E	141
Condeixa a Nova (V).......	»	40 6,7	0 38,1 E	88
Coruche (V).............	Torre da igreja	88 57,8	0 86,8 E	52
Elvas (C).............	Forte da Graça	38 53,6	1 58,1 E	388
Ericeira (V).............	Castello......	38 57,8	0 17,4 O	38
Espozende (V)...........	Torre da igreja	41 31,8	0 21,2 E	3
Estarreja (V)...........	»	40 45,6	0 34,2 E	23
Extremoz (V)...........	Torre do cast..	88 50,4	1 32,4 E	448
Evora (C).............	Torre da sé...	38 35,0	1 13,6 E	302
Evora Monte (V).........	Torre do cast..	38 46,2	1 25,0 E	474
Fafe (V).............	Camp. da igreja	41 27,6	0 58,2 E	333
Faro (C).............	Torre da sé....	37 1,5	1 11,9 E	8
Faro (Santo Antonio do Alto)	Torre da capella	37 1,8	1 12,8 E	50
Fão (V).............	Torre........	41 30,5	0 21,9 E	4
Feira (V) (Castello).......	Torreão NO...	40 55,1	0 85,5 E	198
Figueira da Foz (V) (Miser.)	Torre da igreja	40 9,0	0 16,6 E	18
Freixo de Espada á Cinta (V)	»	41 5,6	2 20,0 E	470
Fronteira (V)...........	Torre do relogio	89 3,8	1 29,1 E	265
Guarda (C).............	Torre velha....	40 32,1	1 51,7 E	1:039
Gollegã (V)...........	Torre da igreja	39 24,0	0 38,8 E	24
Guimarães (C)...........	Castello......	41 26,9	0 50,5 E	248
Idanha a Nova (V)........	Torre da igreja	39 55,1	1 53,7 E	346
Ilhavo (V).............	Torre do norte..	40 36,0	0 27,8 E	16
Lagos (C).............	Ter. da Trindade	37 5,7	0 27,8 E	38
Lamego (C).............	Torre da igreja	41 5,7	1 19,7 E	491
Leiria (C).............	Castello......	39 44,7	0 18,8 E	113
Lisboa (C) { obs. do Castello △	—	38 42,7	0 0,0	96
Lisboa (C) { obs. da Tapada ..	Centro da cup..	38 42,5	0 8,2 O	94
Lisboa (C) { obs. da marinha..	—	38 42,3	0 0,5 O	5
Lisboa (C) { obs. meteorologico	÷	38 43,2	0 2,8 O	76
Louzã (V).............	Torre da igreja	40 6,5	0 53,2 E	174
Mafra (V)—Zimb. do convento	Crus..........	38 56,3	0 11,5 O	236
Mealhada (V)...........	Torre da igreja	40 22,6	0 41,1 E	60
Meda (V).............	C. no penhasco	40 57,6	1 52,2 E	736
Mertola (V)...........	Castello......	87 39,3	1 28,2 E	71
Mira (V).............	Torre da igreja	40 25,6	0 23,8 E	19
Miranda do Corvo (V)......	»	40 5,4	0 47,9 E	131
Miranda do Douro (C)	Torre da sé....	41 29,3	2 51,6 E	—
Monção (V)...........	Torre do relogio	42 4,6	0 39,3 E	87
Moncorvo (V)...........	»	41 10,3	2 4,8 E	391
Monforte (V)...........	»	39 3,0	1 41,6 E	294
Monsanto (V) △.........	Torre no cast...	40 2,0	2 1,2 E	758
Monsaras (V) △.........	Torre do relogio	38 28,1	1 45,2 E	332
Montalegre (V)...........	Castello......	41 49,3	1 20,8 E	966
Montemôr Novo (V)........	Torre no cast..	38 38,9	0 55,0 E	291
Montemôr Velho (V).......	Torre da igreja	40 10,4	0 27,0 E	51
Moura (V).............	Castello......	38 9,3	1 41,5 E	184
Mourão (V)...........	»	38 24,6	1 47,2 E	206
Nellas (V).............	Torre........	40 31,5	1 16,3 E	446

Nomes	Pontos de referencia	Latitude	Longitude	Altitude — Terreno
		° ′	° ′	Metros
Niza (V)	Torre da igreja	39 30,9	1 29,0 E	304
Olhão (V)	»	37 2,3	1 17,6 E	8
Oliveira de Azemeis (V)	»	40 50,3	0 39,3 E	220
Oliveira de Frades (V)	»	40 43,8	0 57,4 E	380
Oliveira do Bairro (V)	»	40 30,7	0 36,4 E	71
Oliveira do Hospital (V)	»	40 21,6	1 16,3 E	470
Olleiros (V)	»	39 54,9	1 13,2 E	517
Ouguella (V)	Castello	39 4,6	2 6,1 E	280
Ourem (V)	Torre do castello	39 38,4	0 32,4 E	329
Ourique (V)	Alto do castello	37 39,6	0 54,4 E	214
Ovar (V)	Torre do N.	40 51,6	0 30,8 E	15
Palmella (V) △	Castello	38 33,9	0 14,0 E	238
Penafiel (C)	Torre da igreja	41 12,1	0 50,8 E	277
Penamacôr (V)	Castello	40 6,8	2 0,5 E	574
Peniche (V) Cidadella	Mirante	39 21,1	0 14,9 O	15
Pernes (V)	Torre da igreja	39 23,1	0 28,2 E	97
Pinhel (C)	Castello	40 46,5	2 4,3 E	650
Poiares (V)	Torre da igreja	40 12,5	0 52,5 E	131
Ponte de Lima (V)	Campanario	41 45,9	0 33,0 E	26
Portalegre (O)	Torre da sé	39 17,3	1 42,0 E	480
Portel (V)	Castello	38 19,5	1 25,8 E	341
Porto (O)	T. dos Clerigos	41 8,6	0 31,2 E	90
Rio Maior (V)	Torre da igreja	39 20,1	0 11,7 E	100
Sagres (V)	Reducto (praça)	37 0,0	0 11,0 E	36
Santarem (C)	Torre do semin.	39 14,1	0 26,8 E	108
S. João da Pesqueira (V)	Torre	41 8,7	1 43,9 E	637
S. Thiago do Cacem (V)	Castello	30 0,8	0 26,1 E	254
Sardoal (V)	Camp. do conv.	39 32,2	0 58,4 E	232
Serpa (V)	Torreão	37 57,1	1 33,2 E	219
Setubal (C)	(Quartel)	38 31,2	0 14,2 E	8
Silves (C)	Castello	37 11,5	0 41,7 E	57
Sines (V)	»	37 57,3	0 16,0 E	36
Soure (V)	Torre	40 3,4	0 30,4 E	10
Santa Comba Dão (V)	Torre da igreja	40 23,6	1 0,2 E	184
Thomar (C)	»	39 36,1	0 42,9 E	122
Torrão (V)	»	38 18,1	0 54,2 E	110
Torres Novas (V)	Castello	39 28,7	0 35,6 E	57
Trancoso (V)	»	40 46,6	1 47,2 E	891
Vagos (V)	Torre da igreja	40 33,1	0 27,1 E	18
Valença (V)	»	42 1,8	0 29,4 E	72
Vidigueira	»	38 13,3	1 20,1 E	213
Villa do Conde (V)	»	41 21,4	0 23,6 E	31
Villa Flor (V)	»	41 18,3	1 58,8 E	563
Villa Nova de Foscôa (V)	»	41 4,8	1 59,9 E	439
Villa Nova de Portimão (V)	»	37 8,7	0 35,7 E	8
Villa Real (V)	»	41 17,7	1 23,2 E	420
Villa Real de S. Antonio (V)	Pharolim	37 12,9	1 43,3 E	14
Vizeu (C)	Hospital	40 38,9	1 8,7 E	540
Vianna do Castello (C)	Cap. (S.ta Luzia)	41 42,0	0 17,9 E	195

PHAROES — PORTOS — CABOS

Nomes	Pontos de referencia	Latitude	Longitude	Altitude — Terreno
		° ′	° ′	Metros
Aveiro △	Torre da barra	40 38,6	0 24,1 E	5
Belem (Torre)	Conductor	38 41,4	0 5,0 O	4
Berlenga △	Pharol	39 24,8	0 22,6 O	88
Bogio	»	38 39,6	0 9,9 O	13
Consolação (Forte)	Sócco da cruz	39 19,4	0 13,6 O	16
Espichel (Cabo)	Pharol	38 24,8	0 4,9 O	135
Guia	»	38 41,7	0 18,8 O	31
Insua (Forte)	Guarita NO	41 51,4	0 15,5 E	13
Mondego (Cabo)	Pharol	40 10,8	0 13,7 E	77
Monte de Ouro	Moinho	41 44,9	0 15,6 E	77
Nazareth	Torre da igreja	39 36,2	0 3,3 E	110
Oitão (Torre)	Pharol	38 29,3	0 11,7 E	148
Oitavos	Telegrapho	38 42,2	0 20,2 O	57
Peniche (Cabo Carvoeiro)	Pharol	39 21,5	0 16,4 O	31
Porto Covo	Fortim	37 49,6	0 20,5 E	24
Rocca (Cabo)	Pharol	38 46,7	0 21,8 O	142
Santa Maria	»	36 59,2	1 16,1 E	5
Santa Maria (Cabo)	—	36 58,6	1 13,8 E	5
S. Julião (Torre)	Pharol	38 40,4	0 11,5 O	15
S. Martinho	C.de S.to Antonio	39 30,6	0 0,4 O	50
S. Vicente (Cabo)	Pharol	37 1,3	0 8,1 E	56
Senhora da Luz	»	41 9,1	0 27,3 E	38
Vieira	Torre da igreja	39 52,1	0 12,0 E	44

SERRAS

Nomes	Pontos de referencia	Latitude	Longitude	Altitude — Terreno
Açor △	Pyramide	40 12,8	1 18,9 E	1:340
Aire △	»	39 32,0	0 29,8 E	677
Alcaria do Cume △	»	37 15,5	1 23,7 E	521
Alcaria Ruiva △	»	37 42,9	1 22,3 E	370
Almeirim △	»	39 8,4	0 32,8 E	170
Arrabida	Mais alto	38 28,7	0 7,8 E	499
Atalaia (Grandola) △	Pyramide	38 10,2	0 29,2 E	325
Barros △	»	38 3,2	0 41,8 E	180
Bornes △	»	41 25,9	2 7,6 E	1:202
Bouro △	»	39 27,1	0 4,1 O	159
Buarcos △	»	40 11,6	0 16,8 E	215
Bussaco △	»	40 21,6	0 46,7 E	557
Cabeça Alta △	»	40 31,9	1 42,5 E	1:328
Cabeço Rainha △	»	39 51,5	1 11,3 E	1:081
Cabreira △	»	41 38,2	1 5,5 E	1:276
Caixeiro △	»	38 54,9	1 28,7 E	452
Campo de Viboras △	»	41 31,7	2 34,2 E	750
Candieiros △	»	39 26,1	0 12,9 E	485
Caramullo △	»	40 32,7	0 55,9 E	1:070
Cercal △	»	37 47,7	0 24,8 E	344
Cota de Mairos △	»	41 50,7	1 48,1 E	1:088

Nomes	Pontos de referencia	Latitude	Longitude	Altitude Terreno
		° ′	° ′	Metros
Crôa △................	Pyramide......	41 54,7	2 7,9 E	1:270
Deilão △................	»	41 50,8	2 32,6 E	961
Estrella △................	»	40 19,2	1 31,2 E	1:991
Ficalho △................	»	37 59,5	1 50,9 E	516
Fonte Longa △........	»	41 13,9	1 52,5 E	886
Foya △................	»	37 19,0	0 32,2 E	903
Gardunha △...........	»	40 4,7	1 36,5 E	1:224
Gerez	Mais alto......	41 46,2	0 59,0 E	1:442
Guilhim △............	Pyramide......	37 6,7	1 12,0 E	310
Jarmello △............	»	40 35,3	2 0,0 E	949
Lagoaça △............	»	41 12,5	2 22,5 E	883
Larouco △...........	»	41 52,7	1 24,9 E	1:580
Leomil △............	»	40 57,2	1 28,7 E	1:015
Louzã △............	»	40 5,3	0 57,2 E	1:202
Luzim △............	»	41 9,9	0 52,2 E	557
Marão △............	»	41 14,8	1 14,8 E	1:422
Marofa △...........	»	40 51,7	2 8,5 E	974
Melriça △...........	»	39 41,6	1 0,2 E	587
Mendro △...........	»	38 15,6	1 21,0 E	406
Messas △...........	»	40 17,0	2 16,6 E	1:200
Monfurado △........	»	38 34,5	0 56,6 E	400
Monge △...........	»	38 46,4	0 18,5 U	488
Montargil △.........	»	39 4,5	0 56,7 E	235
Monte Junto △.......	»	39 10,3	0 5,1 E	666
Monte Muro △........	»	40 58,3	1 8,8 E	1:389
Mú △..............	»	37 22,7	1 3,1 E	575
Nogueira △..........	»	41 42,8	2 16,7 E	1:321
Ossa △............	»	38 44,2	1 32,9 E	649
Oural △............	»	41 48,6	0 40,5 E	723
Padrella △..........	»	41 33,6	1 37,0 E	1:151
Peneda △..........	»	41 58,0	0 49,6 E	1:446
Penhagarcia	Mais alto......	40 1,5	2 9,7 E	821
Pisco △...........	Pyramide......	40 46,1	1 42,5 E	998
Quintam △.........	»	37 29,7	1 16,9 E	333
Rego △............	»	38 50,3	1 52,4 E	472
Romã △...........	»	39 0,6	0 11,0 O	215
Santa Luzia △.......	»	41 45,7	0 19,6 E	553
Santa Tecla △.......	Padrão.......	41 53,3	0 15,8 E	328
Santo Ovidio △......	Pyramide......	41 6,3	0 32,8 E	257
S. Cornelio (Ermida) △....	»	40 20,9	1 57,2 E	1:001
S. Domingos △.......	»	41 12,1	1 32,0 E	806
S. Felix △..........	»	41 26,0	0 25,1 E	203
S. Mamede △........	»	39 18,7	1 46,3 E	1:025
S. Miguel (Niza) △....	»	39 34,4	1 30,2 E	463
S. Miguel (Monte Figo) △...	»	37 6,9	1 18,1 E	405
S. Paio △..........	»	41 55,2	0 25,2 E	640
S. Pedro Velho △....	»	40 52,5	0 51,2 E	1:078
S. Vicente (Capella) △....	»	38 19,9	1 7,7 E	372
S. do Castello (Mangualde) △	Torre.......	40 36,7	1 23,4 E	628
Senhora da Luz △........	Pyramide......	41 39,6	2 49,6 E	911
Serrinha △............	»	38 29,6	0 36,6 E	185
Serves △..............	»	38 53,5	0 2,5 E	349

Nomes	Pontos de referencia	Latitude	Longitude	Altitude — Terreno
		° ′	° ′	Metros
Sicó △................	Pyramide,.....	39 55,1	0 35,6 E	551
Sirigo △................	»	40 57,8	1 44,6 E	987
Sitania △................	»	41 19,3	0 44,9 E	579
Valle de Agua △........	»	39 21,9	1 7,3 E	284
Vigia △	Moinho.......	37 37,1	0 44,8 E	388

ILHAS ADJACENTES

Nomes	Latitude	Longitude
	° ′	° ′
Angra (C)—Terceira..................	38 40,0 N	18 7,2 O
Funchal (C)—Madeira.................	32 38,8 N	7 50,4 O
Grande Deserta—Ponta sul.............	32 27,0 N	7 19,8 O
Horta (C)—Faial....................	38 33,0 N	19 31,5 O
Lages (V)—Pico....................	38 23,1 N	19 11,0 O
Ponta Delgada (C)—S. Miguel	37 44,0 N	16 37,0 O
Porto Santo (V)...................	33 6,0 N	7 8,5 O
Rosario (V)—Corvo.................	39 42,0 N	21 54,0 O
S. Lourenço (ponta), pharol—Madeira.....	32 43,0 N	7 30,1 O
Santa Cruz (V) — Flores.............	39 28,0 N	22 3,2 O
Santa Cruz (V) — Graciosa..........	39 6,0 N	18 56,0 O
Vélas (V) — S. Jorge...............	38 40,0 N	19 7,0 O
Villa do Porto (V)—Santa Maria.........	36 58,0 N	16 3,0 O

PROVINCIAS ULTRAMARINAS

Nomes	Latitude	Longitude
Aguada (Praça)—Pharol...............	15 29,2 N	83 1,8 E
Ambriz (Fortaleza)...................	7 54,0 S	22 35,0 E
Benguella (C) — S. Filippe, fortaleza......	12 39,0 S	22 51,0 E
Bissau (V) — Praça.................	11 51,5 N	6 28,8 O
Boa Vista (Ilha)—Ponta de E..........	16 7,0 N	13 31,7 O
Bolama (Ilha)—Ponta de O...........	11 31,0 N	6 29,3 O
Brava (Ilha)—Ponta de E............	14 46,0 N	15 35,0 O
Cabinda (Povoação)................	5 31,0 S	21 46,0 E
Cabo Roxo—Guiné.................	12 20,5 N	7 38,2 O
Cabo de S. Sebastião—Moçambique.......	22 6,0 S	44 9,0 E
Cacheu (V) — Praça................	12 7,0 N	7 24,0 O
Damão (C) — Praça................	20 22,0 N	81 37,7 E
Diu (C) — Praça	20 42,0 N	80 14,8 E
Fogo (Ilha) — Pico	14 56,5 N	15 11,7 O
Ibo (Ilha) — Fortaleza	12 20,0 S	49 36,0 E
Inhambane (V) — Fortaleza...........	23 50,0 S	44 30,0 E
Loanda (C) — Fortaleza.............	9 5,0 S	22 36,0 E
Lourenço Marques (V) — Forte	25 58,0 S	41 37,0 E

Nomes	Latitude	Longitude
	o ′	o ′
Macau (C).............................	22 11,0 N	122 40,0 E
Maio (Ilha)............................	15 6,0 N	14 9,0 O
Moçambique (C) — Fortaleza.............	15 1,0 S	49 45,0 E
Mossamedes (V).......................	15 17,0 S	21 14,0 E
Nova Goa (C)........................	15 28,8 N	83 5,0 E
Novo Redondo — Fortaleza..............	11 20,0 S	23 20,0 E
Pemba (Bahia)........................	12 56,0 S	49 31,0 E
Principe (Ilha, C) — Santo Antonio.......	1 38,0 N	16 38,0 E
Quelimane (V) — Fortaleza...............	17 52,0 S	45 56,0 E
Sal (Ilha) — Ponta do N	16 53,0 N	13 46,8 O
Santa Carolina (Ilha)...................	21 37,0 S	44 4,0 E
Santa Luzia (Ilha).....................	16 46,0 N	15 48,0 O
Santo Antão (Ilha, V) — Ribeira Grande...	17 11,0 N	15 59,0 O
S. João Baptista de Ajudá — Forte.......	6 16,0 N	11 50,0 E
S. Nicolau (Ilha) — Ponta de E	16 36,0 N	14 49,0 O
S. Thiago (Ilha) — Cidade da Praia.......	14 54,0 N	14 27,6 O
S. Thomé (Ilha) — Cidade...............	0 23,0 N	15 58,0 E
S. Vicente (Ilha) — Porto Grande	16 54,0 N	15 56,5 O
Sena (V) — Fortaleza...................	17 27,0 S	44 0,0 E
Sofalla (V) — Fortaleza.................	20 11,0 S	43 44,0 E
Tete (V) — Fortaleza...................	16 5,0 S	42 31,0 E
Timor (Ilha) — Cidade de Dilly..........	8 52,0 S	134 46,0 E
Zambeze — Barra do Inhamissengo........	18 53,0 S	45 16,0 E
Zinguichor (Presidio) — Forte............	12 28,7 N	7 11,5 O
Zumbo (Presidio) — Forte...............	15 37,0 S	39 31,0 E

APPENDICE

Quadro do movimento da população no continente do reino

Districtos	Nascimentos — 1 para	Obitos — 1 para	Casamentos — 1 para	Obitos para os nascimentos — Por cento
Aveiro............	35,8	56	164	68
Beja.............	28,8	32	150	82
Braga...........	37,3	50	169	71
Bragança........	30,3	46	147	62
Castello Branco...	30,4	87	138	77
Coimbra.........	36,1	50	161	65
Evora...........	28,1	28	130	97
Faro............	24,9	36	111	62
Guarda..........	31,0	45	144	64
Leiria...........	33,5	41	150	76
Lisboa...........	33,0	38	155	76
Portalegre.......	25,6	26	117	98
Porto...........	31,7	47	150	66
Santarem........	26,7	88	137	69
Vianna..........	35,5	54	173	66
Villa Real.......	27,0	46	170	60
Vizeu...........	31,7	52	177	61

Movimento da emigração

Quinquennios	Procedencia	Media annual dos emigrantes	Relação da emigração para a população — 1 para	Proporção dos menores de 14 annos — Por cento	Mortalidade dos emigrantes — Por cento	Media annual dos repatriados
1866 a 1870	Continente......	5:411	735	19,5	21	?
	Açores........	1:820	142			
	Madeira	581	200			
1870 a 1874	Continente.....	9:600	419	20,5	20	4:500
	Açores........	2:456	106			
	Madeira	610	193			

ERRATAS

Pag.	Lin.	Erros	Emendas
45	26	intermedio	intermedia
47	26	enumeraremos	descreveremos
49	13	Valhelas	Valhelhas
50	46	encontrem	encontram
51	22	syenits	syenites
51	31	de	do
55	82	quatzites	quartzites
76	30	civis	politicos
99	19	margens	margem
100	26	ellas	elles
112	segundo mappa	Valor total	Valor venal
125	7	amaricano	americano
150	81	ou	os
315	28	descrevente	decrescente
Mappa n.º 3 do atlas das provincias ultramarinas.		0º	2º
		2º	0º
		4º	2º
		6º	4º
		8º	6º

Guadelin

ore

rdilla   Mortgão

cetelga   Gaterola

Ficalho   **R**

Escala — $\dfrac{1}{1:500.000}$

0 5 10 15   30   45   60   55 Kilometros

------   *Limite das bacias hydrographicas*

T

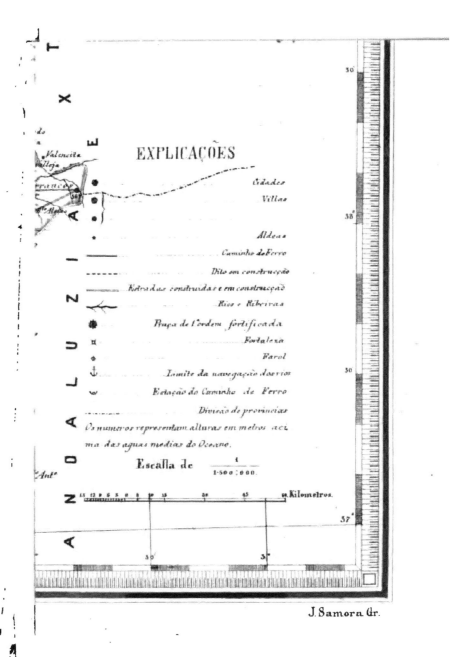

EXPLICAÇÕES

	Cidades
	Villas
	Aldeas
	Caminho de Ferro
	Dito em construcção
	Estradas construidas e em construcçaõ
	Rios e Ribeiras
	Praça de l'ordem fortificada
	Fortaleza
	Farol
	Limite da navegação dos rios
	Estação do Caminho de Ferro
	Divisão de provincias

Os numeros representam alturas em metros aci-
ma das aguas medias do Oceano.

Escalla de $\dfrac{1}{1\cdot500\cdot000}$

Kilometros.

J. Samora Gr.

Boalho

R

R. Roxo

R. Mira

R. Odelouca

T

metros

G. Piery

25°

Ilhas Adjacentes

Escalla $\frac{1}{5\,000\,000}$

Archipelago dos Açores

Oceano

Atlantico

Flores
Corvo
Sta Cruz

Graciosa
Sta Cruz

S. Jorge

Terceira
Angra

Fayal
Horta

Pico
Lages

S. Miguel
p.ta Delgada

Sta Maria
p.to do Porto

Formigas

Archipelago da Madeira
Porto Santo

Madeira
Funchal
Desertas

Todas as longitudes são referidas ao meridiano de Lisboa

Provincia de Cabo Verde

Senegambia

Oceano Atlantico

Cabo Verde

Archipelago de Cabo Verde

S.to Antão
S.ta Luzia
S. Vicente
S. Nicolau
Sal
Boa Vista
Mayo
S. Thiago
Fogo
Brava
Cidade da Praia

R. Casamança
P.ta S. Pedro
R. Gambia
Zinguichor
Cachen
R. de S. Domingas
Boler
R. Cacheu
Bolama
Canal Grande
Archipelago dos Bijagoz
Segdhiou feitoria franceza
Farim
R. de Geba
Fa
Bissau
R. G.de de Guinale
Victoria feitoria americana
R. de Nuno

Escalla 1/7.936.000

0 5 10 20 40 60 80 Legoas

Todas as longitudes são referidas ao meridiano de Lisboa

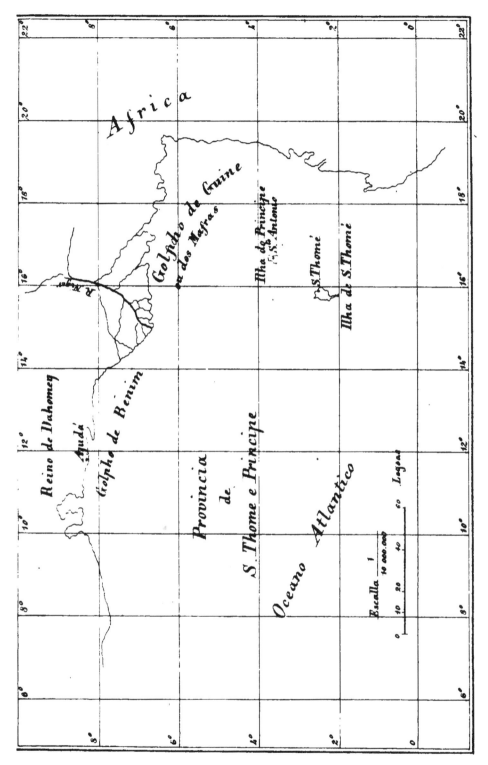

Todas as longitudes são referidas ao meridiano de Lisboa

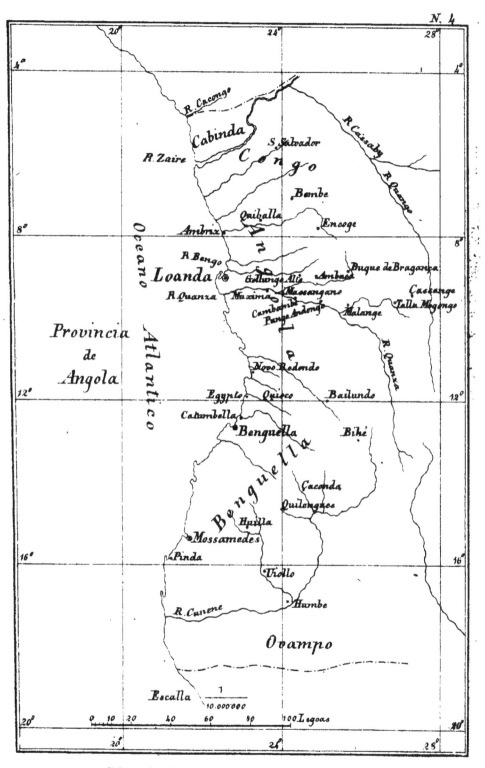

Escalla $\frac{1}{10.000.000}$

Todas as longitudes são referidas ao meridiano de Lisboa

Provincia
de
Moçambique

Cabo Delgado

Macimba

Lambo · Ibo

Ilhas de Quirimba

R. Laguna do Norte

R. Shire

Cabo Maria

Zambeza

R. Cafue

Zumbo

Tete

Senna

R. Zambeze

Moçambique

Angoxe

Ilhas Primeiras

Ilha de Angoxe

Quilimane

Boccas do Zambeze

Barra de Luabo

Manica

Sofalla

R. Save

Ilhas de Bazaruto

Benquerua

C. de S. Sebastião

Inhambane

C. das Correntes

R. Limpopo

R. Manhiça

Republica de Transvaal

Lourenço Marques

Bahia de L. Marques
ou da Lagoa

R. Maputo

Oceano Indico

Canal de Moçambique

Escalla $\frac{1}{15\,000\,000}$

0   15   30   60   90   120 Legoas

Todas as longitudes são referidas ao meridiano de Lisboa

83°

85°30'

Tiracol

R. Aronton

Pernem

Alorna

Pernem

Pernem

R. Colvale

Chaporá

Barde^z

Mapuca

Bicholim

Sanquelim

Tanem Bocal

Satary

Bicholim

15°30'

R. Mandoi

Illha de Goa

15 30

Galle

Aguada

Nova Goa

Panelim Goa

Pon da

Vagdó

Embarbacem

Mormugão

R. Zuari

Ponda

Salcete

Racol

Colom

Margão

Sanguem

Provincia

de

Goa

Chandrovady

Astargar

Bally

Escalla $\frac{1}{913\,000}$

Cola

0 5 10 15 20 25 30 Kil

Canacona

15°

15°

I. de Talpma

Governo de Diu

Governo

de

Damáo

Randa

Brupara

Cidadella

Silly

Chanra

F.^{te} de

Brancavará

Praça de

Diu

Naga Avoly Apily

0 1 2 3 4 5 Kil

Ilha de Diu

Dabel

Vancar

Damão pequeno

Occano indico

Tary

Damão grande

Todas as longitudes são referidas ao meridiano de Lisboa

China

Macau

Lodos a secco em baixamar

Porta do Cerco

R. de Cantão

Ilha Verde

Pagode china

Moncha

Pagode china
F.ᵗᵉ de D. Maria 2ᵃ.

Bahia de Cacilhas

Lappa

Wanchi

Alfandega

F.ᵗᵉ e Farol da Guia

Fortaleza do Monte

F.ᵗᵉ de S.Francisco

Praia Grande

Rada
de
Macau

N

F.ᵗᵉ de N. S.ᵃ do Bom Parto

F.ᵗᵉ de S Thiago da Barra

Pedra Areca

P.ᵗᵃ da Cabrita

I de Ma-lo-chow

Kai-kong

Taipa

P.ᵗᵃ de S João

F.ᵗᵉ da Taipa

Macarira

P.ᵗᵃ Rota

Koho

Escalla 1:70.000

0   1   2   3   4   5 Kil.

Todas as longitudes são referidas ao meridiano de Lisboa

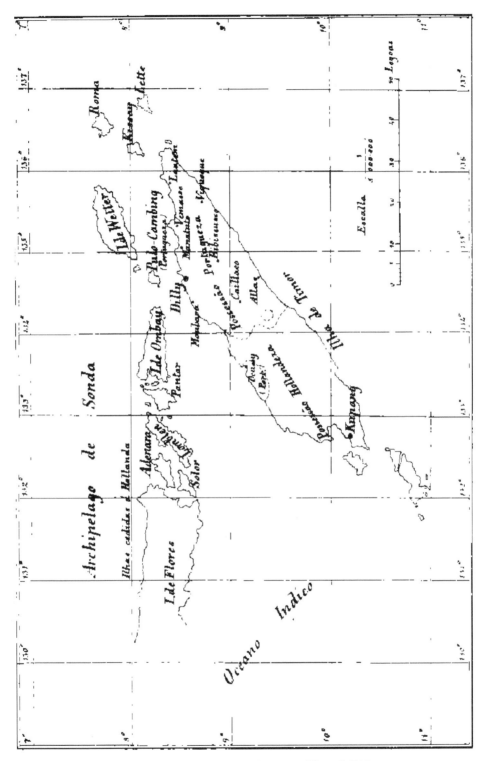

Todas as longitudes são referidas ao meridiano de Lisboa

CPSIA information can be obtained
at www.ICGtesting.com
Printed in the USA
LVHW04s2328210718
584538LV00014B/218/P

9 781145 963283